광개토태왕릉비문 해설과
임나가라(任那伽羅) 위치

광개토태왕릉비문 해설과 임나가라(任那伽羅) 위치

발행일	2025년 7월 7일

지은이	김수지		
펴낸이	손형국		
펴낸곳	(주)북랩		
편집인	선일영	편집	김현아, 배진용, 김다빈, 김부경
디자인	이현수, 김민하, 임진형, 안유경	제작	박기성, 구성우, 이창영, 배상진
마케팅	김회란, 박진관		
출판등록	2004. 12. 1(제2012-000051호.)		
주소	서울특별시 금천구 가산디지털 1로 168, 우림라이온스밸리 B동 B111호, B113~115호		
홈페이지	www.book.co.kr		
전화번호	(02)2026-5777	팩스	(02)3159-9637

ISBN	979-11-7224-702-7 93910 (종이책)		979-11-7224-703-4 95910 (전자책)

잘못된 책은 구입한 곳에서 교환해드립니다.
이 책은 저작권법에 따라 보호받는 저작물이므로 무단 전재와 복제를 금합니다.
이 책은 (주)북랩이 보유한 리코 장비로 인쇄되었습니다.

표지 출처 : 한국저작권위원회 공유마당 https://gongu.copyright.or.kr/gongu/wrt/wrt/view.do?wrtSn=13304408&menuNo=200018

(주)북랩 성공출판의 파트너

북랩 홈페이지와 패밀리 사이트에서 다양한 출판 솔루션을 만나 보세요!

홈페이지 book.co.kr • **블로그** blog.naver.com/essaybook • **출판문의** text@book.co.kr

---

작가 연락처 문의 ▶ ask.book.co.kr

작가 연락처는 개인정보이므로 북랩에서 알려드릴 수 없습니다.

고구려 비문에 감춰진 일본 고대사의 민낯

광개토태왕릉비문 해설과 임나가라 任那伽羅 위치

김수지 지음

북랩

들어가며

이 책은 박사 학위 논문 「고대 倭와 任那加羅 실체(實體) 연구―광개토태왕능비문의 任那(마츠라)에서 『일본서기』의 任那(미마나)로의 변화를 중심으로」를 단행본으로 발행한 것이다.

이 단행본에는 본 논문의 연구사 부분은 빠져 있다. 본 논문의 연구사에는 한반도 남부의 가야(伽耶)가 『일본서기』에 나오는 '임나'와 같은 것이라고 주장하는 이른바 남한 고대사 가야사학계와 일본학계에 대한 검토와 비판이 담겨 있다. 이 내용들을 제목만 살펴보면 대략 다음과 같다.

【-『일본서기』「신공기」 해석의 모순 / -『일본서기』 "남가라"가 "금관가야"일 때의 모순 /

-『일본서기』 "안라"가 "아라가야"일 때의 모순/ -기문(己汶)·대사(滯沙)·반파(伴跛)의 위치비정의 모순 / -미마나(みまな:任那) 4현의 위치비정의 모순 / -일본단일민족주의 파시즘 전범(戰犯)사관

비판-쓰다소키치의 일본민족단일민족론: 한일계통관계의 단절 / -쓰다사학'으로 만들어진 한일고대사의 시간과 공간』

또한 '임나'의 위치가 일본 열도에 있었다고 주장하는 '임나 대마도설'·'임나 규슈설'·'임나 오카야마설'에 대해서도 검토·정리·비판을 했다. 연구자들에게는 이 연구사 정리가 도움이 될 것이라고 본다.

그러나 단행본에 넣기에는 전체 원고 분량이 너무 많고, 연구사가 꼭 필요하지 않은 독자들에게는 지나치게 복잡할 수 있어서 본 단행본에서는 제외하기로 했다.

단행본 발간에서 덧붙이고 싶은 것은 이 책의 본문에서 '대방군'이 있는 고대 요동 지역은 현재 중국의 하북성 노룡현을 흐르고 있는 '난하'의 동쪽을 고대 요동으로 전제하고 있다는 것이다. 고대 요동에 대한 별도의 다른 연구들을 적용하지 않았고, 고대 요동을 현재 난하 동쪽으로 보는 윤내현의 연구 결과를 전적으로 적용했음을 밝혀 둔다.

이 책은 『일본서기』에서 언급되는 이른바 任那(伽羅)의 위치를 규명해 보고자 하는 의도에서 출발했다. 현재 남한과 일본의 주류 식민사학계는 『일본서기』의 '任那(伽羅)'가 경상도 김해 지역에 있었던 금관가야를 중심으로 하는 伽耶諸國들을 지칭한다고 보고 있다.

'任那'를 한반도 남부에 있었던 고대 국가 '금관가야 또는 금관가야를 포함한 6가야'라고 남한과 일본의 주류 학계인 식민사학계는 주장하고 있는데, 그 주장이 미치는 파장은 매우 참담하다. 『일본서기』에는 임나뿐 아니라 신라와 백제가 무수하게 언급되고 있다. 모든 내용은 일본천황에게 백제와 신라 그리고 임나가 복종한다는 내용이다. 그런 임나가 한반도 남부의 고대 국가 '가야'라고 주장하는 것이 현재 남한과 일본 학계의 현실이다. 이것은 고대의 강력했던 일본이 고대 한반도 남부를 지배했다는 내용으로, 일본 중고등학교 교과서에 다음과 같이 묘사되고 있다.

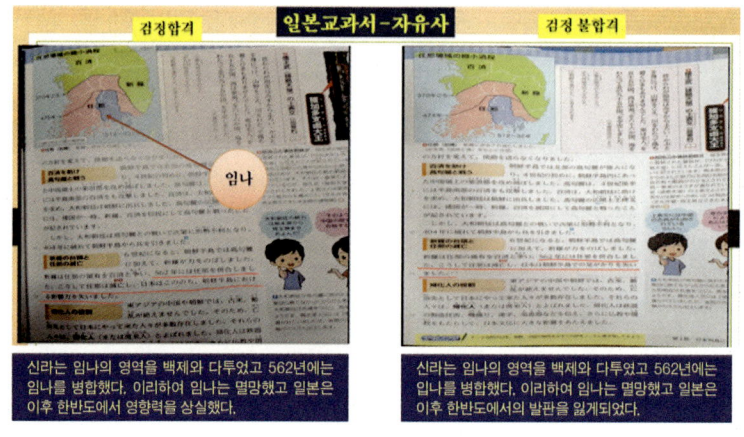

일본 자유사 역사 교과서 2021년 『검정합격』 p. 43 & 『검정불합격』 p. 43

2021년판 일본 자유사 교과서의 『검정합격』과 『검정불합격』은 현대사의 위안부 관련 내용에서 합격과 불합격이 갈라진 것이지 고대사 내용과는 관계가 없었다. 그리고 『검정불합격』을 받았을지라도 학교 교재로만 채택되지 않는 것이지 일본의 일반 시중 서점 어디서든지 『검정불합격』 교재도 구입할 수 있다.

  위의 내용을 보면 왼쪽의 『검정합격』에는 "신라는 임나의 영역을 백제와 다투었고, 562년에는 임나를 병합하였다. 이리하여 임나는 멸망했고, 일본은 이후 한반도에서 영향력을 상실했다."라고 서술되어 있다. 오른쪽의 『검정불합격』에는 "신라는 임나의 영역을 백제와 다투었고 562년에는 임나를 병합했다. 이리하여 임나는 멸망했고 일본은 이후 한반도에서의 발판을 잃게 되었다."라고 같은 내용으로 서술되고 있다. 이와 같은 설명과 함께 같은 지도에 '임나'의 영역이 충남 일대를 포함한 분홍색 부분(서기 370년과 서기 475년)에서 파란색 부분(512년~532년)으로 줄어들었다가 신라에게 병합된 것으로 그려 놓고 있다. 이것은 명백하게 고대의 '강력한 왜'가 한반도 남부에 강한 영향력을 행사하고 있었다는 것을 표명하는 것이다.

  일본 교과서에서 말하는 '고대의 강력한 왜'는 근대 이후 이어지는 '현재의 강력한 일본'이라는 국가상을 교육하기 위한 목적이다. 이 책은 '고대 강력한 일본'이 '고대 한반도 남부를 지배'했다는 논리로 이용되는 '임나=한반도 남부 고대 국가 가야'라는 논리가 근거 없는 잘못된 사실이라는 것을 밝히기 위해 쓰여졌다.

'任那伽羅'라는 말이 처음 등장하는 사료(史料)는 광개토태왕릉비문(이하 비문)이다. 비문의 400년 경자년조에 나타난다. 고구려군이 倭로부터 신라를 구원한다는 명분으로 파병되었고, 파병된 고구려군이 도착한 곳에 대한 지명으로 "至任那加羅從拔城"이라고 언급되면서 최초로 나타난다. 비문의 이 '任那伽羅'를 경상도 김해 지역을 중심으로 있었던 고대 국가 가야로 보는 것이다. 즉, 주류 식민사학계는 고구려 파병에 대한 비문 해석을 고구려군이 바다를 건너 열도로 건너갔을 가능성은 원천적으로 봉쇄하고 있다.

이에 본고는 광개토태왕릉비문에 나타나는 '倭'의 정체를 규명하고, 그 규명된 정체를 토대로 고구려군이 '倭'를 토벌하기 위해 열도 규슈에 상륙했을 가능성이 높다는 것을 논증했다. 이 논증은 먼저 '고대 倭'의 정체를 밝히는 것부터 출발해야 했다.

본고는 '고대 倭'의 정체를 규명하는 것에서 인류유전학의 연구 결과들을 정리하여 반영했다. 인류유전학의 연구 결과들은 모두 한반도에서 건너간 고대 韓人에 의해 고대 열도의 인구가 형성되었다고 말하고 있다. 그렇다면 이 인류유전학 연구 결과들을 '倭'를 기록한 한·중·일 고대 문헌과 비문 해석에 적용해야 하는 것이다.

따라서 본고는 인류유전학의 연구 결과에 근거하여 '고대 倭'의 생물학적 정체성(biological identity)이 바로 고대 韓人이라고 정의한다. 이에 따라 본고는 '고대 倭'를 '열도로 이주한 韓人'이라는 뜻에서 '韓倭'라고 정의했다. 이 '韓倭'가 한·중·일 고대 문헌과 비문에 나오는 '倭'이다. 즉, '고대 倭'는 생물학적 DNA는 韓人이지만 그 거주지가 열도였다는 것이고, 고대 문헌과 비문에 나타나는 '(韓)倭의 활동상'들을 '열도로 건너간 韓人들의 정치적 행위들'로 해석해야 한다는 것이 본고의 관점이다.

이러한 관점에 근거하여 비문의 '(韓)倭'를 해석하면, 4~5세기 당시 고구려가 어떤 지정학적 패권 야심을 가지고 있었고, 그에 따라 고구려의 패권 야심에 걸림돌이 되는 정치적 적대 세력이 누구였는지 해석할 수 있다. 즉, 고구려와 패권을 겨뤘던 적대세력은 한반도의 본토백제와 열도로 건너가서 본토백제와 결탁해 있는 규슈백제였다는 것이다. 본토백제를 도우며 결탁해 있는 규슈백제를 비문에서는 (韓)倭라고 지칭했다고 본다.

이렇게 보면 비문의 '任那伽羅'를 김해 지방에 있었던 금관가야를 비롯한 가야 여러 나라들을 '任那伽羅'라고 총칭했다는 근거는 부실해진다. 즉, 비문의 경자년조에 언급되는 任那伽羅는 한반도 남부의 고대 국가 여러 가야들을 지칭하는 것이 아니라 본토백제에 부역하는 열도의 규슈백제를 정벌하기 위해 고구려군이 도착한 곳이라고 볼 수 있다.

이에 본고는 비문의 '任那'라는 발음이 현재 정격 한자음으로 정해진 '임나'라고 발음되지 않았을 것이라고 논증했다. 4~5세기 고대에 韓人들은 지명과 인명을 표현할 때 한자의 뜻과 발음을 빌어 韓語을 표현했을 것이라고 보는 것이 합리적이다. 그러므로 지명과 인명의 표기에 신라식 향찰과 같은 방법이 광범위하게 쓰였을 것으로 본다.

 '任那'에서 '那'는 '나라'라는 우리 고유 말을 '那羅'라고 표기한 향찰이다. 그렇다면 '任' 역시 향찰(鄕札)일 가능성이 높다. '任'은 '맡을 임'으로 '맡'이라는 뜻으로 이것이 '맡=맏=우두머리'의 뜻으로 쓰여 '任'을 '맡을 → 마츨'로 발음했을 것으로 본고는 보았다. 이렇게 발음하면 '任那'는 '마츠라'로 발음이 된다. 이것은 연구자 최규성이 쓴 「여기가 임나다」에 나온 주장을 가지고 온 것이다. 현재 규슈 나가사키현 북부에는 '마츠라'와 같은 발음인 마츠우라(松浦)가 있다. 이곳 마츠우라(松浦)는 13세기 여몽연합군이 상륙했던 곳이며, 또한 『삼국지』「위지동이전」「(韓)왜전」에 나오는 '말로국(末盧國)'이다. '末盧'의 발음이 고대에 현재 정격 한자음인 '말로'라고 발음되지 않았을 것이다. 이 역시 당시 중국인들의 귀에 들린 가장 비슷한 발음의 한자를 빌어다가 표기했을 것으로 보는 것이 합당하다. 현재 마츠우라(松浦)시(市)는 시(市)의 홈페이지에 여몽연합군의 상륙지이자 『삼국지』「위지동이전」「(韓)왜전」에 나오는 '말로국(末盧國)'이 마츠우라(松浦)시(市)라고 관광 홍보용으로 게재하고 있기도 하다. 이에 본고는 비문 경자년조에 고구려군이 도착한 곳인 任那伽羅를 마츠우라(松浦)로 특정했다.

 한편, 전술했듯이 고대 문헌인 『삼국지』「위지동이전」「왜전」은 인류유전학을 근거로 「(韓)왜전」으로 보고 해석해야 한다는 것이 본고의 주장이다. 이렇게 인류유전학의 연구 결과를 적용하여 고대문헌을 해석하면 '(한)왜 여왕국 비미호(卑彌呼=히미코ひみこ)'와

'5세기『송서(宋書)』의 (한)왜 5왕'과 같은 이른바 147년간의 미스터리 기간을 해명할 수 있다. 비미호 이후 고대 문헌에서 사라졌던 '왜'가 5세기에 '왜 5왕'으로 갑자기 나타난다는 미스터리 기간인 4~5세기 당시 상황을 해명할 수 있다. 즉, 한반도 본토의 3국과 열도로 이주한 韓人들과의 정치적 관계를 재조명하는 것으로 '왜가 사라졌던 미스터리 기간'을 해명할 수 있다는 것이다.

이에 본고는 '비미호(卑彌呼=히미코(ひみこ))'를 신라의 8대 왕 아달라이사금 이후 사라진 박 씨 왕조의 후손으로 특정했으며, 倭 5왕은 고구려가 서해 패권을 장악하는 과정에서 고구려의 패권 정책의 일환으로 만들어진 것으로 정의했다.

5세기에 고구려가 서해패권을 장악할 필요성에 의해 고구려군은 규슈 마츠우라(松浦=마츠라(任那))에 상륙했다. 그 이후에 나타나는 것이 倭 5왕이다. 이 倭 5왕이『일본서기』에 전혀 나타나지 않는 것도 그 정체가 고구려의 필요에 의해 만들어진 韓人이기 때문이다. 비미호도『일본서기』에 없는데, 이것 역시 비미호(히미코(ひみこ))가 신라계 韓人이기 때문이다.

본고는 이렇게 고구려가 5세기에 열도 규슈로 진출함으로 인해 '任那'라는 말이『일본서기』에 등장하는 것으로 보았고, 그 이후 열도에서의 '任那'의 위치와 성격을 해명했다. 이것은 '任那(마츠라)'가『일본서기』에서 '任那(미마나)'로 그 명칭이 변하게 된 것과 관련이 있다.

또한, 본고는 비문의 경자년조를 근거로 고구려군이 5세기에 열

들어가며 11

도에 진출했다는 것을 기준으로 『일본서기』의 연대(年代)를 재구성하였다. 『일본서기』는 1대 천황인 신무(神武)가 서기전 660년에 즉위했다는 연도부터 문제가 있는 사서(史書)이다. 이렇게 『일본서기』 기년은 신무 즉위년부터 연대 문제에 신뢰성을 갖지 못한다. 신무가 언제 규슈를 떠나 동정을 시작해서 언제 오사카 지역에 안착하여 즉위했는가 하는 문제는 사실상 『일본서기』 전체를 관통하는 핵심적인 문제다.

이른바 서기전 667년에 규슈를 떠나서 서기전 660년에 오사카에서 즉위했다는 '신무동정'의 연대 시기 문제를 설명하는 것이 『일본서기』를 해석하는 방법의 출발점이라고 할 수 있다. 이에 대해 북한학자 김석형은 고고학 자료를 인용하여 신무가 동정을 떠난 것은 5세기 말로 보여진다는 학설을 제시했다. 제시하는 고고학 자료란 묘제의 '횡혈식 석실'이다. (북)규슈에서는 이미 이른 시기에 '횡혈식 석실'이 보편적으로 널리 나타나는데, 이 묘제는 동쪽으로 더 이상 퍼지지 못하고 있다가 5세기 말이 되면 오사카 지역에서 나타나기 시작한다는 것이다. 즉, 규슈에서 이른 시기부터 보편적으로 자리 잡고 있던 '횡혈식 석실 묘제'가 5세기 말에 이르면 오사카 지역에서 나타나기 시작하니 규슈 세력이 동쪽으로 간 시기는 5세기 말이라고 볼 수 있다는 것이다.

본고는 김석형의 학설에 동의하여 신무동정을 5세기 말로 정하고, 그것을 기준으로 『일본서기』 연대를 재배치했다. 즉, 신무동정은 5세기 초에 고구려군이 규슈에 상륙한 것으로 인해, 그 여파로 발생한 것으로 해석한 것이다.

따라서 본고는 『일본서기』의 숭신 65년(서기전 33년)조에 처음으로 나오는 '任那=마츠라' 기록이 최초 기록이라고 보지 않는다. 즉, 초출 기록은 비문의 경자년조라고 보는 것이다.

잘못된 연대 순서를 바로잡기 위해서 본고는 신무가 5세기 말에 규슈를 떠나기 전에 규슈에서 발생한 사건들이 기록된 『일본서기』의 기록들을 먼저 앞에 놓았다. 다시 말해서, 5세기 말 신무가 규슈를 떠나기 전에 규슈에서 벌어진 사건들의 기록을 신무동정 기록보다 앞에 놓아 연대를 재구성했다는 것이다. 즉, 이른바 120년 이주갑설로 기록의 신빙성에 많은 의문이 제기되는 「신공(神功: 진구)기」와 「응신(応神: 오진)기」가 그에 해당한다.

「신공기」와 「응신기」는 이른바 120년을 더하는 2주갑설에 따라 같은 기록 안에서도 어떤 기사에는 120년을 더하고 어떤 기사에는 더하지 않는 해석을 하고 있는데, 이러한 기준 없는 해석 방법은 잘못이라고 본고는 본다. 이에 본고는 「신공기」와 「응신기」는 '5세기전 규슈에서 발생한 사건들에 대한 통합적 기록'이라는 하나의 기준점을 제시했다.

즉, 120년 2주갑을 더했다 뺐다 하는 시간은 '규슈라는 공간'만을 기준으로 잡으면 그 이유가 해명이 된다는 것이다. 오직 '규슈에서 발생한 모든 사건들'이라는 것 하나만 잣대로 설정하면 120년을 더하고 빼고 하는 것은 전혀 중요하지 않게 된다. 이에 따르면 '연대는 무시하고 모두 규슈에서 일어난 사건들'이라는 공통점을 찾을 수 있게 된다.

『일본서기』는 조작된 연대로 구성되어 있다. 이 연대를 재구성하는 것은 먼저 발생한 사건들을 앞에 두는 것이다. 중국 고대 문헌인 『후한서』 「(한)왜전」와 『삼국지』 「(한)왜전」에 기록된 '왜국대란'과 '왜국대란'을 진압하고 나타난 정권인 '비미호 정권'에 대한 기록들이 제일 먼저 앞선 연대다. 그러므로 2세기~3세기에 발생한 '왜국대란'과 '왜국대란'을 진압하고 나타난 정권인 '비미호 정권'에 대한 기록들이 「신공기」, 「응신기」의 사건들보다 먼저 기록되어야 한다. 그리고 그 뒤에 3세기~4세기 기록인 「신공기」, 「응신기」가 배치된다.

이어서 5세기가 시작되는 400년에는 광개토태왕의 고구려 군대의 규슈 상륙이 발생하고, 뒤이어 5세기 말에는 신무의 동진이 일어난다. 그리고 그 이후는 숭신, 수인, 웅략, 계체, 흠명의 순서대로 서술된다. 이 기록들에 나타난 '미마나(任那)'는 '조세 징수권의 pending issue(현안 쟁점)에 있는 토지인 미마나(任那)'로 성격을 정의했다. 그에 따라 각 연대 기사에 나타난 '미마나'의 위치에 변화가 있음을 해명하였다. 이상과 같은 내용으로 연대를 재구성한 것을 정리하면 다음과 같다.

	재구성한 연대 순서
①	43년간의 왜국대란(146~189) 과 비미호- 2세기~ 3세기
②	신공기, 응신기-규슈에서 일어났던 사건들의 기록- 3세기~4세기
③	광개토태왕비문의 400년 경자년조- 고구려군의 규슈 상륙- 5세기
④	신무의 동진 -400년대 후반 즉 5세기 말 즈음(숭신기, 수인기)
⑤	웅략기 계체기 흠명기- 5세기 말에서 6세기의 상황 해석

위와 같이 본고는 『일본서기』의 연대를 재구성하였고, 각 연대의 기사에 나타나는 미마나에 대한 성격과 위치를 해설했다. 또한, 각 기사에서 논란이 되고 있는 쟁점들, 예를 들면 칠지도의 명문 해석과 같은 쟁점들에 대한 해석도 함께 해설했다.

· 차례 ·

들어가며 · 4

1장
고대 왜(倭)의 정체 - 韓倭 · 19

인류유전학으로 본 '열도 倭=韓倭' · 21
韓倭가 남긴 열도의 고대 흔적(痕迹)들 · 37
고대 문헌의 '倭'의 변천 - '倭'에서 '韓倭'로 · 93

2장
광개토태왕비문의 '(韓)倭'와
경자년(400)조의 '任那加羅' · 159

광개토태왕릉비문의 倭=韓倭 · 164
영락 8년 무술년(398)과 9년 기해년(399), 전쟁 비용과 대의명분 · 185
영락 10년(400) 경자년조의 '任那'의 위치 · 192
규슈의 韓倭들과 '任那(마츠라)'와 '가라(加羅)'의 뜻 · 205
Pax Koreana - 5세기 장수왕 서해독점패권주의 · 223
규슈의 고구려 고분 · 257

3장
『일본서기』 '미마나(任那)'의 성격과 위치 분석 · 261

비문의 '任那=맡을나=마츠라'와 『일본서기』의 '미마나' · 264
백제 무령왕(武寧王)과 『일본서기』 1대 천황 신무(神武, 진무) · 286
'みまな(미마나=任那)'의 위치로 본 『일본서기』의 재구성 · 302

4장
결론 – 비문의 마츠라(任那)에서 『일본서기』의 미마나(任那)로 · 439

참고 문헌 · 458

1장

고대 왜(倭)의 정체
- 韓倭

이 장에서는 고대 한반도 고대 국가 주민이었던 韓人들이 열도로 이주하여 열도의 인구를 형성했다는 것을 논증할 것이다. 韓人들이 열도로 이주한 것은 단지 야요이시대 초기 일부 시대에만 있었고, 그 이후로는 한인들의 이주가 거의 없었거나 아주 소수의 이주만 있었다는 현재 남한과 일본학계의 주장이 잘못된 주장이라는 것을 인류유전학으로 반박할 것이다. 인류유전학에 의하면 韓人들의 열도 이주는 야요이시대 이후 고훈시대(古墳時代)에도 수세기 동안 대거 지속되었다. 이러한 인류유전학에 근거하여 열도에서 발견되는 韓人들의 유적과 유물 흔적들을 정리하여 소개하였다. 또한, 본고는 인류유전학의 연구 결과를 금석문과 고대 문헌 해석에 전적으로 적용하여 고대 倭의 정체가 한인이라고 논증할 것이다.

인류유전학으로 본
'열도 倭=韓倭'

고대 한국인들이 열도로 이주하여 열도의 인구를 구성했다는 인류유전학의 과학적인 연구 결과들을 소개하기에 앞서, 이른바 '일선동조론' 또는 '동조동근론'이 일본제국주의자들의 한반도 침략이론으로 먼저 악용되었다는 것을 환기할 필요가 있다.

'일선동조론'의 대표 주자인 도리이 류조(鳥居 龍藏, 1870~1953)의 '일본민족 혼합민족론'은 근대 일본이 한국을 침략하는 것은 조상이 같은 상태였던 고대를 회복하는 것이라는 이론으로 활용되었다. 이것은 패전 이후 지식인들을 중심으로 전쟁을 일으킨 것에 대한 반성과 참회가 유행처럼 번지고 반전 이론과 여론들이 대세를 이루면서 '일본민족 혼합민족론'은 침략주의 선봉에 섰던 혐오 이론으로 낙인찍혔다.

그런데 이런 세태는 한일 양국 고대사 학계의 연구 경향에 큰 영향을 미쳤다. 즉, 고대 한국의 각국 주민들이 열도로 이주하여 열도의 고대사를 형성했다는 이론은 불경스럽게 여겨지며, 아예 연구조차 하지 못하게 하는 풍토를 만들었다는 것이다. 이러한 한일 양국 고대사 학계의 풍토는 현대에 들어와 역사학자들이 아닌 인류유전학자들의 연구 경향에도 영향을 미쳤다.

즉, 한일의 고대 인류학적 연관성을 연구하면, 그 결과가 고대 한인들의 열도 이주로 열도의 인구가 구성되었다는 결과가 반복되어 도출되는데, 이 결과에 대해 인류유전학자들이 '고대 한인들이 열도 고대사를 형성했다'라는 방향으로 해석하는 것을 매우 주저하게 만드는 풍토가 형성되었다는 말이다. 이에 대해 본고는 먼저 인류유전학의 연구 중 몇 개를 소개하고, 그 연구 결과가 한일고대사 해석에 현재 온전하게 적용되지 않고 있다는 것을 지적하겠다.

도쿄대학교의 하니하라 가즈로(埴原和郎, 1927~2004)는 1987년에 「고대 일본에 이주한 도래인 수의 추계 연구(Estimation of the Number of Early Migrants to Japan A Simulative Study)」를 발표했다. 이 논문은 그간 추측으로만 언급되어 왔던 도래인의 규모를 구체적인 수치로 만들어 보여 줬다. 하니하라는 유적에서 얻은 데이터의 시뮬레이션을 통해 각 시대의 인구를 추정한 고야마 슈조(小山修三, 1939~)의 연구를 활용했다. 그에 따르면 도래가 시작되는 조본시대 말기의 인구는 7만 5,800명이었으며, 도래가 끝나는 시기인 고훈시대(古墳時代)의 인구는 539만 9,800명이었다고 한다. 즉, 1000년간 무려 70배의 인구가 증가했는데, 그 1천 년 동안 한 해에 0.4%씩 인구가 증가한 셈이었다.[1] 그런데 이 인구 증가에는 자연적인 인구 증가와 도래인에 의한 인구 증가도 포함되어 있는 것이다.

하니하라는 이 연구 수치를 '조몬계'와 '도래계'로 나누어 각 각의 비율을 산출했다. 다음의 도표는 조몬시대 말기인 서기전 3세기부터 1천 년 후인 7세기 말의 '조몬계'와 '도래계'의 인구 비율을 추정 계산한 것이다. 인구 증가율은 일반적으로 초기 농경민의 인구 증가율이 0.04%이며, 최고치를 기록한 영국의 경우도 0.1%라고 하는 것에 따라 0.1%, 0.2%, 0.3%, 0.4%로 각각 설정했고, 비교를 위해 조몬시대 후기의 다른 인구로 16만 300명을 따로 설정했다.[2]

Table 3. Simulation for population sizes of the Jomon and migrant lineages in 700 A.D.

Population size		Annual growth rate (%)	No. of descendants of Jomon lineage	No. of migrants		Proportion of Jomon/migrant lineages in final stage
Initial	Final			Per year	Total	
75,800	5,399,800	0.1	206,046	3,024	3,024,156	1 : 26
		0.2	560,000	1,517	1,516,516	1 : 9.6
		0.3	1,522,485	610	610,379	1 : 3.5
		0.4	4,138,540	94	94,316	1 : 1.3
160,300	5,399,800	0.1	435,741	2,890	2,890,412	1 : 12.3
		0.2	1,184,466	1,321	1,320,869	1 : 4.6
		0.3	3,219,712	343	343,196	1 : 1.7

Hanihara, 1987 : 396

---

1) 세키네 히데유키, 『일본인의 형성과 한반도 도래인』, 경인문화사, 2020, p.258~259
2) 세키네 히데유키, 위와 같은 책, p.259~260

앞의 표에서 도래인의 숫자가 가장 많이 산정되는 경우는 초기 인구 7만 5,800명이면서 연 증가율이 0.1%인 경우다. 이 경우 7세기 시점에 '조몬계'는 20만 6,046명이고, 도래인은 한 해 평균 3,024명으로, 1천 년간 총 302만 4,156명이 이주한 것이 된다.[3] 위의 도표에 따르면 각 선택지에 따라 결과가 달라진다는 것을 알 수 있다. 하니하라는 이 선택지에서 인구 증가율을 0.2%로 설정한 경우, 조몬계는 56만 명이고, 도래인은 총 151만 6,516명이 이주한 것이 되어, 조몬계 대 도래계의 인구 비율이 1:8.6이 되는 것을 선택하여 인구 비율을 추정했다. 이에 대해 하니하라는 이 논문의 abstract에 다음과 같이 썼다.[4]

··· 아시아 대륙에서 이주한 도래인 수는 7세기까지 100만 명이 넘는 것으로 추정되며 고훈시대와 초기 역사 시대의 조몬계 혈통과 도래계 혈통의 인구 비율은 적어도 서일본에서는 대략 1 : 9 또는 2 : 8로 추정된다. ···

··· The total number of migrants from the Asian Continent is estimated to be more than a million by the 7th century and the proportion of the populations of native Jomon and migrant lineages was supposed to be roughly 1:9 or 2:8 in the protohistoric

---

3) 세키네 히데유키, 위와 같은 책, p.260
4) 세키네 히데유키, 위와 같은 책, p.261

Kof un and early historic ages, at least in west Japan. ···5)

하니하라는 7세기에 일본 열도에 거주한 사람 중에 80~90%가 한반도 도래인의 혈통이었을 것으로 추정했다. 하니하라 전에는 도래인의 규모를 막연하게 추측만 했을 뿐이었다. 그런데 하니하라의 이 논문은 막연한 추측을 직접적인 추정 수치로 보여 주었다. 도래인계의 추정 비율이 예상보다 높게 나왔던 것인지, 하니하라는 "예상을 넘는 수의 도래인이 일본으로 들어갔다.(予想を越える 数の渡来者が 日本に入った)6)"라고 썼다.

하니하라의 이 연구는 조몬시대 말기부터 고훈(고분)시대가 끝나는 7세기까지인 고대 일본 열도의 인구 구성이 어떻게 이루어졌는지 과학적 추정을 가능하게 만들었다. 즉, 이 고대 시기에 열도로 이주한 이주민들의 출신 고대 국가를 따져본다면 한반도 고대 국가였던 가야, 신라, 백제, 고구려 주민들이었다는 추정은 과학적 근거가 있는 것이다.

다시 말하면, '고대 왜=한반도 고대 국가 이주민'이다. 이것을 인식한다면 '왜'에 관한 고대 문헌들을 분석할 때 'DNA가 다른 어떤 다른 혐오적인 인종이나 종족에 관한 기록'으로 접근하는 태도를 바꿀 수 있다.

즉, 중국 고대 문헌의 '왜전'들은 '韓왜전'이다. 고대 韓人들에 관

---

5) Hanihara, 1987 : 391
6) Hanihara, 1987 : 402

한 중국 측 고대 기록인 '각 문헌 동이열전들의 부여, 한, 고구려, 백제, 신라의 별책 부록 외전(外傳)'으로 '고대 한국사에 포함하는 기록'으로 분석하면서 읽어야 한다. 또한,『삼국사기』「신라본기」에 신라만 공격하는 것으로 나타나는 '왜'도 '열도로 이주한 韓人'이라는 것을 인식해야 한다. 즉,「신라본기」의 '韓倭'가 신라만 공격하는 '韓人'으로 '신라'에게 원하는 어떤 정치적 목적이 분명한 '한인 집단'이라는 관점을 가지고 신라만 공격하는「신라본기」의 '왜'를 해석해야 한다.

그러므로 당대 정치로 당대 신라를 둘러싼 국제정치와 신라 내부 지배 집단 안에서의 파벌 정치 투쟁의 관점으로 '신라와 신라만을 공격하는 韓倭'를 해석해야 한다. 인류유전학의 연구를 인정한다면『일본서기』도, 광개토태왕릉비문의 '왜'도, 모두 '열도로 건너간 한반도 고대 국가 주민들이 열도에서 어떻게 살았는지, 어떤 정치적 패권 투쟁을 했던 것인지'에 대한 기록이라는 것을 인정할 수 있다.

물론 하니하라는 위의 논문과 이후 계속 이어진 연구 논문에서도 도래계 주민들이 한반도 고대 국가 주민들이라고 언급하지는 않았다. 이것은 전술했듯이 역사학에서 '동조동근론'이 '전쟁 침략 선동 혐오이론'으로 낙인찍히면서, 그 이후 열도의 모든 학문적 연구가 '한반도 주민들과 일본 열도 주민들의 뿌리가 같음'을 언급해서는 안 되는 방향으로 진행되었기 때문이다. 이제는 인류유전학 연구 결과를 보겠다.

일본의 인류유전학의 선구자인 도쿄대학교의 오모토 게이치(尾本惠市, 1933~)는 일찍이 한국인과 일본인의 계통 관계에 주목해 왔다. 아래의 그림은 23개의 고전적 유전 마커를 사용해서 세계 25개 집단 간의 유전적 계통 관계를 도식화한 것인데, '본토 일본인(아이누와 오키나와 집단을 제외한 일본인)'과 '한국인'이 매우 가까운 관계에 있다는 것을 한눈에 보여 준다.[7]

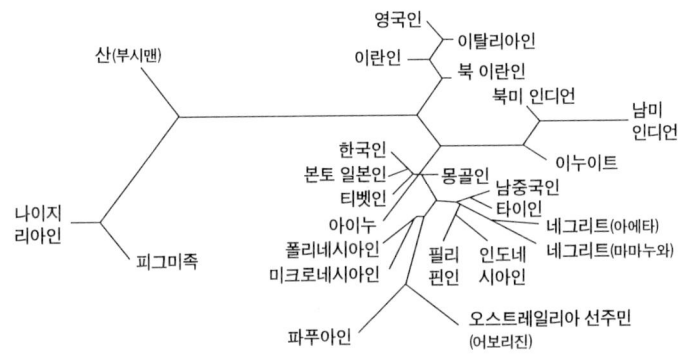

DNA 데이터에 의한 세계 25개 집단 계통 관계(尾本 1996:114)

본토 일본인이란 4개의 섬으로 이뤄진 열도 섬 중에서 제일 큰 섬인 중앙에 있는 혼슈의 일본인을 뜻한다. 현재 이 본토 일본인의 유전자와 한국인의 유전자가 25개 집단 중에서 제일 가까운

---

7) 세키네 히데유키(가천대학교), 「일본 고고학자의 한반도 도래인 인식 -일본 인류학자와의 대조를 통해서-」, 『東아시아 古代學 第42輯(2016. 06.)』, 2016, p.252

유전자다. 이것이 의미하는 것은 하니하라가 조몬시대 말기부터 고훈시대가 끝나는 7세기까지의 도래인의 규모가 열도의 인구 구성에서 80~90%를 차지했다고 추정되는 결과를 보여 준 것과 같은 결론을 보여 주는 것이다.

즉, 지금으로부터 1500년 전이 고훈시대가 끝나는 7세기다. 그 고훈시대가 끝난 7세기 이후 1500년이 흘러 오늘 현재가 되었는데, 혼슈 일본인과 한국인의 유전자 유사도가 가장 높다는 것은 1500년 전에 지속적인 대규모의 한반도 고대 국가 주민들의 이동이 있었다는 것을 의미한다.

현재 한일고대사 학계는 야요이시대가 한반도 고대 국가 주민들인 도래인에 의해 시작되고 전개되었다는 것은 인정하지만, 서기 3세기 중반부터 시작되는 고훈시대부터는 도래인이 없었거나, 있었다고 하더라도 열도의 인구 구성에 영향을 미치지 않는 수준의 소수였다고 보고 있다. 또한 도래인들이 열도에 도착한 것은 백제가 멸망한 7세기 이후지 그전인 3~6세기에는 도래인들이 거의 없었다고 주장하고 있다. 따라서 이런 관점은 위의 하니하라와 오모토 게이치의 연구 결과를 인정하지 않는다. 실제 현재 학계에서는 이들의 연구가 잘못되었다는 것을 증명하기 위한 연구도 활발하게 진행되고 있다.

다른 유전자 연구를 또 보겠다. 도쿄대학교의 도쿠나가 가쓰시(德永勝土, 1954~)는 HLA 유전자군을 통해 야요이시대 이후 일본 열도에 도래한 선조 집단의 이주 경로를 추정하였다. [그림 1-2]는 경로를 달리하는 4가지의 집단이 일본으로 이주한 모습을 제시하고 있는데, ❸ 이외는 모두 한반도를 경유해서 도래하고 있다는 것을 보여 준다.[8]

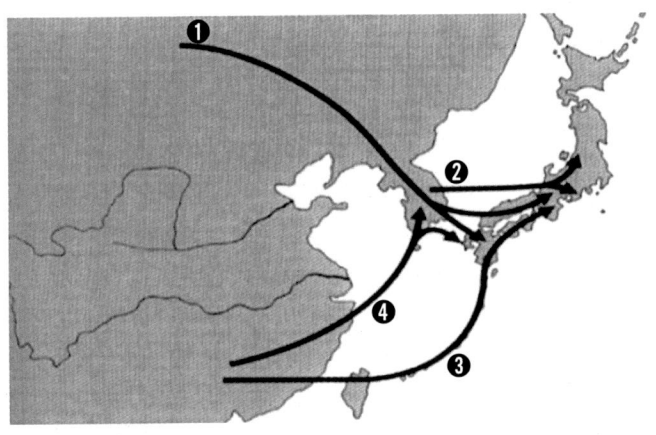

추정된 일본 열도 이주 경로(德永 1995:160)

또한, 국립유전학연구소의 사이토 나우야(斎藤成也, 1957~)도 「The history of human populations in the Japanese Archipelago inferred from genome-wide SNP data with a special reference to the Ainu and the Ryukyuan populations」에서 다음에 나올 그림과 같이 유전적으로 아이누 집단과 오키나와 집단

---

[8] 세키네 히데유키, 위와 같은 논문, p.252

이 가장 가깝고 본토 일본인 집단은 양자의 중간에 위치하는 동시에 한국인과 같은 클러스터에 속한다는 결과를 얻었다는 것을 발표했다.[9]

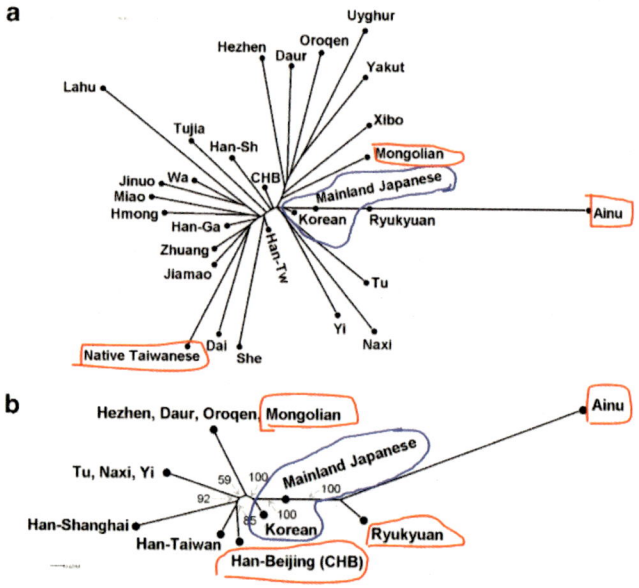

Phylogenetic trees for the three Japanese populations and other Asian populations[10]

---

9) Japanese Archipelago Human Population Genetics Consortium, The history of human populations in the Japanese Archipelago inferred from genome-wide SNP data with a special reference to the Ainu and the Ryukyuan populations.", Jornal of Human Genetics. 57(12), 2012, p.787-795 / 세키네 히데유키, 위와 같은 논문, p.252 재참고

10) Japanese Archipelago Human Population Genetics Consortium, The history of human populations in the Japanese Archipelago inferred from genome-wide SNP data with a special reference to the Ainu and the Ryukyuan populations.", Jornal of Human Genetics. 57(12), 2012, p.792

앞의 그림에 의하면 한국인과 혼슈 일본인의 유전자 유사도가 몽골리안과 중국의 베이징인, 대만인들보다 높다. 이 연구 결과 역시 하니하라가 추정 수치로 보여 준 서기전 3세기부터 서기 7세기까지 열도로 들어간 도래인들의 비율이 조몬인들에 비해 최소 8배 이상이었다는 것을 증명해 주는 연구 결과로 해석할 수 있다. 즉, 서기전 3세기부터 7세기까지의 도래인의 규모에서 고훈시대가 시작되는 3세기 중반부터는 열도의 인구 구성에 영향을 줄만큼의 외부 인구가 유입되지 않았다는 주장으로는 현재의 한국인과 혼슈 일본인의 높은 수준의 유전자 유사도를 설명할 수 없다는 말이다. 고대 한국인의 대규모 열도로의 인구 유입이 있었기 때문에 1,500년이라는 세월이 지난 현재까지도 그 흔적이 남아 있는 것이라는 설명이 가장 적합한 설명이다.

한편, 위의 그림에서 혼슈 일본인의 유전자 유사도가 몽골리안보다 한국인이 더 높다는 것은 열도 도래인 중에 대륙 만주에서 한반도를 거쳐 열도로 건너갔다는 이른바 '북방민족 열도 도래론'은 한반도 고대 국가 이주민들에 비해 그 규모가 크지 않았다는 것도 보여 주는 근거가 된다.

이것은 2021년에 네이처지에 동북아 지역에서의 트랜스유라시어(Japanese, Korean, Tungusic, Mongolic and Turkic) 확산이 청동기 시대의 농경의 확산과 관련이 있다고 발표한 논문 「Triangulation supports agricultural spread of the Transeurasian languages」의 내용과도 일치한다. 아래 지도는 이 논문에서 말하는 청동기

시대에 트랜스 유라시아 사용자들의 확산이 농경의 확산 지역과 일치한다는 것을 보여 주는 지도다.

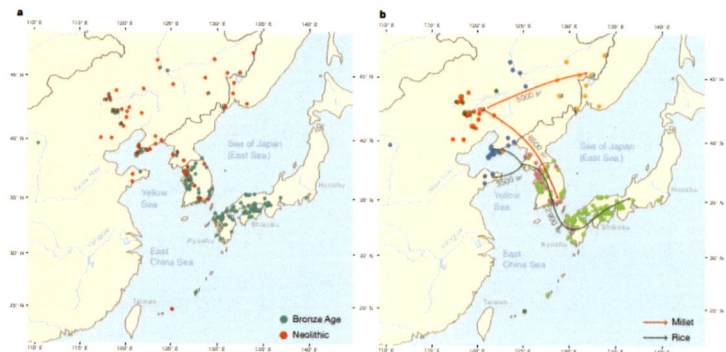

2 | Spatiotemporal distribution and clustering of sites included in the archaeological database. a, Geographical distribution of 255 sites from the Neolithic (red) and the Bronze Age (green). b, Coloured dots cluster the investigated sites according to cultural similarity in line with Bayesian analysis in Supplementary Data 25, with indication of the spread of millet and rice in time and space. The distribution of archaeological sites in Fig. 2 is smaller than that of contemporary languages in Fig. 1 because we focus on the early dispersal of the linguistic subgroups in the Neolithic and the Bronze Age and on the links between the eastward spread of farming and language dispersal[11]

위의 지도는 청동기가 확산된 지역과 쌀 농경이 확산된 지역이 일치하고 있다는 것을 보여 준다. 이것은 한반도의 남부 지역에서

---

11) Martine Robbeets, Remco Bouckaert, Matthew Conte, Alexander Savelyev, Tao Li, Deog-Im An, Ken-ichi Shinoda, Yinqiu Cui, Takamune Kawashima, Geonyoung Kim, Junzo Uchiyama, Joanna Dolińska, Sofia Oskolskaya, Ken-Yōjiro Yamano, Noriko Seguchi, Hirotaka Tomita, Hiroto Takamiya, Hideaki Kanzawa-Kiriyama, Hiroki Oota, Hajime Ishida, Ryosuke Kimura, Takehiro Sato, Jae-Hyun Kim, Bingcong Deng, … Chao Ning, 「Triangulation supports agricultural spread of the Transeurasian languages」, Nature volume 599, p.616-621, 2021, p.618

청동기로 농경을 하던 사람들이 열도로 이주했다는 것을 보여 준다. 이에 비해 위의 지도는 또한 한반도 북부와 만주 일대에서 청동기와 관련하여 농경을 했던 사람들이 열도로 이주해 갔다는 흔적은 보여 주지 않는다. 다시 말해, 청동기 농경시대에 열도로 이주한 주민들은 한반도 남부 거주 주민들이라는 것이다. 즉, 이러한 모든 연구들이 보여 주는 것은 열도로 건너가 동석병용시대인 야요이시대를 열고, 그 이후에도 지속적으로 대단위 숫자로 열도로 건너가 열도의 주민을 형성한 주역은 한반도 남부의 신라 가야 백제 주민들이었다는 것이다.

그런데 일본의 고고학계는 이러한 인류유전학의 연구 결과를 반영하지 않는다. 세키네 히데유키(關根 英行 1962~2023)는 일본 고고학계가 유전학 연구 결과를 부정적으로 평가하는 유형을 다음과 같이 4가지 유형으로 분류했다.

첫째, 야요이시대의 도래는 체질인류학자가 주장한 만큼 양적으로 많지 않았으며, 시기적으로도 야요이시대 조기에 제한되며, 그 후의 추가 도래는 없었다.

둘째, 야요이시대 조기에 규슈 북부에 도래한 소수의 도래인은 당지에 정착하여 높은 인구증가율로 인구를 증가시켰다.

셋째, 도래인은 규슈 북부에서 어느 정도 번식한 후, 일본 전국으로 이동하며 각지에 한반도 도래인의 체질과 유전자를 확산하였다.

넷째, 야요이문화의 형성은 도래인에 의한 정복으로 이루어진 것이 아니라 어디까지나 조몬인이 주체적으로 도래인과 그 문화를 수용하는 형식으로 이루어졌다.[12]

세키네 히데유키가 지적한 것은 한마디로, 일본 고고학계는 인류유전학의 연구 결과를 무시하며, 야요이시대에 도래인이 열도에 상륙했다고 해도 그 규모가 열도의 인구를 형성할 만큼의 숫자는 아니었고, 상륙한 도래인들이 조몬인과 혼혈을 이룬 인구의 숫자가 많이 형성되면서 도래인들은 결국 조몬인들에게 흡수되었다는 것이다. 그래서 열도 주민들의 정체성은 도래인에게서 찾을 수 없고, 도래계인과 혼혈이 된 조몬인들이 많아졌다는 것에서 찾아야 한다고 주장한다.

일본 고고학계의 이러한 태도는 명백하게 비과학적이며 반지성적인 태도다. 또한, 명백하게 일본의 근대 침략적 국가주의를 고대에 적용한 연구 관점이며, 배타적 인종주의적 혐오가 깔린 비학문적 몰상식으로 규정할 수 있다.

대륙과 떨어져 바다를 건너야 하는 섬나라의 인구 구성은 언제나 바다를 건너온 인족들에 의해서 인구가 형성되었다는 것은 영국에서도, 호주에서도, 미국에서도 확인할 수 있는 인류 역사 흐름의 보편성이다. 미국이라는 나라는 원주민들이 만든 나라가 아

---

12) 세키네 히데유키, 『일본인의 형성과 한반도 도래인』, 경인문화사, 2020, p.341

니다. 유럽인들이 건너가서 미국이라는 나라를 만든 것이다. 일본도 마찬가지다. 일본의 원주민들이 일본을 만든 것이 아니다. 7세기 이후 '일본'이라는 정치적 독립체를 정체성으로 선택하여 본토로부터 분리된 독립된 자아를 만들어 간 것은 열도로 건너간 본토의 가야, 신라, 백제 주민들인 것이다.

이에 대해 미국도, 영국도, 호주도 바다 건너 들어온 사람들이 나라를 만들었다는 것에 대해 어떤 민족적·인종적 편견 없이 받아들인다. 그런데 현재 지구상에서 오로지 일본이라는 나라만이 배타적 국가주의에 근거하여 '근대에 일본보다 뒤처졌던, 일본보다 열등하다고 여겨지는 한국으로부터 유입된 사람들에 의해 일본의 고대가 형성되었다는 것을 인정할 수 없다'는 다분히 인종주의적 폄하와 혐오와 혐한의 정서가 깔린 근대 국가주의 관점으로 고대를 해석하고 있는 것으로 보인다.

일본의 지식인 사회가 전후에 '일본민족 복합민족설'이자 '동조동근론'을 배척한 것은 '침략전쟁을 미화하는 이론'이라는 비판적 인식에 근거한 것이었다. 그런데 현재 일본 고고학계가 인류유전학의 연구 결과들을 고고학에 반영하지 않는 것은 전후 일본 지식인 사회가 '동조동근론'을 배격한 이유와 같은 것이 아니라, 그 '동조동근론'이 '침략전쟁이론'이라는 비난에 쏠려 가면서 오로지 '일본민족 단일민족'이라는 '쓰다소키치 학설'만이 일본학계를 유일하게 독점하게 된 결과에 따른 것이다.

한편, 도래인계가 일본 열도 인구 구성의 80~90%를 형성했다는 추정 수치를 산출해 낸 하리하나를 포함한 인류유전학자들도 열도로 들어간 도래인계가 만주를 비롯한 대륙에서 기원했을 것에 더 초점을 맞추는 경향이 강하다. 하니하라는 도래인계를 표현할 때 일관되게 '동북아시아계 집단'이나 또는 '퉁구스계 집단'이라는 용어를 사용한다.[13] 이러한 용어 사용은 다분히 '한반도 고대국가'를 패싱하기 위한 의도가 깔려 있는 것으로, 현대 한국인들의 조상인 고대 한반도 한국인들이 열도로 대거 이주한 것을 직접적으로 언급하고 싶어 하지 않는 의식의 작용으로 보인다.

이상에서 소개한 인류유전학 연구 외에도 많은 인류유전학 연구 결과들이 있지만, 본고에서 그 분야만을 다룰 수는 없다. 전체적으로 인류유전학의 연구 결과는 현재 혼슈 일본인의 유전자와 한국인의 유전자의 유사도가 다른 어떤 집단들에 비해 높다는 것이다. 이런 연구 결과는 대체로 공통적이다. 그렇지만 이런 결과가 한국과 일본 고대사 학계에 전면적으로 반영되고 있지 않다는 것에서 역사 왜곡 문제가 발생하고 있다는 것을 본고는 지적하고 싶다.

분명한 것은, 인류유전학의 연구 결과에 따르면, 열도로 이주한 한반도 고대 국가 한인들에 의해 열도 고대사가 시작되고 전개되었다는 것이다. 따라서, 과학적인 근거에 의해 '왜=韓倭'라는 인식을 전제로 한일고대사를 해명해야 한다고 본다.

---

13) 세키네 히데유키, 위와 같은 책, p.278

韓倭가 남긴
열도의 고대 흔적(痕迹)들

대마도의 한왜(韓倭)

『삼국사기』「신라본기」 실성이사금 7년(408)에는 다음과 같은 기록이 있다.

> "봄 2월에 왕이 왜인(倭人)이 대마도(對馬島)에 군영을 설치하고 무기와 군량을 쌓아 두어 우리를 습격하려고 한다는 말을 듣고서, 그들이 일어나기 전에 우리가 먼저 정예 군사를 뽑아 적의 군영을 격파하고자 하였다.(七年, 春二月, 王聞倭人於對馬嶋置營, 貯以兵革資粮, 以謀襲我, 我欲先其未發, 揀精兵擊破兵儲.)"[14]

대마도의 한왜가 본토 신라를 침략하기 위한 전쟁 준비를 하고

---

14) 『삼국사기』「신라본기」 권 3 실성이사금 7년(출처 번역: 한국사데이터베이스)

있다는 얘기를 들은 실성왕이 신하들과 대책을 논의했다는 기사이다. 이때, 실성왕은 결국 서불한(舒弗邯) 미사품(未斯品)의 반대로 방어적 선제공격은 하지 못했다.

이 기사는 열도의 '한왜'가 대마도를 본토 신라를 공격하기 위한 전진 기지로 사용하고 있었다는 것을 보여주고 있다. 또한, 대마도는 외부에서의 꾸준한 보급이 필요한 섬이므로, '왜인이 군영을 설치하고 무기와 군량을 쌓아 두어(倭人於對馬島置營, 貯以兵革資糧)'라는 문구로 규슈에서 대마도로의 지속적인 보급이 이뤄지고 있었다는 것도 알 수 있다.

실제 대마도에서는 『삼국사기』의 기록에 보이는 것처럼 전쟁 관련 유물들이 출토되고 있다.

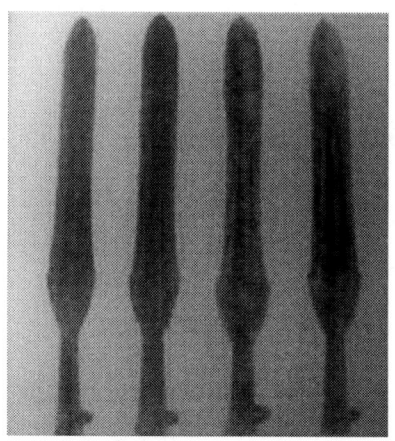

대마도 토요타마쵸오츠나(豊玉町大綱) 출토 동모(銅矛), 야요이후기(1세기~3세기)[15]

---

15) 사진 출처: 対馬の名石館(https://mitsusima.jugem.jp/?eid=369)

대마도에서는 위의 사진과 같은 광형동모(広形銅矛) 140개가 발견되기도 하여 청동기 왕국이라는 별명이 붙여지고 있기도 하다. 대마도에서 발견되는 청동검 종류는 중국에서 제작된 것과 일본에서 제작된 것들도 있지만, 주로 고대 한반도에서 제작된 것들이다.

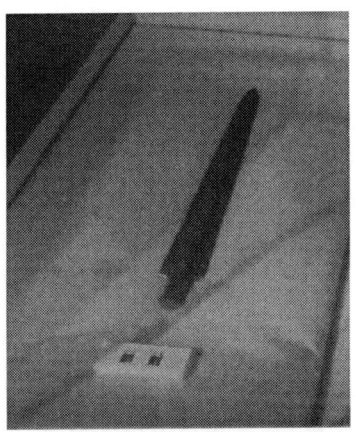

고조선 세형 동검- 대마도 민속 박물관[16]

대마도의 원래 명칭은 진도(津島)였다고 한다. 津島의 일본어 발음은 つしま(츠시마)로, 대마도와 발음이 같다. 고대 한반도 주민이 열도로 건너갈 때 나루터로 삼았던 섬이라는 뜻에서 津島라고 했던 것이, 말(馬) 자가 들어가는 對馬島로 어느 때에 바뀐 것으로 보고 있다. 섬의 모양이 말(馬)이 마주 보고 있는 모양이라 대마도라고 했다는 설도 있고, 한반도의 마한을 바라보고 있기 때문에

---

16) 사진 출처: 유튜브 채널 〈대한사랑〉

대마도라고 했다는 설도 있다.[17]

　대마도에는 주로 신라, 가야와 관계있는 지명(地名)과 신사(神祠)들이 많이 있다. 신라는 시라기(白木 しらぎ)라고 하는데, 그 어원에 대해서는 각 설이 분분하다. 일본어로 城을 기(ぎ) 혹은 키(き)라고 읽는 경우가 있는데, 후쿠오카(福岡) 다자이후(大宰府)의 수성(水城)을 미즈기(みずぎ), 오노성(大野城)을 오노기(おおのき)라고 한 것이 그 예다. 이때 성을 '기'라고도 읽는 경우는 나라의 기반(基盤)이란 인식의 기(基)에서 연유한 것으로 보인다.[18]

　『동국여지승람』 권 23 「동래(東萊縣)」「산천(山川)」 조에는 대마도가 신라의 땅이었다고 인식하고 있었다는 다음과 같은 기록도 있다.

　　　대마도(對馬島) 곧, 일본의 대마주(對馬州)이다. 옛날엔 우리 신라[鷄林]에 예속되었었는데, 어느 때부터 일본 사람들이 살게 되었는지는 모르겠다.(對馬島卽日本國對馬州也舊隸我鷄林未知何時爲倭人所據)[19]

　주로 白(시로, しろ) 자가 들어가는 지명이 신라인데, 시라에(白江, しらえ)와 시라코(白子, しらこ)라는 마을은 신라인들만 모여 사는 마을로 유명하다.[20] 대마도 공항 가까운 곳에는 서라벌(徐羅伐)이라

---

17) 김향수, 『일본은 한국이더라』, 문학수첩, 1995, p.264
18) 부산일보, 〈잃어버린 우리땅 대마도〉 신라지명, 부산일보도쿄지사장 최성규, 1999-03-01(https://www.busan.com/view/busan/view.php?code=19990301000543)
19) 한국학중앙연구원, 디지털장서각(https://jsg.aks.ac.kr/)
20) 김향수, 위와 같은 책, p.266

는 지명도 있다. 또 계치(鷄智)라는 지명이 있는데, 이것은 '계림국(鷄林國)을 잊지 말자(智)'고 하여 붙여진 이름이라는 말이 전해지고 있다.[21] 신라인을 神으로 모시는 신라神社가 있는데, 시시키신사(志志岐神社)와 시라기신사(新羅神社)가 있다.

한편, 대마도의 전설은 대부분 가야와 관계된 것이다. 대마도 북부에 있는 시다루(志多留)에는 사토노카미야마(里神山)가 있다. 이 산에는 가라쿠라(神座)라고 불리는 성지(聖地)가 있는데, 이곳이 성지가 된 이유를 말해 주는 전설이 내려오고 있다. 전설은 가야인(伽耶人)들에 관한 내용이다.

> 아득한 옛날 시다루 해변에 커다란 항아리가 떠내려왔다. 항아리가 말하기를 '나는 가라(加羅)에서 왔다. 가라가 보이는 장소에 있고 싶다.'라고 했다. 마을 사람들은 항아리에서 들려오는 말대로 사토노카미야마 위에 안치시켜 놓았는데 바닷물이 밀려와 만조가 될 때는 항아리에 물이 가득 차 넘쳤고, 간조 때가 되면 항아리에 물이 없어졌다.[22]

이와 같이 전설의 내용은 가야인들이 대마도에 정착한 것에 관한 내용이다. 고대 가야인들이 대마도에 와서 정착하거나 또는 잠시 머물러 있다가 열도 규슈로 들어가거나 했던 역사들로 인해 대마도는 '가라사토노시마(韓鄕之島)' 또는 '가라시마(韓島)', '가라소

---

21) 김향수, 위와 같은 책, p.267
22) 김향수, 위와 같은 책, p.272

(韓蘇)'라고도 불렸다. 또한, 일본 신화의 최고의 신(神)인 아마테라스 오미카미(天照大御神)의 남동생 스사노오(素戔嗚)가 처음 온 곳이 대마도의 미쓰미네야마(三峯山)라는 곳인데, 이곳에서부터 스사노오의 후손들이 퍼져 살았으며, 그 스사노오 후손 일족들을 모시는 신사가 대마도 전체에 50여 군데에 있다.[23] 이때 스사노오는 가야계 왕자로 여겨진다. 즉, 신대(神代)의 일본 개국신들이 가야에서 대마도로 왔다고 보는 것이다.

고구려와 백제에 관한 유적은 신라, 가야에 비해 상대적으로 적은 편이다. 대마도의 상도(上島) 북단에는 와니우라(鰐浦) 포구가 있다. 그 포구에서 조금 떨어진 곳에 한반도를 마주 보고 있는 산이 있는데, 이 산의 이름이 고려산(高麗山)이다. 이때의 고려는 물론 고구려를 말하는 것이다.

한편, 대마도의 하도(下島)인 시모섬 서쪽 해안에는 스사(須佐) 항구가 있다. 이 스사항구 인근에 은산상신사(銀山上新社)가 있는데, 이 신사의 제신이 백제인이라고 전해지고 있다.[24]

---

23) 김향수, 위와 같은 책, p.273
24) 김향수, 위와 같은 책, p.271

규슈의 한왜(韓倭)

(1) 규슈의 가야

『일본서기』신대(神代)와 『고사기(古事記)』에는 천손강림(天孫降臨) 신화(神話)가 나온다. 신화는 여러 가지 버전으로 전해 오는 내용들을 기록하고 있다. 따라서, 대체로 같은 내용이지만 세부적인 부분들은 조금씩 다르다. 전체적으로는 비슷한 내용이므로 여기서는 『일본서기』신대(神代) 하(下)와 『고사기』의 니니기노미코토(瓊瓊杵尊/邇邇藝名) 이야기 중 일부분을 소개하겠다. 니니기노미코토는 일본 천황가의 직계 시조가 되는 신으로 서술되어 있으며, 태양의 여신 아마테라스(일본어: 天照 アマテラス[*])의 손자로서 천손(天孫)이라고 호칭한다. 신대(神代)의 니니기노미코토는 1대 일본천황인 신무(神武 진무)의 중조부라고 천황의 전설적 가계 족보로 이어지고 있다.

    『일본서기』神代 下… 이때 고황산령존이 신성한 이불(眞床追衾)로 황손 천진언언화경경저존(天津彦彦火瓊瓊杵尊: 아마츠히코히코호노니니기노미코토)을 덮어서 내려보냈다. 황손은 천반좌(天磐座: 아마노이하쿠라)[天磐座는 아마노이하쿠라(阿麻能以簸矩羅)라고 읽는다.]를 떠나 또 하늘의 팔중(八重) 구름을 헤치고 그 위세로 길을 헤치고 나가 일향(日向: 히무카)의 습(襲: 소)의 고천수봉(高千穗峯: 타카치호)에 강림하였다. 그리고 황손이 나아가는 모습은 신비한 (穗日) 이상(二上: 후타카미)산의 천부교(天浮橋: 아마노우키하시)로부터 내려와⋯ 황손이 "나라가 있는가, 없는가."라고 물었다. 이에 "여기에 나라가 있습니다. 바라건대 마음대로 하십시오."라고 대답하였다⋯.[25]

『고사기』⋯ 니니기노미코토(邇邇藝名)는 천지석위(天之石位)를 떠나 여러 겹으로 쳐진 하늘의 구름을 가르고 위세 있게 길을 헤치고 천부교(天浮橋)로부터 우기사마리(宇岐土摩理)라는 곳에 위엄 있게 내려서서, 쯔쿠시(竺紫) 히므카(日向) 다카치호(高天穗)의 쿠지후루타케(久土布流多氣)로 내려왔다. ⋯ 니니기노미코토가 말하기를 "이곳은 가라쿠니(한국)을 바라보고 있고 가사사(笠沙)와도 바로 통하고 있어 아침 해가 비치는 나라, 저녁 해가 비치는 나라이다. 그러므로 여기는 정말 좋은 곳이다."라며 ⋯ 궁궐을 짓고 지붕 위에 하늘(高天原)을 향해 기다란 나무를 높이 올리고 그곳에서 살았다.[26]

---

25) 『일본서기』 권 2 신대 하 于時, 高皇産靈尊, 以眞床追衾, 覆於皇孫天津彦彦火瓊瓊杵尊使降之. 皇孫乃離天磐座[天磐座, 此云阿麻能以簸矩羅], 且排分天八重雲, 稜威之道別道別而, 天降於日向 襲之高千穗峯矣. 旣而皇孫遊行之狀也者, 則自穗日二上天浮橋, 立於浮渚在平處[立於浮渚在平處, 此云羽企爾磨梨陀毗邇而陀陀志.], 而膂宍之空國, 自頓丘覓國行去[頓丘, 此云毗陀烏. 覓國, 此云矩貳磨儀. 行去, 此云騰褒屢.], 到於吾田 長屋 笠狹之碕矣. 其地有一人, 自號事勝國勝長狹. 皇孫問曰, 國在耶以不. 對曰, 此焉有國. 請任意遊之. 故皇孫就而留住. 時彼國有美人, 名曰鹿葦津姬[亦名神吾田津姬. 亦名木花之開耶姬.]. 皇孫問此美人曰, 汝誰之女子耶. 對曰, 妾是天神娶大山祇神, 所生兒也. 皇孫因而幸之. 卽一夜而有娠. 皇孫未信之曰, 雖復天神, 何能一夜之間, 令人有娠乎. 汝所懷者, 必非我子歟. 故鹿葦津姬忿恨, 乃作無戶室, 入居其內, 而誓之曰, 妾所娠, 非天孫之胤, 必當燋滅. 如實天孫之胤, 火不能害. 卽放火燒室. 始起烟末生出之兒, 號火闌降命[是隼人等始祖也. 火闌降, 此云褒能須氣里.]. 次避熱而居, 生出之兒, 號彦火火出見尊. 次生出之兒, 號火明命[是尾張連等始祖也.]. 凡三子矣. 久之天津彦彦火瓊瓊杵尊崩. 因葬筑紫 日向 可愛[此云埃.]之山陵.(출처 번역: 동북아역사넷)

26) 김향수, 위와 같은 책, p.170

위의 신화는 『삼국유사』 「가락국기」의 신화와 같은 내용이다. 「가락국기」에서는 김수로왕과 5가야왕들이 들어 있는 "붉은 보자기에 싸인 금합(紅幅裹金合)"이 하늘에서 내려온다. 신대기와 고사기에서 니니기노미코토는 "신성한 이불(眞床追衾)"에 덮여 하늘에서 내려온다. 강림한 장소 "쿠지후루타케"의 '쿠지'는 가락국기의 '구지봉(龜旨)'의 '구지'와 같다.

한편, 금관가야의 수로왕의 후손들이 규슈로 건너갔다는 설화는 『삼국유사』 「가락국기」나 『삼국사기』 「신라본기」에는 기록된 바가 없으나, 한반도의 김해 지역과 규슈 남부 지역에 공동으로 전해져 오고 있다. 김수로왕과 허황후의 후손들에 대한 이러한 설화는 허황후의 오빠인 장유화상(長遊和尙) 허보옥(許寶玉)에 관한 내용에 섞여서 불교 사찰 기록으로 전해져 오고 있다.

장유화상과 김수로왕과 허황후의 7왕자에 대한 설화들은 경남 김해에 있는 장유사(長遊寺)와 지리산 하동에 있는 칠불사(七佛寺)의 기록들에서 나타난다. 김해시 대청동 불모산(佛母山)에 있는 장유사에는 장유화상의 사리탑과 가락국사장유화상기적비(駕洛國師長遊和尙紀蹟碑)가 있다. 이 장유화상기적비에는 "…만 년에 가락국의 왕자 7명과 더불어 방장산(지리산)에 들어가 성불했으니 지금 하동의 칠불사가 그 장소다."라고 기록되어 있다. 이런 기록과 함께 "수로왕은 일곱 왕자가 성불했다는 소식을 전해 듣고는 매우 기뻐하며 지리산까지 친히 들어가 아들들이 수도한 하동군 화개면 범왕리, 현재의 칠불사(七佛寺) 자리에 칠불선원(七佛禪院)을 세워 왕자들의 득도를 기렸다."는 설화도 함께 전해지고 있다. 이때 성불했다는 7왕자는 열도의 규슈로 건너가 일곱 신으로 강림했다고 한다. 이 7왕자 강림 설화는 규슈 가고시마현(鹿兒島縣)의 다카치호미네(高千穗峰)로 강림한 것으로 이어진다. 고사기에 나오는 "쯔쿠시(竺紫) 히므카(日向) 다카치호(高天穗)"는 규슈 가고시마현의 다카치호미네로 여겨진다. 이곳이 7왕자의 화신(化神)인 니니기노미코토(瓊瓊杵尊=邇邇芸命)가 강림했다고 보는 곳이다. 규슈 다카치호미네로 강림한 니니기노미코토는 규슈 가고시마현(鹿兒島縣)의 가세다(加世田)시(市) 가사사(笠狹)에 궁을 세웠다고 한다. 그 궁터인 가사사궁지(笠狹宮趾)가 있으며, 그곳에는 "일본 발상의 땅(日本発祥の地)"이라고 쓰여진 비석이 세워져 있다.[27]

또한, 김해 김씨 족보의 왕세계(王世系)에도 김수로왕 후손들이 열도로 건너간 것을 의미하는 것으로 보이는 내용들이 기록되어 있다. 그 내용은 "선견이라는 이름의 왕자가 신녀와 더불어 구름을 타고 떠났기 때문에, 왕이 낙동강에 있는 돌섬의 바위에 올라가, 선견왕자를 부르는 그림을 새겼다. 고로 이 바위를 왕의 초선대라 전해지고 있다. 왕자휘선견(王子諱仙見), 홍신여승운이거(興神女 乘雲離去), 왕욕등강석도암(王欲登江石島岩) 초선명영(招仙銘影), 고속전왕초선대(故俗傳王招仙臺))"라고 한다.[28] 이 내용에 나오는 왕자휘 선견과 신녀(神女)가 열도로 건너갔다고 여긴다. 일각에서는 이

---

27) 김향수, 위와 같은 책, p.194-200
28) 김향수, 위와 같은 책, p.214

신녀(神女)가 비미호(卑彌呼)이며, 『일본서기』의 신공(神功)이라고 보기도 한다.

가고시마현 다카치호미네 7왕자 화신 니니기노미코토의 강림지

가야 사람들이 규슈에 많이 진출하였기 때문에, 가야 계통 지명들이 현재까지 많이 남아있다. 가야계통 지명은 보통 6가야의 명칭들인 가야, 가라, 아라, 아야, 아나 등인데, 세월이 흐르면서 가요(가야), 아요(아야), 아노(아나)등으로 발음이 변화되었다.[29] 규슈의 가야 계통 지명 일람표는 다음과 같다.

---

29)   조희승 지음, 「북한학계의 가야사 연구」, 도서출판 말, 2020, p.265

가야 계통 지명 분포 일람표(규슈지구)[30]

지명	지명 소재지	비고
가라노가미(唐神)	나가사키현 이끼섬	
가라노사끼(韓崎)	나가사키현 쓰시마 가미아가타군	나루이름
가라수(唐洲)	〃	〃
가라수시(唐舟志)	〃	〃
가라사끼(고오자끼桿崎)	〃	〃
가라자끼(간자끼 神崎)	〃 　 〃 　 시모아가타군	〃
아라기(荒木)	후쿠오카현 무라가타군	향이름
아라지(荒自)	〃	〃
오오아라(大荒)	〃	〃
고아라(小荒)	〃	〃
아라쯔사키(荒津崎)	후쿠오카현 후쿠오카시	나루이름
아라토야마(荒戸山)	〃	산이름
가라야(辛家)	후쿠오카현 무나가타군	향이름
가라보(唐坊)	〃	마을이름
아라히라(荒平)	〃 　 소오라군(사와라)	〃
아라히토(良人)	〃 　 이토군	향이름
〃	〃 　 나카군	〃
아라키(荒木)	〃 　 미쯔마군	마을이름
가라(韓良, 加夜)	〃 　 시마군	향이름

---

30) 조희승 지음, 위와 같은 책, p.265-266

지명	지명 소재지	비고
가라도마리(韓泊)	〃	〃
게야(芥屋)	〃	마을이름
가라(加羅)	〃	〃
가야노모리(柏森)	〃 이이즈카시	〃
아야하타(綾幡)	〃 지쿠죠군 즈이키정	향이름
가라츠(唐津)	사가현 가라츠시	나루이름
가가라(加唐, 各羅)	〃 히가시마츠우라군	마을이름
아야베(漢部, 綾部)	〃 미야키군	〃
가라시마(辛島, 韓島)	오오이타현 우사군	향이름
아나시(穴石)	〃 시모게군	〃
아라타(新田)	〃 오오노군	마을이름
가라야(韓家)	미야자키현 고유군	향이름
가라쿠니(韓國)	〃 고바야시시	산과 신사
가라쿠니 우즈미네신사	나가사키현 아히라군	신사이름
이리수기(阿良須崎)	사가현 기시마군	향이름
가라이에(辛家)	구마모토현 기쿠치군	〃

　　가야 7왕자의 화신인 니니기노미코토가 강림했다는 설화가 전해지고 있는 가고시마현의 다카치호미네가 있는 지역에는 가야계 고분 유적과 유물들도 있다. 가고시마현(鹿児島県)과 미야자키현(宮崎県)의 경계에는 가라구니 산(韓國山)이 있다. 가라구니 산은 많

은 가야계 주민들이 이 지역으로 이주했기 때문에 붙여진 이름일 것이다. 미야자키현 일대를 다른 이름으로 일명 '히무카 또는 휴가(日向)'라고 한다. 이것은 한자에서 알 수 있듯이 "해를 향하는" 또는 "해가 향하는"라는 뜻으로, 니니기노미코토가 하늘(해)에서 땅으로 강림하면서 말했다는 "이 땅은 가라구니를 향하고 가사사의 앞을 곧바로 지나가고 아침 해가 곧바로 비치는 나라, 저녁 해가 비치는 나라다. 때문에 이 땅은 참으로 길한 땅이다."라는 내용과 일치하는 지명이기도 하다.[31]

이 지역 미야자키현에는 사이토바루 고분(西都原古墳群)이 있다. 사이토바루 고분에는 329기의 무덤이 있는데, 5~6세기에 축조되었다고 한다.[32] 이 사이토바루 고분에서 출토된 유물들은 아래 사진의 비교로 알 수 있듯이 정확하게 가야 유물들과 같은 것이다.

(왼쪽) 사이토바루 출토 배 모양 도기(복제품)   (오른쪽) 5~6세기경 가야 배 모양 도기[33]

---

31) 오노야스마로(太安萬侶) 지음, 강용자 옮김, 『고사기』, 지식을만드는지식, 2014, p.77
32) 조희승, 「일본에서의 조선 소국의 형성과 발전 과정」, 민족문화사, 1995, p.213
33) 오른쪽의 한반도 가야 배 모양 도기의 출토 지역은 미상이다. 현재 삼성미술관에 소장되어 있다. 왼쪽 사이토바루 출토 배 모양 도기는 복제품으로, 도쿄국립박물관에 소장되어 있다.

(왼쪽) 사이토바루 출토 (오른쪽) 고령 지산동 출토 채양 달린 투구[34]

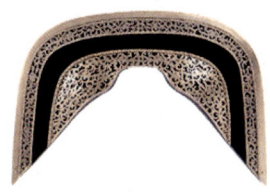 

(왼쪽) 사이토바루 말안장 꾸미개(복제품) (오른쪽) 고령 지산동 말안장 꾸미개[35]

   위의 출토 유물들 비교로 알 수 있는 것은, 사이토바루 고분군이 가야계 이주민들이 직접적으로 개입해서 만든 고분들이라는 것이다. 같은 유물들이 출토되는 것 외에도 조성된 무덤의 형식과 크기가 가야 지역에서 발굴되는 무덤과 거의 같다는 것으로도 가야계 이주민들이 만든 것이라는 것을 알 수 있다. 다음 아래의 도

---

34) 왼쪽 사이토바루 시모기타가타 지하식횡혈 5호 무덤 출토 / 오른쪽 고령 지산동 I지구 3호 석곽묘 출토
35) 왼쪽 사이토바루 출토 원품 소유는 고토미술관(五島美術館) / 오른쪽 고령 지산동 45호 무덤 1호 석실 출토 국립김해박물관 소장.

표는 경남 고성 송학동 고분군과 사이토바루 고분군 중 중급 크기의 전방후원분 일부를 비교한 것이다.

송학동 1호분과 사이토바루고분군 수치 대조표

(단위: m)[36]

	무덤무지의 크기	후원부 직경	전방부 폭
송학동 1호분	66	31.5	27
사이토바루 92호분	66	35	22
100호분	59	33	19
99 호분	58.5(복원)	30	16
95 호분	55 (복원)	29	19
265 호분	59	35	40
339 호분	55	27	22
226 호분	22	30	23
202 호분	50	25	31

사이토바루의 중급 크기의 전방후원분은 그 모양이 자루 달린 거울처럼 생겼다. 즉, 전방 부분이 낮고 평평한 자루 모양이라는 것이다. 이런 중급 크기의 전방후원분의 무덤 무지와 후방부의 직경과 전방부 폭의 수치가 송학동 고분과 비슷하다는 것은 결코

---

36) 조희승, 「초기 조일관계사(상)」, 사회과학출판사, 1988, p.188

우연의 일치라고 치부할 수 없는 것이다.37) 이것은 한반도의 가야 주민들의 경험적 수치가 열도 규슈에 와서 다시 발현된 것이라고 볼 수 있다.

다시 말해, 사이토바루 고분들은 그 조성의 형식이 바로 가야인들의 조성 방식이었다는 것이다. 또한, 그곳에서 출토되는 유물들은 부산 동래 복천동과 고령 지산동에서 출토되는 5세기경의 가야 무덤을 방불케 한다. 쿠니토미초오 로쿠노하라(東諸縣郡國富町六野原) 제14호 지하식횡혈무덤에서는 뚜껑 있는 굽잔이 출토되었는데, 이것은 전형적인 가야 토기다. 가야 사람들은 고향에서 이주할 때 집에서 쓰던 토기를 그대로 가지고 왔을 뿐 아니라, 이주한 정착지인 미야자키현 이른바 히무카 지역에서 토기를 굽기 위한 가마터도 만들었다. 따라서 이 지역에서는 가마터도 역시 발굴되었다.38)

또한, 위의 유물 사진에서 금박을 입힌 금동말안장꾸미개에서 알 수 있듯이, 이주지에 정착한 가야인들은 금동 귀걸이를 비롯한 수 많은 금동 제품들도 생산했다. 5세기에 출토되는 가야계 금동 제품들은 모두 가야 이주민들이 만들어 낸 것이다. 열도에는 5세기 당시에 이주민들만이 금동 제품을 만드는 기술을 가지고 있었다.

---

37) 조희승, 「초기 조일관계사(상)」, 사회과학출판사, 1988, p.189
38) 조희승, 「가야사연구」, 사회과학출판사, 1994, p.354

열도에서 이주민들과 관계없이 자체적으로 금동 제품이 생산되기 시작한 것은 7~8세기에 즈음에 와서다. 금은 광산을 찾아서 확정하고, 발굴·채굴하는 일은 매우 어려운 일이다. 그리고 채굴한 금은을 다시 수은에 녹여 동제품에 금박과 은박을 입히는 일은 더욱더 정교한 기술을 요구한다. 암묵지적 경험이 축적되지 않고서는 금박·은박을 입힌 동제품을 생산해 낼 수 없다. 5세기 당시에 열도 토착민들에게는 그런 기술들이 없었다.[39] 따라서 열도에서 발굴되는 모든 금박 청동 제품은 모두 가야계 신라계 백제계 이주민들이 만들어 낸 것이다.

(2) 규슈의 신라

규슈의 신라 이주민들이 남긴 흔적들은 야요이시대 후반을 대표하는 요시노가리 유적[40]과 고분시대 신라로 여겨지는 흔적들이 부젠시(豊前市) 일대에 남겨져 있다. 부젠국(豊前國)은 『부젠국풍토기』에 다음과 같이 신라에 대한 이야기들이 기록되어 있다.

---

39) 조희승, 「가야사연구」, 사회과학출판사, 1994, p.362
40) 규슈 북부에 있는 요시노가리 유적은 비미호(卑弥呼: 히미코)가 여왕으로 있는 왜국(야마대국)의 유적이라고 여겨진다. 그런데 이 요시노가리 유적에서는 한반도 신라에서 나오는 같은 유물들과 같은 집 자리 유적들이 나온다. 본고는 이 요시노가리 유적이 왜여왕국인 야마대국인 동시에 한반도 신라에서 건너온 신라유민들이 남긴 유적이라고 본다. 이에 관해서는 뒤에서 자세하게 설명할 것이다.

다가와의 고을 가하루의 마을에 강이 있었다…. 옛날 신라국의 신이 스스로 건너와서 그 강에서 살았다. 이것을 가하루의 신(鹿春神)이라고 한다. 또 마을의 북쪽에 산봉우리가 있고 꼭대기에 늪이 있다. 황양나무가 무성하고 통골이 난다.[41]

위의『부젠국풍토기』에서 말하는 신라의 신을 모시는 가하루신사(鹿春神社)가 부젠 지방에 있다. 가하루신사 주변에는 동광(銅鑛)산이 있다.[42] 따라서 가하루신사는 부젠 지역으로 이주한 신라인들이 동광채굴장을 중심으로 세력을 형성했었다는 것을 상징하는 것으로 이해할 수 있다. 부젠 지역의 가하루신사가 있는 지역 외에 또 다른 신라세력들의 중심지는 나카쓰 평야(中津平野)에 있는 우사신궁(宇佐神宮宇佐神宮) 주변이다. 우사신궁에 대해 민간에서 전해지는 설화들을 기록한『탁선집(托宣集)』이라는 책이 있다.[43] 이 책에는 신라인들이 이 지역으로 이주했음을 상징하는 설화들이 기록되어 있다. 예를 들면『탁선집』의 1권에는 다음과 같은 설화가 실려 있다.

---

41) 조희승,「일본에서 조선 소국의 형성과 발전」, 도서출판민족문화, p.185
42) 조희승, 위와 같은 책, p.185
43) 조희승, 위와 같은 책, p.186

신라의 태자신이 건너와서 일본국의 여러 신들을 물병 속에 집어 넣으려고 하였는데, 그때 야하다신도 잡혀 들어갈 뻔하였다.[44]

가하루신사(鹿春神社)가 있는 부젠시(豊前市)와 우사신궁(宇佐神宮)이 있는 나카쓰평야(中津平野) 일대는 다음의 지도와 같다.

규슈 후쿠오카현 동부 지역 부젠시 일대

---

44) 조희승, 위와 같은 책, p.186

후쿠오카현 동부 지역 부젠시 일대에는 또한 많은 고분 유적들이 있다. 다음 아래의 사진들은 그 일대의 고분들에서 발굴된 것들이다.

오키기 시탄다 유적(鬼木四反田遺跡) 출토 청동기[45]

구로베고분군(黒部古墳群) 출토(금속기 38점, 옥류 10점, 토기류 2점 등이 출토)[46]

---

45) 부젠시청(https://www.city.buzen.lg.jp/kanko/miru/bunkazai/03.html) 모두 한반도에서 제작되어 일본에 가져온 박제품(수입품)이다.

46) 출처: 위와 같음.

1장 고대 왜(倭)의 정체- 韓倭

이와 같이 후쿠오카현 동부지역에는 이주한 신라인들이 세력을 이루고 살고 있었다. 신라인을 신으로 모시는 신사와 전해 오는 설화들 그리고 그에 걸맞는 많은 고분 유적들이 이 지역으로 이주한 신라인들에 대해 전하고 있다.

이러한 흔적들뿐 아니라 중국 고대 문헌에서도 이 지역에 신라인들의 나라가 있었다는 것을 기록하고 있다. 『수서(隋書)』 「동이전」 「(한)왜전」에는 수(隋)나라 문림랑 배청(文林郎 裵淸)이 왜에 사신으로 갔었던 일이 기록되어 있다. 이때, 배청이 열도에서 각 나라들에 도착하는 경로가 다음과 같이 나타난다.

> 다음 해(608) 황제는 문림랑 배청(裵淸)을 왜국에 사신으로 보냈다. 백제로 건너가 죽도(竹島)에 이르러, 남쪽으로 탐라국(躰羅國)을 바라보면서, 도사마국(都斯麻國)을 거쳐 멀리 큰 바다로 들어갔다. 다시 동쪽으로 일지국(一支國)에 이르고 다시 죽사국(竹斯國)에 이르렀고, 다시 동쪽으로 진왕국(秦王國)에 이르렀다. 그곳의 주민은 중국[華夏]과 같으며 이주(夷洲)라고 하는데, 의심스럽고 분명히 알 수 없다.[47]

이에 의하면 배청은 죽사국에서 동쪽으로 진왕국(秦王國)에 이르렀다고 한다. 그 진왕국의 주민은 중국과 같은데, 확실히 알 수는

---

47) 『수서』 권 82 「동이열전」 「왜전」. 明年, 上遣文林郎裵淸使於倭國. 度百濟, 行至竹島, 南望躰羅國, 經都斯麻國, 迥在大海中. 又東至一支國, 又至竹斯國, 又東至秦王國, 其人同於華夏, 以爲夷洲, 疑不能明也. (출처 번역: 동북아역사넷)

없다고 말하고 있다. 이것은 아주 중요한 기록이다. 이때의 진왕국은 진씨(秦氏)들의 나라로 일본어로는 하타씨(秦氏, はたし)들의 나라로 보이기 때문이다. 실제로 부젠국에는 하타씨들이 많이 모여 사는 마을들이 많았다. 일본은 1958~1959년에 정창원(正倉院)[48] 문서 호적 원본을 조사한 적이 있다. 이 조사에 근거하면 부젠국의 고을과 마을에서 하타씨들이 사는 하타베(秦部)의 숫자는 평균 93%에 이른다.[49]

그런데 이 부젠시 일대의 하타씨(秦氏, はたし)가 바로 신라에서 이주해 온 신라인들이라는 증거가 1988년에 경상북도 울진에서 발굴되었다. 울진 봉평리의 신라비는 신라 법흥왕 11년(524)에 제작된 것이다. 후쿠오카현 동부 나카쓰 평야 부젠시 일대에 집단적으로 살며 진왕국(秦王國)이라고 불렸던 하타씨(秦氏, はたし)의 기원이 경북 울진이었을 것으로 추정되는 기록이 울진 봉평리 신라비에 나타난다. 다음은 그에 관한 비문이다.

---

48) 일본 나라(奈良)의 도오다이지(東大寺)에 있는 목조건축물로 많은 유물들과 문서들이 보관되어 전해졌다. 보관 유물의 내역을 보면 신라(新羅)와 당(唐)을 중심으로 하는 외래문물과, 일본에서 제작된 것으로 구분하고 있다. 이들은 보물 헌납 당시의 기록인 『동대사헌물장(東大寺獻物帳)』과 출납에 관한 『잡물출입장(雜物出入帳)』에 의하여 각 유물의 명칭이나 상태를 짐작할 수가 있다. 『매신라물해(買新羅物解)』는 신라에서 구매할 품목과 수량이 적힌 것으로 당시의 교역품을 알게 하는데, 그 내역에는 각종의 금속제기반과 숟가락, 동경, 인삼 등의 약용품 등이 보인다. 뿐만 아니라 정창원의 북창(北倉)에 격납된 보물의 명칭과 수량을 기록한 「국가진보장(國家珍寶帳)」에도 각종의 신라 물품에 관련된 기록이 남아 있다. 신라에서의 주문품인 모단(毛緞), 금은평탈(金銀平脫)의 칠기와 약품, 향료, 악기 등의 기록과 실물이 보이는데 「신라무가상묵(新羅武家上墨)」, 「신라양가상묵(新羅楊家上墨)」이라는 글자가 유물 자체에 적힌 채 전하기도 한다. (출처: 한국민족문화대백과사전)

49) 조희승, 위와 같은 책, p.188

신라의 6부는 얼룩소를 죽여 몸을 정갈하게 씻고 아뢴다. 일을 처리한 대인은 훼부의 내사지(內沙智) 내마, 사훼부의 일등지(一登智) 내마, 남차(男次) 사족지(邪足智), 훼부의 비수루(比須婁) 사족지… 거벌모라의 니모리(尼牟利) 일벌(一伐), 이의지(尒宜智) 파단(波旦), 탄지사리(組只斯利) 일금지(一金智)….[50]

비문의 내용은 어떤 사건을 처리한 후 그 사건들을 처리한 각 지역의 담당자들이 사건 처리에 대한 내용들에 합의한다는 것이다. 이때 각 지역과 그 지역의 책임자들이 열거된다. 이때 나오는 "이의지(尒宜智) 파단(波旦)"에서 '波旦'의 일본어 발음은 '하타(秦)'다.

이 신라비문에 나오는 경북 울진 지역에 있었을 것이라고 보여지는 '波旦'이 일본 고대사회의 중요한 씨족인 '하타씨(秦氏, はたし)'의 고향이자 기원이라는 학설은 일본학계에서도 대부분 인정하고 있다.[51]

부젠국의 하타씨(秦氏)가 경북 울진에서 열도로 이주한 신라인들이라는 것은 매우 의미심장하다. 왜냐하면 신라에 대한 고대

---

50) 한국고대사료DB(https://db.history.go.kr/ancient/level.do) 한국고대금석문
51) 출처: KBS, 2001년 7월 28일 방송(https://www.youtube.com/watch?v=sdl2WFQ1bJE)
교토대학교 우에다 마사아키(上田正昭, 1927~2016)는 "일본의 고대 역사 전개에 영향을 미치는 정도가 아니라, 실제 일본 고대사를 짊어지고 있었던 사람들 중에 한반도에서 건너온 사람들이 있었다. 그 대표적인 예가 '하타'씨다. 하타씨가 신라계 호족이라는 것은 일본 내에서 인정되고 있는 사실이다. 봉평비안에 '파단'이라는 지명을 직접 가서 봤다. '하타'씨의 직접적인 고향은 신라라는 확신을 갖게 되었다."라고 KBS와의 인터뷰에서 밝혔다.

중국 문헌들에는 秦나라와의 관계에 대한 언급들이 빠지지 않고 등장하기 때문이다. 예를 들면 『양서(梁書)』「동이전」「신라전」에는 신라에 대해 다음과 같이 전하고 있다.

> 신라는 그 선조가 본래 진한의 종족이다. 진한(辰韓)은 진한(秦韓)이라고도 하는데, 양나라와 서로 1만 리 떨어져 있다. 전하는 말로는 진나라 때에 유망인이 역을 피하여 마한으로 가니, 마한이 또한 동쪽 경계의 땅을 나누어 진나라 사람들로 살게 하였으므로, 그 나라를 진한이라고 이름하였다. 그들의 언어와 물건 이름은 중국 사람이 쓰는 것과 비슷하니 국가[國]를 나라[邦]라 하고, 궁(弓)을 활[弧]이라 하며, 도적(賊)을 도둑[寇]이라 하고, 술을 돌리는 것[行酒]을 잔을 돌린다[行觴] 하며, 서로를 부르기를 모두 무리[徒]라고 하여 마한과 같지 아니하다. 또 진한의 왕은 항상 마한 사람으로 대대로 계승하게 하고, 진한 스스로 왕에 오르지 못하였으니, 그들이 흘러들어온 사람들인 까닭이 분명하다. [따라서 신한은] 항상 마한의 통제를 받았다.[52]

'신라는 辰韓이었고, 秦韓이라고도 했다'는 중국 문헌에서 출발해서 경북 울진 봉평리의 신라비에서 나오는 '波旦'이 열도 규슈

---

52) 『양서』 권 54 「열전」 48 「신라전」 新羅者, 其先本辰韓種也. 辰韓亦曰, 秦韓, 相去萬里, 傳言秦世亡人避役來適馬韓, 馬韓亦割其東界, 居之以秦人, 故名之曰, 秦. 其言語名物, 有似中國人, 名國爲邦, 弓爲弧, 賊爲寇, 行酒爲行觴. 相呼皆爲徒, 不與馬韓同. 又辰韓王常用馬韓人作之, 世相係, 辰韓不得自立爲王, 明其流移之人故也. 恒爲馬韓所制. (출처 번역: 동북아역사넷)

부젠 지역의 하타씨(秦氏)로 연결된다는 것은 고대 국가 신라의 인구를 구성했던 어떤 일정한 종족의 이동 경로를 설명해 줄 수 있는 중요한 단서가 될 수 있는 것으로 보인다.

(3) 규슈의 백제

규슈의 백제는 현재 구마모토현(熊本縣) 다마나시(玉名市) 인근을 중심으로 있었던 것으로 보인다. 다마나시에는 1873년에 발굴된 에다후나야마고분(江田船山古墳)이 있는데, 가야 계통 유물뿐 아니라 백제와 관련한 유물도 다수 출토되었다. 이 지역은 히국(肥国)이라고 했다. 7세기 이후에 오늘날의 나가사키현(長崎県)과 사가현(佐賀県) 일대를 히젠(肥前)으로, 구마모토현(熊本県) 일대는 히고(肥後)로 나누었다고 한다.

이 히고(肥後) 지역 남부 쪽에는 아시키타마치(芦北町)가 있는데, 그 아시키타마치에는 구다라기(久多良木)촌이 있다. 구다라기(久多良木) 촌은 百濟來으로 표기되던 곳이다. '구다라'라는 일본어 발음이 백제를 의미하는 것이다. 구마모토현 다마나시 일대와 에다후나야마 고분의 위치는 다음 지도와 같다.

규슈 구마모토현 에다 후나야마고분을 중심으로 한 규슈 백제

구마모토현 다마나시에 있는 에다후나야마 고분에서는 백제 금동관이 출토되었다. 백제의 금동관은 백제의 영역을 알려주는 아주 중요한 표지 유물이다. 즉, 백제 금동관은 모두 백제의 중앙정권이 백제에게 복속된 지방 정권에게 지방 세력으로 인정해주면서 동시에 백제의 영역이라는 것을 대외적으로 상징하기 위해 지방 정권 수장에게 하사한 위세품이라는 것을 알 수 있다.

현재까지 백제의 이 금동관이 발굴된 지역은 한반도에서 7개 지역이고, 규슈의 구마모토현 다마나시 에다후나야마고분에서 발굴된 것까지 하면 모두 8개이다. 발굴된 지역은 아래 지도와 같다.

백제 금동관이 발굴된 7개 지역

금동관모가 발굴된 규슈 구마모토현-5세기~6세기 규슈 백제

다음 사진들은 백제의 표지 유물 중 하나인 백제 금동관모들이다.

2006년 전남 고흥 길두리 발굴 출토 백제 금동관모

전남 길두리 백제 금동관모와 충남 입점리 백제 금동관모

충남 입점리 백제 금동관모와 규슈 에다후나야마 백제 금동관모

금동관을 제작하는 기법은 매우 고난도 기법이다. 조금(금속에 정을 사용하여 문양을 새기는 기법)과 투조(금속을 잘라 내며 문양을 새기는 기법) 작업으로 청동판에 문양을 만든 후에, 수은과 금가루를 섞어 물에 갠 액체를 그 동판에 고르게 펴 바른다. 그런 후에 370도 이상의 뜨거운 열을 가하면 수은은 날아가고 금만 남아서 도금이 완성된다. 이런 고난도 기술은 중앙에서 통제하고 관리하는 금공예 전문 기술 집단들만이 구사할 수 있는 기술이었다고 본다. 기술뿐 아니라 수은과 금을 구하는 것도 결코 쉬운 일이 아니다. 따라서 백제의 금동관이 출토되는 지역은 "백제와 전혀 상관없는 완전한 독립적인 존재는 아니다."[53]라고 보는 것이 옳다고 할 수 있다. 그러므로 규슈 구마모토현 다마나시의 에다후나야마 역시 한반도에서 발굴된 7개 지역이 백제 영토였던 것처럼 백제의 영역으로 당연히 포함되어야 하는 것이다. 백제의 표지 유물인 금동관 외에도 백제의 금동 신발도 출토되었다.

에다후나야마에서 출토된 백제 금동 신발[54]

---

53) 노중국, KBS 역사스페셜 〈금동관, 백제통치의 비밀을 풀다〉, KBS 2011. 5. 19. 방송) 인터뷰.
54) 사진 출처: https://emuseum.nich.go.jp/detail?content_base_id=100199&content_part_id=038&content_pict_id=0&langId=ko&webView=

이 외에도 금동 귀고리나 허리띠와 같은 금동 제품들과 옥 제품류와 단갑을 비롯한 마구류들이 출토되었는데, 이들 중에서 은 상감 명문이 새겨진 철검도 출토되었다.[55]

이와 같이 구마모토현 다마나(玉名)시에 있는 에다후나야마 고분에서 출토되는 금동제품 유물들은 거의 모두 한반도 고대 국가인 백제에서 하사한 제품들이라는 것을 알 수 있다. 또한, 다마나(玉名)는 백제의 '담로'에서 나온 말로 해석된다. 이것은 구마모토

---

55) 에다후나야마 고분에서 출토된 철검의 명문과 사이타마현(埼玉県) 이나리야마(稲荷山) 고분에서 출토된 또 다른 철검의 명문에서 나오는 대왕의 이름이 '獲加多支鹵大王(확가다지로대왕)'을 일본학계는 456년부터 479년까지 즉위한 21대 웅략(雄略 유라쿠)이라고 비정하고 있다. 유라쿠의 이름이 오하쓰세와카타케루미코토(大長谷若建命/大泊瀬幼武-尊)인데, '獲加'의 일본어 발음이 '와카'로 발음되기 때문이다. 즉, 웅략의 이름 중에 '와카(幼)'가 들어가 있어서, 와카(幼)=와카(獲加)라고 할 수 있다는 것이다. 그러나 이것은 억지 주장으로 본다. 다음은 김영덕의 견해이다. - 일본에서 '와카(까)'는 젊다는 일본말 '와카(까)이'를 '어릴 치(稚)' 자나 '어릴 유(幼)' 자의 뜻을 옮겨서 이두로 표기한 것이다. 이에 따라 9대 개화(開化 가이카)의 이름은 '와카 야마토'다. 따라서 유라쿠의 이름에 와카(까)가 들어간다고 해서 '獲加多支鹵大王(확가다지로대왕)'이라고 본다는 것은 억지 주장이다. 한편, 獲加는 한국고대사 고대어 사용 예를 볼 때 왕의 이름 앞에 붙이는 '존칭' 또는 '미칭'이었을 것으로 본다. 예를 들어, 『삼국지』「위지」「동이전」「한전」에는 목지국 임금 이름인 우호(優呼)에 유독 혹가(或加) 라는 미칭이 붙어 있는 것을 볼 수 있다. (辰王治月支國, 臣智或加優呼)
또한, 『삼국지』「위지」「동이전」「왜전」에 여왕국의 관직명 중에 '미마획지(彌馬獲支)'라는 명칭이 나온다. 이때 '獲支' 역시 '獲加' 또는 '獲居'와 통한다고 본다. 일본 천황들 중 9, 13, 20, 22, 23, 26대인 여섯 명의 천황 이름 앞에는 모두 '와카(稚)'가 붙는다. 이것은 앞에서 말한 「한전」의 목지국 임금 이름인 우호(優呼) 앞에 혹가(或加) 라는 명칭이 붙는 것과 같은 용례로 임금 이름 앞에 붙는 '미칭'이라고 본다. 따라서, '獲加多支鹵大王(확가다지로대왕)'의 '獲加'는 '임금 이름 앞에 붙는 미칭'으로 본다. 그리고 '多'는 이두에서 '큰 대(大)'의 차자로 쓰이기도 하기 때문에, '위대한', '큰'의 뜻으로 볼 수 있다. 또한 '支鹵'는 '개로(蓋鹵)'이다. 이 두 문자에서 '개(蓋)'는 '가' 또는 '기'를 차자해서 쓰기 때문이다. 따라서 기로(支鹵)는 개로(蓋鹵)이다. 이에 따라 '獲加多支鹵大王(확가다지로대왕)'이란 "훌륭하고(獲加 왕에 대한 미칭) 위대한(多) 개로대왕(支鹵大王)'이라고 본다. (김영덕, 『일본을 낳은 백제 다무로』, 바히네출판사, 2017, p.24

현이 백제의 22개의 담로[56] 중 하나였을 것을 의미하는 것이다.

오카야마의 한왜(韓倭)

(1) 오카야마의 가야와 백제

오카야마현(岡山県)은 기비(吉備) 지역으로도 불린다. 7세기 전까지 기비국(吉備国)이 있었던 곳이 현재의 오카야마현과 히로시마현(広島県) 동부에 해당하기 때문이다. 이 지역은 아래 지도에서 빨간 원 안에 표기되어 있다.

오카야마현과 히로시마현 동부- 기비(吉備) 지역

---

56) 『양서』「제이(諸夷)」「백제전」號所治城曰固麻, 謂邑曰檐魯, 如中國之言郡縣也. 其國有二十二檐魯, 皆以子弟宗族分據之.([백제는] 도성을 고마라고 부르며, 읍을 담로라고 하는데, 이는 중국에서 군현이라 하는 것과 같은 말이다. 그 나라에는 22개의 담로가 있는데, 모두 [왕실의] 자제와 종족에게 나누어 차지하고 지키게 하였다.)(출처 번역: 동북아역사넷) / 원래 백제어 '다라', '드르'의 음차(音借)로서 '성(城)'을 의미한다. (출처: 한국민족문화대백과사전)

이 지역에 가야와 백제 소국들이 있었다는 고고학적 흔적들은 다수 분포하고 있다. 그 흔적들을 모두 기술하는 것이 본고의 목적은 아니므로, 대표적이고 상징적인 사안들만 소개하겠다.

오카야마현의 기비츠신사(吉備津神社)의 연기(緣起)[57]에는 이 지역에서 내려오는 전설인 '우라(溫羅) 전설'이 기록되어 있다. 그 내용은 대략 다음과 같다.

> 숭신천황시기에 다른 나라의 귀신이 기비의 땅에 날아왔다. 그는 백제의 왕자로서 이름을 '우라'라고 하였으며 「기비의 관자(冠者- 기비국의 우두머리라는 뜻)」라고도 불렸다. 그의 두 눈은 호랑이나 이리처럼 번쩍거리고 길게 늘어진 머리칼은 빨갛기가 타는 듯하였다. 1장 4척이나 되며 힘내기로는 당할 자가 없었다. 그는 기비 이마끼산에 자신이 살 성새를 만들었다. 그런데 그는 이따금씩 서쪽에서 수도(오사카지역)로 보내는 공물이나 미녀를 중간에서 강탈하기 때문에 백성들은 두려워하며 그가 살고 있는 성을 키노조(귀신의 성)이라고 불렀다. 우라는 아소의 여자 아라메(安良女)를 사랑하여 처(妻)로 삼았다. … 우라에 대한 얘기를 들은 천황은 아들을 보낸다. 아들 미꼬또는 우선 기비 나카야마(이곳의 남서쪽에 기비츠신사가 있다.)에 진지를 구축하고, 서쪽의 가타오카야마에 돌방패를 세워 공방전을 준비했다. (현재 구라시키시(倉敷市) 야타베 니시야마의 다테츠키신사가 그 유적이라고 한다.) … 미꼬또가 막상 싸우려

---

57) 불교사원이나 신사, 신궁의 유례를 적은 글

고 하니 우라는 변화무쌍한 귀신인지라 싸울 때마다 미꼬또는 쩔쩔매었다. 미꼬또가 쏜 화살에 우라의 왼쪽 눈이 명중되었다. 눈에서 흐르는 핏줄기는 물처럼 흘러 지스이강(血吸川, 혈흡천- 피가 흐르는 강: 현재 소쟈시 아소로부터 시작되어 아시모리강으로 흘러든다.)이 되었다. 우라가 꿩이 되어 산속으로 숨자 미꼬또는 곧 매가 되어 그 뒤를 쫓았다. 그러자 우라는 잉어가 되어 지스이강으로 들어가 행적을 감추었다. 이에 미꼬또는 물고기를 잘 쪼아 먹는 물새인 사다새가 되어 잉어를 물어 올렸다. 이렇게 되자 우라는 드디어 항복했다. 자기의 고귀한 칭호 기비의 관자를 미꼬또에게 바쳤다. … 미꼬또는 우라의 목을 따서 현재 오카야마시 고베촌이라는 곳에 효수하였다.

- 『키노조』, 키노조학술조사위원회, 1980, p.107-108[58]

위의 내용에서 백제 왕자인 우라가 '아소'의 여자 아라메(安良女)와 결혼했다고 한다. '아소'는 가야군 아소향을 말하는 것이다.[59] 이것은 백제 왕자 우라가 오기 전에 이 지역에 이미 가야계 주민들이 살고 있었다는 것을 의미한다. 즉, 우라 전설은 가야계 주민들이 살고 있는 곳에 백제계가 들어와 지배 집단이 되었다가, 원주민인 가야계와 혼인을 통해 정치적 통합을 이뤘다가 후에 오사카의 천황 세력에게 전쟁을 통해 복속되었다는 내용으로 구성되어 있다.

---

58) 조희승, 「초기조일관계사 (상)」, 사회과학출판사, 1983, p.241~246
59) 조희승, 「북한학계의 가야사 연구」, 도서출판말, 2020, p.338

또한, 전쟁을 하는 와중에 우라가 꿩이 되자 미꼬또가 매가 되고, 우라가 잉어가 되자 미꼬또가 물새가 되었다는 내용은 『삼국유사』 「가락국기」에서 김수로가 탈해와 싸우는 과정에서 나오는 설화와 비슷하다. 김수로와 탈해가 싸우는 내용에서는 탈해가 매로 변하니 김수로가 독수리로 변하고, 탈해가 참새로 변하니 김수로가 새매로 변했다고 한다. 이것은 우라 전설의 원형이 한반도 고대 국가에서 열도로 이주한 이주민들에 의해 만들어졌을 것이라는 추정을 가능하게 한다.

한편, 우라 전설이 어떤 실제적인 사실에 전혀 근거하지 않은 완전한 조작이라고 치부하기는 어렵다. 우라 전설에서 나오는 장소에 지명과 신사들이 현재까지 존재하고 있기 때문이다. 오카야마현과 히로시마현 동부였던 기비 지역은 7세기 말에 비젠국(備前國), 빗추국(備中國), 빙고국(備後國)로 분할된다. 오사카 교토 지역과의 위치 거리를 기준으로 가까운 곳을 前(젠)이라고 하고, 中(추)과 後(고) 자를 붙여서 나눈 것이다. 가야 소국들이 있었던 우라 전설이 전해 오는 지역은 빗추국(備中國)에 해당한다.

이 빗추 지역에는 1250년간이나 가야(夏夜)라고 불린 고을이 있었다. 645년에 국군제도가 실시되는데, 이때 가야국은 가야군이 된다. 이 가야군이 빗추국에 속하게 된 것이다. 이 빗추국에 가야군이 된 가야국이 있었다는 기록들이 있는데, 각각 한자는 다르지만 발음은 가야라고 하는 지명에 대한 기록들이 남아 있다.

예를 들면, 『일본서기』 「응신기」 香屋(향옥)으로 「서명기」에는 蚊

屋(문옥)으로 표기되어 있는데, 모두 가야라고 발음한다. 이에 대해서는 『일본국군연혁고』(3, 산요도)라는 책에 빗추 가야국을 다음과 같이 설명하는 것에 기록되어 있다고 한다.

"가야(賀陽) 78촌, 옛날의 가야국인데 〈국조본기〉에 그 이름이 보이며 『일본서기』 응신기에는 香屋(향옥)으로, 서명기에는 蚊屋(문옥)으로 표기하였다. 후에 고을이 되었다. 〈연회식〉과 〈화명초〉는 〈賀夜〉로 썼으며 정덕 2년(1712) 4월부터는 〈賀夜〉로 썼으나 지금은 〈賀陽〉으로 쓴다."[60]

이 지역에 이렇게 가야국이 있었다는 기록들이 있는 것뿐만 아니라 발굴되는 고분 유적과 유물들에 의해서도 가야계 주민들이 살았다는 것이 증명되는데, 두 개의 쯔구리야마(造山, 作山) 고분이 그것이다.

오카야마현 소자시(総社市) 남부 평야에 있는 두 개의 쯔구리야마 고분은 축조 시기가 5세기 전반기이며, 그 크기는 일본 열도 내에서 각각 4위와 9위에 해당하는 거대한 고분이다.

---

60) 조희승, 위와 같은 책, 2020, p.333

(왼쪽) 조산(造山) 고분   (오른쪽) 작산(作山) 고분

　이 두 개의 고분에서 출토된 유물들 중에서 완전하게 가야적인 성격을 특징적으로 보여 주는 유물은 조산 고분의 배총인 사까끼야마(榊山) 고분에서 출토되었다. 사까끼야마 고분에서는 많은 도검과 방제신수경과 여러 가지 구슬과 함께 6개의 청동제말모양띠고리가 나왔다. 이 청동제말모양띠고리는 일본의 다른 지역에서 발견되지 않는 유일무이한 것으로, 완전하게 가야적인 것이다. 이것은 한반도의 경상북도 영천 어은동에서 출토된 말모양띠고리와 완벽하게 같은 것이다.[61]

---

61) 조희승, 「가야사 연구」, 사회과학출판사, 1994, p.396~398

(왼쪽) 경북 영천 어은동 출토   (오른쪽) 사까끼야마 고분 출토

이 두 고분의 축조 시기는 5세기 전반기의 것이다. 그런데 오사카 지역의 최대 크기 고분인 다이센 고분의 축조 시기는 5세기 말에서 6세기 초다.[62] 이것으로 보아 가야국이 있었던 기비 빗추 지역의 두 개의 쯔꾸리야마 고분은 오사카 지역보다 더 먼저, 독자적으로 성립한 정치 세력이었던 것으로 보인다. 기비지역의 가야 정치 세력에 대해 일본학자는 다음과 같이 그 성격을 규정하기도 했다.

> "… 전반기 무덤의 거대화의 경향은 이와 같은 공동체를 디디고 선 지역적인 정치 집단의 수장층이 전제권력을 관철해 가는 모습을 반영한 것으로 볼 수 있다. 따라서 타 지방을 뛰어넘은 거대한 무덤이 기비의 최고수장(제왕을 의미함)이 도달한 전제군주로서의 권력의 압도적 강대성을 반영한 것이라고 말할 수 있다."
>
> - 〈기비정권의 성격〉 (일본고고학의 제 문제) 일본고고학회, 1964, p.147-148[63]

---

62) 조희승, 위와 같은 책, p.395
63) 조희승, 위와 같은 책, p.395-396

앞의 글을 쓴 일본학자는 오사카 지역 이외의 지역에 독자적인 국왕이 있었다는 것을 인정하고 싶어 하지 않은 것인지, '왕'이라는 표현이 아니라 '최고수장'이라는 표현을 썼다. 즉, 오사카에 천황이 존재할 때 기비 지역에 독자적인 '국왕'을 가지는 정치 세력이 있었다는 것을 직접적으로 말하는 것이 불편한 것이다.

이것은 오히려 천황이 있었다는 오사카 정치 세력이 세토내해를 거쳐 규슈까지 영향력을 행사하기 위해서는 제일 먼저 복속시켜야 하는 기비 지역에 가야 이주민들을 중심으로 하는 강한 독자 정치 세력이 있었다는 것을 인정한다는 것을 보여 주는 것이다.

한편, 오카야마현에서 다음 기사에 나온 것처럼 최근 백제계로 보이는 유적이 발굴되기도 했다.[64]

---

64) https://news.ksb.co.jp/article/14329050

오카야마현의 쓰야마시 요시이강 상류- 백제계 유적

(2) 오카야마의 신라- 오쿠(邑久)군

기비(吉備) 지역의 신라 소국 위치도 사실 『속일본기』(권 15 천평 15년, 743년 5월 병인조)에 다음과 같이 명백하게 밝혀져 있다.

> 비젠국이 말하기를, 오꾸고을의 신라가 자리 잡은 오꾸의 포구에 큰 물고기 52마리가 떠내려왔는데, 길이는 2장 3척 이하 1장 2척 이상이더라. 가죽이 종이와 같이 얇고, 눈은 쌀 알갱이 같았으며, 소리는 사슴 우는 소리와 같았습니다. 옛 노인들이 모두 일찍이 들어 보지 못하였다고 하였습니다"라고 알렸다.[65]

---

65) 『속일본기』 권 15 天璽國押開豊櫻彦天皇 聖武天皇 丙寅 … 備前國言 邑久郡新羅邑久浦 漂着大魚五十二隻 長二丈三尺已下 一丈二尺已上 皮薄如紙 眼似米粒 聲如鹿鳴 故老皆云 未嘗聞也 (출처 번역: 한국사데이터베이스)

이와 같이 『속일본기』의 내용처럼 오쿠(邑久)에 신라가 있었다는 것은 다른 기록에도 나타난다. 「오카야마현통사」에 의하면, 오쿠군에는 신라 이주민 씨족인 하타(秦)씨에서 유래하는 지명들이 많이 있다. 오쿠군 우시마도정(牛窓町) 하타(畑)라는 마을 지명이 있으며, 또 여기서 멀지 않은 곳에도 하타(半田)라고 불리는 마을이 있다. 또한 오쿠군 오쿠촌(邑久村) 야마다(山田)에도 하타(半田)라는 마을이 있다고 한다.[66]

한편, 오쿠군에는 구마야마(熊山) 산이 있다. 이 구마야마에는 여러 군데에 석탑 유적이 있다. 적어도 그 숫자가 33개는 된다고 한다. 이 석탑 유적들 중 보존 상태가 제일 좋은 것이 산 정상 가까이에 있다. 그 석탑 유적은 아래의 사진과 같다.

오카야마 오쿠군 구마야마 석탑 유적[67]

---

66) 오카야마현통사 상권 p.233 / 조희승, 「초기조일관계사 (상)」, 사회과학출판사, 1988, p.282
67) 사진 출처: https://www.city.akaiwa.lg.jp/bunkazai/ichiran/cyuumoku/2277.html

그런데 이 석탑 유적은 신라적인 색채가 강한 것으로, 그 연원이 한반도의 신라에게 있을 것이라는 추정을 가능하게 한다. 다음 아래의 사진은 신라의 영토였던 경상북도 의성군 안평면의 석탑과 안동군에 있는 석탑이다.

(왼쪽) 의성군 석탑   (오른쪽) 안동군 석탑 유적[68]

위의 사진들에서 알 수 있듯이 오카야마현 오쿠군에는 한반도의 신라에서 이주한 이주민들이 정착하면서 오랜 세월 그 지역에서 선조들에게 물려받은 석탑 축조 방식으로, 구마야마에 신라적 색채를 띤 석탑들을 세웠을 것이라는 추정을 할 수 있다.

---

68) 경북 의성 석탑 사진 출처: https://encykorea.aks.ac.kr/Article/E0043281
경북 안동군 석탑 사진 출처: https://m.cha.go.kr/public/commentary/selectImgDetail.do?s_kdcd=&s_ctcd=&ccbaKdcd=31&ccbaAsno=03430000&ccbaCtcd=37&region=&searchCondition=&searchCondition2=&ccbaCncl=&stCcbaAsno=&endCcbaAsno=&stCcbaAsdt=&endCcbaAsdt=&ccbaPcd1=&ccbaLcto=&ccbaGcode=&ccbaBcode=&ccbaMcode=&culPageNo=1&returnUrl=&ccbaCpno=3413703430000&tabGubun=

오사카 지역의 한왜(韓倭)

오사카 지역은 고대에 가와치(河內) 지역으로 불리기도 했다. 가와치국(河內國)이 있었던 지역이었기 때문에 가와치 지역으로 불린 것이다. 이곳은 또한 기나이(畿內)라고도 하는데, 일본어로 수도(首都) 인근 지역을 뜻하는 말이다. 지역 범위로 보면 기나이 지역이 가와치 지역보다 더 큰 범위이다. 다음 아래 지도와 같다.

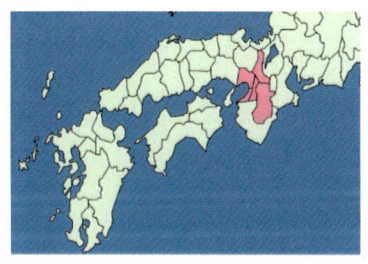 

(왼쪽) 기나이 지역 (오른쪽) 가와치 지역[69]

이 지역에는 모즈·후루이치고분군(百舌鳥·古市古墳群)이 있다. 이 고분군들은 다음 아래의 사진처럼 오사카만이 보일 정도로 오사카만 가까운 곳에 있다.

---

69) 지도 출처: 위키백과

 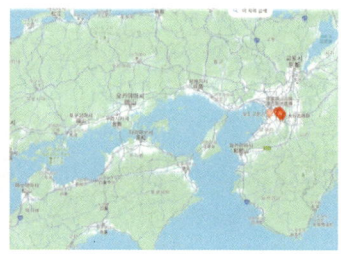

(왼쪽) 모즈 고분군의 다이센고분 (오른쪽) 빨간색 표식점- 모즈·후루이치고분군[70]

오사카부 사카이시(大阪府 堺市)에 있는 모즈(百舌鳥) 고분군의 제일 큰 고분은 애초에는 『일본서기』에 기록된 16대 천황인 '닌토쿠(仁德 313~399) 천황릉'으로 비정되었다. 모즈고분군에서 최대 고분으로 '닌토쿠천황릉'이라고 알려졌던 이 고분은 1872년 9월의 홍수 재해로 전방부의 일부가 무너져 내려 수혈식 석실이 드러나면서 세상에 알려졌다고 한다. 이렇게 드러난 수혈식 석실에서는 수대경(獸帶鏡), 환두대도, 말갖춤, 말방울(馬鐸) 등이 발굴되었는데, 현재 이 유물들은 미국 보스턴 박물관에 소장되어 있다.[71]

그런데 여기서 발굴되었던 수대경은 이른바 '닌토쿠천황릉'이라고 이름 붙인 것에 의문을 제기하게 만들었다. 왜냐하면 이 수대경이 1971년 충남 공주에서 발굴된 무령왕릉에서 출토된 수대경과 같은 것이었기 때문이다. 수대경(獸帶鏡)이라는 것은 말 그대로 동물들 문양이 연결된 것처럼 장식되어 있는 청동거울이라는 뜻이다. 다음의 사진들은 무령왕릉에서 출토된 청동거울이다.

---

70) 사진 출처: https://www.sakai-tcb.or.jp/spot/detail/154, 지도 출처: 구글 지도
71) 김달수 저, 배석주 역, 『일본 속의 한국 문화 유적을 찾아서』, 대원사, 1999, p.85

왼쪽 의자손수대경, 가운데 청동제 수대경, 오른쪽 방격규구신수경[72]

위와 같이 무령왕릉에서 출토된 청동거울이 이른바 '닌토쿠천황릉'에서 발굴된 것들과 같은 것이라는 사실이 밝혀지자, 모즈고분군의 최대 고분인 이른바 '닌토쿠천황릉'의 축조 시기의 문제가 제기되었다. 즉, 무령왕릉에서는 무령왕의 생몰연대(462~523)가 기록된 지석이 발굴되어 무령왕릉과 그 유물들이 5세기 말에서 6세기 초라는 것이 분명해졌다는 것이다. 따라서 313~399년에 재위했다는 닌토쿠천황과는 그 시기가 100년이 넘게 차이가 나니, 모즈 고분군의 최대 고분인 닌토쿠천황릉을 닌토쿠천황릉으로 볼 수 없

---

72) 왼쪽- 충청남도 공주시 무령왕릉에서 출토된 청동으로 제작한 의자손수대경이다. 왕의 머리 부분에서 발견되었다. 원형의 커다란 손잡이를 중심으로 9개의 반구형 돌기가 놓여 있는데, 그사이에 '宜(의)', '子(자)', '孫(손)' 세 글자가 일정한 간격으로 배치해 있고 바깥쪽에 동물 무늬가 장식되어 있다. 백제, 528년, 지름 23.2㎝, 국보 제161호. 국립공주박물관 소장. (ⓒ국립중앙박물관) / 가운데- 충청남도 공주시 무령왕릉에서 출토된 청동제 수대경이다. 왕비의 머리 부분에서 발견되었다. 반원형의 손잡이를 중심으로 9개의 작은 돌기가 원 안에 놓여 있고, 그 밖으로 집선문과 무문대가 둘러져 있다. 백제, 528년, 지름 18.1㎝, 국보 제161호. 국립공주박물관 소장. (ⓒ국립중앙박물관) / 오른쪽- 충청남도 공주시 무령왕릉에서 출토된 청동거울로, 왕의 발 받침 부근에서 발견된 방격규구신수경이다. 반원형의 손잡이를 중심으로 12개의 돌기를 방형으로 두른 후 그사이에 십이지를 넣었다. 바깥쪽은 반나체 인물상과 동물 4마리가 새겨져 있다. 다른 두 점에 비해 문양의 세부가 명확하고 주조 상태가 좋은 편이다. 백제, 528년, 지름 17.7㎝, 국보 제161호. 국립공주박물관 소장. (ⓒ국립중앙박물관)

게 된 것이다. 이에 따라 현재는 '닌토쿠'를 빼고 그 지역의 이름에 따라 다이센(大山) 고분이라고 부르기도 한다.

모즈 고분군에 있는 최대 고분인 다이센고분에서 발굴된 청동거울이 1971년에 발굴된 무령왕릉에서 출토된 청동거울들과 같은 수대경이라는 사실은 모즈 고분군과 후루이치 고분군이 오사카 지역 백제였을 것이라는 추정을 가능하게 한다. 이러한 추정은 1991년에 무령왕릉에서 발굴된 무령왕과 왕비의 나무관에서 떨어져 나온 일부 나무 조각들을 조사한 결과로 더욱 강화될 수 있다고 본다. 왜냐하면 이때 조사된 무령왕릉 관재가 오사카에서만 자란다는 희귀종인 금송(金松)으로 밝혀졌기 때문이다.[73]

---

73) 박상진, [부여의 나무 이야기], 부여문화원, 2017.
-무령왕릉 관재 금송- "20년이 지난 1991년, 필자는 우연한 기회에 관재 조각을 입수하여 현미경으로 세포 검사를 할 기회를 얻었다. 그 결과 놀랍게도 일본 특산인 '금송'임을 밝혀낼 수 있었다. 물론 금송은 화석으로 보면 마이오세(1,000만 년~2,000만 전) 전에 한반도 남부에도 자생한 적이 있지만, 이후 완전히 사라져 버렸다. 따라서 백제시대의 한반도에는 전혀 자라지 않던 나무다. 이름에 소나무를 뜻하는 송이 들어 있어서 소나무의 한 종류로 이해하는 분들도 있지만, 식물학적으로 소나무와는 관계가 없다. 금송은 세계의 다른 곳에는 없고 오직 일본 열도의 중남부에만 자라는 희귀 수종이다. 늘 푸른 침엽수로 원산지인 일본에서는 키 20~39m, 둘레 두세 아름에 이르는 큰 나무다. 바깥 모양이 긴 원뿔처럼 생겼고, 가지 뻗음과 잎이 독특하여 아름답다. … 일본의 고분시대(3세기 전반~7세 후반) 전기의 전방후원분의 수혈식 석실에서 나온 거대한 목관의 일부는 금송 거목의 통나무를 파내고 만든 것이 많았다고 한다. 일본의 고분시대와 시대가 겹치는 무령왕릉의 관재도 금송이었다. 무령왕(재위 501~523)은 어릴 때 일본에서 자랐다고 알려져 있고, 『일본서기』에도 기록이 남아 있을 정도로 유난히 일본과 관계가 깊은 임금이다. 관재가 일본에서 가져온 금송이라는 사실은 사료가 부족한 백제사 연구에 획기적인 자료였다. 역시 백제시대 무덤인 익산 쌍릉에서 출토된 관재도 금송이다. 당시 일본과의 활발한 교역을 짐작할 수 있는 실증적 자료다. 일본인들은 금송을 '고우야마끼(高野槇)'라고 한다. 고우야산(高野山)에 많이 자란다 하여 붙여진 이름이다. 이 산은 백제와 교류가 많았던 나라 지방과 가깝고, 금송의 일본 이름이 그들의 일반적 발음인 '타카노마끼'가 아니라 우리식 발음인 '고우야마끼'라는 것은 시사하는 바가 크다. 잃어버린 왕국, 백제의 비밀을 조금은 알고 있을 것 같은 금송이 우리에게는 신비롭기만 하다."

이상과 같이 다이센 고분과 무령왕릉은 많은 공통점을 가지고 있다. 이런 공통점들을 근거로 오사카 지역의 한왜는 5세기 이후부터는 보다 더 확실하게 백제였다고 볼 수 있다. 오사카 지역에서 5세기 중엽과 말 이후부터 나타나는 묘제는 분명하게 백제의 고유 양식이라고 볼 만하기 때문이다.

다음은 한국민족문화대백과사전에서 설명한 백제 고유 무덤 양식에 관한 설명 중 일부분이다.

> 중기는 4세기 중·후반경에서 5세기 중반까지인데, 굴식 돌방무덤이 백제사회에 유입되고 그것이 이전 단계의 묘제와 병행하여 사용되면서 점차 확산되어 백제 고분문화의 중심에 자리하게 된 단계이다. 굴식 돌방무덤은 도읍지역에서 일정 기간 기단식 돌무지무덤과 병행하여 사용되다가 5세기 중반 무렵에 기단식 돌무지무덤을 구축하고 백제 유일의 묘제로 자리매김하는 특징을 보인다. 반면에 지방사회는 토착적인 전통 묘제가 강화되면서 고총고분으로 발전하지만, 부분적으로 굴식 돌방무덤의 유입도 나타난다.[74]

위의 인용문에서 말하는 "굴식 돌방무덤"은 다른 말로 "횡혈식 석실"이라고 한다. 다음에 나올 사진은 백제 고유의 무덤 양식인 '횡혈식 석실'의 모습이다.

---

74) https://encykorea.aks.ac.kr/Article/E0022356

백제 고유 무덤 양식인 횡혈식 석실(굴식 돌방 무덤)[75]

백제 무령왕(462~526)릉 외부와 내부[76]

---

75) 사진 출처: 한겨레 신문 (2022. 2. 18.) 노형석 기자- 백제계 굴식돌방(횡혈식 석실) 무덤으로 확인돼 학계의 주목을 받고 있는 경남 산청 생초 엠(M)32호분의 무덤 석실 내부. 6세기 초 백제가 웅진(공주)에 도읍하던 시기 지배층 무덤 형식인 굴식돌방 무덤의 전형적인 얼개를 보여 준다. 사방의 벽체가 아치형의 윤곽을 그리며 천장석을 향해 좁혀져 올라가는 백제 석실무덤 특유의 궁륭형 상부 얼개를 지니고 있다는 점이 눈길을 끈다.

76) 무령왕릉은 횡혈식고분으로 재료는 돌이 아니라 벽돌이다. 천장이 횡혈식석실과 마찬가지로 둥근아치형이다.

앞의 사진 두 개는 6세기 초의 백제의 고유 무덤 양식으로, 횡혈식 석실이 정립된 이후의 양식이다. 아래 사진은 무령왕릉인데, 횡혈식고분으로 무덤의 재료가 돌이 아니라 벽돌이다. 천장을 둥근 아치형으로 만든 것이 횡혈식 석실과 같다. 그런데 위의 사진과 같은 6세기 초의 백제 고분보다 앞선 시기인 5세기 중 말엽경의 백제 횡혈식 석실 고분이 오사카 지역에서 나타난다.

오사카 지역에서 나타나는 가장 오래된 대표적인 횡혈식 고분은 후지노모리 고분(藤の森古墳), 시바야마 고분(芝山古墳), 토즈카 고분(戶塚古墳)이다. 이 세 개 고분의 출현 이후 횡혈식 고분은 중형, 소형의 전방후원분 그리고 원분 방분으로 확산되어 간다. 그 시기는 대략 5세기 중엽부터 5세기 말이며, 기본적 보급은 6세기에 들어서서라고 한다.[77]

다음 아래의 사진은 후지노모리 고분(藤の森古墳)과 토즈카 고분(戶塚古墳)의 사진이다.

(왼쪽, 가운데) 후지노모리 고분 (오른쪽) 토즈카 고분[78]

---

77) 조희승, 「초기조일관계사 상」, 사회과학출판사, 1988, p.316
78) 사진 출처: 위키백과

앞의 사진은 오사카 지역에서 가장 오래된 백제 횡혈식 고분이다. 시기는 5세기 중말엽이라고 한다.[79] 조희승은 이 세 개의 고분들이 알려 주는 사실들을 두 가지로 정리했다. 먼저, 이 고분들은 5세기 중말엽경에 횡혈식 고분을 사용하는 이주민집단이 오사카 지역에 나타났다는 것을 보여 준다는 것이다. 두 번째는 이 세 개의 고분은 일단 완성된 형태를 가진 온전한 횡혈식 석실 무덤으로서 과도기적 단계를 거치지 않은 시기적으로 좀 후대(5세기 중말엽)의 것으로, 4세기 말 5세기 초의 형태인 수혈계횡구식 무덤 형태들은 오사카 지역에서는 나타나지 않는다는 것이다.[80] 다시 말해, 횡혈식 석실이 중간 단계 없이 바로 등장한다는 것은 다른 지역에서 중간 단계를 이미 경험하고 지나간 뒤의 어떤 일단의 이주민들이 오사카 지역으로 이주해 와서 바로 횡혈식 석실을 만들었다는 것이다.

횡혈식 석실 무덤이 등장하기 전 단계는 수혈계횡구식 무덤인데, 이것이 성행하던 시기는 4세기 말에서 5세기 초엽이라는 것이다. 이런 형식은 북규슈의 이토지마 반도와 사가현의 가라츠만 연안 지대에서 발견된다. 즉, 북규슈에서는 횡혈식 석실 무덤이 등장하기 전 단계인 수혈계횡구식 무덤이 등장한다는 것이다. 다음 아래의 사진은 북규슈에서 발굴된 수혈계횡구식 무덤이다.

---

79) 조희승, 「초기조일관계사(상)」, 사회과학출판사, 1988, p.316
80) 조희승, 위와 같은 책, p.317

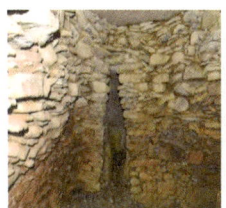  

요코타시모고분(横田下古墳)내부·외부 모습 / 고분이있는사가현(佐賀県)가라쓰시(唐津市)[81]

  조희승은 이것을 근거로 규슈 지역에 있던 일단의 백제계(가야계를 포함한) 세력이 5세기 말에 오사카 지역으로 이동한 것으로 보았다. 따라서 오사카 지역의 횡혈식 석실 무덤을 조성한 세력은 이주해 온 백제며, 오사카 지역의 백제의 흔적이라고 볼 수 있다.

  한편, 이 지역에는 백제와 관련하여 주목할 만한 신사(神社)가 있다. 오사카부(大阪府) 하비키노시(羽曳野市) 아스카(飛鳥)에는 아스카베신사(飛鳥戶神社)가 있다. 이 아스카베 신사는 아스카베노미야츠코(飛鳥戶造) 일족이 자신들의 조상신인 아스카오오가미(飛鳥大神)를 모시며 제사 지내는 곳이다.[82]

---

81) 횡혈식 석실은 현해탄 연안에 넓게 분포해 있다. 요코타시모 고분의 횡구부분에서 초기 구조를 명확하게 볼 수 있다. (横穴式石室は玄界灘沿岸地域から 拡がった。横田下古墳の横口部からは 初期の構造がよくわかる)- 吉村靖德, 「九州の古墳」, 海鳥社, 2015, p.22

82) 신종원 외, 「일본신사에 모셔진 한국의 神」, 2014, p.109

곤지(昆支)를 모시는 오사카에 있는 아스카베신사(飛鳥戶神社)[83]

그런데 이 조상신 아스카오오가미는 「백제본기」에 백제 개로왕과 문주왕의 동생으로 나오는 곤지(昆支)이다. 『삼국사기』「백제본기」에서 곤지는 문주왕 3년(477) 4월에 내신좌평으로 임명되었다가 그해 3개월 뒤인 7월에 사망한 것으로 나온다. 곤지가 사망한 뒤에 나오는 곤지에 대한 기사는 동성왕(24대 479~501) 즉위 기사에 나타난다. 「백제본기」의 동성왕 즉위 기사에 의하면 동성왕은 곤지의 아들이다.

곤지(昆支)에 대한 이야기는 『일본서기』「웅략(雄略 유라쿠 456~479)」에도 나온다. 『일본서기』에는 『삼국사기』「백제본기」에는 나오지 않는 곤지에 대한 이야기들이 실려 있다.

여름 4월에 백제의 가수리군(加須利君) [개로왕(蓋鹵王)이다.]은 지진원(池津媛)을 불태워 죽였다는 소문을 듣고[적계녀랑(適稽女郞)이다.] "과거에 여인을 바쳐 채녀로 삼았다. 그런데 이미 예의를 잃어서 우리나

---

83) 신종원 외, 위와 같은 책, p.108-109

라의 이름을 실추시켰다. 앞으로는 여인을 바치지 말라."고 의논하였다. 이에 그 아우 군군(軍君)[곤지(昆支)이다.]에게 "너는 마땅히 일본으로 가서 천황을 섬기도록 하라."고 명하였다. 군군은 "왕의 명을 거스를 수 없습니다. 원컨대 왕의 부인을 내려 주신다면 명을 받들겠습니다."라고 대답하였다. 가수리군(개로왕)은 임신한 부인을 군군(곤지)에게 주면서 "나의 임신한 부인은 이미 산달이 되었다. 만일 가는 길에 출산하면, 바라건대 어디에 있든지 배 한 척에 실어 속히 본국으로 돌려보내도록 하라."고 말하였다. 이윽고 작별하여 왜의 조정으로 갔다.[84]

위의 기사에서 가수리군은 개로왕이고, 군군은 곤지다. 이때 만삭이었던 개로왕의 부인에게서 태어난 사람이 무령왕이다.[85] 곤지와 곤지의 아들인 동성왕의 즉위와 관계해서는 웅략 23년(479)에 다음과 같은 기사도 있다.

---

84) 『일본서기』「웅략」5년(461) 夏四月, 百濟加須利君[蓋鹵王也.], 飛聞池津媛之所燔殺[適稽女郎也.], 而籌議曰, 昔貢女人爲采女. 而旣無禮, 失我國名. 自今以後, 不合貢女. 乃告其弟軍君[昆支也.]曰, 汝宜往日本以事天皇. 軍君對曰, 上君之命不可奉違. 願賜君婦, 而後奉遣. 加須利君則以孕婦, 嫁與軍君曰, 我之孕婦, 旣當産月. 若於路産, 冀載一船, 隨至何處, 速令送國. 遂與辭訣, 奉遣於朝. (출처 번역:동북아역사넷)

85) 백제의 제25대(재위: 501년~523년) 왕. 이름은 사마(斯摩, 斯麻) 또는 융(隆)이다. 동성왕(東城王)의 둘째 아들, 또는 개로왕(蓋鹵王)의 동생인 혼지(混支, 또는 곤지(昆支)의 아들로서 동성왕의 배다른 형이라고도 한다. 이처럼 그의 계보에 대해서는 이설(異說)이 있으나, 1971년 공주 송산리의 무령왕릉에서 발견된 지석(誌石)에 따르면 그는 462년에 출생하였다. 키는 8척이고 용모가 아름다웠으며, 성품은 인자하고 관대하였다고 한다. (출처: 한국민족문화대백과사전) / 한편, 일본서기 웅략기에 나온 기록을 근거로 무령왕이 열도로 가는 도중에 탄생했다는 섬이 규슈 사가현 가카라시마(加唐島)라고 한다. 이 지역에서 내려오는 전설들과 일치하여 무령왕이 이 섬에서 태어났다고 보고 있다. 현재 기념비도 있으며, 이 섬의 주민들은 매년 무령왕 탄신제를 지내고 있다. 무령왕에 대해서는 뒤에서 더 설명할 예정이다.

23년 여름 4월에 백제 문근왕(文斤王)이 죽었다[薨]. 천왕(天王)은 곤
지왕(昆支王)의 다섯 아들 중 둘째인 말다왕(末多王)이 어린데도 총명하
므로 내리(內裏)로 불러 친히 머리와 얼굴을 어루만지며 은근하게 훈계
하고, 그 나라의 왕으로 삼았다. 이에 병기를 주고 축자국(筑紫國: 츠쿠
시노쿠니)의 군사 5백 인을 함께 보내어 나라까지 호송하게 하였다. 이가
동성왕(東城王)이 되었다.[86]

즉, 열도로 간 곤지는 동성왕의 父이자 무령왕의 義父이기도 했
던 것이다. 곤지에서 동성왕과 무령왕으로 이어지는 열도에서의
계보는 50대 간무(桓武 781~806)천황으로 이어진다. 『삼국사기』「백
제본기」에는 무령왕의 아들로 성왕이 즉위하지만 『일본서기』에는
무령왕의 아들이라는 순타(淳陀)태자라는 인물이 나온다.[87] 이때
순타태자의 후손이 간무천황의 모(母)이다. 즉, 간무의 母가 무령
왕의 후손이라는 것이다. 이 내용은 다음과 같이 『속일본기(續日本
紀)』 연력(延曆) 8년(789) 12월조에 나온다.

　　(12월) 壬子 (皇后를) 大枝山陵에 장사 지냈다. 皇太后의 姓은 和氏

　　이고 이름은 新笠이다. 正1位에 추증된 乙繼의 딸이다. 어머니는 正1

---

86) 『일본서기』「웅략」 23년(479) 卄三年 夏四月, 百濟文斤王薨. 天王, 以昆支王五子中, 第二末
多王, 幼年聰明, 勅喚內裏. 親撫頭面, 誠勅慇懃, 使王其國. 仍賜兵器, 幷遣筑紫國軍士
五百人, 衛送於國. 是爲東城王. (출처 번역: 동북아역사넷)

87) 『일본서기(日本書紀)』게이타이(繼體) 천황 7년(513) 8월조에 "백제 태자 순타가 죽었다.(秋八
月癸未朔戊申, 百濟太子淳陀薨.)"라고 기록되어 있다.

位에 추증된 大枝朝臣眞妹이다. 皇太后의 선조는 百濟 武寧王의 아들인 純陁太子에서 나왔다. 皇后는 용모가 덕스럽고 정숙하여 일찍이 명성을 드러냈다. 天宗高紹天皇(光仁天皇)이 아직 즉위하지 않았을 때 혼인하여 맞아들였다. …88)

한편, 곤지를 모시는 이 아스카베신사는 곤다고뵤야마 고분(誉田御廟山古墳, こんだごびょうやまこふん)과 아주 가까운 거리에 있다. 곤다고뵤야마 고분은 그 정체가 불분명한 이른바 삼한을 정벌했다는 신공황후의 아들인 응신(応神)천황의 릉이다.

오사카에 있는 곤다고뵤야마 고분과 아스카베신사

---

88) 『속일본기』 권 40 (12월) 今皇帝 桓武天皇 (十二月) 壬子 葬於大枝山陵 皇太后姓和氏 諱新笠 贈正一位乙繼之女也 母贈正一位大枝朝臣眞妹 后先出自百濟武寧王之子純陁太子 皇后容德淑茂 夙著聲譽 天宗高紹天皇龍潛之日 娉而納焉 生今上 早良親王 能登內親王 寶龜年中 改姓爲高野朝臣 今上卽位 尊爲皇太夫人 九年追上尊號 曰皇太后 其百濟遠祖都慕王者 河伯之女感日精而所生 皇太后卽其後也 因以奉謚焉 (출처 번역: 한국사데이터베이스)

오사카를 중심으로 있던 정권을 이른바 '야마토왜' 정권이라고 부른다. 그런데 이 야마토왜 정권 역시 한반도 고대 국가 백제에서 건너간 백제인들이 세웠던 정권일 가능성이 매우 높다. 즉, 이른바 야마토왜 정권인 오사카 韓倭는 본토 백제에서 규슈를 지나 오사카지역에 정착한 또다른 백제 정권이었다고 볼 수 있다.

고대 문헌 '倭'의 변천
- '倭'에서 '韓倭'로

최초 '왜'는 '海·河' 인근에 사는 '인족(人族)'에 대한 통칭

'어떤 시기에 한정된 왜의 위치'는 '그 시기의 왜의 정체(正體)'와 관계가 있다. '왜'가 중국 고대 문헌에서 처음 나타나는 것은 『산해경(山海經)』이라고 할 수 있다. 『산해경(山海經)』은 중국 선진(先秦) 시대에 저술되었다고 추정되는데, 춘추 시대부터 한대(漢代) 초기까지 여러 사람들의 손을 거치며 첨가 가필된 것으로 여겨지는 중국 최초의 신화집이자 지리지이기도 하다. 이 책의 「해내북경(海內北經)」에는 대륙에 '왜'가 있었던 것으로 여겨지는 다음과 같은 문구가 등장한다.

"蓋國在鉅燕南倭北 倭屬燕(개나라는 거연의 남쪽 왜의 북쪽에 있는데, 왜는 연나라에 속한다."89)

연나라는 현재 북경을 중심으로 있었던 나라이므로「해내북경」에 등장하는 '왜'는 분명 '열도의 왜'가 아니다.『산해경(山海經)』에 나타난 '왜'가 연나라에 속해 있다는 기록을 보았다. 이어서 춘추시대의 '왜'를 보여 주는 또 다른 기록인『사기(史記)』「월왕구천세가(越王句踐世家)」의 다음 기록을 살펴보겠다.

월왕越王 구천은 그 선조가 우禹임금의 자손으로 하후夏后 제소강帝少康의 서자庶子이다. 회계會稽에 봉해져 우임금의 제사를 지키고 받들었다. 문신을 하고 머리를 짧게 깎았으며 거친 풀밭을 개간해 읍邑을 만들었다.90)

월왕구천은 춘추시대 사람이다. 서기전 464년이라는 사망 연대만 알려져 있다. "월왕구천은 회계에 봉해져 문신을 하고…"라는 부분은『삼국지』「위지(魏志)」「오환선비동이전(烏丸鮮卑東夷傳)」「왜(倭)전」에서 다시 언급된다.

---

89) 『산해경(山海經)』권 12「해내북경」(출처 번역: 한국사데이터베이스)
90) 『사기』「세가」권 41「越王句踐世家」제 11..越王句踐, 其先禹之苗裔, 而夏后帝少康之庶子也..封於會稽, 以奉守禹之祀..文身斷髮, 披草萊而邑焉 (출처: 한적전자문헌자료고(漢籍電子文獻資料庫))

… 군(郡 대방군)에서 여왕국에 이르는 [거리는] 1만 2천여 리이다. 남자는 어른과 아이 모두 얼굴과 몸에 문신(文身)을 한다. 옛날부터 그 사신들이 중국으로 왔는데, 모두 스스로 대부(大夫)라고 칭하였다. 하나라의 왕[夏后] 소강(少康)의 아들이 회계(會稽)에 봉해지자, 머리를 자르고 문신을 하여 교룡(蛟龍)의 해를 피하였다. 지금 왜(倭)의 수인(今倭水人)은 바다에 들어가 물고기와 조개를 잘 잡는데, 문신은 원래는 큰 물고기와 바다짐승을 피하려는 것이었으나, 후에 점차 장식이 되었다. … [왜국(倭國)까지의] 가는 길과 거리[道里]를 헤아려 보면, [그곳은] 마땅히 회계(會稽) 동야(東冶)의 동쪽에 있어야 한다.[91]

이와 같이 「해내북경」과 「월왕구천세가(越王句踐世家)」와 『삼국지』 「왜(倭)」전의 기록들을 함께 검토해 보면, 춘추전국시대의 '왜'는 '열도의 왜'가 아니라는 것을 알 수 있다. 「해내북경」에서 말하는 연나라에 속한다는 '왜'는 현재 중국의 '하북성'을 중심으로 볼 때 북경의 남쪽 발해만의 해안가에 거주했던 '왜'라고 볼 수 있다. 또한 월왕구천이 봉해졌다는 '회계(會稽)'는 지금의 절강성(浙江省: 저장성)과 강소성(江蘇省: 장쑤정)에 걸쳐 있었다. 즉, '회계'는 춘추전국시대의 '월나라'의 영역이다. 지도로 보면 다음과 같다.

---

91) 『삼국지』 「위서(魏書)」 「오환선비동이전(烏丸鮮卑東夷傳)」 「왜(倭)」, 男子無大小皆黥面文身. 自古以來, 其使詣中國, 皆自稱大夫. 夏后少康之子封於會稽, 斷髮文身以避蛟龍之害,今倭水人好沈沒捕魚蛤, 文身亦以厭大魚水禽, 後稍以為飾. 諸國文身各異, 或左或右, 或大或小, 尊卑有差. 計其道里, 當在會稽 東冶之東. (출처 번역: 동북아역사넷)

전국시대 월나라 '회계' 지역과 회계의 동쪽인 왜= 열도

위의 『삼국지』「왜(倭)」전의 기록은 『사기(史記)』「월왕구천세가(越王句踐世家)」의 월왕이 봉해졌던 지역인 '회계'에서 '왜'가 비롯되었다는 것을 기록하고 있다. '회계' 지역은 동쪽으로 바다를 접하고 있는 지역이다. '회계' 지역의 '왜'는 바다에서 물고기를 잡는 것을 주된 생계로 하고 있던 집단이며, 물속에 들어가 물고기를 잡을 때의 필요성 때문에 몸에 '문신'을 하게 되었다고 『삼국지』「왜(倭)」전은 설명을 덧붙이고 있다. 그러면서 "今倭水人(지금 왜의 수인)"이라는 표현으로 『삼국지』「왜(倭)」전에서 설명하고 있는 '지금의 왜'도 물고기와 조개를 잘 잡고 몸에 문신을 하고 있다고 기록하고 있다. 여기서 주목할 부분은 회계 지역에서 몸에 문신을 하며 물고기를 잘 잡던 인족 집단과 마찬가지로 "今倭水人"도 물고기를

잘 잡고 몸에 문신을 하고 있는 인족 집단이며, 그 "지금의 왜 수인"이 있는 곳은 "회계·동야의 동쪽"이라고 기록된 부분이다. (위의 지도) 이것은 삼국지를 쓴 진수가 『삼국지』 「왜(倭)」전에서 말하는 '왜'가 현재 열도에 있는 물고기를 잘 잡는 인족 집단이라는 것을 알려 주는 것이다. 즉, 열도에 사는 물고기를 잘 잡는 인족 집단을 '지금의 왜 수인'이라고 한 것이다.

「해내북경」의 '왜'는 역시 연나라 남쪽으로 발해만 해안가에 퍼져 있던 일련의 '인족(人族)'을 '왜'라고 통칭했을 것이라 추정할 수 있다. 이와 같이 바닷가에서 어업을 생업으로 하는 인족을 '왜'라고 불렀다는 것을 알 수 있다.

그런데 이것은 단지 '바다(海)'에만 한정되었던 것은 아닌 것 같다. 이와 관련해서는 『후한서』 「선비(鮮卑)전」은 한(漢)을 괴롭히던 선비족 단석괴(檀石槐)에 대한 이야기에서 드러난다. 단석괴는 북방의 여러 지역에서 출몰하면서 후한에게 막대한 타격을 입혔던 인물이다. 이 단석괴의 행적을 설명하는 와중에 다음과 같은 기록이 등장한다.

> 종중(種衆)이 나날이 늘어나서 농경과 목축, 사냥으로 족히 식량을 조달하지 못하자 단석괴는 스스로 두루 돌아다니다가 오후진수(烏侯秦水)의 너비가 수백 리에 이르고 물이 멈추어 흐르지 않으며 그 속에 물고기가 있으나 능히 잡지 못함을 보았다. 왜인(倭人)들이 물고기를 그물로 잡는 데 능하다는 소식을 듣고, 이때 동쪽으로 왜인국(倭人國)을 공

격하여 천여 가(家)를 생포하여 진수(秦水)의 곁으로 옮겨 두고 왜인들에게 물고기를 잡도록 명하여 양식의 조달에 도움이 되게 하였다.[92]

위의 기록은 단석괴가 '왜인'들이 물고기 잡는 것에 능하다는 말을 듣고 동쪽으로 가서 '왜인국'을 공격하여 '오후진수(烏侯秦水)[93]'가로 '왜인'들을 옮겨서 물고기를 잡도록 했다고 전하고 있다. 이 기록으로 보아 '왜인'은 꼭 해안가가 아니더라도 큰 강가에 살면서 '물고기잡이에 능한 인족(인족)'을 통칭한 말이었다는 것을 알 수 있다. 이것은 또한 『삼국지』「선비전」에 달린 [배송지주(裴松之注)]의 단석괴 내용에서 『후한서』「선비전」과 달라지는 부분의 비교를 통해서도 알 수 있다.

[배송지주] 『위서(魏書)』에서 [다음과 같이] 말하였다. … 선비의 무리는 나날이 많아져서 농경과 목축, 사냥으로 족히 식량을 조달하지 못하는 상황에 이르렀다. 후에 단석괴는 순시하며 돌아다니다가 오후진수(烏侯秦水)가에 이르렀는데, 오후진수는 면적이 수백 리에 이르고 물이 깨끗하고 맑았으나 흐르지 않았고, 물속에 물고기가 있으나 능히 잡지 못하였다. 한인(汗人)들이 물고기를 그물로 잡는 데 능하다는 정보를 이

---

92) 『후한서』 권 120 「오환선비열전」...種衆日多, 田畜射獵不足給食, 檀石槐乃自徇行, 見烏侯秦水廣從數百里, 水停不流, 其中有魚, 不能得之. 聞倭人善網捕, 於是東擊倭人國, 得千餘家, 徙置秦水上, 令捕魚以助糧食. (출처 번역: 동북아역사넷)

93) 오후진수(烏侯秦水)는 현재의 내몽고 遼河 상류의 남쪽 지류인 老哈河라고 위치비정되고 있으나, 좀 더 연구가 필요한 부분으로 보인다.

전에 들었다. 이때 단석괴는 동쪽으로 한국(汗國)을 공격하여 천여 가(家)를 생포하여 오후진수의 물가로 옮겨 두고 한인들에게 물고기를 잡도록 명하여 양식을 조달하게 하였다.[94]

위의 인용에서 알 수 있듯이 『후한서』「선비전」에서 단속괴가 오후진수가로 '왜인'를 데리고 와서 물고기를 잡도록 했다는 내용이 『삼국지』「선비전」의 배송지주에서는 '한인(汗人)'으로 되어 있다. 이것으로 보아 『후한서』「선비전」에서 지칭한 '왜인'은 『삼국지』「선비전」의 '한인(汗人)'이라는 것을 알 수 있다.[95] 따라서 내륙의 큰 강가에 살며 물고기 잡는 것에 능숙한 사람들을 '왜인'으로 부르기도 했다는 것을 알 수 있다.

이렇게 '바다나 큰 강 인근에 살면서', '물고기잡이에 능한 인족'을 통칭하던 '왜 또는 왜인'은 어떤 시기를 지나면서 '열도의 왜'를 지칭하는 명칭으로 고정된다. 이런 변화의 시기는 『후한서』「동이전」「왜전」과 『삼국지』「동이전」「왜전」에 나타난다.

---

94) 『삼국지』「위지」「오환선비동이전」[裵松之注] 魏書曰: … 鮮卑衆日多, 田畜射獵, 不足給食. 後檀石槐乃案行烏侯秦水, 廣袤數百里, 停不流, 中有魚而不能得. 聞汗人善捕魚, 於是檀石槐東擊汗國, 得千餘家, 徙置烏侯秦水上, 使捕魚以助糧. … (출처 번역: 동북아역사넷)

95) 같은 내용을 배송지주에서는 왜인이 아니라 汗人이라고 한 것은 후술하겠지만, 한무제가 위만 조선을 멸망시킨 이후 열도의 왜국과 통교하기 시작한 이후로는 주로 '열도 왜'만 '왜'라고 부르기 시작했고, 그 개념이 완전하게 정착하기 전인 그 중간에는 '일반적으로 해안과 강가에서 물고기를 잘 잡는 인족 집단을 통칭하는 왜'라는 개념과 혼용해서 쓰는 경우가 있었다고 본다. 그러다가 배송지가 삼국지에 주를 달 즈음에는 '열도 왜=왜(인)'으로만 부르는 것이 정착되었기 때문에 배송지는 '열도 왜=왜'이고, 그 외 물고기를 잘 잡는 인족 집단을 '왜'로 기록하면 혼돈이 생길 것을 우려하여 '왜인'을 한인으로 기록한 것으로 보인다.

중국에서 정사(正史)로 인정받는 역사서 24사(史) 중에서 「동이전」이 최초로 편목(篇目)으로 편성되는 것은 『후한서』와 『삼국지』이다. 『후한서』와 『삼국지』에 앞선 사서는 『사기』와 『한서』인데, 『사기』와 『한서』에는 「조선전」 편목만 있다. 이것은 『사기』와 『한서』 당시의 지리 인식이 '단군조선의 서쪽'과 경계를 이루던 현재 요서 일대이자 고대 요동이었던 하북성 난하와 연산산맥 일대 부근에 머물러 있었기 때문이다. 『사기』와 『한서』에서 중원 세력들에게 위협이 되었던 '조선'은 '단군조선의 서쪽'에 있었던 '위만조선'이다. 따라서 그 시기의 지리적 인식은 '위만조선'의 경계를 넘을 수 없었다. 이것은 당시 중원 세력이었던 '한(漢)'이 '위만조선'을 멸망시킨 이후에 지리적 인식이 확장되었다는 것을 의미한다. 즉, 『후한서』와 『삼국지』에 「동이전」이 나타나고, 그 안에 「왜전」이 나타나면서 '일본 열도=왜'라는 인식이 고정된 것은 한(漢) 무제(武帝)가 위만조선을 멸망시킨 서기전 108년 이후의 일이라는 것이다. 이것은 『후한서』와 『삼국지』에 다음과 같이 각각 분명하게 서술되어 있다.

> 왜(倭)는 한(韓)의 동남쪽 큰 바다 가운데 있고, 산이 많은 섬에 의지하여 살아가고 있는데, 무릇 100여 나라[國]이다. 무제(武帝)가 조선(朝鮮)을 멸망시킨 후에 사역(使驛)을 이용하여 한(漢)과 통한 것이 30여 개 나라[國]이다. 나라들의 [수장(首長)]은 모두 왕(王)을 칭하였는데, 대대로 왕통(王統)이 이어졌다. 그 대왜왕(大倭王)은 야마대국(邪馬臺國)에 있다. 낙랑군(樂浪郡)의 변경에서 그 나라는 만 2천 리 떨어져 있고, 그

나라의 서북방에 있는 구야한국(拘邪韓國)에서는 7천여 리 떨어져 있다. 그 땅은 대략 회계[군](會稽) 동야[현](東冶縣)의 동쪽에 있고…[96]

왜인(倭人)은 대방군(帶方[郡]) 동남쪽의 대해(大海) 중에 살고 있는데, 산이 많은 섬에 의지하여 나라와 마을[國邑]을 이루었다. 이전에는 100여 나라였는데, 한대(漢代)에 조정에 알현(朝見)하는 나라가 있었고, 지금은 사역(使譯)이 통하는 곳이 30개 나라다. [대방]군(帶方郡)에서 왜(倭)까지는, 해안을 따라 물길로 가서 한국(韓國)을 거쳐 때로는 남쪽으로 때로는 동쪽으로 나아가면 그 북쪽 대안[北岸]인 구야한국(狗邪韓國)에 도착하는데, [거리가] 7천여 리(里)이며…[97]

이와 같이『후한서』는「선비전」에서 내륙의 큰 강 인근에 사는 '인족'을 '왜인'이라고 부르기도 하지만 동시에「동이전」에「왜전」 편목을 별도로 포함·편성하여 열도에 있는 나라들을 '왜국'으로 특정하여 지칭했다.『삼국지』는「선비」에 '왜인'이라는 명칭을 '한인(汗人)'으로 기술했으며, 또한『후한서』와 마찬가지로「동이전」에「왜전」 편목을 포함 편성했다. 이것으로 알 수 있는 것은 한

---

96) 『후한서』권 115「동이열전」「왜전」… 倭在韓東南大海中, 依山島爲居, 凡百餘國. 自武帝滅朝鮮, 使驛通於漢者三十許國, 國皆稱王, 世世傳統. 其大倭王居邪馬臺國. 樂浪郡徼, 去其國萬二千里, 去其西北界拘邪韓國七千餘里. 其地大較在會稽東冶之東… (출처 번역: 동북아역사넷)

97) 『삼국지』권 30「오환선비동이전」「왜전」…倭人在帶方東南大海之中, 依山島爲國邑. 舊百餘國, 漢時有朝見者, 今使譯所通三十國. 從郡至倭, 循海岸水行, 歷韓國, 乍南乍東, 到其北岸狗邪韓國, 七千餘里… (출처 번역: 동북아역사넷)

무제가 위만조선을 멸망시킨 시기인 서기전 108년을 기준으로 한동안은 '강이나 바다 인근에 살면서 물고기를 능숙하게 잡는 사람들'을 지칭하는 보통명사로서의 '왜 또는 왜인'과 '열도=왜'라는 고유명사로서의 '왜 또는 왜인'이 공존했던 것으로 보인다. 그렇게 공존되어 쓰이던 한동안의 시기가 지난 이후에는 『후한서』와 『삼국지』에서 한 무제에 의한 위만조선 멸망이라는 사건이 적시된 즈음 전후에는 '열도=왜'라는 명칭이 고정된 것으로 보는 것이 합리적이다.

이후 나타나는 중국 고대 문헌인 『구당서(舊唐書)』「동이전」에는 「왜국전」과 「일본전」이 별도로 나타난다. 「일본전」에는 왜국이 일본으로 명칭을 변경했다는 내용이 다음과 같이 기술되어 있다.

> 일본국은 왜국의 별종(別種)이다. 그 나라가 해가 뜨는 곳에 있기 때문에 일본을 나라 이름으로 하였다. 혹은 말하기를, 왜국이 스스로 그 이름이 우아하지 못한 것을 싫어하여 일본으로 고쳤다고 한다. 혹은 말하기를, 일본은 과거에는 작은 나라였는데, 왜국의 땅을 병합하였다고 한다. 그 [나라] 사람으로 입조한 자가 대부분 [자기 나라가] 크다고 자부하여 사실로 대답하지 않았다. 그래서 중국이 이를 의심하였다. 또한 말하기를, "동서남북이 각각 수천 리인데, 서쪽과 남쪽 경계는 모두 큰 바다에 이르고, 동쪽과 북쪽 경계는 큰 산이 있어 한계를 이룬다. 산 바

깥은 곧 모인(毛人)의 나라이다."라고 하였다.[98]

또한, 『신당서(新唐書)』「동이전」에는 「왜국전」이 없고 「일본전」으로만 편목되어 나타난다. 『신당서』「일본전」에는 일본의 위치와 『일본서기』에 나타나는 천황들에 대해 순서대로 그 이름들이 나열되어 있는데, 다음과 같다.

일본은 과거의 왜노[국]이다. 경사(京師)로부터 14,000리 떨어져 있으며 신라의 동남쪽에 해당하는데, 바다 가운데 있으며, … 동서로 다섯 달을 가고, 남북으로 세 달을 간다. … 언렴의 아들 신무(神武)가 서서 다시 '천황'으로 칭호를 삼고 대화주(大和州)로 옮겨 다스렸다. [신무의] 다음이 수정(綏靖)이고 다음은 안녕(安寧)이고, 다음은 의덕(懿德)이고 다음은 효소(孝昭)이고 다음은 천안(天安)이고 다음은 효령(孝靈)이고, 다음은 효원(孝元)이고, 다음은 개화(開化)이고 다음은 숭신(崇神)이고 다음은 수인(垂仁)이고, 다음은 경행(景行)이고 다음은 성무(成務)이고 다음은 중애(仲哀)이다. 중애가 죽고 개화의 증손녀인 신공(神功)이 왕이 되었다. 다음이 응신(應神)이고 다음이 인덕(仁德)이고 다음이 이중(履中)이고 다음이 반정(反正)이고 다음이 윤공(允恭)이고 다음이 안강(安康)이고 다음이 웅략(雄略)이고 다음이 청녕(淸寧)이고 다음이 현종(顯宗)이

---

98) 『구당서』 권 199 「동이전」「일본전」 日本國者, 倭國之別種也. 以其國在日邊, 故以日本爲名. 或曰: 倭國自惡其名不雅, 改爲日本. 或云: 日本舊小國, 倂倭國之地. 其人入朝者, 多自矜大, 不以實對, 故中國疑焉. 又云: 其國界東西南北各數千里, 西界・南界咸至大海, 東界・北界有大山爲限, 山外卽毛人之國. (출처 번역: 동북아역사넷)

고 다음이 인현(仁賢)이고 다음이 무열(武烈)이고 다음이 계체(繼體)이고 다음이 안한(安閑)이고 다음이 선화(宣化)이고 다음이 흠명(欽明)이다. 흠명 11년은 양(梁) 승성(承聖) 원년에 해당한다. 다음이 해달(海達)이고, 다음이 용명(用明)인데 또한 목다리사비호(目多利思比孤)라고도 하며 수 개황(開皇) 말에 해당하는데 처음으로 중국과 통하였다. 다음이 숭준(崇峻)이다. 숭준이 죽고 흠명의 손녀인 웅고(雄古)가 섰다. 다음이 서명(舒明)이고 다음이 황극(皇極)이다. …99)

2~3세기 고대 문헌의 비미호(卑彌呼)는 '신라인 한왜(韓倭)'

이와 같이 중국의 고대 문헌을 통해 살펴본 바에 의하면 '왜'는 '바다 또는 큰 강 인근에 살면서 물고기잡이에 능숙한 인족(人族)'을 통칭해 부르는 일종의 개념어였다는 것을 알 수 있다. 이것은

---

99) 『신당서』「동이전」「일본전」日本, 古倭奴也. 去京師萬四千里, 直新羅東南, 在海中, 島而居, 東西五月行, 南北三月行. 國無城郭, 聯木爲柵落, 以草茇屋. 左右小島五十餘, 皆自名國, 而臣附之. 置本率一人, 檢察諸部. 其俗多女少男, 有文字, 尚浮屠法. 其官十有二等. 其王姓阿每氏, 自言初主號天御中主, 至彦瀲, 凡三十二世, 皆以「尊」爲號, 居筑紫城, 彦瀲子神武立, 更以「天皇」爲號, 徙治大和州. 次曰綏靖, 次安寧, 次懿德, 次孝昭, 次天安, 次孝靈, 次孝元, 次開化, 次崇神, 次垂仁, 次景行, 次成務, 次仲哀. 仲哀死, 以開化曾孫女神功爲王. 次應神, 次仁德, 次履中, 次反正, 次允恭, 次安康, 次雄略, 次淸寧, 次顯宗, 次仁賢, 次武烈, 次繼體, 次安閑, 次宣化, 次欽明. 欽明之十一年, 直梁承聖元年. 次海達. 次用明, 亦曰目多利思比孤, 直隋開皇末, 始與中國通. 次崇峻. 崇峻死, 欽明之孫女雄古立. 次舒明, 次皇極. 其俗椎髻, 無冠帶, 跣以行, 幅巾蔽後, 貴者冒錦, 婦人衣純色裙, 長腰襦, 結髮于後. 至煬帝, 賜其民錦綾冠, 飾以金玉, 文布爲衣, 左右佩銀蘤, 長八寸, 以多少明貴賤. (출처 번역: 동북아역사넷)

마치 어떤 직업군을 부르는 통칭과 비슷하다. 예를 들면, '회사원'이나 '프리랜서'처럼 어떤 직능(職能)에 익숙한 인간 집단을 나타내는 개념으로 '왜 또는 왜인'이라고 불렀다는 것이다. 이런 개념어로서의 '왜'는 한(漢) 무제가 서기전 108년에 위만조선을 멸망시킨 이후에는 '열도=왜'라는 인식이 '개념어로서의 왜'보다 더 공식적이고 보편적으로 쓰이면서 '개념어로서의 왜'는 차츰 사라졌다고 보는 것이 본고의 관점이다. 또한, '개념어로서의 왜'가 어느 순간을 기점으로 갑자기 사라진 것은 아니고 '열도=왜'라고 지정한 이후에도 한동안은 남아 있었기 때문에『후한서』「선비전」에 그 혼용된 '개념어로서의 왜'가 기록된 것으로 본다. 이 관점을 바탕으로『삼국사기』에 나타나는 '왜'가 어디에 있는 누구인지 설명하겠다.

『삼국사기』의 '왜'의 정체(正體)에 대한 문제가 제기되는 것은 그 '왜'가 오로지 신라만 공격하기 때문이다. 또한, 「신라본기」의 '왜'에 관한 기사 분량이 고구려, 백제에 비해 압도적으로 많다. 물론『삼국사기』는 신라를 중심으로 서술된 것이어서 신라의 기사량이 고구려, 백제에 비해 전체 기사량에서 많기 때문에 그에 따라 '왜'에 대한 기사량도 많은 것이라고 볼 수도 있다.

그러나 그렇게만 보기에는 이해하기 어려운 부분들이 있다. 이에 '왜'의 정체에 대한 의문이 제기되는 부분들을 살펴보기 위해 먼저 「고구려본기」부터 살펴보겠다. 「고구려본기」에 의하면 고구려는 '왜'와 만나거나 부딪쳐 전쟁이나 전투를 한 적이 없다. 「고구려본기」는 고구려 제6대 왕 태조대왕 80년(132)과 94년(146)에 태조대왕의 아들 "수성((遂成: 고구려 제7대 차대왕이 왜산(倭山)에 모여 측근들과 왕위 찬탈을 모의했다."라는 2개의 기사를 끝으로 '왜'에 대한 기사는 더 이상 나오지 않는다. 이것은 광개토태왕릉비문에 '왜'의 도발에 대한 언급이 계속되다가, 결국 그 '왜'를 징벌적 토벌을 하러 '임나가라'에 이르렀다는 기록과 비교된다.「고구려본기」에는 광개토태왕릉비문의 내용과 일치하거나 유사한 부분이 있기는 하지만, 비문의 내용이 전부 기록되어 있지는 않다. 당연히 '왜'에 대한 기록도 없다. 비문의 내용에 대한 분석은 본고의 주된 내용이기도 하기 때문에 자세한 것은 후술할 예정이고, 여기에서는 「고구려본기」에 의하면 고구려는 '왜'를 만난 적이 없다는 것만 지적하기로 하겠다.

한편,「백제본기」에 '왜'가 처음 나타나는 것은 제17대 아신왕 6년(397)이다.「백제본기」는 아신왕 이전에는 '왜'에 대한 어떤 전사(前史)의 기록도 없이 첫 기록부터 "왜국(倭國)과 우호 관계를 맺고 태자 전지(腆支)를 볼모로 보냈다.(六年, 夏五月, 王與倭國結好, 以太子腆支爲質.)"라고 기록하고 있다. 이에 비해「신라본기」의 기록은 제1대 왕인 혁거세 거서간 8년인 서기전 50년부터 제21대 왕인 소지마립간 22년인 500년까지 모두 30여 차례 '왜의 침략' 기록으로 얼룩져 있다. 이렇게 신라본기에는 총 51건의 '왜' 관련 기사가 나오며, 그 가운데서도 왜의 '침략'을 전하는 기사는 모두 29건에 이른다.

이렇게 오로지 신라만 공격하는「신라본기」의 '왜(倭)'의 정체(正

體)'에 대한 해석이 몇 가지 있다. 그중 하나가 전술한 직업군과 같은 개념어로서의 '왜'다. 즉, 한반도의 해안가에 사는 사람들로, 더 세밀하게 말하자면 신라와 가까운 경남 해안가에 살던, '가야'는 아닌 다른 정치체를 가지고 있던 '해안가 인족(人族) 집단'이라는 것이다. 즉, 신라를 공격하던 '왜'는 일본 열도에서 오는 '왜'가 아니라 경남 해안가에 살던 물고기잡이에 능숙한 집단의 사람들이라는 것이다.[100] 이에 대해 김운회는 "이 시대의 왜구(倭寇)는 일본이 아니라 한반도 남해안 지방에 광범위하게 거주하던 [포상팔국(浦上八國)과 같은] 비주류 가야 세력이다. 그리고 이들은 유난하게 친백제(친부여)계의 성격을 가지고 있다. 따라서 고구려에게는 적대적이다."[101]라고 말한다.

그러나 이 견해는 『삼국사기』「신라본기」에 대한 오독으로 보인다. 「신라본기」에 신라를 공격하는 '왜'가 배를 타고 바다를 건너왔다는 기록이 상당수 등장하기 때문이다.

'왜'를 '왜국(倭國)'이라고 칭하면서 바다 건너에서 왔다는 내용은 신라 제4대 왕 석탈해가 즉위하는 석탈해 즉위년 서기 57년조에도 나온다. 석탈해는 왜국에서 동북으로 1천리 떨어진 다파나국에서 알로 태어났다고 한다. 다파나국 왕비는 그 알을 궤짝에 넣어 바다로 내보냈고, 그 궤짝은 처음에는 금관국(금관가야) 바닷가

---

100) 이노우에 히데오(井上秀雄)는 한반도 남부의 가야 지역에 들어와 있던 왜인으로 보았다. 井上秀雄, 1970, 「日本書紀の新羅傳說記事」, 『日本書紀研究』 4

101) https://www.pressian.com/pages/articles/47061 동양대학교 김운회 교수, 〈왜(倭), 한국인들의 이름〉, 〈김운회의 '대쥬신을찾아서' 19〉, 프레시안 연재 기사

에 닿았다가 금관국 사람들이 불길하게 여겨 그 궤짝을 받지 않고 보내자, 궤짝은 진한(辰韓)의 아진포구(阿珍浦口)에 닿았다고 한다. 석탈해의 출신에 대한 이 기록이 신화적인 내용이라서 왜의 정체에 관한 내용으로 믿기 힘들다면 다음과 같이 다른 기록들의 예를 들 수도 있다.

【- 제2대 왕 남해차차웅 11년(14) 왜인이 병선 1백여 척을 보내 바닷가의 민가를 노략질하였다. (왕이) 6부(六部)의 날랜 병사를 발동하여 이들을 막게 하였다. …[102]

- 제8대 왕 아달라이사금 20년(173) 여름 5월에 왜(倭)의 여왕 히미코[卑彌乎]가 사신을 파견하여 예물을 보냈다.[103]

- 제11대 왕 조분 이사금 4년(233) 가을 7월에 이찬(伊湌) 우로(于老)가 사도(沙道)에서 왜인(倭人)과 싸웠는데, 바람의 방향을 따라 불을 놓아 적의 배를 태우니, 왜적이 바다에 빠져 모두 죽었다.[104]

---

102) 『삼국사기』「신라본기」 남해차차웅 11년 十一年, 倭人遣兵舩百餘艘, 掠海邊民戶. 發六部 勁兵以禦之… (출처 번역: 한국사데이터베이스)

103) 『삼국사기』「신라본기」 아달라이사금 20년 二十年, 夏五月, 倭女王卑彌乎遣使來聘. (출처 번역: 한국사데이터베이스)

104) 『삼국사기』「신라본기」 조분이사금 4년 秋七月, 伊湌于老與倭人戰沙道. 乘風縱火焚舟, 賊赴水死盡. (출처 번역: 한국사데이터베이스)

- 제14대 왕 유례이사금 6년(289) 여름 5월에 왜병(倭兵)이 온다는 이야기를 듣고 선박을 손질하고 갑옷과 무기를 수리하였다.[105]

- 제14대 왕 유례이사금 12년(295) 봄에 왕이 신하들에게 말하기를, "왜인(倭人)이 여러 차례 우리의 성읍(城邑)을 침범하여 백성들이 편안하게 살 수가 없다. 나는 백제와 함께 도모하여 일시에 바다를 건너 그 나라에 들어가 공격하려 하는데 어떠한가?"라고 하였다. …[106]

- 제18대 왕 실성이사금 7년(408) 봄 2월에 왕이 왜인(倭人)이 대마도(對馬島)에 군영을 설치하고 무기와 군량을 쌓아 두어 우리를 습격하려고 한다는 말을 듣고서, 그들이 일어나기 전에 우리가 먼저 정예 군사를 뽑아 적의 군영을 격파하고자 하였다. 서불한(舒弗邯) 미사품(未斯品)이 말하기를, "신이 듣건대 '무기는 흉한 도구이고, 싸움은 위험한 일이다.'라고 합니다. 하물며 큰 바다를 건너서 남을 정벌하는 것은 만에 하나 이기지 못하면 후회해도 돌이킬 수가 없습니다. 험한 곳에 의지하고 관문(關門)을 설치하여 (그들이) 오면 곧 막아서 침범하지 못하게 하고, 유리해지면 곧 나아가 그들을 사로잡는 것만 같지 못합니다. 이것이 이른바 남을 유인하지

---

105) 『삼국사기』「신라본기」 유례이사금 6년 六年, 夏五月, 聞倭兵至, 理舟楫, 繕甲兵. (출처 번역: 한국사데이터베이스)

106) 『삼국사기』「신라본기」 유례이사금 12년 十二年, 春, 王謂臣下曰, "倭人屢犯我城邑, 百姓不得安居. 吾欲與百濟謀, 一時浮海, 入擊其國, 如何… (출처 번역: 한국사데이터베이스)

만 남에게 유인당하지 않는다는 것이니 가장 좋은 계책입니다."라고 하니, 왕이 그 말에 따랐다.[107]】

이상과 같은 기록들로 알 수 있듯이「신라본기」의 '왜 또는 왜인 또는 왜국'은 배를 타고 바다를 건너오는 열도의 '왜'라는 것을 알 수 있다.

이것은 한(漢) 무제(武帝)가 위만조선을 멸망시킨 서기전 108년 이후 '왜와 교통하기 시작했다'[108]는 기록으로 보아 열도가 국제 교역 체계에 편입된 이후에는 '해안가에 사는 물고기잡이에 능숙한 집단'이라는 개념어로서의 통칭어 '왜'는 차츰 사라지고 '열도=왜'라는 고정된 명칭이 고대 국가 신라에서도 자리 잡고 있었다는 방증이라고 볼 수 있다.

이에 대해 김석형은「신라본기」의 '왜'는 "백제·가라 계통의 북규슈의 왜"라고 정의하면서, 그 왜들이 신라를 공격한 것은 "북규슈로 건너간 백제인들, 가야인들이 본국 백제·가야와 손잡고 신라·고구려에 적대해서 싸웠다."는 것을 의미한다고 본다.[109]

---

107) 『삼국사기』「신라본기」실성이사금 7년 七年, 春二月, 王聞倭人於對馬島 校勘 001置營, 貯以兵革資粮, 以謀襲我, 我欲先其未發, 揀精兵擊破兵儲. 舒弗邯未斯品曰, "臣聞'兵凶校勘 002器, 戰危事.' 況涉巨浸以伐人, 萬一失利, 則悔不可追. 不若依嶮設關, 來則禦之, 使不得侵猾, 便則出而禽之. 此所謂致人而不致於人, 策之上也." 王從之. (출처 번역: 한국사데이터베이스)

108) 『후한서』「왜」… 自武帝滅朝鮮, 使驛通於漢者三十許國 (무제(武帝)가 조선(朝鮮)을 멸망시킨 후에 사역(使驛)을 이용하여 한(漢)과 통한 것이 30여 개 나라[國]이다.) (출처 번역: 동북아역사넷)

109) 김석형,「초기조일관계사(하)」, 사회과학출판사, 1988, p.27

김석형은 「신라본기」의 '왜'를 '규슈로 건너가서 사는 한인(韓人)들'이라고 본 것이다. 즉, 신라를 공격하는 '규슈의 왜'는 '백제 왜' 또는 '가라 왜'라는 말이다. 거주하는 공간이 한반도냐 아니면 열도 규슈냐 하는 문제로 분류되는 것이지 유전자는 같다. 이것은 바로 전술한 인류유전학의 한국인과 일본인의 유전자가 거의 같다는 연구 결과 와도 일치하는 논리다. 이에 본고는 인류유전학의 연구 결과와 김석형의 논리에 따라 『삼국사기』 「신라본기」에 등장하는 '왜'를 '왜로 이주해 간 한인(韓人)'이라는 뜻인 '韓人倭'를 줄인 말인 '韓倭'라고 명명한다.

또한 본고는 이 '韓倭'가 『삼국사기』에만 등장하는 것이 아니라 사실상 위만조선이 멸망한 이후 '열도=왜'라고 규정하는 1세기~7세기까지를 다루는 모든 고대 문헌과 금석문에 등장하는 '왜'의 정체라고 본다.

이와 같이 1세기~7세기까지를 다루는 모든 고대 문헌과 금석문에 등장하는 대부분의 '왜'를 '韓倭'라고 본다면 열도에 있었던 '韓倭'가 본토의 '고구려, 백제, 신라'와 국제지리정치학적으로 어떤 관계로 얽혀들어 가는지 세밀하게 추적해 볼 수 있고, 그런 가운데 현재 논란이 되고 있는 '임나(任那)의 성격과 위치'에 대한 것도 해명될 수 있다고 본다.

이와 같이 신라를 공격하는 '왜'는 김석형이 말한 대로 '규슈 왜'이고, '규슈 왜'는 곧 '한왜'인 것이다. 다만, 그 '한왜'의 출신국이 '신라를 공격할 이유를 가진 출신국인 백제 또는 가야'라는 것이 김석형의 주장이다. 이에 따라 「신라본기」에 나타나는 '한왜의 출신국인 한왜의 성격'을 시기에 따라 김석형은 구분했다. 그 구분을 간략히 정리하면 다음과 같다.[110]

신라본기의 신라를 공격하는 韓倭의 출신국으로 본 韓倭의 성격

	韓倭의 침략	韓倭의 출신국으로 본 韓倭의 성격
①	탈해이사금17년(73)	70년, 74년, 75년, 76년에 백제의 신라 공격이 있었으므로 73년의 한왜는 백제 왜라고 볼 수 있다.
②	지마이사금10년(121)	이 시기에 신라 백제 관계는 갈등 관계가 아니었고, 115년과 116년에 가야와 전투가 있었던 것으로 보아 121년의 한왜는 가야 왜라고 볼 수 있다.
③	3세기 나해이사금13년(208)~ 유례이사금12년(295) 총 9회	2~3세기인 백제 개루왕 38년=신라 아달라이사금 12년(165)~백제고이왕 50년=신라미추이사금 22년(283)에 일어난 신라, 백제 간의 충돌 갈등과 겹치는 시기이므로 이때의 한왜는 백제 왜라고 볼 수 있다.
④	흘해이사금37년(346)~ 내물이사금38년(393) 총 3회	이 시기는 신라·백제 관계가 우호 화평 관계고, 신라, 가야 관계는 자료가 없다. 따라서 이 시기의 한왜가 누구인지 추정하기 어렵다. 어쩌면 가야 왜일 수도 있지만, 알 수 없다.
⑤	5세기 실성이사금4년(405)~ 소지마립간22년(500) 총 18~33회	5세기는 나제동맹 기간이다. 따라서 규슈의 백제 왜가 신라를 침범했다고 보기 어렵다. 신라 가야 관계로 인한 가야 왜일 가능성을 추측해 본다.

앞의 도표에서 알 수 있듯이 김석형은 신라를 침략하는 '왜의 정체'를 '규슈에 있는 백제 왜'거나 '규슈에 있는 가야 왜' 둘 중

---

110) 김석형, 위와 같은 책, p.31-32

하나로 당시 신라와 백제 또는 가야와의 관계를 전후한 상황과 연계해서 추정하고 있다.

그런데 규슈로 이주한 한왜를 백제계나 가야계로만 한정 짓는 것은 스스로 한계를 설정하는 것으로 보인다. 즉, 그런 한계는 위의 도표에서 ④번과 ⑤번과 같은 상황인 신라·백제 관계가 우호 관계였다든지 하는 상황에서는 다르게 추정할 여지를 스스로 제거한 것이다.

규슈를 비롯한 열도 전역에는 백제와 가야를 떠나온 이주민들만 있었던 것이 아니다. 다시 말해, 고구려계도 있었고 신라계도 있었다는 것이다.

고구려계 이주민에 대해서는 광개토태왕릉비문에 대한 분석에서 후술하기로 하고, 여기에서는 김석형이 제외한 신라 이주민인 한왜에 대해 설명하겠다.

신라인의 열도 이주에 관한 기록으로는 『삼국유사』 「연오랑 세오녀(延烏郎 細烏女)」 설화가 있다. 이와 관련하여 일본 측 문헌으로는 연오랑 세오녀가 신라를 떠나 일본에 정착한 지역이 일본의 시마네현(島根県) 이즈모(出雲)라고 추정할 수 있게 만드는 기록인 『이즈모풍토기(出雲風土記)』가 있다.[111] 연오랑 세오녀 설화에 의하면, 어느 날, 바닷가의 바위가 연오랑을 태우고 일본으로 가 버리자, 그 아내 세오녀도 남편을 따라 바위를 타고 일본으로 갔다고 한다. 일본으로 간 연오랑은 일본국의 왕이 되었다고 하는데, 이 일이 일어난 것은 신라 8대 왕인 아달라이사금 4년(157)이라고 한다.[112]

이 연오랑 세오녀의 설화가 의미심장한 것은 그 뒤에 신라에서 일어난 일들에 대해서 말하고 있기 때문이다. 다음 인용문을 보자.

이때 신라에서는 해와 달이 광채를 잃었다. 일관(日官)이 나아가 아뢰기를, "해와 달의 정기가 우리나라에 있었는데 지금 일본으로 가버렸기 때문에 이러한 괴변이 일어난 것입니다." 하였다. 왕이 일본에 사신을 보내어 두 사람을 찾으니 연오가 말하기를 "내가 이 나라에 온 것은 하늘이 시킨 일입니다. 지금 어찌 돌아갈 수 있겠소. 그러므로 나의 비(妃)가 짠 고운 명주가 있으니 이것을 가지고 하늘에 제사를 지내면 될

---

111) 『이즈모풍토기』에는 시마네현 이즈모가 형성된 기원에 대해 신라로부터 나라 땅을 떼어내어 이즈모에 붙여 이즈모가 크게 되었다는 이야기가 실려있다.(所以号意宇者, 国引坐八束水臣津野命詔, 八雲立 出雲国者, 狭布之稚国在哉. 初国小所作. 故将作縫詔而,「木+孝」衾志羅紀乃三埼矣, 国之余有耶見者, 国之余有詔而.) 시마네현 이즈모는 신라 동해안 경북 포항과 마주 보고 있는 위치에 있어서, 포항 쪽에 있는 사람들이 포항 이즈모 간의 항로를 이용해 일본으로 이주했을 가능성이 높으며, 실제 이즈모 지역에서는 고조선의 비파형동검을 비롯해서 신라적인 유물과 유적들이 발굴되었으며, 신라와 관련된 가라카미시라기(韓神新羅)신사가 있다. (참조: 조희승, 「초기조일관계사 (상)」, 사회과학출판사, 1988, p.447-456 / 노성환, 「시마네의 한국계 신사에 관한 일고찰」, 일본어문학 65호, 2014, p.307-334)

112) 『삼국유사』 권 1 제1기이 연오랑 세오녀: 제8대 아달라왕(阿達羅王)이 즉위한 4년 정유(丁酉)에 동해의 바닷가에 연오랑과 세오녀라는 부부가 살고 있었다. 어느 날 연오가 바닷가에 나가 해초를 따고 있었는데, 갑자기 바위 하나가 (물고기 한 마리라고도 한다) 연오를 태우고 일본으로 가 버렸다. 일본국 사람들이 연오를 보고 "이는 범상한 인물이 아니다." 하고 이에 옹립하여 왕으로 삼았다. ≪일본제기(日本帝記)≫를 보면 전후 시기에 신라인을 왕으로 삼은 적이 없다. 이것은 변방 읍의 소왕이고 진짜 왕이 아닐 듯하다. 세오는 남편이 돌아오지 않음을 괴이 여겨 가서 찾다가 남편이 벗어 놓은 신이 있음을 보고 역시 그 바위에 올라가니, 바위는 다시 그 전처럼 세오를 태우고 [일본으로] 갔다. 그 나라 사람들이 이를 보고 놀라면서 왕에게 나아가 아뢰니 부부가 다시 서로 만나고 [세오는] 귀비(貴妃)가 되었다.(延烏郞細烏女第八阿達羅王卽位四年丁酉東海濱有延烏郞細烏女夫婦而居. 一日延烏歸海採藻忽有一巖一云一魚負歸日本. 國人見之曰 "此非常人也", 乃立爲王按日本帝記, 前後無新羅人爲王者, 此乃邊邑小王而非眞王也.. 細烏怪夫不來歸尋之見夫脫鞋亦上其巖, 巖亦負歸如前. 其國人驚訝奏獻於王, 夫婦相會立爲貴妃.) (출처 번역: 한국사데이터베이스)

것입니다." 하면서 이에 그 비단을 주었다. 사신이 돌아와서 아뢰자, 그 말대로 제사를 지낸 이후에 해와 달이 그 전과 같이 되었다. 그 비단을 왕의 창고에 잘 간직하여 국보로 삼고 그 창고를 귀비고(貴妃庫)라 하였다. 또 하늘에 제사를 지낸 곳을 영일현(迎日縣) 또는 도기야(都祈野)라 하였다.[113]

연오랑 세오녀가 일본으로 가자 신라의 해와 달이 광채를 잃었다는 것은 열도로 이주한 연오랑 세오녀로 상징되는 일군의 사람들이 피지배층인 이른바 이름 없는 백성들만은 아니었을 것이라는 추정을 가능하게 한다. 즉, 지배층에 속하는 사람들 중 어떤 이유로 그 지배층에서 이탈되어 일반 백성들과 함께 일본으로 망명과 같은 형식으로 이주하게 된 사람들이 다수 있었을 가능성이 있다는 것이다.

일본으로 이주한 신라인이 지배층의 일원이었을 가능성은 『일본서기』의 수인(垂仁) 3년(서기전 27년)에 나오는 '신라왕자 천일창(天日槍= 아메노히보코(天之日矛)'의 기록으로도 알 수 있다.

---

113) 『삼국유사』 권제1 제1 기이(紀異第一) 연오랑 세오녀(延烏郎 細烏女) 是時新羅日月無光. 日者奏云 "日月之精降在我國, 今去日本故致斯怪." 王遣使來二人, 延烏曰 "我到此國天使然也. 今何歸乎. 雖然朕之妃有所織細綃, 以此祭天可矣." 仍賜其綃. 使人來奏, 依其言而祭之然後日月如舊. 藏其綃於御庫爲國寶, 名其庫爲貴妃庫. 祭天所名迎日縣又都祈野. (출처 번역: 한국사데이터베이스)

3년 봄 3월 신라왕자 천일창(天日槍)이 (일본에) 건너왔다. 가지고 온 물건은 우태옥(羽太玉) 한 개, 족고옥(足高玉) 한 개, 제록록(鵜鹿鹿)의 적석옥(赤石玉) 한 개, 출석(出石)의 소도(小刀) 한 구, 출석의 창 한 자루, 일경(日鏡) 한면, 웅신리(熊神籬) 한 구 등 모두 일곱 개의 물건이었다. … 이때 천황이… 천일창에게 "그대는 누구인가? 또 어느 나라 사람인가?"라고 물었다. 천일창이 "저는 신라국의 왕자입니다. 그러나 일본국에 성황(聖皇)이 계시다는 것을 듣고 저의 나라를 아우 지고(知古)에게 주고 귀화하였습니다."라고 대답하였다. 그리고 바친 물건은 엽세주(葉細珠), 족고주(足高珠), 제록록(鵜鹿鹿)의 적석주(赤石珠), 출석의 칼, 출석의 창, 일경, 웅신리, 담협천(膽狹淺)의 큰 칼 등 모두 여덟 가지 물건이었다.[114]

앞의 내용으로 보아 신라왕자 천일창[115]은 지배층에서 권력 패권 쟁투 와중에 밀려난 정치적 망명객일 가능성이 높다. 권력 다툼에서 밀려난 망명객 천일창이 혼자 일본으로 이주한 것은 당연히 아닐 것이고, 그를 지지하는 일단의 사람들과 함께 일본으로

---

114) 『일본서기』 권 6 「수인(垂仁)」 3년 三年 春三月, 新羅王子天日槍來歸焉. 將來物, 羽太玉一箇·足高玉一箇·鵜鹿鹿赤石玉一箇·出石小刀一口·出石桙一枝·日鏡一面·熊神籬一具, 幷七物. 則藏于但馬國, 常爲神物也[一云, 初天日槍 乘艇泊于播磨國, 在於宍粟邑. 時天皇遣三輪君祖大友主與倭直祖長尾市於播磨, 而問天日槍曰, 汝也誰人, 且何國人也. 天日槍對曰, 僕新羅國主之子也. 然聞日本國有聖皇, 則以己國授弟知古而化歸之. 仍貢獻物, 葉細珠·足高珠·鵜鹿鹿赤石珠·出石刀子·出石槍·日鏡·熊神籬·膽狹淺大刀, 幷八物. (출처 번역: 동북아역사넷)

115) 천일창이 이주 정착한 지역에 대해서는 규슈가 아니라 시마네현(島根県) 이즈모시(出雲市)로 보는 견해가 있다.

이주했을 가능성이 높은 것으로 본다.

이러한 지배층의 정치적 망명 성격의 열도 이주와 관련하여 신라의 왕위 계승이 어떻게 이뤄지고 있는지 살펴보겠다. 신라는 처음에 박혁거세 거서간인 박 씨 왕조로 시작하는데,「신라본기」에 제8대 아달라이사금이 아들이 없이 사망했다는 기사를 마지막으로 박 씨 왕조는 왕조에서 사라진다.

박 씨 왕조는 154~184년에 재위했던 8대 아달라이사금이 마지막으로 신라왕조에 더 이상 나타나지 않는다. 박 씨 왕조가 다시 나타나는 것은 통일신라 이후 912년에 즉위한 제53대 왕 신덕왕(神德王) 때다. 그런데 이 신덕왕은 아달라이사금의 후손이다.「신라본기」는 신덕왕에 대해 "성은 박 씨고 이름은 경휘(景暉)로 아달라왕(阿達羅王)의 먼 자손이다.[116]"라고 기록하고 있다. 이를 8대 아달라이사금이 아들 없이 사망했다는 것과 연결하여 보면 아달라이사금의 먼 후손이라는 53대 왕인 신덕왕은 아들이 없었다는 아달라이사금의 딸 쪽으로 이어져 온 후손이 신덕왕으로 모계 쪽이 박 씨였고, 그 모계의 성인 박 씨를 이어받은 어떤 후손이 신덕왕의 조상이라는 것이 된다.

다시 말하면, 8대 왕 아달라이사금의 재위 기간인 154~184년 중에 아달라이사금의 딸인 어느 누군가는 지배 계급에서 반강제

---

116) 『삼국사기』 권제 12 「신라본기」 신덕왕 阿達羅王遠孫, 父乂兼 一云銳謙,, 事定康大王爲大阿飡, 母貞和夫人, 妃金氏憲康大王之女, 孝恭王薨, 無子, 爲國人推戴卽位. (출처 번역: 한국사데이터베이스)

적으로 이탈된 것으로 추정된다. 아달라이사금뿐 아니라 천일창도 역시 신라의 지배계급에서 이탈하게 된 정치적 망명 성격을 가진 박 씨 왕조의 후손 중 한 명일 가능성이 높다고 본다. 천일창은 그 이름 天日이 '하늘에 뜬 해'라는 뜻으로, 박혁거세가 '하늘의 밝은 해'에서 나왔다는 뜻으로 풀이되는 것과 연결해 보면 '천일창=밝은 해=박혁거세'로 해석될 수 있다.[117] 그러므로 박 씨 왕조 세력이 신라의 집권 세력에서 밀려나면서 그들 중 일부는 일본 열도로 망명했을 것이라고 추정해 볼 수 있다.

이에 본고는 신라 왕조에서 사라진 박 씨 왕조의 후손들 중 어떤 일부가 '규슈의 왜=韓倭'를 형성했을 것이라고 본다. 이러한 박 씨 왕조가 사라졌다는 「신라본기」의 기록을 바탕으로 왜여왕으로 유명한 히미코(비미호卑彌乎)를 살펴보도록 하겠다.

왜 여왕 히미코에 대한 기사는 중국 고대 문헌인 『후한서』 「왜전」과 『삼국지』 「위지」 「왜전」에 나오지만, 정작 『일본서기』에는 나오지 않는다. 그런데 연대로 제일 먼저 나오는 사료는 중국 고대 문헌이 아니라 『삼국사기』 「신라본기」다. 히미코는 바로 박 씨 왕조

---

117) 『삼국유사』 시조 혁거세왕 … 그 알을 쪼개 보니 형용이 단정하고 아름다운 사내아이가 있었다. 놀랍고도 이상하여 아이를 동천(東泉)(동천사(東泉寺)는 사뇌벌(詞腦野) 북쪽에 있다.)에서 목욕을 시키매 몸에는 광채가 나고 새와 짐승들이 모조리 춤을 추며 천지가 진동하고 해와 달이 맑게 빛났다. 따라서 이름을 혁거세왕 아마도 향언(鄕言)일 것이다. 혹은 불구내왕(弗矩內王)이라고도 하니 광명으로써 세상을 다스린다는 말이다.(於時乘高南望, 楊山下蘿井傍異氣如電光垂地, 有一白馬跪拜之狀. 尋撿之有一紫卵一云青大卵, 馬見人長嘶上天. 剖其卵得童男形儀端美. 驚異之, 浴於東泉 東泉寺在詞腦野北, 身生光彩鳥獸率舞天地振動日月清明. 因名赫居世王, 蓋鄉言也. 或作弗矩內王) (출처 번역: 한국사데이터베이스) 불구내는 '붉은 해'의 이두식 표현으로, '밝은 해'와 같은 뜻으로 본다.

의 마지막 왕인 신라 8대 왕 아달라이사금 20년(173)에 "여름 5월에 왜(倭)의 여왕 히미코(비미호, 卑彌乎)가 사신을 파견하여 예물을 보냈다."라는 내용으로 가장 앞선 연대로 등장한다. 서기 173년은 『후한서』「왜전」에 의하면 한창 왜국 대란이 일어나던 와중이었다.

『후한서』와 『삼국지』「위지」의 「왜전」에는 왜국의 위치와 왜국왕들에 대한 연대가 기록되어 있다. 한 무제가 위만조선을 멸하고 통교하기 시작했기에 왜국이 사신을 보내 조공을 한 내용들이 시간 순서대로 기록되어 있다. 그 기록들에 의하면 왜가 최초로 조공한 것은 서기 57년 후한 광무제 중원 2년이다. 이후에 107년에 다시 조공 기록이 나오고, 그 후 환제(146~167)와 영제(167~189) 연간인 43년간 왜국대란이 있어 군주(君主)가 없었다고 한다.[118] 그리고 히미코라는 여자가 왕이 되면서 왜국대란이 끝이 난다.

그런데 『삼국사기』「신라본기」에 히미코가 신라에 사신을 보낸 것이 서기 173년으로 마지막 박 씨 왕인 아달라이사금 20년이니, 한창 왜국 대란 와중에 히미코는 오직 신라에게만 사신을 보내 예물을 바친 것이다. 이것은 히미코가 마지막 박 씨 왕인 아달라이사금과 어떤 특수 관계에 있었을 것이라는 추정을 가능하게 한다.

또한, '히미코(卑彌乎)'는 어떤 특정한 사람을 가리키는 말이 아니라 여왕이라는 지위를 나타내는 말일 수 있다. 『삼국지』「위지」「왜

---

118) 『삼국지』「위지」「왜전」 … 其國本亦以男子爲王, 住七八十年, 倭國亂, 相攻伐歷年, 乃共立一女子爲王, 名曰卑彌呼…(… 그 나라도 본래 남자를 왕으로 삼았으나, 70년~80년이 지나자 왜국에서 난리가 일어나서 서로 공벌(攻伐)한 지 여러 해가 되었다. 마침내 모두 함께한 여자를 추대하여 왕으로 삼았는데, 이름은 비미호(卑彌呼)라고 한다…). (출처 번역: 동북아역사넷)

전」에는 "그 8년(247)에 [대방군의] 태수인 왕기(王頎)가 [그] 관부(官府)에 도착하였다. 왜의 여왕 비미호(卑彌呼)는 구노국(狗奴國)의 남왕(男王)인 비미궁호(卑彌弓呼)와 본래부터 불화(不和)하여(其八年, 太守王頎到官. 倭女王卑彌呼與狗奴國男王卑彌弓呼素不和)"라는 말이 나온다. 이 상황은 "환제(146~167)와 영제(167~189) 연간인 43년간 왜국대란"의 전쟁이 끝난 후 240년대에 다시 일어난 분쟁 갈등에 관한 것이다. 이것을 설명하는 와중에 여왕은 卑彌呼라고 하고, 남왕은 卑彌弓呼라고 부르고 있다. 즉, 남자 왕을 비미궁호(卑彌弓呼)라고 불렀다는 것으로 보아 상대적으로 히미코(비미호)는 여자 왕을 부르는 호칭이었을 가능성이 있다는 것이다.

　이 기사가 서기 247년의 내용인데, 이 기사 다음 줄에 히미코의 사망 기사가 나온다. 이 때문에 히미코는 247년이나 248년에 사망한 것으로 본다. 만약 173년「신라본기」에 나오는 히미코가 247년이나 248년에 죽은 히미코와 동일한 인물이라면, 사망 당시의 나이는 90세가 넘었을 것으로 보인다. 고대에는 성인을 15세 기준으로 보기 때문에 히미코가 나이가 들었는데 결혼을 하지 않았다는 것을 15세가 넘었는데도 결혼을 하지 않았다는 것으로 해석하여 히미코라는 여왕의 지위를 획득한 것을 17세나 18세로 계산하면 사망 당시의 나이는 93세 정도 되었을 것이다. 『후한서』나 『삼국지』「왜전」을 보면 "'왜'에는 80세, 90세 100세가 넘는 사람들이 많다."라는 내용이 나오기 때문에 히미코가 93세에 죽었다고 하는 것이 특별히 장수했다고 해석할 일은 아니다.[119] 서기 173년에 신라의 마지막 박 씨 왕에게 예물을 바친 히미코는 248년에 사망하는데, 그 이후 남왕을 세웠지만 다시 대란이 일어난다. 사람들이 그 남왕을 인정하지 않았기 때문이다. 이에 히미코 종실(宗室)의 종녀(宗女)인 13세 대여(臺與 혹은 壹與 일여)를 다시 세우니 국중(國中)이 안정되었다고 전하고 있다.[120]

히미코의 계승자를 일여(壹與)라고도 하고 대여(臺與)라고도 하는데, 일여(壹與)는 대여(臺與)의 오자(誤字)인 것으로 보인다. 그렇게 보면 '대여(臺與)'의 '臺'는 '높은 무대나 높은 단'을 뜻하는 것이므로 '대여(臺與)'는 높은 단 위에 오른 사람'이라는 뜻으로 해석된다. 그리고 비미호(卑彌呼)를 일본어로는 히미코(ひみこ)라고 발음한다. 그런데 일본어에서 히미(ひみ)는 日見으로 '해를 본다'는 뜻이다. 따라서 대여(臺與)·히미코(ひみこ)는 '높은 단위에서 해를 바라보는 여자'라는 뜻으로 세습적 지위를 가리키는 호칭으로 해석할 수 있다. 이렇게 보면 박 씨 왕조의 시조 '박혁거세'의 뜻이 '하늘의 밝은 해로 세상을 밝힌다'는 것으로, '히미코'와 '일여' 모두 '박혁거세'의 뜻과 통한다. 따라서, 왜 여왕 '히미코'는 신라의 박 씨 왕조의 후손으로 왜 땅으로 이주해서 박 씨 왕조를 계승하는

---

119) 『삼국지』「위지」「왜」… 其人壽考, 或百年, 或八九十年. (그 사람들은 장수[壽考]하여, 어떤 이는 100살까지 살고, 어떤 이는 80살 내지 90살까지 산다.) (출처 번역: 동북아역사넷)

120) 『삼국지』「위지」「왜」… 卑彌呼以死, 大作冢, 徑百餘步, 狗葬者奴婢百餘人, 更立男王, 國中不服, 更相誅殺, 當時殺數千人, 復立卑彌呼宗女壹與, 年十三爲王, 國中遂定. (출처: 동북아역사넷)

정통성을 지닌 후계자를 부르는 호칭이었을 것으로 보인다. 즉, 히미코는 박 씨 왕조를 이어 가는 왜 땅으로 이주한 신라 박 씨 왕족들의 후손들이라는 것이다. 그래서 히미코 또는 히미코들은 韓倭인 것이다.

이것을 마치 증명이라도 하듯이 큐슈를 비롯한 열도 전역에는 '박혁거세를 모시는 신사'가 2천여 개가 넘게 있다.[121]

규슈 가고시마현(鹿児島県)의 박혁거세를 모시는 거세신사[122]

---

121) 김향수, 「일본은 한국이더라」, 문학수첩, 1995, p.111~112
122) 사진 출처: 유튜브 채널 〈매림역사문화TV〉, '일본 현존 2천여 개의 박혁거세(신라)신사', 2021. 12. 1.

규슈를 비롯한 열도 전역에 박 씨 왕조 후손들이 이주했고, 왕을 비롯한 지배 계급이 되었다고 보면 오로지 「신라본기」에만 나타나서 '신라'를 공격하는 '왜'에 대한 설명이 이들을 통해서 해명이 될 수 있다고 본다. 즉, 열도로 이주한 신라 박 씨 왕조 후손들은 본토 신라의 정권에서 밀려나 본토 신라 정부에 원한을 가지고 있는 반정부 세력이라는 것이다. 이들 중에 규슈에 자리를 잡은 세력이 '히미코'로 상징되는 세력으로 본다면 「신라본기」에 오로지 신라만을 공격하는 '반신라연합 한왜(반신라정치망명 박 씨 후손 왜+백제 왜+가야 왜)'의 중심축이 되었을 가능성이 있다.

이들 '반신라연합 韓倭'가 사실상 본토 신라정권을 전복 복속하려는 의도로 신라를 침략했을 것이라는 것을 보여 주는 다음과 같은 기사들이 「신라본기」에는 등장한다.

> 눌지 15년(431) 여름 4월에 왜병(倭兵)이 동쪽 변경을 침입하여 명활성(明活城)을 포위하였는데 아무런 성과 없이 물러갔다.[123]
>
> 눌지 28년(444) 여름 4월에 왜병(倭兵)이 금성(金城)을 10일 동안 포위하였는데 군량이 다 떨어지자 돌아갔다. …[124]

---

123) 『삼국사기』 권 제3 「신라본기」 눌지마립간 15년 十五年, 夏四月, 倭兵來侵東邊, 圍明活城, 無功而退. (출처 번역: 한국사데이터베이스)

124) 『삼국사기』 권 제3 「신라본기」 눌지마립간 28년 二十八年, 夏四月, 倭兵圍金城十日, 糧盡乃歸. 王欲出兵追之, 左右曰, "兵家之說曰, '窮寇勿追.'王其舍之." 不聽, 率數千餘騎, 追及於獨山之東, 合戰爲賊所敗, 將士死者過半. 王蒼黃弃馬上山, 賊圍之數重, 忽昏霧不辨咫尺. 賊謂, "有陰助." 收兵退歸. (출처 번역: 한국사데이터베이스)

자비 2년(459) 여름 4월에 왜인(倭人)이 병선(兵船) 1백여 척으로 동쪽 변경을 습격하고 나아가 월성(月城)을 포위하니 사방에서 화살과 돌이 빗발쳤다. 왕이 성을 지키자 적들이 장차 물러나려 하였고, 〔이에〕 군사를 내어 공격하여 그들을 패배시켰다. 북쪽으로 추격하여 바다 어귀에 이르니 적들 중 물에 빠져 죽은 사람이 절반이 넘었다.[125]

이 기사들은 신라를 침략하는 '왜'의 목적이 단순히 식량과 재물을 약탈하고 노예로 쓸 사람들을 끌고 가는 것이 아니라는 것을 보여 준다. 식량 재물 약탈과 노예가 목적이라면 금성을 10일 동안 포위할 이유가 없기 때문이다. 배를 타고 온 수천 명의 왜가 도성을 장기간 포위했다는 것은 왕을 사로잡아 무릎 꿇리고 항복을 받은 뒤에 군신 관계를 맺고 조공의 약속을 받아 내는 것을 목적으로 삼았다는 것을 보여 주는 것이다. 본토 신라왕을 사로잡아 무릎을 꿇리고 군신 관계를 강제할 의도를 가질 수 있는 韓倭는 신라 왕조에서 밀려난 '박 씨 왕조 후손들과 그 지지 세력들'이었을 것이다.

따라서, 오로지 신라만 공격하는 규슈에서 오는 韓倭는 '박 씨 왕조 후손들'을 중심축으로 한 백제 한왜, 가야 한왜들이었을 것이고, 5세기에는 뒤에서 설명하겠지만 고구려 한왜들도 주축이 되

---

125) 『삼국사기』 권 제3 「신라본기」 자비마립간 2년 夏四月, 倭人以兵舩百餘艘襲東邊, 進圍月城, 四面矢石如雨. 王城守, 賊將退, 出兵擊敗之. 追北至海口, 賊溺死者過半. (출처 번역: 한국사데이터베이스)

었을 것으로 보여진다.

히미코가 문헌에 나타나 활동한 2세기~3세기 중반 시기는 열도에서 최초로 농경이 시작되는 '야요이시대(弥生時代)'다. 야요이시대는 대체로 서기전 3세기부터 시작하여 서기 3세기 중반 정도에 끝나는 것으로 본다. 야요이시대가 끝난 3세기 중반부터는 고분(古墳)이 나타나는 '고훈시대(古墳時代)'가 시작된다. 열도에서 야요이시대를 대표하는 가장 큰 유적 중 하나가 규슈의 사가현(佐賀県)에 있는 '요시노가리 유적(吉野ヶ里遺跡)'이다. 요시노가리 유적은 한반도 농경 문화가 열도로 전해진 흔적을 그대로 담고 있다. 특히 요시노가리 고분에서 출토된 동검은 검신(劍身)이 좁고, 끝이 뾰족하며, 양날이 직선적인 한국식동검(細形銅劍)의 특징을 그대로 담고 있다.

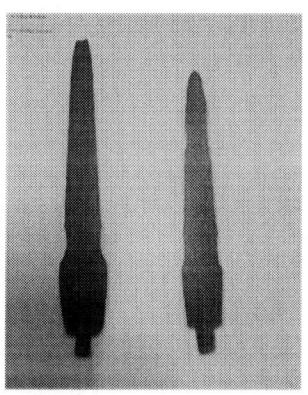

(왼쪽) 요시노가리 발굴 한국식 동검   (오른쪽) 경주 입실리 출토[126]

---

126) 국립중앙박물관, 「요시노가리 일본속의 고대」, 그라픽네트, 2007, p.123

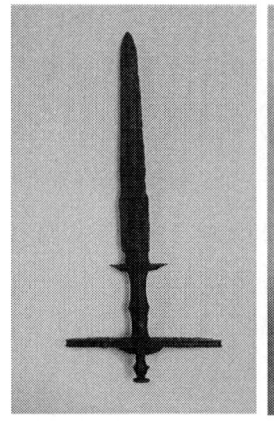 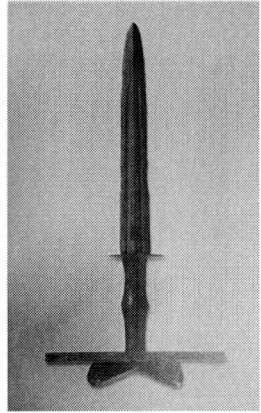

(왼쪽) 요시노가리 발굴 한국식 동검   (오른쪽) 대구 평리동 출토[127]

　한편, 『삼국지』와 『후한서』「(한)왜전」에 나타나는 야요이시대의 韓倭 히미코가 여왕으로 있는 사마대국(邪馬壹國)[128]은 요시노가리 유적을 중심으로 그 인근에 있었을 것으로 추정된다. 또한, 이

---

127)　국립중앙박물관, 위와 같은 책, p.124-125
128)　야마대국, 야마일국이라고도 한다. 일본어로는 '야마타이고쿠'라고 한다. 이른바 왜여왕 히미코가 다스리던 나라 야마대국의 위치에 대한 논쟁이 여전히 진행 중이다. 야마대국 위치 논쟁의 핵심은 야마대국이 규슈에 있었느냐, 아니면 기내 오사카 지역에 있었느냐 하는 것이다. 이른바 일본의 주류 사학계와 한국의 강단사학계는 히미코의 야마대국이 기내 오사카 지역에 있었다고 주장한다. 이 왜여왕국 히미코의 야마대국이 기내 오사카 지역에서 2세기~3세기에 존재했으며 삼국지와 후한서에 나오는 내용인 대방군과 교섭했다는 주장은 대방군이 한반도 북부 평양 지역에 있었다는 주장과 연동한다. 즉, 한반도 북부 평양 지역의 대방군에서 기내 오사카 지역까지의 거리가 대략 『삼국지』「왜전」에 나오는 1만 2천여 리에 해당한다는 것으로 보는 것이다. 이러한 주장은 고대 대방군의 위치와 관련하여 전형적인 일본제국주의 팽창주의적 사관으로 만들어진 위치 비정이라고 본고는 본다. 따라서 본고의 주장은 고대 당시의 대방군은 현재 요서 지역인 하북성 노룡현 일대로 보며, 노룡현 일대의 난하 유역과 그 인근 지역에 대방군이 있었다고 보고, 그곳으로부터 1만 2천여 리 떨어진 곳은 규슈라고 보며, 이에 따라 히미코의 왜여왕국 야마대국은 규슈에 있었다고 본다.

사마대국이 바로 규슈신라의 일부분이었을 것으로 보인다.

이 요시노가리 유적은 환호 취락이 발굴되었는데, 이와 같은 형태의 환호 취락이 경상남도 울산 근처의 울주군 검단리 유적에서 발굴되었다. 울주군 검단리 유적은 1990년 사적으로 지정되었는데, 청동기시대 집자리와 집터 주변을 둘러싼 도랑인 환호, 고인돌 등이 발견된 복합 유적이다. 이 유적에서 주목할 점은 국내 최초로 완전한 모습을 갖춘 환호와 이와 관련된 마을의 구조가 확인되었다는 것이다.[129]

울주군 검단리의 유적은 요시노가리 유적의 전신으로 볼 만하다. 즉, 본토 신라인들이 규슈로 이주하여 만든 규슈신라의 유적이 요시노가리 유적이라고 추정된다.

(왼쪽) 울주군 검단리 환호취락유적 (가운데) 복원된 요시노가리 유적 (오른쪽) 요시노가리 환호[130]

---

129) 한국민족문화대백과사전 울주 검단리 유적에 대한 해설(https://encykorea.aks.ac.kr/Article/E0040495)

130) http://www.ujeil.com/news/articleView.html?idxno=288255 울산제일일보, 〈국내 최초 완전한 '환호(環濠)' 유적… 울주 '검단리 유적' 한눈에〉(2021. 10. 21.) / 사진 출처: https://www.yoshinogari.jp/ 요시노가리유적사진吉野ヶ里歷史公園

한편, 『삼국지』 「위지」 「(한)왜전」에 사마대국인 여왕국을 가기 전에 있는 '이도국'에 대한 설명이 다음과 같이 나온다.

> 여왕국의 이북에 특별히 일대솔(一大率)을 설치하여 여러 나라를 단속하고 살피도록 하였으므로 여러 나라는 그를 두려워하면서 꺼려하였다. [일대솔은] 항상 이도국(伊都國)에서 다스렸는데, 나라 안에 자사(刺史)가 있는 것과 같다. [왜국]왕(倭國王)이 사신을 시켜서 경도(京都), [대방]군 그리고 여러 한국(韓國)에 보내거나 [대방]군이 왜국(倭國)에 사신을 파견하면, [그때마다] 항상 나루터로 와서 [사신을] 찾아서, 전달해서 보낸 문서와 [황제가] 하사하여 보내 준 물건을 여왕에게 도착하도록 하는 데 실수나 착오가 없었다.[131]

여왕국 야마대국이 이도국에 사신을 맞거나 보내는 데에 필요한 여러 가지 준비들을 관리하는 기관인 '일대솔(一大率)'을 설치하고 관리했다는 것이다. 따라서, 이곳 '이도국'은 아마도 본토 신라를 공격하기 위한 여러 가지 준비들을 해서 대마도로 보내는 보급 전진 기지 역할도 했을 것이라고 생각된다.

---

131) 『삼국지』 「위지」 「동이전」 「왜전」 自女王國以北, 特置一大率, 檢察諸國, 諸國畏憚之. 常治伊都國, 於國中有如刺史. 王遣使詣京都·帶方郡·諸韓國, 及郡使倭國, 皆臨津搜露, 傳送文書賜遺之物詣女王, 不得差錯. (출처 번역: 동북아역사넷)

규슈 북부 이토시마=이도국(伊都國)과 남쪽 요시노가리 야마대국(邪馬台國)

 이와 같이 본고는 히미코가 신라에서 사라진 박 씨 왕조의 후손을 대표하고 상징하는 韓倭라고 보았다. 그렇지만 히미코가 가야국의 김수로왕의 딸로 가야국 공주라고 보는 주장도 많이 알려져 있다. 히미코가 어떤 1인을 지칭하는 고유명사가 아니라 여왕을 지칭하는 호칭이었다면 고대 문헌에서 특별히 지칭한 바로 그 인물이 아니라도 문헌에는 등장하지 않지만, 여러 히미코가 다른 시대 다른 지역에 또 있을 수 있다고 생각된다. 따라서, 단지 규슈의 요시노가리 유적 뿐 아니라 가야계 유물이 대거 발굴되는 규슈의 동남부 지역인 미야자키현의 사이또바루 고분군을 포함한 다른 지역에서도 히미코의 흔적을 찾을 수 있다고 본다.

대방군의 지정학과 외교 타임라인으로 본 고구려·백제 韓倭

신라계 한왜 여왕국인 야마대국의 히미코는 『후한서』나 『삼국지』「왜전」에 의하면 247년이나 248년에 사망한 것으로 보인다. 히미코 사망 이후 종실의 여자인 일여(壹(臺)與 혹은 대여)가 그 뒤를 계승했고, 비단 등 여러 공물을 위(魏)에 조공했다고 기록되어 있다.[132)]

『후한서』와 『삼국지』「왜전」의 기록은 이어서 『진서(晉書)』「왜전」으로 이어진다. 『진서(晉書)』는 당나라의 방현령(房玄齡) 등 20여 명의 학자가 648년에 편찬한 책으로, 서진(265년~316년)과 동진(317년~418년)의 역사를 다룬 책이다. 이 책에는 태시년간(泰始年間: 265년 12월~274년)초까지 '왜'가 사신을 보내고 조공했다고 기록되어 있다.[133)] 즉, '왜'는 266년 전후까지는 중국으로 사신을 보냈다는 것이다. 이후 다시 '왜'가 중국 고대 문헌에 나타나는 것은 413년에 고구려와 함께 다음과 같은 기록으로 나타난다.

---

132) 『삼국지』「위지」「왜전」… 壹與遣倭大夫率先中郎長掖邪狗等二十人送政等還, 因詣臺, 獻上男女生口三十人, 貢白珠五千, 孔青大句珠二枚, 異文雜錦二十匹.(왜의 대부(大夫)인 솔선중랑장 액사구(掖邪狗) 등 20인으로 하여금 장정 등을 송환시켰고, 이때 [액사구 등이] 대(臺)에 도착하여 남녀 생구(生口) 30인을 헌상(獻上)하고, 백주(白珠) 5천 개, 공청대구주(孔青大句珠) 2매(枚) 그리고 이문잡금(異文雜錦) 20필을 공물(貢物)로 바쳤다.) (출처 번역: 동북아역사넷)

133) 『晉書』「四夷列傳」「倭傳」… 泰始初, 遣使重譯入貢.(태시년간(泰始年間)초에 사신을 파견하여 중역(重譯)하며 들어와 조공을 하였다.) (출처 번역: 동북아역사넷)

(義熙)九年 … 是歲, 高句麗·倭國及西南夷銅頭大師並獻方物

(이 해에 고구려, 왜국 및 서남이 동두대사들이 모두 방물을 바쳤다.)

- 『晉書』「安帝紀」義熙 9년(413)

倭國獻貂皮人參, 詔賜細笙麝香

(왜국이 초피(담비가죽)와 인삼을 바쳤고, 생황과 사향을 하사했다.)

- 『義熙起居注(의희기거주)』

이에 따라 세간에서는 '왜'가 중국 고대 문헌에 266년을 마지막으로 147년간 기록이 없다가, 413년에 '왜'가 고구려와 함께 나타난 것을 일종의 미스터리로 여기곤 한다. 이렇게 413년 『晉書』「安帝紀」에 나타났던 '왜'는 송(宋) 무제(武帝) 영초(永初) 2년(421)에 "왜의 찬(讚)이 멀리서 온 정성이 참으로 크므로, 제수(除授)를 내려야 할 것이다.(倭讚遠誠宜甄, 可賜除授.)"라는 문구에서 이른바 5세기 왜 5왕이라는 '찬(讚), 진(珍), 제(濟), 홍(興), 무(武)'의 첫 번째 왕인 찬이 등장한다.

그런데 중국 고대 문헌에서 266년을 마지막으로 사라졌던 '왜'가 413년에 고구려와 함께 나타났다는 이른바 147년간의 '왜 실종 미스터리'는 중국의 위진남북조 시대를 이해하지 못한 착시 현상이다. 이 착시 현상은 고구려·백제의 당시 위진남북조시대의 외교 타임라인을 이해한다면 '왜가 사라진 것처럼 보이는 이유'를 이해할 수 있다. 결론부터 먼저 말하자면, '왜'는 사라진 것이 아니라

'중국에 갈 수 없었던 상태'였을 뿐이다.

이에 대해 알기 위해서는 먼저 倭 여왕국이 사신을 보내면서 활동했던 2~3세기 시대부터 5세기 전까지의 중국과 倭의 외교 타임라인을 고구려·백제·신라의 외교 타임라인과 함께 살펴볼 필요가 있다. 이를 위해서는 후한 시대부터 위진(220~420)남북조(420~589) 시대에 해당하는 나라들의 중국 고대 문헌들을 살펴봐야 한다.

위진남북조시대에 해당되는 고대 문헌은 연대 순서대로 볼 때 『후한서』와 『삼국지』 다음에 오는 『晉書』『宋書』『南齊書』『梁書』『魏書(북위서)』다. 다음 도표는 각 문헌의 동이열전의 왜(韓倭)·고구려·백제·신라의 편목(篇目)에 대한 것이다.

중국 고대 문헌 동이전 편목 비교표

문헌	다루는 시대	편목 나라들
後漢書	25년(건무원년)부터 220년(건안 25년) 까지	고구려 한 부여 읍루 동옥저 예 왜
三國志	후한말부터 서진 초까지	부여 고구려 한 동옥저 읍루 예 왜
晉書	서진(265년~316년)과 동진(317년~418년)	부여 마한 진한 숙신 왜
宋書	유송(劉宋, 420~479년)	고구려 백제 왜
南齊書	남조제나라(479~502년)	고구려 백제 가라 왜
梁書	남조양나라(502~557년)	고구려 백제 신라 왜
魏書(북위서)	북위시대 (386~534년)	고구려 물길 백제

앞의 문헌 순서는 각 시대 연대 순서에 따른 것이므로 '(한)왜'가 고대 문헌에 별도의 편목으로 나타나지 않은 문헌은 북위시대를 기록한 '위서'다. 따라서, '(한)왜'가 266년을 마지막으로 '동진'의 안제 의희 9년인 413년에 나타나기까지 140여 년 동안 사라져 있었다는 것은 위진남북조시대의 동이열전을 편목한 각 나라의 문헌에 의하면 사실이 아니다.

왜가 140여 년간 사라졌다가 나타났다는 미스터리가 사실이 아닌 착시 현상이라는 것을 본격적으로 설명하기 전에, 먼저 『후한서』와 『삼국지』에 나타난 '(한)왜'의 대중국 교역 양상의 행태를 확인할 필요가 있다.

앞서 말했듯이 『후한서』와 『삼국지』두 문헌은 모두 '(한)왜'와 통교하게 된 것은 "무제(武帝)가 조선(朝鮮)을 멸망시킨 후에 사역(使驛)을 이용하여 한(漢)과 통한 것이 30여 개 나라[國]다."[134]라고 밝히고 있다. 한무제가 오늘날 중국의 하북성을 흐르는 난하 유역의 동쪽에 있던 위만조선을 복속하여 낙랑군 등 4군을 설치한 이후부터 '(한)왜'와 통교하기 시작했다는 것이다. 이어서 『삼국지』에 위(魏: 曹魏)나라 시절의 '(한)왜'가 당시 중국과 어떤 형식으로 통교했는지 다음과 같이 기록하고 있다.

---

134) 『후한서』「동이열전」「왜전」"… 自武帝滅朝鮮, 使驛通於漢者三十許國…"

[위(魏) 명제(明帝)] 경초(景初) 2년(238) 6월에, 왜(倭)의 여왕이 대부(大夫) 난승미(難升米) 등으로 하여금 [대방]군에 이르게 하여, 천자(天子)에게 나아가서 조헌(朝獻)하기를 요청하므로, [대방군] 태수(太守)인 유하(劉夏)가 [관]리(官吏)를 시켜서 [왜의 사절을] 전송(傳送)하게 하여 경도(京都)에 이르게 하였다. … 대방군 태수인 유하(劉夏)가 사인(使人)을 보내어 너의 대부(大夫) 난승미(難升米)와 차사(次使)도시우리(都市牛利)를 호송해 왔는데… [위(魏) 소제(少帝)] 정시(正始) 원년(240)에 [대방군] 태수 궁준(弓遵)이 건충교위(建忠校尉) 제준(梯儁) 등으로 하여금 조서(詔書)와 인수(印綬)를 받들고 왜국(倭國)에 도착하여 왜왕(倭王)에게 수여하였고…[135]

위의 내용으로 '(한)왜'가 '대방군'을 통해서 당시 중국 위나라와 통교했다는 것을 알 수 있다. 『삼국지』는 비미호가 사망한 후 후계자를 선정할 때 내전이 일어났는데, 이때 '(한)왜'가 '대방군'에 상황을 알리고 도움을 청하자 '대방군'에서는 "새조연사(塞曹掾史)인 장정(張政) 등을 파견하고, 아울러 조서(詔書)와 황당(黃幢)을 보내고, 난승미(難升米)에게 [그 일을 처리하는 관직을] 수여하고, 격문(檄文)을 만들어서 알리고 깨닫도록 하였다."[136]라고 기록하고 있다. 이것으로 '대방군'이 '(한)왜'의 내정에도 개입하고 있었다는 것

---

135) 『삼국지』「동이열전」「왜전」"… 景初二年六月, 倭女王遣大夫難升米等詣郡, 求詣天子朝獻, 太守劉夏遣吏將送詣京都… 帶方太守劉夏遣使送汝大夫難升米·次使都市牛利… 正始元年, 太守弓遵遣建忠校尉梯儁等奉詔印綬書詣倭國, 拜假倭王…"

136) 『삼국지』「동이열전」「왜전」 遣塞曹掾史張政等因齎詔書·黃幢, 拜假難升米爲檄告喻之

을 알 수 있다. 즉, 이것은 '대방군'이 중국으로 가기 위한 중간 플랫폼이고, '대방군'을 통하지 못하면 중국 본토와 교역할 수 없다는 뜻이다.

그 대방군의 위치는 아래 지도와 같은데, 그 위치의 특성으로부터 대방군의 동쪽을 포함한 동남쪽에 있는 나라들을 중국 본토와 연결할 수 있도록 하는 권한이 나온다는 것을 알 수 있다. 이것은 대방군 혹은 대방군이 있는 그 위치는 바다를 건너오는 교역을 통해 발생하는 이익, 말하자면 통행료 또는 수수료 등의 이익을 수취할 수 있는 지역이라는 뜻이다.

따라서, 이것은 대방군을 둘러싼 국내외의 정치적 사정이 안정되지 못하고 혼란스러운 상태라면, 대방군을 지나가야 하는 대방군의 동남쪽에 있는 나라들은 중국 본토와의 통교가 불가능해진다는 것을 의미한다. 또한, 이렇게 대방군이 교역의 요충지에 있으므로, 그 지역을 차지한 나라는 중국 본토와 교역을 하기 위해 서해를 건너가야 하는 나라늘에 대해 교역을 밀미도 우월한 패권적 지위를 가지게 된다는 것을 알 수 있다. 즉, 대방군을 장악하는 나라가 다음의 지도처럼 서해교역 독점 패권을 가지게 된다는 것이다.

대방군의 지정학-대방군에서 규슈 이토지마 반도까지 서해 장악

이러한 사실들을 염두에 두고 『晉書』를 살펴보겠다. 『晉書』의 편목은 "부여, 마한, 진한, 왜(한왜)"로 되어 있다. 다음의 도표는 『진서』 열전에 기록된 나라들 중 마한, 진한, (한)왜가 사신을 보낸 연대 비교표다.

진서 동이전에 나타난 나라들이 사신을 보낸 연대

진서 편목의 나라	사신을 보낸 연대
마한(백제)	277, 278, 280, 281, 286, 287, 289, 290
진한(신라)	280, 281, 286
(한)왜	238, 265, 266[137]

『晉書』의 기록에서 특징적인 것은 '마한(馬韓)'과 '진한(辰韓)'이다. 마한에 대한 여러 기록들은 마한의 정체와 위치, 멸망 연도 등에 많은 혼란을 주고 있다. 『삼국사기』「백제본기」에 의하면 마한은 온조왕 8년(26)에 마한을 기습하여 병합했고, 이듬해인 온조 9년(27)에 백제는 마한을 멸망시켰다.

그런데 「신라본기」에는 탈해이사금 5년(61)에 "가을 8월에 마한(馬韓)의 장수 맹소(孟召)가 복암성(覆巖城)을 들어 항복해 왔다.(五年, 秋八月, 馬韓將孟召, 以覆巖城降.)"라고 기록되어 있다. 또, 「고구려본기」의 태조대왕 69년(121)에는 "12월에 왕이 마한(馬韓)과 예맥(穢貊)의 기병 1만여 기를 거느리고 현도성(玄菟城)으로 나아가 포위하였다. 부여의 왕이 아들 위구태(尉仇台)를 보내 군사 20,000명을 거느리고, 한나라 군대와 힘을 합쳐 대항하여 싸우게 하니 우리 군대가 크게 패하였다.(十二月, 王率馬韓·穢貊一萬餘騎, 進圍玄菟城. 扶餘王遣子尉仇台, 領兵二萬, 與漢兵幷力拒戰, 我軍大敗.)"라는 기록도 있다.

이에 의하면 백제 온조왕이 마한을 서기 27년에 멸망시켰는데도 마한은 「신라본기」 서기 61년에도, 「고구려본기」의 서기 121년에도 등장한다. 또 『晉書』에서 말하는 3세기 후반에도 등장한다. 이러한 불일치들을 각 문헌 기록들을 그것대로 인정하면서 마한의

---

137) 『진서』「왜전」에는 연도로 기록되어 있지는 않다. 『진서』의 기록은 다음과 같다. … "宣帝之平公孫氏也, 其女王遣使至帶方朝見, 其後貢聘不絶. 及文帝作相, 又數至.泰始初, 遣使重譯入貢.(선제(宣帝)가 공손씨(公孫氏)를 평정하자 여왕이 사신을 대방(帶方)에 파견하여 입조 알현하였다. 그 뒤 조공(朝貢)과 빙례(聘禮)가 끊이지 않았다. 문제(文帝)가 국상(國相)이었을 때에도 여러 번 조공을 보냈다. 태시년간(泰始年間) 초에는 사자를 파견하여 중역(重譯)하며 들어와 조공을 하였다.)" (출처 번역: 동북아역사넷)

정체와 위치를 이해하려면 온조왕에 의해 공식적으로는 마한이 멸망했지만 마한의 이름을 빌려 그대로 사용하는 일단의 세력들은 그 후에도 만주와 한반도에 있었다고 보아야 할 것이다.

마한은 한반도 전체와 현재 요서와 요동 지역 전체를 아우르는 광역의 영토를 가진 나라였다. 따라서, 온조가 멸망시킨 마한이 한반도 남부에 있었던 마한이라고 한다면, 고구려와 함께 오늘날의 요서 지역에 있었던 현도성을 공격했던 마한은 만주 일대에서 마한이라는 명칭을 그대로 쓰면서 존재했을 수 있다는 것을 인정해야 한다.

즉, '마한의 위치가 어디냐'라는 것은 본질적으로 잘못된 질문이다. 마한의 영토는 여러 개의 위도를 지나가는 광역 영토였기 때문에, '마한이 어디 있었느냐'고 묻는 것이 아니라 '마한의 어느 부분이냐'라고 질문해야 하는 것이다. 그렇게 보면 「백제본기」의 온조가 멸망시킨 '마한'이 있고, 「신라본기」의 '마한'은 온조가 멸망시킨 한반도의 마한의 잔당이 신라에게 투항한 것이며, 고구려 태조대왕과 함께 요서 지역의 현도성을 공격한 마한은 만주 지역에서 명맥을 이어 가던 馬韓으로 볼 수 있다.

이렇게 보면 『삼국사기』 열전의 최치원이 "엎드려 듣건대 동해 밖에 삼국이 있었으니 그 이름은 마한, 변한, 진한이었습니다. 마한은 곧 고[구]려, 변한은 곧 백제, 진한은 곧 신라입니다.(伏聞東海之外有三國, 其名馬韓·卞韓·辰韓. 馬韓則高麗, 卞韓則百濟, 辰韓則新羅也)"라고 말했던 것도 설명이 가능해진다. 고구려가 마한과 함께 현재 요서의 '현도성'을 공격했다는 기록이 있기 때문에 최치원은 '마한=고구려'라고 인식했던 것으로 볼 수 있다.

이에 근거하여 『晉書』에 나오는 마한의 정체에 대해서도 설명할 수 있다. 결론부터 말하면 진서의 마한은 '백제'다. 857년~908년(?) 사이에 생존했던 통일신라 말기의 유학자였던 최치원은 아마도 여러 중국 고대 문헌 등을 참고해서 마한을 고구려라고 인식했을 것이다.

그런데 『晉書』에서 말하는 3세기 후반인 "277, 278, 280, 281, 286, 287, 289. 290" 연도 당시 서진시대의 고구려는 12대 중천왕(248~270)과 13대 서천왕(270~292)에 해당한다. 이 시기는 11대 동천왕이 동천왕 20년(246)에 위(魏)나라의 유주자사(幽州刺史) 관구검(毌丘儉)에게 공격을 받아 크게 패하여 1만 8천여 명의 고구려 군사들이 사망하고, 동천왕은 압록원(鴨淥原)으로 도피한 상황이 있었던 이후다. 동천왕이 오늘날의 요서 지역을 잃고 압록원으로 도피한 이후, 고구려는 서진시대이자 중천왕과 서천왕시대까지도 도피했던 압록원에서 다시 중국 쪽인 오늘날의 요서 지역까지 오지 못하고 있던 상태였다.

고구려가 다시 현재의 요서이자 고대의 요동이었던 난하 유역을 다시 공략하게 된 것은 15대 미천왕 때다. 고구려본기에 의하면 미천왕은 3년(302)에 현도군, 12년(311)에 서안평, 14년(313)에 낙랑군, 15년(314)에 대방군, 16년(315)에 현도성을 공격했다. 이를 보아 고구려는 『晉書』에서 말하는 3세기 후반인 중천왕과 서천왕 시기에는 동쪽으로 쫓겨 가 있었던 시기로 중국과 어떤 교류도 없었던 시기다.

반면에 백제는 온조 9년(27)에 한반도의 마한을 멸망시킨 후에 대외 교역에서는 대외 브랜드 인지도가 높은 마한을 그대로 교역용 국호로 사용했던 것으로 보여진다. 『晉書』에서 말하는 마한이 사신을 보냈다는 277~290년에 해당하는 시기는 백제의 8대 고이왕(234~286)과 9대 책계왕(286~298) 시기이다. 이 시기의 「백제본기」에 서진과의 교역 기록이 없는 것은 마한의 이름으로 진행된 교역이었기 때문에 김부식을 비롯한 『삼국사기』 편찬자들이 누락시킨 것이 아닐까 추정된다.

이것은 辰韓 국호로 교역한 신라의 경우도 마찬가지로 추정된다. 『晉書』에서 진한이 사신을 보낸 연도인 280, 281, 286년에 해당하는 시기는 신라 13대 왕인 미추이사금(261~284)과 14대 왕인 유례이사금(284~298)이다. 「신라본기」에 『晉書』에 나오는 진한의 교역 기록이 없는 것은 신라가 진한 국호로 교역한 것을 김부식을 비롯한 『삼국사기』 편찬자들이 신라의 교역 기록으로 인정하지 않았기 때문인 것으로 보인다.

진한의 위치에 대해서도 많은 의문점들이 제기되고 있지만, 최소한 「신라본기」의 석탈해 즉위년에 석탈해를 담은 바구니가 금관국으로 흘러왔는데, 금관국 사람들이 취하지 않고 그대로 진한의 아진포구로 흘려보냈다는 기록에 의하면 현재 한반도 경상도의 경주를 중심으로 하는 지역이 진한이었고, 그 진한을 무너뜨리고 신라가 계승한 것은 분명하다. 앞에서 한무제가 위만조선을 복속시킨 이후에 나타나는 '왜'는 열도를 가리키는 고유명사로 정착된 것으로 봐야 한다. 그 열도의 왜는 다름아닌 韓人倭라고 했기 때문에 석탈해가 출생한 다파나국은 '열도=한인왜'의 나라고, 최소한 석탈해가 마지막에 도착했다고 기록된 진한의 아진포구는 한반도 경상도 지역의 신라가 분명하다고 볼 것이다.

이에 따라 신라는 진한을 복속시켰지만, 진한이라는 국명이 대외적으로 더 많이 잘 알려져 있으므로 그 국명을 그대로 교역하는 것에 사용했을 것이라고 추정된다.

이렇게 보는 것은 열도 규슈의 (한)왜가 대방군을 통해 여러 차례 교역을 할 동안, 같은 시기의 백제와 신라가 교역을 하지 않고 있었다는 것은 상식에 맞지 않기 때문이다. 교역은 중국 고대 문헌에서는 항상 주변국이 황제국에게 바치는 조공이라고 말하면서 중국의 패권을 자랑하는 것으로 여겨지지만, 조공 자체로 중국이 큰 이득을 취하는 것은 없다. 국가의 체면과 위신, 위계질서, 전쟁 방지 등이라는 대외적 정치적 명분으로 조공을 바친다는 의미로 사용하지만, 그 실제 내용인 실속은 '쌍방 간의 교역 이익'이다.

어느 한쪽이 일방적으로 이익을 보고 어느 한쪽이 일방적으로 손해만 보는 조공은 지속성을 가지지 못하고 반드시 전쟁과 분쟁으로 이어진다. 말이 조공이지 사실 실상은 국가 간 무역이다. 그러므로 중원을 장악한 세력이 분열과 전쟁을 더 이상 원하지 않는다면 조공을 바친 세력이 귀국할 때 받은 만큼 그에 상당하는 다른 물품들을 손에 쥐어 주고 돌려보낸다. 자국 내에서 권력을 잡은 세력은 이것을 가지고 귀국한 뒤에 다시 자국 내의 패권을 강화하는 데에 사용한다. 따라서 규슈의 '한왜'가 대방군을 통해 교역하는 기간인 동시대에 한반도의 백제와 신라가 교역을 하지 않았으리라고 보는 것은 합리적이지 않다.

마한과 진한이 한반도에서는 이른 시기에 망했지만, 당시에 중국에 알려진 국가 가치 브랜드 인지도로는 백제, 신라보다는 더 활용도가 높았을 것이다. 이런 현상은 현재 대한민국도 마찬가지다. 대한민국의 영어 공식 명칭은 "Republic of Korea"이다. Korea인 고려가 망한 지는 현재 2024년 기준으로 632년이 지났지만, 무역이 활발했던 전성기 Korea의 국호가 전 세계에 알려져 한반도의 한국을 Korea로 인식하고 있는 해외국(海外國)들이 많기 때문에 영문 국호에는 Korea=고려를 그대로 쓰고 있는 것이다.

즉, 백제는 마한 브랜드로 신라는 진한 브랜드로 3세기 후반인 서진시대에 규슈의 한왜와 마찬가지로 대방군을 통해 교역했다고 보는 것이 합당하다. 고구려는 3세기 초반 동천왕 때 위나라 관구검에게 대패한 시기부터 3세기 후반까지 내내 현재의 요서 지역에서 더 동쪽으로 들어가 쇠약해진 상태로 위나라뿐 아니라 이후 서진과의 관계도 풀지 못하는 상태였기 때문에 晉書의 마한을 고구려로 볼 수 없는 것이다.

이렇게 보면 진서에 나타난 편목인 마한, 진한, 왜의 기록은 '백제마한', '신라진한', '규슈의 한왜'의 통교 기록이 된다. 그에 따라

진서에 나타난 이들 세 나라는 『晉書』이후 『宋書』·『南齊書』·『梁書』·『魏書』에 모두 동일하게 300년대의 기록이 없고, 300년대 후반부터나 그 이후에 나타난다는 것을 알 수 있다. 즉, 倭 여왕국이 266년에 조공했다는 기록 이후에 413년 동진 안제 9년에 다시 나타난다는 140여 년간의 실종이 미스터리라는 말은 3국 모두에게 적용된다는 것이다. 다시 말해, 오로지 왜국만이 140여 년간 기록에 나타나지 않는다는 주장은 사실과 다른 잘못된 주장이다.

이들 세 나라 (백제)마한, (신라)진한, (규슈의 한)왜가 4세기인 300년대에 중국 고대 사서에 나타나지 않는 것은, 전술했듯이 4세기 초에는 고구려가 미천왕 때부터 꾸준하게 고대 요동인 낙랑군 대방군 지역을 공격하였고, 또한 4세기 중반부터는 선비족이 세운 전연과 후연의 모용씨들과 현재의 요서이자 고대의 요동 지역을 차지하기 위한 공방전을 여러 차례 되풀이했기 때문이다. 이렇게 대방군이 있던 고대 요동 지역의 빈복되는 전쟁 상황이 서해바다 건너에 있는 나라들의 교역에 위험 요인을 제공했던 것이다.

따라서, 4세기 300년대에는 고구려도 백제도 신라도 한왜도 교역의 기록이 나타나지 않는다. 고구려는 북조의 나라들과 전쟁을 하느라 바빴고, 백제, 신라, 한왜는 고구려가 고대 요동 지역 대방군 지역에서 전쟁을 하는 것으로 인해 중간 기착지 플랫폼이 혼란스러워 중원으로 인도될 시스템이 붕괴되었기 때문에 교역을 할 수 없었던 것이다. 이런 상황에 변화가 온 것은 광개토태왕 즉위년인 391년 이후로 보인다. 『梁書』 고구려전은 다음과 같이 기록하고 있다.

> … [모용]수가 죽고 아들 [모용]보(재위: 396~398)가 즉위하였다. [모용보는] 고구려왕 안(광개토왕, 재위: 391~412)을 평주목으로 삼고, 요동·대방 2국왕에 책봉하였다. [이에] 안이 처음으로 장사·사마·참군의 관직을 설치하였다. 이후에 [고구려는] 요동군을 빼앗아 차지하였다. …[138]

광개토태왕은 391년에 즉위 후 후연의 모용보에게 요동·대방 2국왕으로 책봉받았는데, 이후에는 아예 요동군을 빼앗아 버렸다고 『梁書』는 전하고 있다. 이와 관련하여 『삼국사기』 「고구려본기」는 404년 광개토태왕 14년에 후연의 모용희가 빼앗겼던 요동성을 되찾기 위한 공격을 감행했지만, 성공하지 못하고 돌아갔다고 기록하고 있다.

위와 같은 내용들은 4세기 300년대에 고대 요동 지역인 현재 요서 하북성의 난하를 기준으로 하는 그 동쪽 지역이 고구려에 의해 장악되어 가는 과정들을 보여 주고 있는 것이다. 이로 인해 서해 연안을 따라 발해 연안에 도착해야 교역을 할 수 있는 나라들이 결국은 고구려의 서해 패권 안으로 들어갈 수밖에 없는 상황으로 흘러갔다는 것을 알 수 있다.

---

138) 『양서』 「고구려전」 … 垂死, 子寶立. 以句驪王安爲平州牧, 封遼東·帶方二國王. 安始置長史·司馬·參軍官. 後略有遼東郡. (출처 번역: 동북아역사넷)

즉, 고구려의 허락을 받지 못하면 백제, 신라, (한)왜는 대(對)중국 교역을 할 수 없는 어려움을 겪었다. 이에 백제는 고구려의 서해 패권에 격렬하게 대항했으며, 고구려가 약화된 이후 신라는 6세기 이후 진흥왕 때 한강 유역을 점령하고 나서야 단독으로 대(對)중국 외교 항로를 열 수 있었다. 마찬가지로, 열도의 한왜의 대중국 교역 기록도 7세기 수(隋)나라 개황 20년(600)에야 다시 나타나는 것이다.

(韓)倭 5왕- 5세기 고구려 대외정책의 산물
'고구려, 백제 허수아비정권'

열도의 한왜의 대중국 교역 기록이 수(隋)나라 개황 20년(600)에 나타나기 전인 5세기의 '찬(贊), 진(珍), 제(濟), 흥(興), 무(武)'라는 『宋書』의 이른바 (한)왜 5왕은 열도에 있는 '왜국'이라는 독자적인 독립국의 왕이 아니다.

송서의 (한)왜 5왕은 고구려가 서해 교역의 이익을 완전하게 독점하고, 당시 북위와 절친한 동맹 관계를 맺고 있던 고구려가 한편으로는 북위 견제를 목적으로 북위의 눈치를 보지 않으면서 남조 나라들과 또 다른 안보적 동맹 교역 관계를 맺기 위해 고구려에 의해 만들어진 고구려의 허수아비 가면 정권으로 볼 수 있다.

고구려가 장수왕 재위 시기인 412년~491년 사이에 북위에 사신을 보낸 횟수는 『삼국사기』「고구려본기」에 근거하면 모두 서른 일곱여 차례다. 어느 해는 한 해에 2번 또는 3번을 보냈을 정도로 장수왕 당시 고구려는 북위와 우호적 동맹 관계를 유지했다. 북위는 고구려를 남조와의 경쟁과 안보 위협 또한 북연의 위협 때문에도 고구려의 도움을 받으려고 했고, 고구려 역시 북위와 협력해 고대 요동 지역의 안정적 장악을 노렸기 때문이다.

한편, 북위의 입장과는 다르게 고구려는 남조와의 교류 협력도 필요했다. 북위는 남조 나라들과 대결하는 상황이었지만, 고구려가 굳이 북조하고만 교류 협력할 이유가 없으며, 북위하고만 지나치게 교류 협력을 강화하고 남조 나라들과의 교류 협력을 등한시 하면 오히려 고구려가 북위에게 지나치게 의존하는 결과가 되어 북위의 입장에 종속되어 휘둘릴 위험이 컸기 때문이다. 때문에 고구려 입장에서는 남조의 여러 나라들과의 교류 협력도 필요했다.

그런데 고구려가 북위가 모르도록 남조 나라들에게 사신을 보내는 것이 쉬운 일은 아니었다. 장수왕 재위 시기 남조 송에 사신을 보낸 것은 「고구려본기」에 의하면 장수왕 43년(455)과 62년(474), 66년(478) 3번이다.[139] 남제에 사신을 보낸 것은 장수왕 68년(480)과 69년(481), 단 2번이다.

---

139) 『宋書』明帝紀와 後廢帝紀를 보면 고구려가 宋에 사신을 보낸 기록이 泰始 3년(467)·泰始 6년(470)·泰豫 元年(472)·元徽 3년(475)에 보인다. 뿐만 아니라, 宋의 마지막 황제인 順帝 昇明 元年(477)에도 조공기사가 확인된다. 또한, 『三國史記』에서는 장수왕 66년(478)에 宋에 사신을 보낸 기록이 있다.

이것은 남조 나라들에게 고구려가 사신을 보내어 교류하는 것이 쉽지 않았다는 것을 보여 준다. 심지어 고구려는 북위와의 우호 관계를 거스르지 않기 위해 북위 모르게 남조 나라들에게 사신을 보내다가 북위에게 걸린 적도 있다. 장수왕 68년(480) 남제에 사신을 보냈을 때, 그 사신이 바다 한가운데에서 북위 장군에게 발각되어 붙잡혀 다시 고구려로 강제 귀국 당하게 되는 일이 발생한 적도 있을 정도다.[140]

따라서 '(한)왜 5왕'은 이와 같은 당시 국제 정세 상황에서 이미 광개토태왕 때부터 남진하여 규슈에 고구려의 영향력을 심어 놓은 고구려[141]가 서해를 건너와야 하는 나라들 모두를 관리하면서, 동시에 고구려의 국제적 외교 이해관계에 활용할 수 있도록 규슈의 (한)왜를 왜국의 왕으로 포장하여 고구려와 남조의 교류 협력의 소통 창구로 이용하기 위해 국제 외교 무대에 데뷔시킨 것으로 추정할 수 있다.

---

140) 『삼국사기』「고구려본기」 장수왕 [68년(480) 4월에] 왕이 사신 여노(餘奴) 등을 보내 남제와 통교하게 하였다. [북]위(北魏)의 광주인(光州人)이 바다 가운데서 여노 등을 잡아 대궐로 보냈다. 북위 고조가 조서를 보내 왕을 책망하여 말하기를, "소도성은 친히 그 임금을 죽이고 강남[江左]에서 임금 자리를 훔쳤다. 짐이 바야흐로 옛 땅에 멸망한 나라를 일으키고, 유 씨(劉氏)에게 끊긴 세계(世系)를 잇게 하려 하는데, 경이 [우리의] 경역(境域)을 넘어 외교를 하며 멀리 찬탈한 도적과 통하려 하니, 어찌 이것이 번신(藩臣)이 절개를 지키는 의리겠는가? 지금 하나의 잘못으로 경의 옛 정성을 덮을 수 없어서 곧바로 [사신을] 그대의 나라로 돌려보낸다. [그대는] 용서를 감사히 여기고 자기 허물을 깨달아 밝은 명령을 공경하여 받들고, 다스리는 지역을 편안하게 하고 동정을 보고하라."라고 하였다.(王遣使餘奴等, 朝聘南齊. 魏 光州人, 於海中得餘奴等, 送闕. 魏 高祖詔責王曰, "道成親弑其君, 竊位江左. 朕欲興滅國於舊邦, 繼絶世於劉氏, 而卿越境外交, 遠通簒賊, 豈是藩臣守節之義. 今不以一過掩卿舊欵, 即送還藩. 其感恕思愆, 祗承明憲, 輯寧所部, 勤靜以聞.") (출처 번역: 한국사데이터베이스)
141) 이 부분은 광개토태왕릉비문에 대한 해석으로 다음 장에서 후술하겠다.

즉, 고구려의 다목적적인 이해관계에 복무시키기 위해 고구려가 만들어 낸 허수아비정권이 '(한)왜 5왕'이라는 것이다. 북위를 속이면서 북위가 모르게 남조 나라들과 통교하고 안보와 무역 거래의 이익을 위해 고구려가 만든 이 '(한)왜 5왕'은 실제로 북위와는 한 번도 접촉한 적이 없다. 이런 '(한)왜 5왕'은 '찬(贊), 진(珍)'까지는 고구려의 정권이었다가 '제(濟), 흥(興), 무(武)'는 백제가 일본 열도에서 실질적 장악력과 영향력을 발휘하면서 백제의 정권으로 넘어간 것으로 보인다.[142]

한 무제가 위만조선을 멸망시킨 뒤에 왜의 여러 나라들과 통교하게 되었고, 그때 대방군을 통해 사신을 보내고 교역했던 한왜 여왕국의 여왕은 비미호였다. 266년까지 조공을 했고, 그 이후 413년에 갑자기 倭 5왕이 나타났다는 것을 미스터리하게 여기는데, 이것은 착시일 뿐이라고 전술했다.

열도의 韓倭뿐 아니라 300년대 들어서면서 고구려가 고대 요동 인근을 장악하기 위해 북조 여러 나라들과 전쟁을 벌이면서 종래 대방군을 통해 교역하던 시스템 자체가 무너진 것이 韓倭뿐 아니라 한반도에 있는 나라들 역시 교역의 기록을 남기지 못했던 원인이라고 설명했다.

그리고 드디어 고대 요동 대방군 일대를 고구려가 안정적으로

---

142) 김주인, 「왜(倭) 5왕과 왜왕제도에 관한 연구」, 순천향대학교 글로벌한류학과 박사 학위 논문, 2024. 8.
이 논문은 찬(贊), 진(珍)은 고구려계고, 제(濟), 흥(興), 무(武)는 백제계라고 주장했다. 본고는 이 주장의 일부를 차용했다.

장기적으로 장악하게 되면서 나타난 것이 이른바 송서의 (한)왜 5왕이다. 고구려가 고대 요동 일대를 장악한 것은 서해를 관장하는 교역 패권을 고구려가 장악하게 되었다는 뜻이다. 즉, 그전에는 한 무제가 위만조선을 멸망시키면서 대방군을 설치하여 장악했고, 그 이후에는 위나라가 이어받았던 것을 고구려가 꾸준히 공격하여 5세기부터는 안정적으로 고대 요동 대방군 일대를 장악하게 된 것이라는 말이다. 이에 관해『송서』「이만열전」「고구려전」에서는 다음과 같은 문구로 확실하게 전달하고 있다.

> 동이 고구려국은 지금에 와서는 한대의 요동군[에 해당했던 지역을] 다스리고 있다.(東夷高句驪國, 今治漢之遼東郡)

따라서, 고구려의 허락 없이는 서해를 건널 수 없는 형편이 된 상황에서 열도의 (한)왜가 독자적으로 왜왕의 이름으로 사신을 보낼 수 없는 것이 당연한 상황이었다는 것이다. 그러므로 고구려가 고대 요동 대방군 일대를 장악한 뒤에 나타난 이른바 송서의 왜 5왕은 고구려가 서해 교역 이익을 독점하고, 북위의 눈을 속이며, 북위를 견제하기 위해 남조 나라들과의 교류를 위해 고구려에 의해 만들어진 일종의 페이퍼 컴퍼니라고 볼 수 있다. 따라서 이들 왜 5왕의 이름이나 행적이『일본서기』에 전혀 나오지 않는 것은 너무나 당연한 일이다.

(한)왜 5왕이 처음 나타난 것은 413년 동진의 안제 의희 9년이

다. 이때 (한)왜는 고구려와 함께 들어와 초피(담비 가죽)와 인삼을 조공했다고 한다.[143] 초피와 인삼은 열도에서 나는 특산물이 아니라 고구려에서 나오는 특산물이다. 또한, 413년이라는 연도는 412년 장수왕이 즉위한 그다음 연도이며, 414년에는 광개토태왕릉비가 건립된 연도다. 즉, 이 일련의 연도를 순서대로 정리해 보면 412년에 장수왕이 즉위했고, 413년에 고구려와 (한)왜가 고구려의 특산물을 가지고 동진에 입조했으며, 414년에는 광개토태왕이 400년(경자년조)에 보낸 고구려군이 규슈에 상륙했음을 기록하고 있는 광개토태왕릉비를 건립했다는 것이다. 다시 말해, 400년 고구려군의 규슈상륙(비문의 경자년조에 나오는 이른바 '임나가라'의 위치), 412년 장수왕 즉위, 413년 고구려와 왜의 동진 입조, 414년 광개토태왕릉비 건립으로 순서가 이어지는 것을 우연이라고 볼 수 없다는 것이다.[144]

이렇게 고구려가 고대 요동 일대를 점령하여 서해 교역 이익을 독점하는 것에 대해 가장 격렬하게 대항했던 나라는 백제였다. 백제의 요서 경략이 나오는 것은 바로 고구려의 고대 요동 점령으로

---

143) 『晉書』「安帝紀」義熙 9년(413)… (義熙)九年 … 是歲, 高句麗·倭國及西南夷銅頭大師並獻方物(이 해에 고구려, 왜국 및 서남이 동두대사들이 모두 방물을 바쳤다.)『義熙起居注(의희기거주)』… 倭國獻貂皮人參, 詔賜細笙麝香 (왜국이 초피(담비 가죽)와 인삼을 바쳤고, 생황과 사향을 하사했다.)

144) 광개토태왕릉비문의 경자년조의 '임나가라'는 규슈를 정복한 것으로 광개토태왕의 남진정책을 장수왕대에 이르러 장수왕은 왜 5왕이라는 고구려의 괴뢰 정권을 만드는 것으로 고구려의 서해패권을 유지한 것으로 본고는 보고 있다. 다음 장에서 이에 대해 더 자세하게 후술하겠다.

인해 백제의 서해를 통한 對중국 교역이 고구려에 의해 빈번하게 간섭과 차단을 당하게 된 상황과 맞물려 있다.

이에 관해 백제의 고대 요서 경략에 관한 다음과 같은 고대 중국 문헌 기록들을 살펴보면 쉽게 이해할 수 있다.

【-『宋書』「동이열전」「백제전」: 그 뒤 고려는 요동을 경략하여 차지하고, 백제는 요서를 경략하여 차지하였다. 백제가 다스린 곳을 진평군 진평현이라 이른다.(其後 高驪略有遼東 百濟略有遼西 百濟所治 謂之晋平郡 晋平縣)

-『梁書』권 54「동이열전」「백제전」: 진나라 시대, 구려가 앞서 요동을 경략하여 차지하자, 백제도 요서 진평 2군의 땅을 점거하여 차지하고 스스로 백제군을 설치하였다.(晉世 句驪旣略有遼東 百濟亦據有遼西晉平二郡地矣 自置百濟郡)

-『南史』권 79「동이열전」「백제전」: 진나라 시대, 구려가 앞서 요동을 경략하여 차지하자, 백제도 요서 진평 2군의 땅을 점거하여 차지하고 스스로 백제군을 설치하였다.(晉世 句麗旣略有遼東 百濟亦據有遼西晉平二郡地矣 自置百濟郡)

-『양직공도』: 진말에 고구려가 요동과 낙랑을 경략하자, 요서진평현을 차지하였다.(晉末 駒麗畧有遼東 樂浪亦有遼西晉平縣)】

앞의 내용들은 모두 한결같이 고구려가 요동을 차지하자 백제도 요서를 차지했다는 내용들로, 백제가 요서를 경략하고 점령한 이유가 바로 고구려의 요동 점거 때문이었다고 말하고 있다.

고구려의 고대 요동 점령을 백제가 단지 시기하고 질투해서 백제가 고대 요서 점령에 나선 것이 아니다. 고구려가 고대 요동을 점령하여 서해 교역 패권을 고구려가 독점하게 되면, 백제는 서해를 따라 연안항해를 하다가 결국 발해만의 갈석산과 난하 동쪽에서 기착한 후에 중원으로 들어가는 그 교통 해로를 이용할 수 없게 된다. 그런데 만약 그 항로를 이용하고 싶으면, 고구려에게 통행료를 상납하지 않으면 지나갈 수 없게 되는 구조였기 때문이다. 그러므로 백제는 고구려의 고대 요동 점령을 뒤흔들기 위한 전진기지로 고대 요서 지역 점령을 노렸던 것으로 보인다.

그러나 백제의 고대 요서 경략이 고구려의 고대 요동 점유를 뒤흔들 만큼 성공적으로 이뤄진 것은 아닌 것으로 보인다. 고구려의 강성함이 장수왕 재위 시기 내내 이어졌기 때문이다.

고구려의 강성함은 여러 기록들에서 나타난다. 북위는 장수왕 23년(435)에 장수왕에게 "도독요해제군사(都督遼海諸軍事) 정동장군(征東將軍) 영호동이중랑장(領護東夷中郎將) 요동군개국공(遼東郡開國公) 고구려왕"이라는 작호를 부여하는데, 여기에 나오는 '도독요해제군사(都督遼海諸軍事)'라는 직위는 발해만의 고대 요동을 기준으로 하는 서해 제해권의 모든 권한을 고구려가 가지는 것을 북위가 인정한다는 뜻으로 해석할 여지가 있다. 또한 『남제서』 「고구려」전에는 "… 배를 타고 바다를 건너오니 사신과 통역관이 늘상 왕래했는데, 위(魏)에게도 사신을 보냈다. 하지만 강성하여 [송·위로 어느 쪽에도] 통제를 받지 않았다. 위(魏)는 여러 나라의 사신이 머무는 객사를 두었는데, 제의 사신이 제일이었고, 고구려는 그다음이었다. … 乘舶汎海, 使驛常通, 亦使魏虜. 然彊盛不受制. 虜置諸國使邸, 齊使第一, 高麗次之…)"라는 기록이 있을 정도로 고구려는 강성했다.

이에 백제 개로왕은 개로왕 18년(472)에 북위에게 표문을 보내 북위가 고구려에게 속아 지나치게 특혜를 주고 있으며, 그것은 불공정한 처사며, 북위에게 이로울 것이 없다며 북위가 백제와 손을 잡고 고구려를 칠 것을 제의한다. 이 제의는 북위에 의해 거절당하고, 백제는 이를 끝으로 북위와의 교섭을 중단한다.

그런데 이 표문을 가지고 갔던 사신들이 다시 백제로 돌아오는 항로에 대한 기록이 개로왕 18년에 에피소드처럼 다음과 같이 언급되어 있다.

… 현조는 또 연(璉, 장수왕)에게 조서를 내려 소안(邵安) 등을 [백제로] 호송하게 하였다. [그러나] 소안 등이 고구려에 이르자 연은 예전에 여경(餘慶, 개로왕)과 원수진 일이 있다고 하면서 동쪽으로 지나가지 못하게 하였다. 소안 등이 이에 모두 돌아오자 조서를 내려 그들을 엄하게 꾸짖었다. 그 후에 소안 등에게 동래(東萊)에서 바다를 건너가 여경에게 옥새가 있는 문서[璽書]를 하사하여 그 정성과 충절을 포상하려고 하였

으나 소안 등이 바닷가에 이르러 풍랑을 만나 떠다니다가 끝내 도달하지 못하고 돌아갔다. (개로왕)왕은 고구려 사람들이 자주 변경을 침범한다 하여 위나라에 표문을 올려 군사를 요청하였으나, 듣지 않았다. 왕이 이를 원망하여 마침내 조공을 끊었다.[145]

위의 내용은 "백제 사신들이 표문을 전하고 다시 백제로 돌아가는 것을 당시 북위 황제(효문제)가 고구려 장수왕에게 백제 사신들을 안전하게 귀국하도록 조처하라고 인계하지만, 고구려 왕이던 장수왕이 개로왕(여경)과 원수진 일이 있다고 하면서 동쪽으로 지나가지 못하게 하여 사신들이 다시 북위로 돌아오게 되었는데, 고구려가 백제 사신들이 동쪽으로 건너가지 못하게 하니 하는 수 없이 동래(東萊)에서 바다를 건너가려고 시도했지만, 풍랑에 떠다니다가 백제로 가는 것에 실패하고 다시 돌아갔다"라고 전하고 있다. 동래(東萊)는 오늘날의 산동반도 산둥성의 등주(登州)와 내주(萊州)를 이르는 말로, 옌타이시에서 웨이하이웨이에 이르는 지역이다.

위의 내용은 여러 가지 정보를 전달하고 있다. 먼저, 북위에 들어간 백제 사신이 들어갈 때는 서해 연안을 따라 올라가다 하북성 갈석산 인근으로 가는 고구려 연안으로 통과해서 가지 않았을

---

145) 『삼국사기』「백제본기」개로왕 18년… 又詔璉護送安等. 安等至高句麗, 璉稱昔與餘慶有讎, 不令東過, 安等於是皆還, 乃下詔切責之. 後使安等從東萊浮海, 賜餘慶璽書, 褒其誠節. 安等至海濱, 遇風飄蕩, 竟不達而還. 王以麗人屢犯邊鄙, 上表乞師於魏, 不從. 王怨之, 遂絶朝貢. (출처 번역: 한국사데이터베이스)

것이라는 것이다. 그것은 고구려가 백제 사신을 북위로부터 인계 받아 동쪽으로 지나가도록 하는 것을 불허했다는 것으로 알 수 있다. 아마도 백제 사신은 현재 요동반도에서 묘도군도를 징검다리처럼 건너서 산동반도에 도착한 뒤에 육로로 북위에 도착했을 가능성이 높다. 또한 현재 요동반도에서 중간의 작은 섬들로 이어져 있는 묘도군도를 이용하여 산동반도에 도착하는 항로가 당시까지만 해도 서해안을 따라 거슬러 올라가 발해만으로 들어가는 항로보다 훨씬 더 위험한 항로였다는 것도 짐작할 수 있다.

백제 입장에서 서해안을 따라 올라가는 연안 항해를 하다가 고구려의 감시 때문에 요동반도에서는 더 이상 올라가지 못하고 거기서 묘도군도를 따라 산동반도로 향하는 항로를 택할 수밖에 없어서, 그 항로의 위험함과 불편함을 고구려 때문에 감수해야 하는 것이 대중국 교역의 가장 큰 걸림돌이었을 것이라는 것을 알 수 있다.

당시 항해술로는 이 항로가 매우 건너가기 힘든 항로라는 것을 개로왕은 표문에서 "험한 파도에 배를 띄워 아득한 나루로 가는 길을 찾아 헤매며, 목숨을 자연의 운수에 맡겨서(投舫波阻, 搜徑玄津, 託命自然之俚)"라고 표현하고 있다.

그런데 (한)왜왕 武가 송에 보낸 표문에 고구려 때문에 겪는 어려움에 대해 같은 내용을 토로하고 있다. 다음은 (한)왜왕 무가 송의 순제 승명 2년(478)에 보낸 표문의 내용 중 일부다.

… 신이 비록 아주 어리석으나 조상의 뒤를 이어 다스리는 곳을 이끌고 중국의 조정을 존중하고자 하였습니다. 가는 길이 백제를 거쳐야 하므로 큰 배를 준비하였는데, 구려(句驪)가 무도하여 (우리를) 집어삼키려 하고, 변방의 속한 곳을 노략질하며 살육을 그치지 않으니, 매번 지체되어 좋은 바람을 놓치게 됩니다. 비록 길을 나서지만 혹은 통하고 혹은 통하지 못합니다. 신의 돌아가신 아버지 제(濟)가 실로 원수가 천로(天路)를 막는 것에 분노하니, 활을 쏘는 병사 100만이 의로운 소리에 감격하여 바야흐로 크게 일어나고자 하였으나, 갑자기 아버지와 형을 잃으니, 수성(垂成)의 공을 이루고자 하였으나 마지막 한 삼태기를 얻지 못하였습니다. …[146]

　武의 이 상표문의 내용은 한왜왕 무가 백제왕일 것이라는 추정을 가능하게 한다. 이 상표문의 내용이 거짓으로 지어낸 것이거나 백제의 것을 베낀 것이 아니라 (한)왜왕 무가 직접 느끼고 겪은 일들을 그대로 쓴 것이라면, 武는 백제 무령왕일 가능성이 매우 높다.

　즉, 이 내용에 나타나는 武의 아버지가 제(濟)이고 武의 형이 흥(興)이라면 제(濟)는 백제 개로왕이고, 흥(興)은 개로왕의 아들인 문주왕이거나 개로왕의 동생 또는 아들로 알려진 곤지일 가능성이

---

146) 『송서』「이만열전」「왜전」… 臣雖下愚, 忝胤先緒, 驅率所統, 歸崇天極, 道逕百濟, 裝治船舫, 而句驪無道, 圖欲見吞, 掠抄邊隸, 虔劉不已, 每致稽滯, 以失良風. 雖曰進路, 或通或不. 臣亡考濟實忿寇讎, 壅塞天路, 控弦百萬, 義聲感激, 方欲大擧, 奄喪父兄, 使垂成之功, 不獲一簣… (출처 번역: 한국사데이터베이스)

있는 것이다.

표문의 내용은 '韓倭王 무'가 조공하는 것을 방해하고 있는 것은 고구려라는 것이다. 고구려는 무도하게 살육과 약탈을 하기 때문에 고구려를 피하느라 매번 좋은 바람을 놓쳐 조공을 못 한다는 내용이다. 또한, 아버지 제(濟)가 고구려에 의해 사망했음을 암시하고 있다. 개로왕은 고구려의 공격으로 사로잡힌 다음 참수당했고, 뒤를 이은 문주왕도 2년 재위하고 사망했다.

즉, 백제 무령왕은 개로왕의 아들이므로 개로왕과 문주왕의 일을 (한)왜왕 무가 표문에서 마치 자신이 당한 일처럼 말하고 있다는 것이다. 이것으로 보아 (한)왜왕 제, 흥, 무는 5세기 후반 즈음에는 열도에서 고구려에 비해 더 실질적인 세력을 형성하고 있던 백제가 (한)왜왕을 고구려에서 뺏어 백제의 허수아비정권으로 활용했을 가능성이 높다고 보여진다. 이와 관련해서는 뒤에서 더 내용을 덧붙여서 설명할 것이다.

2장

광개토태왕비문의 '(韓)倭'와 경자년(400)조의 '任那加羅'

앞에서 고대 '倭'의 바이올로지컬(biological) 생물학적 정체는 '韓人'이라는 것을 설명했다. 인류유전학과 언어학의 연구 결과가 그것을 말해 주고 있으며, 그에 따라 '열도로 건너간 韓人'이 '고대 왜'이기 때문에 '고대 왜'는 '韓人倭'라는 의미에서 '韓倭'라고 부르는 것이 온당하다는 것이 본고의 생각이다.

이렇게 고대사에 나타나는 '고대 왜'를 '韓倭'라고 정의를 명확히 해 놓으면 고대사에서 '왜'로 인해 발생하는 많은 혼동을 제대로 이해하고, 해명하고, 정리할 수 있다. 즉, 중국 고대 문헌에 등장하는 각 「왜전」들의 '왜'도 한반도에서 열도로 건너가 정치적 세력화를 이룬 '韓人 집단'에 대한 기록이라고 이해하면, 『삼국사기』 「신라본기」에 오로지 신라만 공격하는 '왜'도 이해할 수 있으며, 「신라본기」에 최초로 등장하면서 『후한서』와 『삼국지』에 등장하는 '여왕 비미호의 왜국'도 결국 당시 한반도와 열도에 걸쳐 있었던 韓人들의 나라(國)들 중 일부였다는 것을 이해할 수 있게 된다. 즉,

생물학적으로 유전자가 같은 인족인 韓人들이 규슈를 비롯한 열도로 건너가 집단적으로 정치세력화가 되었던 것이다.

이들을 '왜' 또는 '왜인', '왜국'이라고 부른 것이다. 이렇게 '열도 韓人'를 '본토 韓人'과 분리해서 별도의 인족인 '왜'라고 인식하게 된 것은 본토에서 바다를 건너가야 하는 자연 지리적 공간 분리 때문으로 보인다. 이러한 지리적 조건이 '왜'를 별도의 '인족집단' 인 것처럼 여기는 개념 형성에 제일 큰 영향을 미쳤다고 볼 수 있고, 세월이 흐름에 따라 '왜 땅에 거주하는 韓人'들의 자치적 자립적 독자적 정치세력화가 가속화되었기 때문이라고 보여진다.

왜땅의 韓人들이 언제부터 독자적인 정치세력화를 이루었는지는 정확히 알 수는 없어 보인다. 그렇지만 중국 고대 문헌인 『후한서』와 『삼국지』에 '한 무제가 위만조선을 멸하고 30여 개의 왜국과 통교하였다'라는 기록으로 보면,[147] 앞에서 『후한서』와 『삼국지』에 근거해서 언급했듯이, 2~3세기에는 열도의 규슈를 중심으로 韓人 倭들은 독자적인 대중국 교역을 했던 것으로 보인다. 이때의 한왜는 본토를 떠나 열도에 정착한 '신라·가야·백제'인들이 중심이었을 것으로 본다.

이렇게 2~3세기에는 '신라·가야·백제인'들이 정착한 규슈 중심의 열도 韓倭의 정치 세력들이 각각 집단을 이뤄 패권 다툼을 벌

---

147) 『후한서』「동이열전」「왜전」, 自武帝滅朝鮮, 使驛通於漢者三十許國 (무제(武帝)가 조선(朝鮮)을 멸망시킨 후에 사역(使驛)을 이용하여 한(漢)과 통한 것이 30여 개 나라[國]이다.) (출처 번역: 동북아역사넷)

었던 것이고, 그런 정황들이 『후한서』와 『삼국지』에 '왜국 대란'[148]으로 기록된 것으로 보인다.

이러한 규슈를 비롯한 열도에서의 '신라, 백제, 가야'를 중심으로 한 패권 전쟁의 상황이 5세기에 들어서면, 바다를 건너온 일단의 고구려 세력이 규슈에 상륙하면서 '규슈 한왜'의 정치 집단 간의 세력 판도에 변화가 발생했다고 본다.

즉, 고구려가 서해 항로를 이용하는 것에 대한 독점적 패권을 주도하기 위해 규슈를 고구려 영향권으로 복속시킬 필요성을 느끼면서 '신라, 백제, 가야'가 주도하던 열도의 힘의 역학관계에 변화가 일어났다는 것이다. 이렇게 고구려가 서해 교역 항로를 독점하기 위한 지정학적 패권 야망의 기획과 실현에 대한 내용 전모(全貌)가 상세하게 기록되어 있는 것이 바로 '광개토태왕릉비문'이다.

이에 따라 이 장에서는 광개토태왕릉비문의 '경자년(400)'조에 최초로 나타나는 '任那伽羅'의 위치는 이른바 '신묘년조의 倭'가 '규슈에서 정치세력화한 韓倭'라는 것을 논증하여, 그 '규슈의 韓倭'를 복속시킨 결과로 나타난 것이 바로 '任那伽羅'라는 것을 설명할 것이다.

또한, 규슈를 복속하는 것이 고구려 남진 정책의 목적이었다는

---

148) 『후한서』「동이열전」「왜전」 桓·靈間, 倭國大亂, 更相攻伐, 歷年無主. 有一女子名曰卑彌呼, 年長不嫁, 事鬼神道, 能以妖惑衆, 於是共立爲王(환제(桓帝)와 영제(靈帝)의 치세에 왜국(倭國)에서 대란(大亂)이 일어나서 서로 공격하고 치니 오랫동안 군주(君主)가 없었다. 이름이 비미호(卑彌呼)라는 한 여자가 있었는데, 나이가 들었지만 시집을 가지 않고 귀신의 도[鬼神道]를 섬기면서 괴이한 술수[妖]로 사람들을 미혹하였다. 이에 [사람들이 그녀를] 공동으로 세워[共立]왕으로 삼았다.) (출처 번역: 동북아역사넷)

것과 결국 규슈를 고구려 세력권으로 접수하는 것에 성공하여, 5세기에 고구려는 對남조 교역과 서해 교역 항로의 독점에 성공하고 있었다는 것을 논증할 것이다.

그런데 광개토태왕릉비문은 비문의 글자 조작 가능성이 계속 제기되는 상황이다. 본고에서는 비문 글자들의 조작에 관한 연구들에 대해서는 본고가 논하고자 하는 주제가 아니므로 다루지 않겠다.

한편, 본고의 논의를 진행하기 위해 본고는 북한 학자 손영종이 석문하고 해석한 광개토태왕릉비문을 기본 자료로 사용했다는 것을 밝힌다.

광개토태왕릉비문의
倭=韓倭

신묘년(391년) 전후 고구려·백제 관계- 신묘년의 '한왜(규슈백제)'

광개토태왕릉비문(이하 비문)에서 '왜'가 처음으로 등장하는 것은 영락 5년의 내용이 끝난 뒤다. 영락 5년의 내용은 다음과 같다.

【- 영락 5년(395) 을미가 되는 해에 왕은 비려(稗麗)가 (우리 사람들을) 돌려보내지 않으므로 몸소 군사를 거느리고 가서 토벌하였는데 부산을 지나 산을 등지고 염수가에 가서 그 3부락과 600~700명을 격파하니 소와 말 양이 헤아릴 수 없이 많았다. 이에 수레를 돌려 돌아오는 길에 양평도를 지나 동쪽으로 … 북풍으로 왔다. 왕이 사냥을 준비하고 지경안을 유람하면서 사냥을 하고 돌아왔다. 백잔과 신라는 옛적에는 속민이었고, 그전부터 조공을 바쳐왔던 것이다. 그런데 왜가 (백제의 꼬임으로) 신묘년에 왔기에, (고구려가 패수를) 건너 백잔을 격파하고 동쪽으로 신라를 (초유)하여

신민으로 삼았다.(永樂五年議在乙未王以稗麗不(歸)▨(人)射率往討過富山倒回至鹽水上破其三部洛六七百営牛馬羣羊不可稱數於是旋駕因過平道東來▨城力城北豐王備猶遊觀土境田獵而還百殘新羅舊是屬民由來朝貢而倭以辛卯年來渡(浿/海)破百殘東▨(新)羅以爲臣民)[149])】

이른바 '신묘년조의 왜[150])'로 유명한 '왜'는 영락 5년(395)에 광개토태왕(이하 태왕)은 염수(鹽水) 쪽으로 가서 징벌적 정벌을 한 후에 유람과 사냥을 하고 돌아왔다는 태왕의 정벌 내역을 기록한 문장들 다음에 나타난다.

여기서 논란이 되는 부분은

① '百殘新羅舊是屬民由來朝貢'과

② '而倭以辛卯年來渡(浿/海)破百殘東▨(新)羅以爲臣民'이다.

①은 백제와 신라가 고구려의 속국이 되어 조공을 했다는 기록이 없으므로 흔히 정치적으로 과장된 수사법 정도로 해석되곤 한다.

그러나 비문의 첫 부분 내용과 관련해서 본다면 과장된 수사법이라고만 보기 어렵다. 비문 시작은 고구려의 정통성을 기록한 것으로 매우 중요한 부분이다. 비문의 시작은 다음과 같다.

---

149) 손영종, 「광개토왕릉비문 연구 / 사회과학원」, 국립중앙도서관, 도서출판중심, 2001, p.17
150) 而倭以辛卯年來渡(浿/海)破百殘東▨(新)羅以爲臣民

【- 惟昔始祖鄒牟王之創基也出自北夫餘天帝之子母河伯女: 옛적에 시조 추모왕(鄒牟王)이 나라의 터전을 처음 잡을때 [추모왕은] 북부여(北夫餘)에서 나왔다. 천제의 아들이었고 어머니는 하백(河伯)의 따님이었다.】

고구려가 북부여의 해모수로부터 나왔다는 내용은 고구려가 스스로를 단군조선에서 북부여로, 북부여에서 고구려로 이어지는 정통성을 기록한 것으로 보아야 한다. 따라서 고구려 자신은 스스로를 단군조선의 적통 후예로 인식하고 있으므로, 백제와 신라가 예부터 고구려의 속민으로 조공을 해 왔다는 내용을 사실이 아닌 과장된 수사법이라고만 단정할 수 없다. 즉, 영락 5년의 내용 앞부분의 서술은 단군조선에서 북부여로 이어지는 정권의 정통성을 바로 고구려가 계승했다는 것을 밝히고 있다는 것이다.[151]

다시 말해, 단군조선은 백제와 신라 등 여러 나라를 거느렸던 제국이었고, 그 단군조선의 정통성을 이어받은 나라는 북부여라

---

151) 惟昔始祖鄒牟王之創基也出自北夫餘天帝之子母河伯女郎剖卵降世生而有聖德巡幸南下路由夫餘奄利大水王臨津當日我是皇天之子母河伯女郎鄒牟王為我連阪浮龜應聲即為連肢浮龜然後造渡於沸流谷忽本西城山上而建都(옛날 시조 추모왕이 나라의 터전을 처음 잡을 때 북부여에서 나왔다. 천제의 아들이고 어머니는 하백의 딸인데 알을 깨고 세상에 태어났다. … "나는 황천의 아들이고, 어머니가 하백의 딸인 추모왕이다. 나를 위하여 자라들을 줄짓게 하고 거북이를 뜨게 하라"고 하였다. 그 말이 떨어지자 곧 자라들이 줄 짓고 거북이들이 떠올랐으니 그런 다음 건널 수 있었고 비류골 홀본 서쪽에 있으면서 산 위에 성을 쌓고 수도를 세웠다. (손영종, 위와 같은 책, p.15~16)

는 것이다.[152] 따라서, 북부여에서 나온 고구려는 여러 번국을 거느렸던 단군조선을 계승한 나라다. 비문에 시조 추모왕이 북부여에서 나왔다는 것을 명백하게 기술한 의도는 고구려의 정통성이 번국을 거느렸던 단군조선으로부터 나온다는 것을 명시한 것으로 볼 수 있다. 따라서 단군조선의 번국이었던 백제와 신라가 예부터 조공을 하던 속민이었다는 내용은 '단군조선 → 북부여 → 고구려'라는 순서로 고구려의 정통성을 인식하고 있던 고구려 입장에서는 당연한 사실을 기록한 것으로 볼 수 있다.

또한, 태왕이 영토를 넓히는 정복 전쟁을 한 이후부터 장수왕대에 이르는 4세기 후반부터 5세기 내내 백제는 고구려와의 전쟁에서 한번도 승리한 적이 없으며, 신라는 내물왕대에 내물왕의 조카인 후일의 실성왕을 고구려에 인질[153]로 보내고 있었다. 이에 백제와 신라는 고구려의 허락이 없이는 중국과의 교역을 하기 위한 서해 연안 항로를 이용할 수 없는 처지에 있었다.

---

152) 북부여에 대한 자세한 기록은 『北扶餘紀』를 통해 알 수 있다. 『北扶餘紀』는 고려 공민왕 때 복애거사(伏崖居士) 범장(范樟)이 지은 책이다. 『北扶餘紀』에 의하면 북부여는 단군조선의 정통성을 이어받아 시조 해모수단군이 서기전 239년에 건국했다. 고구려의 시조 추모왕이 북부여에서 나왔다고 비문에 기록되어 있는 것은 단군조선에서 북부여, 북부여에서 고구려로 정통성이 계승되고 있다는 것을 비문 첫 줄에 밝혀 놓은 것으로 보인다. 즉, 백제, 신라를 비롯한 여러 나라들을 번국으로 거느리고 있던 단군조선의 정통성이 고구려로 이어지고 있기 때문에 백제, 신라가 예부터 속민이었고, 조공을 해 왔다고 기록한 것으로 해석할 수 있다.

153) 『삼국사기』「고구려본기」 고국양왕 九年, 春, 遣使新羅修好, 新羅王遣姪實聖爲質.(고국양왕 9년(392) 봄에 사신을 신라에 보내 화친을 맺으니 신라왕이 조카 실성(實聖)을 보내서 볼모로 삼았다.) (출처 번역: 한국사데이터베이스)

즉, 4~5세기 당대 상황을 고구려가 소급 적용하여 "예로부터 백잔과 신라가 속민이었고, 조공을 했다."라고 표현했다고 해도 사실과 전혀 다른 과장된 거짓을 기록했다고 보기는 어려운 일이다.

②번의 '而倭以辛卯年來渡(浿/海)破百殘東(新)羅以爲臣民' 문구에서는 '倭'와 '渡海破'의 '海'가 일본제국주의에게 유리하게 해석되도록 하기 위해 조작된 것으로 여겨지고 있는 부분이다.[154] 즉, '왜가 바다를 건너와 백잔(백제)과 신라를 격파하고 왜의 신민으로

---

154) 而倭以辛卯年來渡(浿/海)破百殘東(新)羅以爲臣民: 이 문구에 대한 해석들에는 여러 가지 견해가 있다. 본고는 몇 가지 대표적인 해석들을 소개하는 선에서 이 부분은 갈무리하고자 한다. 이도학은 '羅以爲臣民' 앞에 '叛侵新'를 집어넣어 '破百殘東(叛侵新)羅以爲臣民'라고 해석했다. 이에 따르면 이도학은 "백제와 신라는 예부터 (고구려의) 속민이었으므로 이때까지 조공하였다. 그런데 왜가 신묘년 이래로 건너오자, (고구려가) 매번 격파하였으므로, (고구려의 속민이면서 왜와 연계된) 백제는 (배반하여) 신라를 (침략해서) 신민으로 삼았다."라고 해석했다. (이도학, 「고구려 광개토왕릉비문 연구」, 서경, 2006, p.238)
이형구는 辛卯年 뒤에 不貢因을 넣고 破百殘 뒤에 倭寇를 넣어 해석했다. 이에 따라 "백잔과 신라는 예로부터 (고구려) 속민으로 조공을 바쳐 왔는데 그 후 신묘년부터 조공을 바치지 않으므로 (광개토대왕은) 백잔(제)·왜구(倭寇)·신라를 파하여 이를 신민으로 삼았다."라고 해석했다. (이형구·박노희 지음, 「광개토대왕릉비」, 새녘출판사, 2014, p.113)
서영수는 신묘년조의 본래 王 자가 倭로 변조되었다고 하면서 倭를 王으로 해석한다. 또한 신묘년 앞의 내용인 "百殘新羅舊是屬民由來朝貢"에서 '由來朝貢'을 '由未朝貢'으로 보았다. 이에 따라 "백제와 신라는 옛 속민이었는데도 아직 조공을 바치지 않고, 왜는 신묘년부터 (대왕의 세력권에 함부로) 건너오기 시작했다. 그러므로 왕은 (대왕과의 맹세를 어긴) 백제와 (그 동조자인) 왜를 공파하고 (대왕에 귀의한) 신라는 복속시켜 신민으로 삼았다."라고 해석했다. (이찬구 편저, 「새로운 광개토태왕릉비 연구」, 개벽사, 2020, p.86)
이찬구는 而倭以辛卯年來渡(浿/海)破百殘東(新)羅以爲臣民에서 而倭는 본래 而帝가 변조된 것으로 보았다. 그리고 破百殘 뒤에 連倭가 삭제·변조되었다고 보았다. 이에 따라 "百殘新羅舊是屬民由來朝貢 백잔과 신라는 예로부터 고구려와 속민(형제)이었던 이유로 서로 조공을 유지했다. (그러나) 임금께서 신묘년(391년)에 등극한 이래로 바다를 건너 백제에 이어 왜를 격파하고 신라를 보호하기 위해 이에 6년 병신(396년)에 태왕은…"이라고 해석했다. (이찬구, 위와 같은 책, p.210)

삼았다.[155]'라고 해석하는 것이 현재 남한과 일본의 이른바 주류 식민사학계라고 불리는 측에서 해석하는 방식이다. 이에 본고는 현재 남한과 일본의 주류 식민사학계의 해석에 동의하지 않으며, 북한 학자 손영종의 석문과 해석을 인용한 뒤에 본고의 주장을 더 하고자 한다.

먼저 손영종을 비롯한 북한 학계는 '왜'를 비롯한 다른 글자들을 당시 일본 군부가 조직적으로 석회 도포를 하여 변조했다는 이른바 '석회 도포 작전'은 없었다고 보고 있다. 그러나 탁본 작업자들에 의해 몇몇 글자들의 손상은 있었으며, 또한 일본인들에 의해 몇 개의 글자들이 가공 또는 변조·말소되는 책동은 있었다고 본다.[156] 이에 따르면 신묘년조의 '왜'는 여러 탁본에서 동일하게 나오므로 그대로 '왜'로 인정한다. 이때의 '왜'는 규슈에서 은거하며 '백제'에 의해 움직이며 백제에 부역하는 '백제계 이주민왜'로 보고 있다.[157] 그러므로 '而倭以辛卯年來(그런데 신묘년에 왜가 왔다.)'

---

155) 국사편찬위원회의 인터넷 사이트인 '한국사데이터베이스'의 고구려 금석문 광개토태왕릉비문의 해석은 현재 남한 학계의 통설에 따라 "왜가 신묘년(391)에 바다를 건너와 백잔을 격파하고 동쪽으로 신라를 … 하여 신민(臣民)으로 삼았다."로 되어 있다. 한편, 일본학계의 해석들은 다음과 같다. 요코이 타다나오(橫井忠直)와 나카 미치요(那可通世)의 해석이 대표적이다. "백제와 신라는 예로부터 속민이어서 조공을 해 왔는데, 왜가 신묘년부터 바다를 건너와 백제, ▨▨(임나 혹은 가라), 신라를 격파하여 신민으로 삼았다"고 해석하였다(橫井忠直, 1884, 「高麗古碑考」, 早稲田大学図書館本: 那可通世, 1893, 「高句麗古碑考」, 「史學雜誌」4編 9号, p.930-934). 이 기사를 「일본서기(日本書紀)」의 신공황후(神功皇后)의 삼한 정벌을 뒷받침하는 기록으로 보았다. 요코이 등의 해석은 스에마쓰 야스카즈(末松保和)와 같은 일본인 학자들에 의해 검토되어 '임나일본부설'을 뒷받침하는 증거로 간주되었다(末松保和, 1959, 「高句麗好太王碑文」, 「歷史敎育」 74). (출처: 한국사데이터베이스 고구려 금석문 광개토태왕릉비문 해석 주 29)

156) 손영종, 위와 같은 책, p.37

157) 손영종, 위와 같은 책, p.73-79

는 부분을 '왜가 백제에게 협력하기 위해 또는 백제의 꼬임에 빠진 왜가 백제를 도와 고구려를 공격하기 위한 어떤 작당을 모의하기 위해 왜가 왔다.'는 것으로 해석하고 있다.

그래서 그 뒷부분인 '渡(浿/海)破百殘東▨(新)羅以爲臣民(고구려가) 패수를 건너 백잔을 격파하고 동쪽으로 신라를 (초유)하여 신민으로 삼았다.'로 이어서 해석한다. 倭가 와서 백제와 동맹을 맺고, 더 나아가 신라까지 포함하는 反고구려연합 전선을 획책하는 모의를 하는 것을 고구려가 알아차렸기 때문에 그에 대한 응징인 징벌적 정벌을 하여 '고구려가 패수를 건너 백잔을 격파했고, 신라는 초유(불러서 타이름)하여 신민으로 삼았다는 것이다. 즉, '渡(浿/海)破百殘東▨(新)羅以爲臣民'의 주어는 '왜'가 아니라 '고구려'라고 보는 것이 당시 역사적 상황에 부합하며, 『삼국사기』 기록과도 일치한다는 것이다.

여기서 '도해파' 부분의 '海'는 '浿(패)'의 변조로 본다.[158] 浿와 海는 글자 모양이 비슷하여 변조 의도를 가진 쪽에서 어렵지 않게 변조를 시도했을 가능성이 높다는 것이다. 海가 아니라 浿로 보면 『삼국사기』 기록들과 비문의 내용이 일치한다. 『삼국사기』에 의하면 고구려는 392~395년 사이에 '浿水'가에서 여러 차례 백제와 싸워 승리했다.[159]

---

158) 손영종, 위와 같은 책, p.37
159) 『삼국사기』 「고구려본기」 광개토왕 4년(395) 四年, 秋八月, 王與百濟戰於浿水之上, 大敗之, 虜獲八千餘級.(가을 8월에 왕이 패수(浿水)가에서 백제와 싸워 크게 패배시키고 8천여 명을 사로잡았다.)

이에 영락 5년의 신묘년의 왜는 규슈에서 온 백제 세력으로 한반도에서 건너간 '백제계 이주민들 즉, 한왜=백제왜'다. 따라서, 영락 5년의 신묘년조를 종합한 본고 나름의 해석은 다음과 같다.

- '而倭以辛卯年來(그런데 신묘년에 왜가 왔다.)'는 '규슈로 이주한 백제계 이주민이 신묘년에 본토 백제와 신라를 만나 反고구려 전선을 형성하기 위해 본토로 왔다.' 이에 '고구려는 패수를 건너 백잔(백제)를 격파하고 동쪽으로 신라를 회유하여 신민으로 삼았다.(渡(浿/海)破百殘東▨(新)羅以爲臣民)'

『일본서기』「응신(応神: 오진)」조에 나타난 신묘년의 (韓)倭

신묘년은 391년이고, 391년은 태왕이 18세의 청년 왕으로 즉위한 해다.[160] 영락 5년의 내용은 사실상 '비려(稗麗)에게 징벌적 정벌

---

160) 『삼국사기』「고구려본기」에는 광개토대왕의 즉위년이 392년으로 되어 있다. 즉, 삼국사기의 광개토왕 조는 능비문과 1년의 차이가 나게 기록되어 있다. 이것은 『삼국사기』「고구려본기」 고국양왕 '九年, 春, 遣使新羅修好, 新羅王遣姪實聖爲質.(고국양왕 9년(392) 봄에 사신을 신라에 보내 화친을 맺으니 신라왕이 조카 실성(實聖)을 보내서 볼모로 삼았다.)'의 기사 연대가 잘못 기록된 것과 관계가 있다. 고국양왕의 재위년은 8년(391)으로 끝나고 뒤이어 광개토왕이 391년에 즉위한 것이다. 즉, 내물왕의 조카인 실성이 고구려에 인질로 가게 된 것은 광개토왕 즉위년이다. 따라서 비문에 '신묘년(광개토왕 즉위년)에 … 신라를 (회유 또는 초유하여) 신민으로 삼았다.'는 문구와 『삼국사기』「고구려본기」의 기록이 일치하게 되는 것이다.

을 하여 염수(鹽水)까지 정복하고 유람과 사냥을 즐기고 돌아왔다.'에서 끝나는 것이다. 그리고 그 뒤에 이어 나오는 '百殘新羅舊是屬民由來朝貢'부터는 새로운 문단이 시작되는 것이다.

즉, '예부터 백잔과 신라는 속민으로 조공을 했는데, 신묘년에 왜가 와서 작당을 했기 때문에 백잔을 토벌하고 신라를 신민으로 만들었다.'는 문장은 이어서 나오는 영락 6년의 백잔을 토벌한 내용부터 영락 10년(400) 경자년조에 '왜'를 토벌하기까지의 내용에 대해, 그 이유를 설명한 두괄식적 모두(冒頭) 문장이다.

다시 말해, 태왕이 즉위한 연도인 '신묘년에 왜가 왔다.'는 것은 '왜가 와서 어떤 식으로든 이제 막 즉위한 '전쟁의 신 태왕'을 자극하는 어떤 일들을 획책했다는 것'을 의미한다. 그렇다면 '신묘년에 규슈에서 온 백제왜'는 누구이며, 태왕을 자극하고 도발하는 어떤 일들을 벌인 것일까.

이에 대한 암시는 『일본서기』 「응신(오진)」 3년조 기사에 나온다. 그런데 응신 3년조의 내용을 알아보기에 앞서, 먼저 태왕이 즉위한 391년 신묘년 즈음에 고구려와 백제가 어떤 상황에 있었는지 『삼국사기』의 기록들을 살펴볼 필요가 있다.

태왕은 391년 신묘년 즉위년에 백제를 공격해 7월과 10월에 대승을 거뒀는데[161], 이때의 상대방 백제 왕은 진사왕이었다. 백제

---

161) 『삼국사기』 「고구려본기」 광개토왕 즉위년 7월 秋七月, 南伐百濟, 拔十城.(가을 7월에 남쪽으로 백제를 쳐서 10개 성(城)을 빼앗았다.) / 광개토왕 즉위년 10월 冬十月, 攻陷百濟關彌城. 其城四面峭絶, 海水環繞, 王分軍七道, 攻擊二十日, 乃拔.(겨울 10월에 백제의 관미성(關彌城)을 공격하여 함락시켰다. 그 성은 사면이 가파른 절벽이며 바닷물로 둘러싸여 있다. 왕이 군대를 일곱 길로 나누어 20일을 공격하여 빼앗았다.) (출처 번역: 한국사데이터베이스)

진사왕은 태왕 즉위 후 고구려의 공격에 속수무책으로 당했다. 18세 청년 고구려왕 앞에서 백제 진사왕은 무력했다. 태왕 즉위년 391년에 진사왕은 궁궐에 연못을 만들고 사냥을 다닌다.[162] 「백제본기」의 기록에 의하면, 진사왕은 고구려에게 빼앗긴 성들을 다시 찾아올 의지도 없고, 노력도 하지 않는다. 아마도 진사왕은 전쟁의 신인 고구려 태왕에게 자진 항복하며 굴종적 강화를 추진할 예정이었을지도 모른다. 다시 말해, 당시 태왕이 백제의 항복 조건에 대한 물밑 협상을 진행하고 있었을 가능성도 있다. 그러나 태왕 앞에서 무력하고 항전 의지가 없던 진사왕은 고구려에게 대패했던 그해에 사냥을 나간 곳에서 돌아오지 못하고 사망한다.[163]

이 상황을 일별해 보자. 신묘년에 고구려 청년왕 담덕은 즉위하고 백제를 상대로 대승을 거뒀다. 그런데 바로 태왕에게 대패한

---

162) 『삼국사기』「백제본기」 진사왕 7년(391) 七年, 春正月, 重修宮室, 穿池造山, 以養奇禽異卉.(7년(391) 봄 정월에 궁실을 다시 수리하였으며[重修], 연못을 파고 산을 만들어 기이한 새와 특이한 화초를 길렀다.) / 7년(391) 秋七月, 獵國西大嶋, 王親射鹿.(가을 7월에 나라 서쪽의 큰 섬에서 사냥하였는데, 왕이 몸소 사슴을 쏘아 맞혔다.) / 八月, 又獵橫岳之西.((7년(391)) 8월에 다시 횡악(橫岳) 서쪽에서 사냥하였다.) (출처 번역: 한국사데이터베이스)

163) 『삼국사기』「백제본기」 진사왕 8년(392) 王田於狗原, 經旬不返.(왕이 구원(狗原)에서 사냥하였는데, 열흘이 지나도록 돌아오지 않았다.) / 十一月, 薨於狗原行宮.(11월에 왕이 구원(狗原)의 행궁(行宮)에서 돌아가셨다.) 『삼국사기』「백제본기」에는 392년에 진사왕이 사망한 것으로 되어 있지만, 관미성 전투가 광개토왕 즉위년인 391년에 있었던 일이다. 「고구려본기」와 「백제본기」에는 392년으로 기록되어 있지만 금석문인 능비문에 신묘년인 391년에 즉위한 것을 기준으로 하면 관미성 전투 역시 391년에 있었던 일이라는 것을 알 수 있다. 백제본기도 관미성 전투는 392년이라고 연대가 기록되어 있지만, 광개토왕 즉위년인 391년 신묘년에 있었던 일이다. 따라서, 진사왕이 죽었다는 『삼국사기』「백제본기」의 392년 연대 역시 391년 광개토왕 즉위년으로 본다.

진사왕은 그해에 사냥터에서 사망한 것이다. 진사왕의 죽음은 정황상 '암살'이다.

즉, 이것은 백제 내부 권력 다툼에서 진사왕을 고구려왕에게 패한 것을 구실로 삼아 진사왕을 암살하고 아신왕을 옹립한 것으로 해석할 여지가 있다. 『백제본기』에 의하면 진사왕은 침류왕의 동생으로, 근구수왕의 둘째 아들이다. 근구수왕 사망 후 즉위한 근구수왕의 맏아들인 침류왕이 재위 불과 2년 만에 사망했다. 침류왕 사망 당시 침류왕의 아들이었던 아신왕은 당시 나이가 어렸다. 그래서 침류왕의 동생 진사왕이 즉위했다고 하니, 진사왕의 즉위에 관해 백제 권력층 내부에 갈등이 있었으리라는 짐작이 가능하다.

그런 정치적 파벌 갈등이 존재하는 와중에 막 즉위한 고구려 청년 왕에게 연달아 두 번이나 대패를 했다는 것은 백제 권력층 내부에서 진사왕을 비토하는 반(反)진사왕 세력에게 진사왕을 암살할 만한 좋은 빌미와 명분이 되었을 것이다. 이제 이와 관련하여 『일본서기』 응신(応神) 3년조의 다음과 같은 기록을 보자.

　　이 해에 백제 진사왕(辰斯王)이 즉위하여 귀국(貴國) 천황에게 무례하였다. 그래서 기각숙녜(紀角宿禰: 키노츠노노스쿠네), 우전시대숙녜(羽田矢代宿禰: 하타노야시로노스쿠네), 석천숙녜(石川宿禰: 이시카와노스쿠네), 목토숙녜(木菟宿禰: 츠쿠노스쿠네)를 파견하여 그 무례함을 꾸짖었다. 이에 백제국은 진사왕을 죽여 사죄하였다. 기각숙녜 등은 아화를

왕으로 세우고 돌아왔다.[164]

　진사왕 사망과 아신왕의 즉위에 규슈에 있었던 '왜'가 개입 관계했다는 내용이다. 즉, '신묘년의 왜'는 한반도를 침략한 '왜의 군대'가 아니라 '친고구려 고구려강화정책을 추진한 진사왕 정권'을 암살하고 '반고구려 對고구려항전 아신왕 정권'으로 바꾸기 위해 파견된 (『일본서기』에 의하면 기각숙녜(紀角宿禰) 등 4명) 암살 집단이다.
　응신 3년조의 『일본서기』 기년은 272년이다. 그런데 여기에 소위 2주갑론[165] 이라고 해서 120년을 더하면 392년이 된다. 1년의 차이가 있지만, 비문을 기준으로 391년 신묘년을 즉위년으로 보아 태왕 즉위년과 같은 해에 진사왕이 죽고 아신왕이 즉위한 것으로 보면 『일본서기』 「응신조」의 기록처럼 진사왕 암살과 아신왕 즉위에 당시 '왜(倭)'였던 규슈에서 활동하고 있던 '백제의 반(反)진사왕 정치세력'이 관계하고 있었을 것이라는 개연성있는 합리적 추측이 가능하다.[166]

---

164) 『일본서기』 「응신」 3년 是歲, 百濟辰斯王立之失禮於貴國天皇. 故遣紀角宿禰·羽田矢代宿禰·石川宿禰·木菟宿禰, 噴讓其无禮狀. 由是, 百濟國殺辰斯王以謝之. 紀角宿禰等, 便立阿花爲王而歸 (출처 번역: 동북아역사넷)

165) 이른바 120년을 더하는 2주갑설은 『일본서기』 「신공기」와 「응신기」에 집중되어 있다. 이에 대한 본고 주장의 자세한 내용은 후술하겠지만, 먼저 핵심을 말하자면, 본고는 「신공기」 「응신기」의 2주갑은 시간의 문제가 아니라 '큐슈라는 지역 공간'의 문제로 생각하면 해명이 된다고 주장할 예정이다. 즉, 본고는 「신공기」 「응신기」는 '야마토왜'가 '오사카 나라 지역'에 자리 잡기 전 큐슈에서 일어났던 일들을 연대 무시하고 뒤죽박죽 모두 몰아 넣은 기록'으로 이해하면 많은 부분들이 해명된다고 보고 있다.

166) 윤영식, 「백제에 의한 왜국통치 삼백년사」, 도서출판청암, 2011, p.10~11. 본고의 '신묘년조의 왜'는 '북큐슈에서 온 암살 집단'이라는 생각은 윤영식의 주장을 채택한 것이다.

규슈 왜는 앞에서 이미 설명했듯이 한반도에서 이주한 신라·가야·백제인들인 韓人들이다. 신라의 제8대 아달라이사금을 마지막으로 사라진 박 씨 왕조 후손들이 규슈에 은거하며 오로지 신라만 공격하는 왜가 되었을 가능성에 대해 전술했다. 이렇듯이 규슈라는 지역은 당시 신라뿐 아니라 백제에서도 정권 패권 다툼에서 밀려난 세력들이 일시적 또는 장기적으로 망명하여 기회를 노리며 은거하는 망명지로서의 역할도 했을 것으로 보인다. 진사왕은 침류왕의 동생으로 침류왕이 재위 2년 만에 사망하자 즉위한 인물이다. 재위 2년 만에 사망했다는 것 역시 동생인 진사왕 측에서 침류왕을 암살했을 수도 있다는 짐작을 가능하게 한다. 침류왕 사망 당시 아들인 아신왕이 어렸다고 했으니, 아마도 고대 기준의 성인 나이인 15세가 안 된 나이였을 것이다.

그런데 진사왕이 사망한 뒤 아신왕이 즉위했으니, 아신왕의 나이는 진사왕 재위 년 8년에 부왕인 침류왕이 사망할 당시의 나이를 더한 것이라고 볼 수 있다. 부왕 사망 당시 만약 10세였다면 진사왕 재위 8년에는 18세가 되었을 것이라는 말이다. 즉, 아마도 아신왕은 고구려 태왕과 같은 나이 또래였을 가능성이 높다. 18세에 즉위한 태왕과 같은 나이 또래인 아신왕이 같은 해에 즉위한 것이다.

신묘년에 對고구려 항전에 무력했던 진사왕을 암살하고 아신왕을 즉위시킨 '규슈백제'는 아신왕을 즉위시키면서 바로 '반고구려 연합 전선(규슈백제+본토백제+신라+가야)'을 획책했을 것이다. 이것이 바로 '신묘년에 온 왜(규슈백제)' 때문에 태왕이 '백잔을 격파하고 신라를 회유하여 신민으로 삼은' 뒤에 규슈까지 정벌 전쟁을 벌인 원인이 된 것으로 설명할 수 있다.

이렇게 보면 신묘년조의 내용 뒤에 바로 이어지는 영락 6년(396) 병신년의 백잔을 정벌하는 내용과 영락 8년(398) 무술년의 식신정벌, 영락 9년(399) 기해년의 신라의 구원 요청, 영락 10년(400) 경자년의 '왜 토벌'까지 전부 해명이 가능해진다. 이에 따라 그 '규슈백제(규슈왜)'를 토벌하기 위해 고구려 군이 규슈에 상륙했다는 정치적 이해관계와 관련한 논리가 성립될 수 있다. 이상의 내용을 정리하자면 다음과 같다.

① '신묘년에 왜가 왔기에(而倭以辛卯年來)'의 '왜'는 '신묘년에 고구려에 패했다는 것을 빌미로 백제 진사왕을 암살하고 고구려와의 전쟁을 부추기는 세력'이다. 즉, 본토백제의 정권을 전복한 규슈백제다. 규슈백제는 고구려와의 전쟁을 계속 원하는 주전파이다.

② 그래서 고구려는 지속적으로 고구려를 도발하는 두 세력 '백잔(본토백제)과 왜(규슈백제)'를 동시에 발본색원할 것을 계획한다. 따라서 '(고구려가) 패수를 건너 백잔을 격파하고(渡海破百殘) 동쪽으로 신라를 (초유)하여 신민으로 삼았다.(渡(浿/海)破百殘東▨(新)羅 以爲臣民)는 문구는 '백잔(본토백제)이 고구려에 대항하여 전쟁을 하도록 부추기며 부역하는 왜(규슈백제)'가 서로 왕래하고 부역하며 살고 있는 곳은 규슈이기 때문에, 고구려가 바다를 건너가 '백잔

과 왜(규슈백제)'를 동시에 토벌했다는 경자년조의 내용을 미리 암시해 알려 주는 내용인 것으로 볼 수 있다.

③ 영락 9년 기해년조 '신라의 구원 요청' 내용은 규슈백제 토벌을 계획하는 과정에서 '신라의 반강제 협력'을 끌어낸 것을 보여 주는 것이다. 이것은 '동쪽으로 신라를 (초유)하여 신민으로 삼았다.(東▨(新)羅以爲臣民)'의 문구로 미리 나타난 것으로 보인다.

다시 말하자면, 이렇게 비문의 영락 5년 '신묘년의 왜'를 이해한다면 그 뒤에 이어지는 영락 8년 무술년(398년)의 식신정벌과 영락 9년 기해년(399년)의 내용은 백제와 함께 규슈에서 백제를 지원하고 있는 '규슈백제'를 발본색원하기 위한 전쟁 준비 자금 마련과 명분 쌓기를 위한 소위 빌드업(Build-up) 과정 내용이라는 것을 알 수 있다.

이제 비문과 「고구려본기」와 「백제본기」로 돌아가서 태왕과 아신왕 때 양국의 패권전쟁에서 어떤 일들이 있었는지 살펴보겠다.

영락 6년(396) 병신년과 『삼국사기』 비교
- 아신왕의 도발과 완패

(고구려가) 패수를 건너 백잔을 격파하고(渡海破百殘) 동쪽으로 신라를 (초유)하여 신민으로 삼았다.(渡(浿/海)破百殘東▨(新)羅以爲臣民)라는 문장을 마지막으로 이어서 비문은 영락 6년으로 넘어간다. 영락 6년의 문구는 다음과 같다.

【- 영락 6년(396) 병신에 왕이 몸소 … 군사를 이끌고 [백]잔국([百]殘國)을 토벌하였다. [우리] 군사가 … 하여 영팔성(寧八城)·구모로성(臼模盧城)·각모로성(各模盧城)·간호리성(幹弖利城)·▨▨성·각미성(閣彌城)… 삼양성(彡穰城)·▨▨성(▨▨城)·유노성(儒▨盧城)·구천성(仇天城)·▨▨▨성(▨▨▨城)을 공취(攻取)하고, 그 국성(國城)을 … 하였다. [백]잔이 의(義)에 복종하지 않고 감히 [도성에서] 나와 싸웠다. 왕이 위엄을 갖추고 크게 화를 내 아리수(阿利水)를 건너 군대를 보내 [도]성을 압박하였다. [고구려의 군사가] … 중심을 공격하고, … 나누어 성을 포위하니, [백]잔의 군주는 곤란하고 급박해졌다. 남녀 생구(生口) 1천 명·세포(細布) 1천 필을 바치면서 왕에게 무릎 꿇고 스스로 이제부터 영원히 [왕의] 노객(奴客)이 되겠다고 맹세하였다. 태왕은 [백잔의 군주가] 이전에 미혹에 빠져 [저지른] 허물을 은혜로이 용서하고, 그 후 순종해 온 정성을 받아들였다. 이에 58성 700촌을 얻고 [백]잔주([百]殘主)의 아우와 대신(大臣) 10인을 데리고 군사를 돌려 도성으로 귀환

하셨다.[167]】

이상과 같은 비문의 396년 내용은 『삼국사기』에는 없다. 그러나 『삼국사기』에는 396년의 전쟁 내용만 없고 다른 연도의 전쟁 기사는 기록되어 있다. 391년에 즉위한 아신왕은 고구려를 도발하고 전쟁 준비에 매진했지만, 단 한 번도 승리하지 못했다. 즉위 후 2년(393년)에 고구려를 먼저 10,000명의 군사를 동원해 공격했지만 이기지 못했다. 394년에도 패했고, 395년에도 대패했다. 아신왕은 매년 태왕 고구려에게 패했다. 396년에 태왕에게 무릎을 꿇고 노객이 되겠다고 맹세한 것은 『삼국사기』에는 나오지 않고 비문에만 나오는 내용이다. 이때 태왕은 백제를 완전히 제압했고, 이 뒤로는 백제가 고구려에 도발하지 않고 조공을 바치는 체제가 안정적으로 이어질 것으로 생각했던 것 같다. 즉, 396년의 백제 토벌 때까지만 해도 태왕은 백제 아신왕의 항복을 믿었기 때문에 규슈백제까지 정복할 계획은 없었던 것으로 보인다는 것이다.

그런데 광개토태왕의 이러한 생각은 변한다. 그 변화의 계기는 영락 9년(399) 기해년조에 나오는 "백잔이 맹세를 어기고 왜와 더

---

167) 六年丙申王躬率▨▨軍討伐殘國軍▨▨▨因攻取寧八城臼模盧城各模盧城幹弓利城▨▨城閣城牟盧城彌沙城▨舍蔦城阿旦城古利城▨利城雜珍城奧利城句牟城古須耶羅城莫▨▨▨▨城▨而耶羅城瑑城於利城農賣城豆奴城沸▨▨利城彌鄒城也利城太山韓城掃加城敦拔城▨▨▨城▨婁賣城散那城那旦城細城牟婁城亏婁城蘇灰城燕婁城析支利城巖門▨城味城▨▨▨▨▨▨利城就鄒城▨拔城古牟婁城閏奴城貫奴城彡穰城▨▨城儒▨盧城仇天城▨▨▨城其國城殘不服義敢出百戰王威赫怒渡阿利水遣刺迫城▨▨侵穴▨便圍城而殘主困逼獻▨男女生口一千人細布千匹8跪王自誓從今以後永爲奴客太王恩赦先迷之愆錄其後順之誠於是得五十八城村七百將殘主弟幷大臣十人旋師還都 (국사편찬위원회 한국사데이터베이스 고구려 금석문 비문 석문 해석)

불어 화의를 맺고 통하였다.(九年己亥百殘違誓倭和)"는 것이다. 비문에서 백제 아신왕이 왜국과 우호 관계를 맺은 것은 399년 기해년이지만 「백제본기」에 의하면 아신왕 6년 397년이다. 비문에 나오는 396년에 "영원히 노객이 되겠다(自誓從今以後永爲奴客)"는 아신왕의 항복 맹세를 믿었던 태왕은 바로 그 이듬해 397년에 백제가 규슈백제(왜)와 화의를 맺는 것을 보고 백제가 '규슈왜(규슈백제)' 세력을 믿고 고구려에게 도발하는 것을 멈추지 않는다는 것을 깨달았을 것이다.

백제가 '규슈왜(규슈백제)'를 反고구려 전선의 최대 동맹자로 여기고 있다는 것과 또한 '규슈왜(규슈백제)'가 본토 백제에게 고구려를 도발할 것을 계속 부추기고 있다는 것도, 태왕은 397년의 '아신왕과 왜(규슈백제)의 화의'를 보고 다시 확신했을 것이다. 이제 태왕은 '규슈왜(규슈백제)'를 백제와 함께 반드시 동시에 토벌해야 하는 존재로 인식했을 것이다.

왜냐하면 태왕은 백제가 이미 '규슈백제=규슈왜'를 동원해 진사왕을 암살하고 정권을 교체하는 일에 개입했었다는 것을 알고 있었기 때문이다. '규슈왜=규슈백제'가 본토의 고구려·백제 패권전쟁에 그런 방식으로 계속해서 관여한다면, 향후 계속 고구려제국을 만들기 위한 고구려의 발목을 잡을 것이라고 태왕은 확신했을 것이다. 고구려의 발목을 잡는 '백제와 그 백제를 부추기는 세력(규슈백제)', 그 두 세력을 동시에 발본색원하는 것이 태왕의 목표가 된 것이다. 여기에 '규슈백제'를 정복해야 하는 이유에 '규슈백제'가 단지 '백제를 부추기고 백제의 동맹'이 된다는 이유만 있었던 것은 아니다. 앞에서 말했듯이, 서해를 두고 일어나는 당시 중국 남조 나라들과의 해상 교역 패권에서 고구려에게 독점적 이익이 되는 지위를 확보하기 위한 이유도 있었다. 다음은 이상의 설명에 대한 이해를 돕기 위해 정리한 비문과 『삼국사기』 기록과의 비교표다.

비문과 「고구려본기」 「백제본기」 393년~399년까지 연대 내용 비교표

연대	「고구려본기」 「백제본기」와 비문 연대 내용 비교
393년	(고구려본기) 가을 8월에 백제가 남쪽 변경을 침범하니 장수에게 명하여 이를 막게 하였다.
	(백제본기) 가을 8월에 왕이 진무(眞武)에게 말하기를, "관미성(關彌城)은 우리나라 북쪽 변경의 요충지이다. 지금 고구려의 소유가 되었으니…"라고 하였다. 드디어 군사 10,000명을 거느리고 … 진무는 … 석현성(石峴城) 등 다섯 성을 되찾으려고 먼저 관미성을 포위했는데, 고구려 사람들이 성문을 닫고 굳게 지켰다. 진무는 군량의 수송로가 이어지지 않자 여의치 않자 (군사를) 이끌고 돌아왔다.
394년	(고구려본기) 가을 7월에 백제가 침공… 왕이 정예기병 5,000명을 거느리고 맞받아쳐서 패배시켰다. 살아남은 적들이 밤에 달아났다.
	(백제본기) 가을 7월에 고구려와 수곡성(水谷城) 아래에서 싸워 패하였다.
395년	(고구려본기) 가을 8월에 왕이 패수(浿水)가에서 백제와 싸워 크게 패배시키고 8천여 명을 사로잡았다.
	(백제본기) 가을 8월에 왕이 좌장(左將) 진무(眞武) 등에게 명하여 고구려를 치게 하였다. 고구려왕 담덕(談德)이 몸소 군사 7,000명을 이끌고 패수(浿水) 가에 진을 치고 막아 싸웠는데, 우리 군사가 크게 패해 죽은 자가 8,000명이었다.

연대	「고구려본기」,「백제본기」와 비문 연대 내용 비교
396년	고구려본기는 396년부터 399년까지의 기록이 없다가 400년 1월에 후연(後燕)에 사신을 보냈다는 기록이 등장하고, 그 후 동년 2월에 후연의 공격을 받아 신성(新城)과 남소성(南蘇城) 등 두 성을 빼앗기고, 7백여 리의 땅과 5천여 호를 빼앗긴다. 이후는 영락 11년(비문 기준으로는 영락 10년, 앞서 말했듯이 비문과 삼국사기는 1년씩 차이가 난다.)인 402년, 404년, 405년, 406년 고구려는 후연을 지속적으로 공격하여 요동성(遼東城)을 함락시킨다. 빼앗겼던 땅들을 수복한 것이다.
	이 시기의 비문 기사 내용은 영락 6년(396) 병신년 백잔(백제) 정벌, 영락 8년(398) 무술년 식신정벌, 영락 9년(399) 기해년 신라 구원요청, 영락 10년(400) 경자년 '왜(한왜) 정벌'로 기록되어 있다. 즉, 비문은 백잔과 식신, 신라, 왜(큐슈 한왜) 정벌에 대한 내용들이 기록되어 있는데, 이 내용들은 삼국사기 고구려본기에는 나오지 않는다.
397년	(백제본기) 여름 5월에 왕이 왜국(倭國)과 우호 관계를 맺고, 태자 전지(腆支)를 볼모로 보냈다.
398년	(비문) 영락 8년 무술년에 일부 부대를 파견하여 식신(肅愼) 땅의 골짜기들을 돌아보게 하고, 그 기회에 막사라성과 가태라곡의 남녀 300명을 습격하여 잡아 왔더니 이때부터 (식신이) 조공하고 사업 보고와 토의를 하게 되었다.(八年戊戌敎遣偏師觀肅愼土谷因便抄得莫(斯)羅城加太羅谷男女三百餘人自此以來朝貢論事)
	(고구려본기)- 기록이 없다.
	(백제본기)- 가을 8월에 왕이 고구려를 치기 위하여 군사를 내어 한산 북쪽의 목책에 이르렀다. 그날 밤에 큰 별이 군영 내에 떨어졌는데, 큰 소리가 났다. 왕이 매우 꺼려하여 곧 〔정벌을〕 그만두었다.

연대	「고구려본기」「백제본기」와 비문 연대 내용 비교
399년	(비문) 영락 9년 기해년에 백잔이 맹세를 어기고 왜와 더불어 화의를 맺고 통하였다. 왕이 돌아보면서 평양으로 내려오는데, 신라가 사신을 보내어 왕에게 아뢰기를, 왜인이 그 나라 경계 지방에 가득 차서 성들을 무너뜨리고 있는데 노객(신라왕)은 (태왕의) 신민으로서 왕에게로 와서 지시를 주기를 기다린다고 하였다. 태왕이 은혜롭고 자애로와 그가 충성함을 칭찬하고 사신을 보내었으며 또 비밀 계획을 알려 주게 하였다.(九年己亥百殘違誓與倭和通 王巡下平穰而新羅遣使白王云倭人滿其國境潰破城池以奴客爲民歸王請命太王恩慈稱其忠誠特遣使還告以(密)計) - 백제본기에 의하면 백제가 왜와 화친을 맺은 것은 아신왕 6년(397)이다. 이 때 백제본기에 '왜'에 관한 기사가 처음 나타난 것이 아신왕 6년(397)이다. (백제본기) 아신왕 8년- 가을 8월에 왕이 고구려를 공격하려고 군사와 말을 크게 징발하였다. 백성들이 전역(戰役)에 시달려 많은 사백성들이 전역(戰役)에 시달려 많은 사람들이 신라로 도망치니 호구(戶口)가 줄어들었다. (고구려본기)- 기사가 없다.

영락 8년 무술년(398)과 9년 기해년(399), 전쟁 비용과 대의명분

영락 6년 병신년의 백잔 토벌에 이어지는 내용은 영락 8년(398) 무술년 숙신(肅慎)[168]을 토벌하는 내용이다. 다음과 같다.

【- [왕이] 교(敎)를 내려 소규모 부대를 보내 숙신(肅慎)의 땅과 계곡을 살펴보게 하셨다. 이에 곧 막▨라성(莫▨羅城)·가태라곡(加太羅谷)의 남녀 3백여 명을 사로잡았다. 이로부터 [숙신은 고구려에] 조공하고 [나라의 일을] 사업 보고와 토의를 하게 되었다.[169]】

이때 고구려가 남정(南征)을 계획하면서 숙신을 정벌한 것은 전쟁 비용을 마련하기 위한 것으로 보인다. 비문의 기사들은 『삼국사기』「고구려본기」에는 나오지 않는데, 이 기사 역시 「고구려본기」

---

168) 숙신이라고도 하고 식신으로 석문하기도 한다. 논쟁이 되는 부분은 아니다.
169) 八年戊戌敎遣偏師觀肅慎土谷因便抄得莫▨羅城加太羅谷男女三百餘人自此以來朝貢論事 (국사편찬위원회 한국사데이터베이스 고구려 금석문 비문 석문 해석)

에는 없는 기사다. 숙신을 정벌하면 고구려가 남정을 할 때의 비용뿐 아니라 숙신 쪽에서 바로 신라 쪽으로 내려가는 한반도의 동쪽으로 치우친 육로 해로 모두를 확보할 수 있기 때문에 숙신 정벌은 남정 계획의 일부로써 필요한 정벌을 한 것으로 보인다. 즉, 고구려의 남정 루트는 동쪽으로 치우쳐 백제가 알아채기 힘들거나 또는 뒤늦게 알아채더라도 대응하기 힘든 루트였을 것이다.

영락 8년(398) 무술년 다음에 이어지는 기사는 영락 9년(399) 기해년 기사다.

【- 영락 9년(399) 기해년에 백잔이 맹세를 어기고 왜와 더불어 화의를 맺고 통하였다. 왕이 돌아보면서 평양으로 내려오니 (또는 아래 남평양을 돌아보는데) 신라가 사신을 보내어 왕에게 아뢰기를, 왜인이 그 나라 경계 지방에 가득 차서 성들을 무너뜨리고 있는데 노객(신라왕)은 (태왕의) 신민으로서 왕에게로 와서 지시를 주기를 기다린다고 하였다. 태왕이 은혜롭고 자애로와 그가 충성함을 칭찬하고 사신을 보내었으며 또 비밀 계획을 알려 주게 하였다.[170]】

영락 9년(399) 기해년에 신라왕이 고구려에 와서 왜에게 침략당한 신라를 구원해 주기를 요청했다는 내용이다. 비문에 의하면 고

---

170) 九年己亥百殘違誓與倭和通王巡下平穰而新羅遣使白王云倭人滿其國境潰破城池以奴客爲民歸王請命太王恩慈稱其忠誠(特)遣使還告以(密)計 (손영종, 위와 같은 책, p.18 석문 / p.21 해석)

구려는 신라의 요청을 받고 5만 군사를 일으켜 신라를 공격하는 '왜'를 토벌해서 끝까지 간 곳이 그다음 해인 경자년(400)조의 '임나가라'다. 그렇다면 고구려가 5만 대병을 일으킬 만큼의 대군의 숫자 '왜군'이 신라에 있었는지, 신라가 그 시기에 절체절명에 빠져 있었던 것인지 확인할 필요가 있다. 399년 전후로 「신라본기」의 '왜' 침략 기사와 '왜' 관련 기사를 살펴보겠다.

① 흘해이사금 37년(346): 왜병(倭兵)이 갑자기 풍도(風島)로 쳐들어와 변방의 백성들을 노략질한 후 더 진격하여 금성(金城)을 포위하고 강하게 공격하였다. … 왕이 강세에게 명령하여 정예 기병을 거느리고 그들을 쫓아가 공격하여 [적군을] 도망치게 하였다.[171]

② 내물이사금 9년(364): 여름 4월에 왜병(倭兵)이 대거 이르렀다. 왕이 이를 듣고 대적할 수 없을 것을 두려워하여, 풀로 허수아비 수천 개를 만들어 옷을 입히고 무기를 들려서 토함산(吐含山) 아래에 나란히 세워 두고, 용맹한 군사 1,000명을 부현(斧峴)의 동쪽 들판에 매복시켰다. 왜인(倭人)이 무리가 많음을 믿고 바로 나아가니, 매복한 군사가 일어나 불의에 공격하였다. 왜인이 대패하여 달아나자 추격하여 그들을 거의 다

---

171) 『삼국사기』「신라본기」흘해이사금 37년 三十七年, 倭兵猝至風島, 抄掠邊戶, 又進圍金城急攻. 王欲出兵相戰, 伊伐湌康世曰, "賊遠至, 其鋒不可當, 不若緩之, 待其師老." 王然之, 閉門不出. 賊食盡將退, 命康世率勁騎追擊走之. (출처 번역: 한국사데이터베이스)

죽였다.[172]

③ 내물이사금 38년(393): 여름 5월에 왜인(倭人)이 와서 금성(金城)을 에워싸고 5일 동안 [포위를] 풀지 않았다. 장수와 병사들이 모두 나가 싸우기를 청하였으나, 왕이 말하기를, "지금 적들은 배를 버리고 깊이 들어와(今賊弃舟深入) 사지(死地)에 있으니 그 날카로운 기세를 당할 수 없다."라고 하고는 성문을 닫았다. 적이 아무런 성과 없이 물러가자, 왕이 용맹한 기병 200명을 먼저 보내 그 돌아가는 길을 막고, 또한 보병 1,000명을 보내 독산(獨山)까지 추격하였다. [왜인을] 협격하여 크게 물리쳐서 죽이거나 사로잡은 사람이 매우 많았다.[173]

④ 실성이사금 원년(402): 3월에 왜국(倭國)과 우호 관계를 맺고 나물왕(奈勿王)의 아들 미사흔(未斯欣)을 볼모로 삼았다.[174]

⑤ 실성이사금 4년(405): 여름 4월에 왜병(倭兵)이 와서 명활성(明活城)을 공격하였으나 이기지 못하고 돌아갔다. 왕이 기병을 이끌고 독산(獨山)의 남쪽에서 잠복하였다가 두 번 싸워 그들

---

172) 『삼국사기』「신라본기」 내물이사금 9년 九年, 夏四月, 倭兵大至, 王聞之, 恐不可敵, 造草偶人數千. 衣衣持兵, 列立吐含山下, 伏勇士一千於斧峴東原. 倭人恃衆直進, 伏發擊其不意. 倭人大敗走, 追擊殺之幾盡. (출처 번역: 한국사데이터베이스)

173) 『삼국사기』「신라본기」 내물이사금 38년 三十八年, 夏五月, 倭人來圍金城, 五日不解. 將士皆請出戰, 王曰, "今賊弃舟深入, 在於死地, 鋒不可當." 乃閉城門. 賊無功而退, 王先遣勇騎二百, 遮其歸路, 又遣步卒一千, 追於獨山. 夾擊大敗之, 殺獲甚衆. (출처 번역: 한국사데이터베이스)

174) 『삼국사기』「신라본기」 실성이사금 원년 元年, 三月, 與倭國通好, 以奈勿王子未斯欣爲質. (출처 번역: 한국사데이터베이스)

을 깨부수고 3백여 명을 죽여 그 목을 베었다.[175]

⑥ 실성이사금 6년(407): 봄 3월에 왜인(倭人)이 동쪽 변경을 침범하였다. / 여름 6월에 또 남쪽 변경을 침범하여 100명을 노략질해 갔다.[176]

이상 ①~⑥의 기사를 보면 당시 신라는 흘해이사금 37년(346) 이후 신라를 공격해 온 '왜'를 모두 물리치고 있다. 또한 신라를 침략하기 위해 신라가 동원한 병사의 숫자는 기병 200명, 보병 1,000명 수준이다. 이런 병사 숫자로 물리친 '왜'의 숫자도 수백 명 수준이다. 즉, 비문 기해년에 신라가 '왜'로 인해서 절체절명(絕體絕命)을 당할 만한 사태에 직면한 적이 없다는 것이다. 또한 '왜'의 침입을 받기는 했지만, 그 '왜'의 숫자가 무려 5만이라는 '대병(大兵)'을 동원할 정도가 아니라는 것이다. 이렇게 비문의 기해년 기사는 「신라본기」와 상충하고 있다.

그런데 이것은 「신라본기」와 비문 둘 중에서 어떤 것이 맞고 어떤 것이 틀렸다고 규정하는 것이 핵심인 문제가 아니다. 왜냐하면 비문은 이미 비문이 시작되는 첫 부분부터 고구려가 단군조선의 적통임을 선포하고 있으며, 광개토태왕(릉)비는 광개토태왕이 그 단군조선의 영토를 수복 징벌적 정벌 활동을 기념하기 위한 비라

---

175) 『삼국사기』 「신라본기」 실성이사금 4년 四年, 夏四月, 倭兵來攻明活城, 不克而歸. 王率騎兵, 要之獨山之南, 再戰破之, 殺獲三百餘級. (출처 번역: 한국사데이터베이스)

176) 『삼국사기』 「신라본기」 실성이사금 6년 六年, 春三月, 倭人侵東邊./夏六月, 又侵南邊, 奪掠一百人. (출처 번역: 한국사데이터베이스)

는 것을 밝히고 있기 때문이다.

즉, 고구려는 정치적으로 '신묘년(태왕 즉위년 391)에 왜가 와서', '감히 단군조선의 적통인 고구려를 도발하는 어떤 작당(백제, 신라 모두 반고구려 전선에 가담시키려고 했던)을 한 것'에 대한 응징과 이른바 '신라 보호'라는 대의명분을 드러내 보인 것이고, 사실상은 '남정(南征)'을 목표했기 때문에 5만이라는 대군을 출병했다고 봐야 한다는 것이다.

다시 말해, 기해년의 '신라 구원 요청'은 고구려가 남정을 하기 위한 빌미로 만들어 낸 허구이고, 정치적 대의명분이라는 것이다. 그리고 이 당시에는 내물왕이 내물왕 37년(392) 봄 정월에 이찬(伊湌) 대서지(大西知)의 아들 실성(實聖)을 고구려에 볼모[177]로 보냈던 이후이기 때문에 더욱더 신라가 고구려에게 구원 요청을 했다기보다 '고구려가 남정을 계획하는 것에 신라는 반강제적으로 협조할 수밖에 없는 처지'에 있었다고 보는 것이 더욱 적합하다.[178]

이것은 앞서 이미 말했지만, 5만이라는 대병력 숫자로 더욱 잘 설명된다고 할 수 있다. 다시 말하지만, 5만이라는 병력은 단지 한반도 남부에 출몰하는 왜를 토벌하기 위해 필요한 숫자가 아니다.

---

177) 『삼국사기』 「신라본기」 내물이사금 37년(392) (三十七年, 春正月, 髙句麗遣使. 王以髙句麗強盛, 送伊湌大西知子實聖爲質.(고구려본기6 고국양왕 9년(391)조에 같은 내용이 전해져 신라본기와는 1년의 차이가 난다.) (출처 번역: 한국사데이터베이스)

178) 고구려의 입장에서는 대대적인 백제 정벌을 앞두고 신라를 고구려의 영향권 아래 강하게 종속시킬 필요가 있었던 것으로 보는 견해가 있다. (장창은, 「김씨왕실의 개창과 고구려의 내정간섭」, 『신라 상고기 정치변동과 고구려 관계』, 신서원, 2008, p.87)

「신라본기」 393년 내물이사금 38년 조에 내물왕이 왜를 물리칠 때의 병력이 기병 200명에 보병 1,000명이었던 것을 보면 고구려군 5만 병력은 한반도 남부에서 신라를 괴롭히려고 출몰하는 왜를 상대하기 위한 숫자가 아니다. 이것은 무술년의 식신(숙신)과 기해년의 신라까지 병력에 포함시키고, 비용까지 부담시킨 고구려가 동원한 일종의 고구려 중심 연합군일 가능성이 높다고 볼 수 있다.

즉, 「백제본기」 진사왕 8년(392년 혹은 비문의 광개토태왕 즉위년인 391년)에 "가을 7월에 고구려왕 담덕(談德)이 40,000명의 군사를 거느리고 북쪽 변경을 공격하여 석현성 등 10여 성을 함락시켰다.[179]"라고 기록되어 있는데, 이때의 병력 4만 명이 이 당시 고구려가 백제와 싸울 때 동원했던 최대의 병력이었다. 이 4만 명보다 많은 숫자인 5만 명이라는 병력은 한반도 남부를 침입하던 '왜'를 토벌하기 위한 숫자가 아니라 '백제와 그 조력자 규슈백제(또는 규슈에 있는 백제 부역세력들)'를 동시에 발본색원하고 정복하기 위해 필요했던 병력이라고 봐야 한다.

---

179) 『삼국사기』 「백제본기」 진사왕 8년(392 또는 391) 秋七月, 高句麗王談德帥兵四萬, 來攻北鄙 陷石峴等十餘城. 王聞談德能用兵, 不得出拒. 漢水北諸部落多沒焉. (출처 번역: 한국사데이터베이스)

영락 10년(400)
경자년조의 '任那'의 위치

'임나가라'가 초출(初出)되는 영락 10년(400) 경자년조는 다음과 같다.

【- 경자년에 보병, 기병 5만 명을 보내어 가서(敎遣步騎五萬往) 신라를 구원하게 하였는데 남거성에서부터 신라성으로 가니 왜가 그 안에 가득 찼다. 관군이 바야흐로 도착하니 왜적이 물러갔다. 왜의 뒤로부터 쫓아가서 급히 임나가라의 종발성에 이르렀더니(背急追至任那加羅從拔城) 성이 귀순, 항복하였다. 순라병과 수비병을 두었다.(安羅人戍兵) 신라의 성염(?)성을 함락시키니 왜구가 이로 인하여 궤멸되고(倭寇(大)潰) 성안 사람 열에 아홉은 다 왜를 따르기를 거절하였다. 순라병과 수비병을 두었다.(安羅人戍兵) (신라성) … (2~3면 약 50자분은 특멸하여 보이지 않음) … 백잔과 왜(殘倭)의 군사들(또는 남은 왜적들)이 무너지고 달아났다. 그 성을 함락시키고 순라병과 수비병을 두었다.(安羅人戍

兵) 옛적에는 신라 매금[180]이 직접 와서 사업 보고, 토의한 일이 없었으나 국강상 광개토경호태왕 때에 와서 (왜구를 공파하니) 매금이 가복이라고 자칭하면서 … 요청하였고 … 조공을 하게 된 것이다.[181]】

180) 매금은 신라 상고기에 사용된 왕호로, 마립간의 이칭이다. 주로 4세기 말부터 6세기 전반까지 사용되었다. 『삼국사기』에 나오는 표현으로는 '마립간(麻立干)'에 해당하지만, 매금의 '금'이 마립간 이전에 사용된 왕호인 이사금의 끝 글자이기도 하여 종래의 칭호인 이사금에서 일정하게 영향을 받은 명칭이기도 하다. 신라의 고유 왕호로는 거서간, 차차웅, 이사금, 마립간 등이 있다. 매금은 이 가운데 마립간을 달리 부른 말이다. 현재까지 확인된 자료상으로는 5세기 초인 414년에 작성된 「광개토왕릉비문」에 나오는 '신라매금(新羅寐錦)'이 가장 이른 시기의 용례다. 5세기 중엽의 상황을 전하는 것으로 여겨지는 「충주 고구려비」에서도 '신라매금'이라는 표현과 함께 '동이매금(東夷寐錦)'이 등장하여, 5세기에 고구려에서는 신라의 왕을 '매금'이라고 칭한 것이 일반적이었음을 알 수 있다.
한편, 신라 금석문에서는 6세기 전반인 524년에 건립된 「울진 봉평리 신라비」의 '모즉지 매금왕(牟卽智寐錦王)'이라는 사례가 있고, 신라 말에 최치원이 지은 「문경 봉암사 지증대사탑비」에서도 '매금'의 용례가 찾아진다. 참고로 『일본서기』 권 9 신공섭정전기에도 '신라왕(新羅王) 파사매금(波沙寐錦)'이라는 표현이 있다. (https://encykorea.aks.ac.kr/Article/E0017934(한국민족문화대백과사전))

181) 敎遣步騎五萬往救新羅從南居城至新羅城倭滿其中官軍方至倭賊退(自)(倭)背急追至任那伽羅從拔城城卽歸服安羅人戍兵拔新羅(鹽)城倭寇(大)潰城內十九盡(拒)(隨)(倭)安羅人戍兵▨▨▨(基)▨▨▨▨▨▨▨(?)▨▨▨▨▨▨▨▨▨▨▨▨▨▨▨▨辭▨▨▨▨▨▨▨▨▨(殘)(倭)潰(退)(拔)(城)安羅人戍兵昔新羅寐錦未有身來論事▨國罡上廣開土境好太王▨▨▨▨寐錦(稱)(家)僕句(請)▨▨▨朝貢 (손영종, 위와 같은 책, p.18 석문/p.21 해석)

고구려의 해륙군사활동 능력
- 왕궁솔수군(王躬率水軍)과 교견보기(敎遣步騎)

경자년조를 설명하기에 앞서 당시 고구려 군의 해륙군사활동[182] 능력에 대한 의심과 편견이 잘못된 인식이라는 것을 먼저 지적할 필요가 있다. 고구려에 대해 막연하게 생각하기에는 말 타고 대륙에서 전쟁하는 모습만 떠올린다. 그러나 고구려는 엄격히 말하자면, 해상과 육상을 모두 제패하고자 했던 야망을 가지고 있었던 나라였고, 그에 걸맞는 능력도 가졌던 나라였다. 주로 중원의 국가와 고대 요동을 사이에 두고 전쟁을 벌였던 고구려가 점차 백제와 '(韓)倭'를 거론하면서 마찰 갈등이 높아진 것도 해상능력이 함양되면서 해상패권의 현실화 야망을 드러냈기 때문이다.

고구려가 본격적으로 해상 교역에 관심을 가지고 해상능력을 기르게 된 계기는 '오(吳)'나라에서 우연히 고구려로 도망간 '오나라 사신'들 때문으로 보인다. 이에 대해서는 진수가 쓴 『삼국지(三國志)』 「오서(吳書)」 「오주전(吳主傳)」에 나온다.

---

182) 고구려의 전쟁 수행 능력을 표현하기에 가장 적절한 개념 단어는 '해륙군사활동'이라는 것이 본고의 생각이다. 고구려 군은 보병과 기병을 배에 태워 바다(또는 내륙의 강)를 건너 육지에 상륙하여 보기병 군사들을 하선시킨 후에 육지의 각 성들을 공격 함락하는 전쟁을 수행했다. 즉, 비문에 나타나는 수군(水軍)이 바다에서 해전을 벌인 해군이 아니라는 것이다. 보기병을 배에 태워 바다를 건넌 뒤에 육지에 상륙하여 전쟁을 수행한다는 의미로 '해륙군사활동'이라는 표현이 가장 적절하다고 본다.

뭇나라 손권(孫權)은 229년에 즉위한 후에 당시 요동[183]의 실세 정권이었던 공손씨(公孫氏)와 교역을 하기 원했다. 그런데 공손씨는 이미 위나라에게 요동태수라는 직함을 받고 공식적으로는 위나라에 복무하는 형편이었다. 그러나 공손씨는 위나라에 구속되기보다는 독자적으로 활동하여 더 많은 이익을 챙기고 싶어 했다. 공손씨와 오나라의 교역에서 오나라는 공손씨에게서 말을 구입하여 1백 척의 배에 말을 싣고 귀국하기도 했다. 그런데 233년 3월에 손권이 사신들에게 병사 1만 명과 금은보석을 주며 요동에 가서 말을 구입해 오라고 했는데, 이 사실을 위나라가 알고 공손연에게 위협을 가했다. 위나라의 협박을 받은 공손연은 오나라 사신들이 도착하자 살해하고, 사신들이 가지고 온 물품들은 위나라에게 바친다. 이때 공손연에게 잡히지 않고 도망친 사신들 중 일부가 산속을 수십 일간 헤매다가 고구려에 도착했다. 이렇게 해서 양자강 유역의 오나라와 고구려의 교역이 시작되었다.

북방 산물이 필요했던 오나라뿐 아니라 위나라와 공손씨와 갈등 관계에 있었던 고구려에게도 오나라와의 교역은 중요했다. 첫 교역에서 고구려는 담비 가죽과 같은 북방 토산물과 활과 같은 고구려 특유의 군수물자를 보냈고, 오나라는 사치품들을 보냈다. 당

---

183) 지금의 요동반도의 요동이 아니라 고대의 요동은 현재의 난하 유역이었다. 이것은 마치 미국 역사 초기의 서부지역과 현재 가리키는 미국의 서부지역이 다른 것과 같다. 미국 초기의 서부 지역은 미시시피강 서쪽 지역 전체를 미국의 서부 지역이라고 지칭했다. 이후 미국이 영토를 계속 서쪽으로 확장하면서 현재의 캘리포니아 연안을 미국의 서부 지역이라고 하는 인식이 형성되었다. 요동에 대한 개념도 그와 같은 것이다.

시 오나라는 남방 지역의 교역 주도했는데, 열도에서 위경(魏鏡)과 함께 오경(吳鏡)이 발견되는 것으로 보아 열도에까지 오나라의 해상 교역이 이루어진 것으로 보인다.[184] 오나라는 북방 세력들과 싸우기 위해 말이 필요했고, 대규모 선박들에 말을 싣고 항해하는 법을 알고 있었다. 또한 당시 오나라는 중국에서 수군 능력이 가장 뛰어난 나라였다. 오나라는 290년에 병사 1만 명을 거느리고 바다를 건너 현재의 대만, 필리핀의 루손 등을 공격했다.[185]

고구려가 오나라와 교역을 시작할 즈음의 고구려 해상활동 능력이 전혀 없는 상태가 아니었기 때문에, 이러한 오나라와 교역을 시작한 이후 고구려의 해상활동 능력은 비약적으로 발전되었을 것이다. 고구려는 오나라에게 말 수백 필을 주었으나, 오나라가 가지고 온 배의 숫자가 적어 말 80필만 싣고 간 적도 있다.[186] 수백 필의 말을 싣고 항해를 하는 오나라와 교역을 하면서 고구려는 오나라에게 말을 실을 수 있는 선박 제조술과 원거리 정복 항해를 하는 오나라 수군의 훈련 활동 상황도 견학하고 배웠을 것으로 본고는 추정한다. 고구려는 기본 해상 능력을 갖추고 있는 상태였기 때문에 기술 습득의 속도가 빨랐을 것이다. 이때가 200년대 3세기였으니, 4세기 후반 391년에 즉위한 광개토태왕 때의 고구려 해류 활동 능력은 오나라와 교역을 시작한 초기보다 훨씬 더 발전

---

184) 윤명철, 「고구려 해양사 연구」, 사계절, 2003, p.80-83
185) 윤명철, 위와 같은 책, p.84
186) 윤명철, 위와 같은 책, p.83

했을 것으로 보인다.

현격하게 발전된 고구려 해상활동 능력은 광개토태왕릉비문에서 해륙군사활동으로 드러난다. 비문 영락 6년(396년) 병신년조에는 "왕이 직접 수군을 거느리고(王躬率(水)軍)"와 "왕이 위엄을 갖추고 크게 화를 내 아리수(阿利水)를 건너 군대를 보내 [도]성을 압박하였다.(王威赫怒渡阿利水遣刺迫城)"라는 문구가 등장한다. 이 문구들은 당시 고구려군이 해륙전에 능했다는 것을 보여 준다. 해륙군사활동 능력이란 정확히 말하자면 해전이 아니라 육지에서 육지로 해상을 건너가 상륙한 후에 전쟁을 할 수 있는 능력을 말한다. 즉, 고구려는 이미 경자년(400년)조의 내용이 등장하기 이전에 많은 해륙전의 경험이 있었다는 것을 알 수 있다. 3세기에 오나라와의 교역으로 말을 실을 수 있는 대형 선박 제조 기술과 해상도해 후 육지 상륙전에 관한 전쟁술 등을 배웠던 고구려는 4세기 광개토태왕 때에 이르러서는 이미 많은 경험을 축적했을 것이라고 봐야 한다. 또한 이미 앞에서 비문의 영락 8년 숙신정벌과 9년 신라 구원 요청 내용으로 광개토태왕은 397년부터 400년까지 꼬박 만 3년의 전쟁 준비를 했다고 설명했다. 다시 말해, 고구려 광개토태왕과 군대는 대한해협을 건너 규슈를 정복할 능력이 충분히 있었다는 것이고, 즉흥적인 것이 아니라 기획되고 준비된 정복 활동이었다는 것이다.

이에 따라 고구려 군의 해륙군사활동은 영락 6년(396) 병신년조의 '왕궁솔수군(王躬率(水)軍)'과 경자년조의 '교견기보5만(敎遣步騎

五萬'모두에 공통으로 드러나 있다고 볼 수 있다.

즉, 敎遣步騎五萬은 왕이 보병과 기병 5만을 보내라고 가르침(敎 말씀 명령)을 내렸다는 것인데, 보기(步騎)병이라는 기록이 배를 타고 건너간 해류전이 아닌 것을 보여 준다고 하는 주장의 근거가 되기에는 충분하지 않다는 것이다.

비문의 영락 6년(396) 병신년은 王躬率(水)軍으로 시작하며, 또한 내용 중에 王威赫怒渡阿利水로 왕이 아리수를 건넜다는 표현이 나오므로 이 전쟁은 왕이 직접 진두지휘한 해류전을 기록한 것이다. 이 영락 6년(396) 병신년의 기록은 『삼국사기』「고구려본기」 태왕 즉위년의 다음과 같은 기록을 연상시킨다. 이 기록의 내용 역시 해류전이다.

> "〔즉위년(392=신묘년 391)〕 겨울 10월에 백제의 관미성(關彌城)을 공격하여 함락시켰다. 그 성은 사면이 가파른 절벽이며 바닷물로 둘러싸여 있다. 왕이 군대를 일곱 길로 나누어 20일을 공격하여 빼앗았다.[187]"

이에 관해 영락 6년 이래로 고구려가 '백잔=백제'와 함께 '백잔을 돕는 규슈에 있는 세력=한왜(규슈백제)'를 동시에 일망타진할 목적으로 전쟁 준비에 몰입하고 남쪽 정복을 기획한 전쟁이 경자년조라고 보면, 敎遣步騎五萬은 왕이 직접 수군을 이끌고 해류전

---

187) 『삼국사기』「고구려본기」 태왕 즉위년 冬十月, 攻陷百濟關彌城. 其城四面峭絶, 海水環繞, 王分軍七道, 攻擊二十日, 乃拔. (출처 번역: 한국사데이터베이스)

을 전개한 기록(영락6년 병신년조)에 대비하여 왕이 명령을 내려 보기병이 경자년조에 해륙전을 전개한 것으로 볼 수 있다.

경자년조의 '잔왜(殘倭)'와 '안라인수병(安羅人戍兵)'

경자년조에는 '잔왜궤퇴발▨성안라인수병(殘倭潰退拔▨城安羅人戍兵)[188]'이라는 문구가 나타난다. 이 문구는 '백잔과 왜가 무너지고 달아났다. 그 성을 함락시키고 순라병과 수비병을 두었다.'로 해석할 수 있다.[189]

여기서 '殘倭'는 '백잔'과 '왜'를 붙여 연이어 지칭한 것이다. '백잔'은 '백제'를 혐오하고 경멸하는 멸칭(蔑稱)이다. 백잔과 왜를 '殘倭'라고 연칭한 것은 정벌하려고 한 지역이 '백잔과 백잔의 부역 세력(韓)倭'과 힘께 동고동락하고 있었던 지역이라는 것을 의미한다.

그렇기 때문에 이렇게 백잔과 한왜가 함께 모여 사는 지역을 한반도 남부 가야 지역이라고 볼 수 없는 것이다. 더 나아가 이런 '殘倭'를 토벌하고 수병(戍兵)을 세웠다는 지역이 한반도 남부의 금관가야나 혹은 신라 지역으로 본다는 것도 억지에 가까운 주장

---

188) (殘)(倭)潰(退)(拔)▨(城)安羅人戍兵… ( )의 글자는 손영종의 석문에 근거한다.
189) 손영종의 해석에 근거한다.

이다.

이에 따라 안라인수병(安羅人戍兵)이 무엇을 의미하는 것인지 살펴볼 필요가 있다. 경자년조가 교견(敎遣)으로 시작되는 것은 왕이 군사를 보내라는 명령을 내렸다는 뜻으로, 태왕이 직접 군사를 이끌고 지휘를 한 것은 아니라는 것을 나타낸다. 즉, 태왕이 직접 이 정복 전쟁에 간 것이 아니다. 따라서 경자년조의 내용은 정복을 책임진 장수가 왕이 지시한 바를 어떻게 수행했는지 왕에게 올린 보고서로 봐야 한다. 이런 관점에서 '안라인수병(安羅人戍兵)'을 검토할 필요가 있다. 즉, 왕이 군사를 보내면서 책임 장수에게 '수병(戍兵)'을 세우라는 명령을 내리지 않았다면 '수병(戍兵)'이라는 단어가 왕에게 올리는 보고서에 등장하지 않았을 것이라는 말이다.

안라인수병(安羅人戍兵)에 대한 해석은 태왕이 보낸 군사들이 한반도 남부의 현재 김해 지역인 금관가야(또는 가야 지역의 어떤 가야)에 종착했다는 것을 전제로 『일본서기』에 나오는 '안라'를 '함안(咸安)의 아라가야'로 보는 것에서 출발한다. 그래서 아라가야 사람을 수비병으로 세웠다는 식의 해석을 한다. 또는 '安'을 동사로 보고 신라인(新羅人)을 줄여서 '라인(羅人)[190]'으로 표기하여 신라인을

---

190) 신라인을 '라인'이라고 표기한 기록- 『삼국사기』「고구려본기」 문자왕 3년(494) 秋七月, 我軍與新羅人, 戰於薩水之原, 羅人敗, 保犬牙城. 我兵圍之, 百濟遣兵三千, 援新羅, 我兵引退. / 『삼국사기』「신라본기」 태종무열왕 7년(660) 百濟餘賊, 據南岑·貞峴■■■城. 又佐平正武, 聚衆屯豆尸原嶽, 抄掠唐·羅人.

수비병으로 세웠다는 등의 해석들이 있다.[191]

그러나 본고에서는 안라인수병(安羅人戍兵)에서 라인(羅人)을 순라(巡邏)의 라(邏)로 보는 "순라병과 수비병을 두었다."는 손영종이 채택한 해석을 따랐다.[192] 이 해석은 신라의 군역(軍役) 체계로 미루어 볼 때 적절해 보인다. 신라의 군역(軍役)은 군(軍), 봉(烽), 수(戍), 라(邏) 네 가지 형태가 존재하였다. 군(軍)은 전투 부대에 배치되어 역을 수행하는 것이며, 봉(烽)은 봉수(烽燧)에 배치되어 역을 수행하는 것이다. 수(戍)는 변경 지방으로 파견되어 역을 수행하는 것이며, 라(邏)는 순찰(巡邏)이나 순찰(巡察)의 역을 수행하는 것으로 이해되고 있다.[193] 즉, '안라인수병'은 '순라병과 수비병을 두었다'는 뜻으로, 정벌한 지역에 새로운 군역 체제를 만들었다는

---

191) '안라인수병'에 대한 각 해석들: 초기의 연구에서는 임나일본부설과 연결하여 그 실체를 왜(倭)로 보았다(那珂通世, 1958, 『外交繹史』, 岩波書店, p.493; 末松保和, 1961, 『任那興亡史』(增訂三版), 吉川弘文館, p.74). 이후 백제의 개입(延敏洙, 1987, 「廣開土王碑文에 보이는 倭關係 記事의 檢討」, 『東國史學』 p.21, 23쪽; 千寬宇, 1991, 『加耶史硏究』, 一潮閣, p.27; 金鉉球, 1993, 『任那日本府硏究 -韓半島南部經營論批判-』, 一潮閣, p.99), 혹은 고구려의 원군으로 보는 견해도 있다(山尾幸久, 1989, 『古代の日朝關係』, 塙書房, p.202). 안라인수병의 '안(安)'을 '안치하다'라는 서술어로 보기도 한다(王健群, 1984, 『好太王碑の硏究』, 吉林人民出版社, p.199). 여기에 대해서는 비문의 서법상 맞지 않는다는 지적(武田幸男, 1989, 『高句麗史と東アジア』, 岩波書店, p.120)과 나인(羅人)을 '순라병(巡邏兵)', '유병(遊兵)' 등으로 해석하기도 하였다(高寬敏, 1990, 「永樂十年, 高句麗廣開土王の新羅救援戰について」, 『朝鮮史硏究會論文集』 27, p.161-162). 한편 고고학적 친연성 등을 근거로 안라인수병을 고유명사로 볼 것을 주창하기도 하였다(李永植, 2006, 「가야와 고구려의 교류사 연구」, 『韓國史學報』 25, p.61-63). 최근에는 고구려가 신라인 수비병을 배치한 것으로 보는 설이 재조명되고 있다(신가영, 2017, 「광개토왕비문의 '安羅人戍兵'에 대한 재해석」, 『東方學志』 178, p.21: 위가야, 2019, 「6세기 前半 安羅國 주도의 加耶諸國 관계 이해를 위한 기초적 검토」, 『한국고대사연구』 94, p.211) (출처: 한국사데이터베이스 광개토태왕릉비문 국역문 해석 각주 44)

192) 손영종, 위와 같은 책, p.21

193) 신범규, 「신라 중고기 軍役의 형태와 운영 양상」, 『한국고대사탐구』 30, 2018, p.91-97

뜻이다.

  고대 시대에 정벌 전쟁에서 '수병(戍兵)'을 세우는 경우는 없다고 봐야 한다. 보통 일반적인 정벌 전쟁의 양상은 정벌 지역을 쳐들어가서 상대국의 항복과 향후 계속 조공을 바치겠다는 서약을 받아 낸다. 그리고 곡식, 비단이나 베, 말, 금은보화 같은 귀중품 사치품 등 약탈적 상납 전리품 등을 확보한 후에 노예로 부릴 수 있는 노동력과 왕족 중 일부를 인질로 데리고 귀국하는 것으로 끝난다. 이것이 전형적인 고대 전쟁의 행태다. 정벌한 지역에 수병(戍兵)을 세우는 경우는 거의 없다고 봐야 한다.

  만약, 침략한 지역에 수병(戍兵)을 세운다면 그 지역이 있는 나라는 소위 말하는 '사직(社稷)이 무너져' 침략한 상대국으로 흡수된 것이고, 침략한 나라의 국토가 넓어지고 변방 국경이 멀어져서 새로운 변경 국방 체제를 다시 만들기 위해 수병(戍兵)을 세운다고 말할 수 있다. 왜냐하면 수병(戍兵)은 한 나라의 국경 변방 경계 지역을 군사적으로 지킨다는 의미의 병력이기도 하지만, 수병은 거주하는 지역에서 땅을 개간하여 농사를 지어 군량미를 스스로 생산하는 '양인'이기도 하기 때문이다. 즉, 수병은 한 나라의 변방 국경 지역에 살면서 국방을 담당하고 스스로 국방비 세금을 내는 거주민이다. 다시 말해, 수병(戍兵)을 세운다는 의미는 국방을 담당하고 국방비를 스스로 해결하는 지역과 그 지역의 거주민을 만드는 "군역 체계를 세웠다"는 뜻이다. 그러므로 침략한 지역에 침략 국가가 수병을 세웠다면 침략당한 국가는 양인이 거주하는 국방 행정 구역을 만드는 권력을 빼앗겼다는 것이므로, 정벌을 당한 나라는 멸망했다는 뜻이다.

그런데 『삼국사기』의 고구려·백제 간의 전쟁 기록에서도, 비문의 영락 6년 병신년에 왕이 직접 수군을 거느리고 백잔을 토벌했다는 기록에서도 수병(戍兵)을 세웠다는 말은 어디에도 없다. 수병(戍兵)을 세웠다는 말은 비문의 경자년조에만 등장한다. 왕이 직접 백잔을 토벌한 영락 6년의 내용에도 수병(戍兵)이라는 말은 나타나지 않고, 태왕이 백잔왕(당시 아신왕)에게 항복과 이후 계속 조공을 바치겠다는 약속을 받고 각종 전리품들과 인질들을 데리고 귀국하는 전형적인 고대 정벌전쟁의 양상으로 끝난다. 따라서, 만약 현재 김해 지역인 금관가야(또는 금관가야가 아니라 다른 어떤 가야를 포함하더라도)가 태왕이 보낸 군대의 종착 지역이었고, 여기에 '안라인수병' 즉, '순라인과 수비병을 세웠다'면, 이 지역은 고구려 군대의 책임 장수에 의해 새로운 군역 체제로 재편된 것이 된다. 그러므로 그에 따른 거주민들의 '노동력과 세금'을 포함한 군역 체제를 고구려가 관리하는 것이 되니, 금관가야를 비롯한 '가야들'은 이때에 공식적으로 멸망한 것이 된다. 백잔과 백잔 부역 세력인 (한)왜를 토벌하는 군대를 보냈는데 고구려 군대는 엉뚱하게 가야를 멸망시켰다는 결과가 되는 것이다.

그러나 금관가야는 532년에 스스로 신라에게 투항 멸망했고, 대가야는 562년에 멸망했다. 따라서, 400년에 태왕이 보낸 5만 군대가 '고구려가 순라병과 수비병'을 세운 곳은 한반도 남부에 있었던 고대 국가 가야 지역이 아니다.

이와 같이 '안라인수병'은 '군역 체제를 만들었다.'라는 뜻이기 때문에 이미 '나라'를 세워 한반도에 오랫동안 존재하고 있던 '나라들'에 고구려 군대가 들어가서 그 나라의 '군역 체제를 (고구려가) 만들었다'는 것은 있을 수 없는 일이다. 고구려는 백제를 토벌하고 신라를 신민으로 만들어 조공을 받기는 했어도, 그 나라들 내부의 군역 체제를 만들지는 않았다. 그 나라들에 '가야'도 포함되는 것은 물론이다. 신라를 포함해서 가야 지역에 '백잔과 부역자 규슈 왜'가 가득했다는 것도 있을 수 없는 일이지만, 그를 토벌하고 그 지역에 군역 체제를 고구려가 만들었다는 것도 있을 수 없는 일이다. 토벌을 했으면 토벌당한 적들에게서 앞으로의 조공 약속을 받고, 그들이 가지고 있던 전리품과 노예들을 데리고 귀국하면 끝나는 일이지 그 지역에 있는 나라의 군역 체제를 고구려가 만들어 줄 수도 없고, 만들어 줄 이유도 없다. 다시 말해, 상식적으로 있을 수 없는 일이라는 말이다. 즉, 고구려군이 최종적으로 도착하여 안라인수병을 설치했다는 '임나가라'는 한반도 남부 경상도 김해의 금관가야를 포함한 고대국가 가야 지역일 수 없다고 보는 것이 합리적이다.

규슈의 韓倭들과
'任那(마츠라)'와 '가라(加羅)'의 뜻

대마도와 규슈의 韓倭들과 경자년조 '임나가라' 해석

영락 9년(399) 기해년에 "신라가 사신을 보내어 왕에게 아뢰기를 왜인이 그 나라 경계지방에 가득차서 성들을 무너뜨리고 있는데 노객(신라왕)은 (태왕의) 신민으로서 왕에게로 와서 지시를 주기를 기다린다고 하였다.(新羅遣使白王云倭人滿其國境潰破城池以奴客爲民歸王請命)"라고 하였다.

앞서 이 내용이 『삼국사기』와 비교할 때 399년을 전후하여 신라가 고구려에게 구원을 요청할 만큼 대규모의 '(한)왜'에게 침략을 당하고 있었던 상황은 아니었다고 설명했다. 그럼에도 불구하고 신라는 '(한)왜'에게 지속적으로 공격을 당하고 있었던 것은 사실이다.

여기서는 신라가 지속적인 공격을 받으면서 비문의 기해년조에 언급되는 '그 나라 경계 지방(其國境)'이 당시 본토 신라 입장에서 어디였을까 하는 부분을 검토해 보고자 한다.

앞에서도 설명했듯이, 신라를 공격하는 '(한)왜'는 '대마도'를 거쳐서 오는 '(한)왜'다. 「신라본기」 유례이사금 12년(295)조에는 다음과 같은 기록이 있다.

> "봄에 왕이 신하들에게 말하기를, "왜인(倭人)이 여러 차례 우리의 성읍(城邑)을 침범하여 백성들이 편안하게 살 수가 없다. 나는 백제와 함께 도모하여 일시에 바다를 건너 그 나라에 들어가 공격하려 하는데 어떠한가?"라고 하였다. 서불한(舒弗邯) 홍권(弘權)이 대답하기를, "우리나라 사람은 물 위에서의 전투에 익숙하지 않은데도 위험을 무릅쓰고 원정하는 것은 알 수 없는 위험이 있을 우려가 있습니다. 하물며 백제는 속이는 것이 많고 항상 우리나라를 집어삼키려는 마음이 있어서, 역시 함께 일을 도모하기 어렵습니다."라고 하였다. 왕이 말하기를, "옳다."라고 하였다."[194]

유례이사금이 백제와 연합하여 바다를 건너 왜를 일시에 공격하고 싶다고 하자, 신하들이 반대하는 내용이다. '바다를 건너 그 나라에 들어가 공격하려고 한다'는 내용은 '대마도'를 거쳐 열도 '규슈'에 자리 잡은 '한왜'들의 나라들이라는 것을 알 수 있다. 왜

---

194) 『삼국사기』 「신라본기」 유례이사금 12년 十二年, 春, 王謂臣下曰, "倭人屢犯我城邑, 百姓不得安居. 吾欲與百濟謀, 一時浮海, 入擊其國, 如何." 舒弗邯弘權對曰, "吾人不習水戰, 冒險遠征, 恐有不測之危. 況百濟多詐, 常有吞噬我國之心,亦恐難與同謀." 王曰, "善." (출처 번역: 한국사데이터베이스)

나하면 유례이사금 12년인 295년에 언급되는 '(왜의) 나라'라는 것은 이미 『후한서』와 『삼국지』의 「왜」전에 나타나는 열도 규슈에 자리 잡은 여러 왜나라들을 가리키는 것이기 때문이다. 이것은 또한, 유례이사금 12년조에서 말하는 '왜의 나라'를 단지 '대마도'라고만 특정할 수도 없는 이유이기도 하다. 덧붙여 그 이유를 더 설명하자면, 사실상 biological DNA가 韓人으로 열도에 살면서 정치체를 만든 세력들이 지속적인 농경이 불가능한 '대마도'에서 '나라'를 만들어 그곳에서만 웅거하고 있다고 당대인들이 인식하고 있었다고 볼 수는 없기 때문이다. 따라서 유례이사금이 백제와 연합하여 바다 건너 공격하고 싶어 했던 '그 나라'는 당연히 규슈에 있는 (한)왜들이 만든 나라였을 것이라고 보는 것이 합당하다. 또한, 실성이사금 즉위년(402) 3월에 '왜국(倭國)과 우호 관계를 맺고 나물왕(奈勿王)의 아들 미사흔(未斯欣)을 볼모로 삼았다.¹⁹⁵⁾'라는 기사에 나타나는 '왜국' 역시 대마도가 아니라 규슈에 있는 왜국이라는 것을 알 수 있다. 이렇게 '대마도'를 사이에 두고 신라와 규슈 韓倭가 대립하고 있었다는 정황은 408년 실성이사금 7년 조에도 다음과 같이 나타난다.

---

195) 『삼국사기』「신라본기」 실정이사금 원년 元年, 三月, 與倭國通好, 以奈勿王子未斯欣爲 質… (출처 번역: 한국사데이터베이스)

봄 2월에 왕이 왜인(倭人)이 대마도(對馬島)에 군영을 설치하고 무기와 군량을 쌓아 두어 우리를 습격하려고 한다는 말을 듣고서, 그들이 일어나기 전에 우리가 먼저 정예 군사를 뽑아 적의 군영을 격파하고자 하였다."[196]

실성이사금은 (韓)倭가 대마도를 전진 기지 삼아 군영을 설치하고, 무기와 군량을 쌓아 두고 있다는 정보를 듣고 먼저 대마도를 공격하고자 했다. 신하들이 반대하는 바람에 그 계획은 실행되지 못했지만, 이 기사는 '대마도'가 신라에게 어떤 지역인지를 분명하게 말해 주고 있다.

즉, 실성이사금 7년(408)조의 기사는 신라가 '대마도'를 신라의 안보 마지노선, 즉 국경 지역으로 인식하고 있었다는 것을 보여 주고 있다. 신라는 '왜'에게 도성을 둘러싸여 포위당한 적이 있다. 346년 흘해이사금 37년에 도성인 금성이 포위당했고, 393년 내물이사금 38년에도 금성을 포위당했다. 신라의 도성 금성은 그만큼 왜가 상륙하는 곳과 가까운 거리에 있었던 것이다. 왜가 상륙한 뒤에 도성까지 오는 것과 도성에서 물러나 다시 상륙했던 곳까지 도망치는 것도 최초 상륙 지역과 도성의 거리가 가까웠기 때문이다. 이를 보면 신라의 도성인 금성(金城)이 현재 경주이고, '왜'를

---

[196] 『삼국사기』 「신라본기」 실성이사금 7년 七年, 春二月, 王聞倭人於對馬島置營, 貯以兵革資粮, 以謀襲我, 我欲先其未發, 揀精兵擊破兵儲. 舒弗邯未斯品曰, "臣聞'兵凶器, 戰危事.' 況涉巨浸以伐人, 萬一失利, 則悔不可追. 不若依嶮設關, 來則禦之, 使不得侵猾, 便則出而禽之. 此所謂致人而不致於人, 策之上也." 王從之… (출처 번역: 한국사데이터베이스)

추격한 독산(獨山) 지역이 포항 인근일 것이라는 위치 비정이 맞는 것으로 보인다. 따라서, 신라가 '왜'와의 경계 지역으로 인식한 지역은 도성과 가까운 동해안 또는 동남해안일 수가 없다.

당시 신라 입장에서 '왜'가 동해안이나 동남해안에 상륙한 즉시 도성이 포위될 수 있는, 도성과 가까운 곳을 안보 마지노선 경계 지역이라고 인식할 수는 없는 것이다. 이것은 마치 남한과 북한의 경계를 군사 안보적으로 인식할 때 DMZ를 최전선 국경 경계 지역으로 인식하고 있는 것과 같다. 남북한 국경 지역 중간에 넓은 공터가 남한의 북쪽 경계와 북한의 남쪽 경계 가로지르고 있어서, 남북한이 각각 군사 안보 마지노선 경계 지역에 대한 인식을 형성하고 있듯이, 당시 신라가 인식하고 있었던 안보 마지노선 경계 지역은 '대마도'였을 것이다. 만약 현재 DMZ에 북한이 들어와 병사와 무기들을 쌓아 두는 행위를 하고 있다면 그때부터 남한은 군사 안보에 중대한 위기를 맞았다고 인식하고 군사적으로 외교적으로 전 국가적으로 침략 전쟁에 맞설 준비를 할 것이다. 이와 같은 일이 신라에서 벌어지고 있었다고 볼 수 있다. 즉, 영락 9년 399년 비문 "왜인이 그 나라 경계 지방에 가득 차서 성들을 무너뜨리고 있는데(倭人滿其國境潰破城)"에 나오는 "그 나라의 경계 지방(其國境)"은 바로 대마도라는 것이다.

다시 말해, 만약 신라가 대마도가 아니라 동해안이나 동남해안을 신라의 군사 안보 경계 지역으로 인식했다면 모순이 발생한다. 즉, 왜가 동해안이나 동남해안에 이미 상륙한 이후 신라 도성을 포위하는 것은 불과 몇 시간 이내로 가능하므로 신라는 고구려에 구원을 요청할 시간도 없고, 고구려에 사신을 파견할 물리적 공간도 확보할 수 없기 때문에 영락 9년 기해년 비문에 '그 나라 경계에 왜인이 가득 찼다(倭人滿其國境)'는 공간이 한반도에 있는 신라 금성과 금성을 포함한 일대가 될 수 없다는 것이다. 그러므로 신라가 구원을 요청할 때(비록 399년 전후로 신라가 고구려에게 구원을 요청할 정도의 위급한 상황은 없었다고 하더라도) "왜인이 그 나라 경계 지방에 가득 차서 성들을 무너뜨리고 있는데(倭人滿其國境潰破城)"에서 언급한 '그 나라 경계 지방(其國境)'은 대마도라고 볼 수 있다.

대마도는 자체에서 인력과 식량을 해결할 수 있는 곳이 아니다. 토지가 척박하여 농사가 잘 되지 않고, 섬 자체가 산으로 이루어진 지역이어서 규모 있는 인구가 형성되지 못한다. 따라서 대마도에서 꾸준히 신라로 침입하는 '韓倭'는 지속적으로 규슈의 보급 지원을 받고 있었다고 볼 수 있다. 즉, 대마도에서 신라로 침입하는 '韓倭'를 지원하는 본거지는 규슈였다고 봐야 한다. 그러므로 신라는 대마도를 신라와 규슈 사이에 있는 경계 지역으로 인식했던 것이다.

한편, 앞서 말했지만 다시 말하자면 규슈에 자리 잡고 대마도를 거쳐 신라를 공격하는 '한왜'의 여러 세력들 중 주요 세력은 신라 8대 아달라이사금 이후 사라진 박 씨 왕족 후손들일 가능성이 높다. 『삼국사기』「신라본기」에 신라만 공격하는 '한왜'는 백제왜, 가야왜도 물론 있었을 것이지만, 이들을 추동하여 연합해서 움직이는 중심 세력은 신라 정권에 반감을 가지고 있었던 박 씨 왕조의 후손들일 가능성이 높을 것이다.

이렇게 볼 때 비문 영락 10년(400) 경자년조의 '임나가라'의 위치를 비정하기 위한 재해석이 가능하다. 이를 위해 경자년조의 첫머리를 다시 보겠다.

> "경자년에 보병 기병 5만 명을 보내어 가서 신라를 구원하게 하였는데 남거성에서부터 신라성으로 가니 왜가 그 안에 가득 찼다. 관군이 바야흐로 도착하니 왜적이 물러갔다.(敎遣步騎五萬往救新羅從南居城至新羅城倭滿其中官軍方至倭賊退)[197]"

이 문구에서 '왜가 그 안에 가득 찼다(倭滿其中)'은 영락 9년(399) 기해년조의 '왜인이 그 나라 경계 지방에 가득 차서 성들을 무너뜨리고 있는데(倭人滿其國境潰破城)'의 '왜인이 그 나라 경계 지방에 가득 차(倭人滿其國境)'에 대응하는 부분이다. 즉, 경자년조의 '왜가 그 안에 가득 찼다(倭滿其中)'는 지역은 기해년조의 '왜인이 그 나라 경계 지방에 가득 차서(倭人滿其國境)'라는 지역과 같은 지역이라는 것이다. 그리고 왜인이 가득 차 있다는 이 지역은 앞서 말한 바와 같이 실성이사금 7년(408) 기사에 '왜가 무기와 군량을 쌓아 놓으며' 신라 공격을 위한 전진 기지로 사용하고 있는 '대마도'라는 것이다.

---

197) 손영종, 위와 같은 책, p.18, 21

이렇게 왜가 가득 찬 지역이 바로 그 나라의 경계 지역이며 그 지역은 바로 대마도라는 것을 이해하고 나면, 경자년조에 고구려군이 어떤 루트로 군사 활동을 했을 것인지 추정할 수 있다. 남정을 위해 파병된 5만 보기병은 되도록 백제 측과 교전을 피하며 백제 측에 5만 보기병이 파병된다는 정보가 흘러들어 가는 것을 최대한 늦춰, 준비 및 대항할 시간을 주지 않기 위한 기습 루트를 이용하여 남쪽으로 내려왔을 것으로 추정된다. 보기병은 신라 영토였던 부산과 금관가야 영토였던 김해 지역에 일단 주둔한 후에 '왜가 가득 차 있는' 대마도로 순차적으로 이동했을 것으로 보인다.

즉, '(대마도에) 관군이 도착하니 왜적이 물러갔다.(官軍方至倭賊退)'로 해석할 수 있다. 그다음, 이 뒤에 나오는 문구는 다음과 같다.

<blockquote>
배급추지임나가라종발성성즉귀복안라인수병(背急追至任那加羅從拔城城卽歸服安羅人戍兵) 왜의 뒤를 쫓아 급히 임나가라종발성에 이르렀더니 성이 곧 귀순 항복하였다. 순라병과 수비병을 두었다.[198]
</blockquote>

위의 문구에서 고구려군이 대마도에 도착하자 왜가 퇴각했고, 그 뒤를 쫓아간 곳인 최종 도착지가 '임나가라'라는 것을 알 수 있다. 背急追는 '뒤를 신속하게 쫓았다'라고 해석할 수 있는데, 대마도에서 퇴각하는 왜를 고구려군은 다시 신속하게 대열을 정비하

---

198) 손영종, 위와 같은 책, p.18 p.21

여 본거지인 규슈로 향했다는 것으로 해석할 수 있다. 5만 보기병이 일단 부산 김해 등 한반도 남부에 주둔지를 두고 대마도에 순차적으로 상륙하니 대마도를 가득 채우며 머물러 있었던 韓倭는 본거지로 바로 퇴각한 것으로 보인다.

본거지인 규슈로 퇴각한 韓倭는 뒤쫓아 온 고구려군이 속속들이 규슈 북부에 상륙하여 본거지 마을들로 들이닥치자 바로 항복하면서 고구려군에 투항했다는 내용들이 연이어 이어지는 것이 경자년조의 내용이다. 이때 고구려군이 최초로 규슈에 도착한 곳이 '임나가라'인데, '임나'라는 단어 자체가 이때 처음 비문에 등장하는 이유는 '임금의 명령을 맡아(任: 맡길 임) 세운 나라(那羅)[199]'라는 뜻을 가졌기 때문이라는 하나의 가설을 본고는 제출한다.

즉, '임나가라'의 '임나'는 기존의 한반도 남부에 있던 금관가야를 비롯한 '가야'에 대한 총칭이 아니라 태왕이 보낸 고구려 군대가 처음으로 도착한 새로운 지역에 '임금의 명령을 맡아(任: 맡길 임) 임의대로 이름을 붙인 새로운 나라=지역'을 지칭하는 단어라는 것이다. 고구려군이 새로 만든 나라이기 때문에, 즉 고구려군대가 역사상 최초로 상륙하여 만난 새로운 영토 지역에 고구려의 나라를 만든 것이기에, 고구려군이 '순라병'과 '수비병'을 세우는 것이 당연한 것이다. 이렇게 보면 규슈에 상륙한 고구려군의 '임나가라'와 '안라인수병'은 모두 설명이 가능한 것이 된다.

---

199) '나라'는 순우리말이지만 '나라'를 한자음을 빌어 '那羅'라고 표기한다. 즉, 한자 那羅는 한자 國의 의미를 가진 借(차차어)이다. (출처: 단국대 한국한자어사전)

'任那=맡을나=末盧(まつろ(ら)(마츠로(라))'와 '가라(加羅)'의 뜻

'임나(任那)'라는 말이 비문에서 초출된다는 것에는 『일본서기』 숭신(崇神 스진) 65년(서기전 33년)조에 처음으로 나오는 "임나국(任那國: 미마나노쿠니)이 소나갈질지(蘇那曷叱知)를 파견하여 조공하였다.(六十五年 秋七月, 任那國遣蘇那曷叱知, 令朝貢也)"에 대한 시기 설명을 어떻게 할 것이냐를 제외하고는 누구나 인정하는 부분이다.

앞에서 본고는 '임나'의 뜻은 '임금의 명령을 맡아(任:맡길 임) 세운 나라(那羅)'라는 하나의 가설을 제시했다. 그런데 고구려군이 규슈에 최초로 상륙했던 장소에 어떤 나라가 있었으며, 그 나라의 이름이 '任那'와 비슷한 발음이 났었던 것으로 추정할 수도 있다. 여기에서 비문 작성 당시의 '任那'의 발음이 과연 현재의 정격 한자 발음인 '임나'라고 발음했을 것인가에 대한 의문을 가지는 것은 정당하다고 생각한다.

즉, '任那'는 훈독으로 '맡을(任)나(那)'라고 발음되었을 가능성도 있다는 것이다. 비문은 남정을 하면서 신라식 향찰에 영향을 받아 명사인 지명을 신라식 향찰로 표기했을 가능성도 분명히 있다고 봐야 한다. 그렇다면 '맡을 임' 자인 '任'을 음독이 아니라 훈독으로 '맡을'로 발음했을 가능성도 있다.[200] '맡'은 '우두머리를 뜻하는 만이 맏'과 통하는 음이다. 그렇다면 '任那'는 '맡을나=맏을

---

200) 일본어에서 '맡기다'는 任せる(まかせる: 마카세루)라고 발음한다. 즉, 任(맡을 임)을 훈독으로 '마카'라고 발음한다는 것을 알 수 있다.

나'라는 발음을 훈독으로 표기한 향찰일 수 있다.[201]

이렇게 보면 '任那=맡을나=만을나=우두머리의 나라=임금의 나라=광개토태왕의 나라'로도 확대 해석될 여지가 있다. 이렇게 고구려군이 규슈에 상륙한 곳에 있는 나라의 이름이 '(맡)만을나(任那)'라고 한다면, '(맡)만을나(任那)'는 고대 규슈 북부 지역에 있었던 '말로국(末盧國)'을 고구려군이 신라식 향찰로 표기한 것으로 볼 수 있다.

말로국(末盧國)은 『삼국지』 「위지(魏志)」 「왜(倭)」전에 나오는 나라다.[202] 末盧의 '말로'라는 발음은 물론 현재 우리말의 한자음 발음이다. 현재 일본어 발음으로 '末盧'는 'まつろ(ら)(마츠로(라))'라고 발음한다.

고구려군이 규슈에 상륙한 곳에 '末盧(まつろ(ら)(마츠로(라))'라고 불리는 나라가 있었다면 고구려군은 그 발음의 표기를 '맡을나=만을나=任那'라고 '우두머리의 나라=임금의 나라'라는 의미를 부여하여 표기했을 가능성이 있다.

---

201) 최규성, 『여기가 임나다』, 주식회사부크크, 2017, p.75-107

202) 『삼국지』 「위지」 「왜」전… [대마국에서] 남쪽으로 바다 1천여 리를 건너는데, [이 바다의] 이름은 한해(瀚海)라고 한다. [1천여 리를 건너면] 일대국(一大國)에 이른다. [그 대관(大官) 역시 비구(卑狗)라 부르고, 부[관](副官)도 비노모리(卑奴母離)라 부른다. 사방은 3백 리 정도고, 대나무와 울창한 숲이 많으며, 3천 정도의 가(家)가 있다. 약간의 전지(田地)가 있지만, 농사를 지어도 여전히 먹고 살기에 부족하므로, 역시 [그] 남쪽과 북쪽으로 다니면서 곡물을 사 온다. 또 바다 하나를 건너서 1천여 리를 가면 말로국(末盧國)에 이른다(.始度一海, 千餘里至對馬國. 其大官曰卑狗, 副曰卑奴母離, 所居絶島, 方可四百餘里, 土地山險, 多深林, 道路如禽鹿徑. 有千餘戶, 無良田, 食海物自活, 乘船南北市糴. 又南渡一海千餘里, 名曰瀚海, 至一大國, 官亦曰卑狗, 副曰卑奴母離. 方可三百里, 多竹木叢林, 有三千許家, 差有田地, 耕田猶不足食, 亦南北市糴. 又渡一海, 千餘里至末盧國) (출처 번역: 동북아역사넷)

『삼국지』「위지」「왜」전에 '末盧國'이라고 표기된 그 소국은 현재 규슈 북부인 나가사키현(長崎県) 북부에 있는 松浦市(마츠우라마츠우라)로 비정되고 있다.

松浦市(마츠우라마츠우라)는 1274년 여몽연합군이 일본 열도를 점령하기 위해 규슈에 상륙할 때, 김방경이 이끄는 고려군이 상륙한 곳으로 보기도 하다.[203] 현재 松浦市(마츠우라마츠우라)는 『삼국지』「위지」「왜전」에 마츠우라시가 '末盧國'이라고 기록되어 있으며, 1274년의 여몽연합군의 상륙에 대항했던 곳이라는 문구를 넣어 관광객들에게 홍보하고 있다.[204]

13세기의 여몽연합군이 상륙했던 松浦(마츠우라마츠우라)에 5세기를 여는 400년에는 태왕이 파견한 고구려군이 상륙했을 가능성이 높다. 당시 이미 존재하고 있던 末盧(まつろ(ら)(마츠로(라))를 '任那=(맡)만을나'로 향찰 표기했을 가능성 역시 높다고 본고는 생각한다. '任那=(맡)만을나'로 쓰인 松浦(마츠우라마츠우라)의 위치는 다음 지도와 같다.

---

203) 이승한, 『쿠빌라이칸의 일본원정과 충렬왕』, 푸른역사, 2009, p.195-196
204) https://www.matsuura-guide.com/

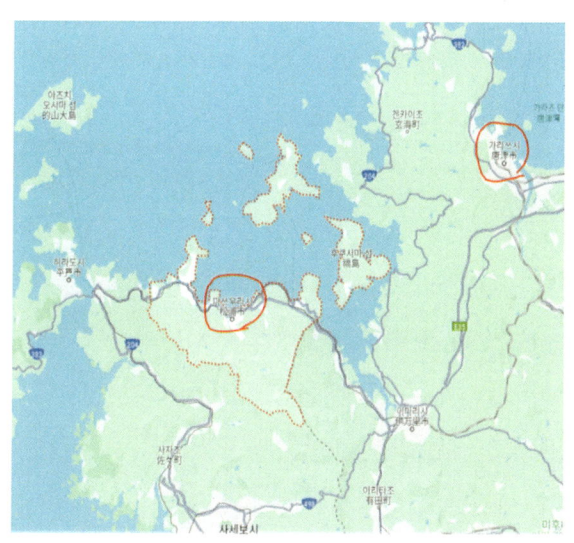

규슈 나가사키현(長崎県)의 왼쪽 원 松浦(마츠우라)市[205]

 이번에는 '加羅'의 뜻에 대해 검토해 보겠다. 현재 '任那加羅'를 대체로 한반도 남부에 있었던 '6가야' 전체에 대한 총칭이거나 혹은 '금관가야'거나 아니면 둘 다를 뜻하는 것으로 학계는 해석하고 있다. 그렇지만 5세기 『宋書』에서는 '任那'와 '加羅'가 분명하게 다른 나라라는 것을 명시하고 있다. 『宋書』의 기록에 순제 승명 2년(478)에 왜왕 武가 사신을 보낸 표에 대한 답에 다음과 같이 나온다.

---

205) 왼쪽 아래 원이 마츠우라시다. 오른쪽 원은 가야 지명인 가라츠다.

"… 武를 사지절, 도독 왜, 신라, 임나, 가라, 진한, 모한 육국제군사, 안동대장군, 왜왕에 제수하였다.(詔除武使持節·都督倭 新羅 任那 加羅 秦韓 慕韓六國諸軍事·安東大將軍·倭王)"206)

"왜, 신라, 任那, 加羅, 진한, 모한"을 분명하게 '六國'이라고 기록하고 있다. '임나가라'가 가라=가야를 총칭하거나 금관가야를 지칭하는 명칭으로 쓰였다고 주장할 단 하나의 문헌 근거가 없다. 즉, 비문의 400년조의 '임나가라'보다 먼저 나오는 '임나'라는 문헌 자료는 단 하나도 없다는 것이다.

'任那'에 대해서는 비문에서 초출되는 '마츠라(任那)'가 '임금이 내린 명령을 맡아 만든 나라=우두머리의 나라=맡을나=맏을나'로 고구려군이 규슈에 상륙한 뒤에 고구려군에 의해 만들어졌을 가능성이 높다는 것을 이미 서술했다. 그렇다면 이제 '加羅'는 무엇인지 검토해 보겠다.

먼저, 비문의 '임나가라'에서 '가라'는 '국(國)'이라는 뜻을 가진 보통명사라고 볼 수 있다. 즉, 한반도 남부에 있었던 '금관가야를 포함한 가야들'과 '임나가라'의 '가라'는 아무 상관이 없다.

'가라'는 "갈"에서 나온 것으로 "갈"은 '갈/걸/굴/골/글/길' 등의 비슷한 다른 음으로도 발음된다. 이 말들은 대부분 '고을, 읍성, 국가'를 뜻하는 말들로 분화가 되었다. 현대 한국어에서 '머리칼

---

206) 『송서』 「이만열전」 「왜국」 (출처 번역: 동북아역사넷)

을 머리카락'으로 혼용하여 사용하는 것과 같은 이치다. 김해 지역에 존재했던 고대국가 "가야(가야)"를 "가라(가라)" 혹은 "가락(가락)"이라고도 한 것은 이런 이유 때문이다. '갈/가라/가락'이 서로 혼용되어 사용되었던 것이다. 즉, '가라, 가야, 가락'은 그 자체로 특정 국명이 되어 고유명사로 쓰이기도 했지만, 그냥 일반적으로 '나라'를 나타내는 보통명사로도 쓰였다는 것이다.[207]

다시 말해, 오늘날 현대 영어로 예를 들어 보자면 '가라'는 'state' 같은 것이었다고 볼 수 있다. state는 '나라, 국가'라는 뜻도 있고, 동시에 '주'라는 뜻도 있다. 미국 국내에서 국내용 뉴스를 다룰 때 state는 미국 내의 '주'를 가리킬 수 있지만, 국제 뉴스에서 state가 나오면 어떤 특정한 나라를 가리키는 말이 된다. 보통명사로 쓰이다가 고유명사가 되거나 고유명사가 다시 뜻이 확장되어 보통명사로 쓰이는 일들은 동서고금 시간과 장소를 불문하고 어디에서나 언제든지 발생하는 일이다. 따라서 '임나가라'가 '금관가야나 다른 가야들'의 다른 명칭이었다고 치부하는 것은 지나치게 단순화된, 지적으로 게으른 묻지마식 비학문 태도의 본질을 보여 주는 것일 뿐이다.

'가라 또는 가야'가 보통명사 '國'으로도 쓰였다는 것을 보여 주는 자료는 『삼국사기』에도 있고, 『일본서기』에도 있다.

---

207) 최규성, 위와 같은 책, p.52

다음의 『삼국사기』 「신라본기」 파사이사금(婆娑尼師今) 23년 8월 기사와 법흥왕 19년(532)의 기사를 보자.

> 23년(102) 가을 8월에 음즙벌국(音汁伐國)과 실직곡국(悉直谷國)이 영토를 놓고 다투다가 왕에게 와서 결정해 줄 것을 청하였다. 왕이 어렵게 여겨 이르기를, "금관국(金官國)의 수로왕(首露王)이 나이가 많아 지식이 많다."라고 하며 불러서 물어보았다. …208)
>
> 19년(532)에 금관국(金官國)의 왕 김구해(金仇亥)가 왕비 및 세 아들, 즉 맏아들 노종(奴宗), 둘째 아들 무덕(武德), 막내아들 무력(武力)과 함께 나라의 창고에 있던 보물을 가지고 와서 항복하였다. …209)

위의 「신라본기」의 두 기사 모두 '금관가야'를 '금관국'이라고 칭하고 있다. 즉, '가야=국'으로 인식하고 있다는 것을 보여 주고 있는 기사다.

『일본서기』에서 '任那'가 초출되는 기사인 숭신(崇神: 스진) 65년(서기전 33)조에서도 마찬가지다.

---

208) 『삼국사기』 「신라본기」 파사이사금 23년(102) 二十三年, 秋八月, 音汁伐國與悉直谷國爭疆, 詣王請決. 王難之謂, "金官國 首露王, 年老多智識." 召問之 (출처 번역: 한국사데이터베이스)

209) 『삼국사기』 「신라본기」 법흥왕 19년(532) 十九年, 金官國主金仇亥與妃及三子, 長曰奴宗, 仲曰武德, 季曰武力, 以國帑寶物來降… (출처 번역: 한국사데이터베이스)

65년 가을 7월에 임나국(任那國: 미마나노쿠니)이 소나갈질지(蘇那曷
叱知)를 파견하여 조공하였다. 임나는 축자국을 떠나 2천여 리, 북으로
바다를 사이에 두고 계림의 서남에 있다.[210]

위의 숭신 65년조 기사에서도 '任那國'이라고 쓰고 있다. 이것은
任那國이라는 나라가 별도로 있다는 것이지 한반도 남부의 금관
가야 또는 가야를 총칭하는 의미로서의 任那國을 의미하는 것이
라고 볼 어떤 근거도 없다는 것을 보여 주는 것이다.

『일본서기』 숭신(崇神: 스진) 65년(서기전 33)조의 이 기사에 대해
서는 그 연대와 전후 상황에 대해 뒤에서 자세하게 서술할 것이
고, 여기서는 비문에서 초출되는 '任那加羅'가 한반도 남부 지역에
있었던 금관가야를 포함한 6가야의 총칭이거나 또는 금관가야를
지칭하는 말이 아니라는 것에 집중하겠다.

지금까지의 加羅에 대한 핵심 내용은 加羅가 보통명사로 國으
로 쓰였다는 것이다. 따라서 비문 경자년조의 任那加羅는 任那國
으로 봐야 한다는 것이다. 이렇게 보면 『宋書』에서 478년에 任那
와 加羅를 별개의 국가로 카운팅 한 것을 이해할 수 있다. 또한,
비문의 400년 경자년조에 초출되는 任那加羅는 고구려군이 규슈
에 상륙한 뒤에 만난 최초의 규슈 소국 중 하나며, 『삼국지』「위지」
「왜전」에 나오는 末盧(まつろ(ら)(마츠로(라))를 '任那=말을나=맡을나'

---

210) 『일본서기』 권 제 5 「숭신」 65년… 六十五年 秋七月, 任那國遣蘇那曷叱知, 令朝貢也. 任
那者去筑紫國, 二千餘里. 北阻海以在鷄林之西南. (출처 번역: 동북아역사넷)

로 '임금의 명령을 맡아 만든 새로운 나라'의 뜻을 염두에 둔 중의적 표현으로 기록한 것이라는 것을 알 수 있다. 그래서 바로 任那加羅=任那國(맡을나국=마츠라국=末盧國)이라는 것으로 해명될 수 있다고 본다.

Pax Koreana
- 5세기 장수왕 서해독점패권주의

5세기 고구려의 남북조 대응 외교- 고구려의 허수아비정권 贊·珍

400년에 규슈 '마츠라(任那=맡을나=맏을나=末盧(まつろ(ら)'에 상륙했던 것으로 보이는 고구려군이 최초 상륙지에서 다른 어떤 곳으로 더 나아갔는지, 또 어느 정도의 병력이 얼마의 기간 동안 주둔하면서 고구려군이 어떤 일들을 했는지 정확하게 알 수 있는 방법은 없다. 다만, 이후부터는 주로 지금까지 열도에서 발굴된 고고학 자료들의 분석으로 문헌 사료의 빈 곳들을 추정하며 채워 보는 것이 주된 방법이 될 것이다.

그와 별도로 문헌 사료로 고구려의 400년 이후 행적들과 5세기 당대의 고구려가 감당해야 했던 복잡한 국제 외교 관계 상황을 해석할 필요가 있다. 이것은 5세기 고구려가 대응해야 했던 대외(對外) 문제들이 고구려가 규슈에 상륙하면서까지 서해 패권을 주도하게 되는 상황으로 가게 만들었던 동기가 되었다는 것을 이해하는 출발점이 될 것이기 때문이다.

「고구려본기」에 의하면 5만 고구려군대가 영락 10년(400) 경자년조에 파병되던 같은 해 2월(음)에 고구려는 後燕의 침략을 받았다.[211] 비문 경자년조에 5만 고구려군이 파병된 月이 언제인지는 알 수 없으나, 아마도 음력 정월이나 후연이 침략했다는 2월(음) 직전이었을 것으로 보인다. 즉, 후연은 대규모의 고구려군대가 남하했다는 것을 알았고, 그에 따라 고구려가 후연의 침략에 대응하지 못할 것이라는 정보를 입수한 후에 고구려를 침략한 것으로 보인다는 것이다.

그런데 고구려가 후연의 침략에 대응한 것은 당해인 400년이 아니고, 「고구려본기」에 의하면 2년 후다.[212] 이에 따르면, 남정(南征)을 간 고구려군이 400년에 즉시 회군했을 것이라고 보는 것보다, 일부 군대는 회군하였다고 해도 어느 정도 규모의 고구려군은 최소한 1년~2년 또는 그 이상의 기간 동안 남부에 주둔하면서 목적한 바를 수행하였을 것이라고 보는 것이 더 타당하다.

---

211) 『삼국사기』 「고구려본기」 광개토왕 9년(비문에서는 10년) ⋯ 2월에 [후]연[燕]의 왕 [모용]성(慕容盛)이 우리 왕의 예절이 오만하다고 하여 몸소 군대 3만을 거느리고 습격하여 왔다. 표기대장군(驃騎大將軍) 모용희(慕容熙)를 선봉으로 삼아, 신성(新城)과 남소성(南蘇城) 등 두 성을 빼앗고, 7백여 리의 땅을 넓히고 5천여 호를 옮기고 돌아갔다.(二月, 燕王盛以我王禮慢, 自將兵三萬襲之. 以驃騎大將軍慕容熙爲前鋒, 拔新城·南蘇二城, 拓地七百餘里, 徙五千餘戶而還.) (출처 번역: 한국사데이터베이스)

212) 『삼국사기』 「고구려본기」 광개토왕 11년⋯ 왕이 군대를 보내 [후연의] 숙군성(宿軍城)을 공격하니, [후]연[燕]의 평주자사(平州刺史) 모용귀(慕容歸)가 성을 버리고 달아났다.(十一年, 王遣兵攻宿軍, 燕平州刺史慕容歸, 棄城走.) (출처 번역: 한국사데이터베이스)

목적한 바는 물론 고구려에 대항하는 백잔(본토백제)과 백잔을 돕거나 도울 가능성이 있는 모든 세력들을 해체하여 남부를 고구려 중심 체제로 만드는 것이었기 때문에 최소 1년~2년 또는 그 이상의 기간 동안 규슈에 상륙하고 '수병'을 세우는 등의 활동을 했을 것이라고 본다.

412년(고구려본기에는 413년)에 장수왕이 즉위한 이후에는 그런 체제가 어느 정도 정착을 한 이후였을 것이다. 이에 따라 비문 400년 경자년조의 내용은 400년 당해의 일들에 대한 것만이 아니고, 그 이후 최소 2년간이나 그 이상의 기간에 진행된 내용들을 파견된 고구려군이 장수왕에게 보고한 것이 기록된 것으로 볼 수 있다.

즉, 규슈 상륙 후 당해에 상륙한 지점에서 일거에 규슈 다른 지역들을 점령한 것이 아니라 한반도 남부인 부산 김해 등에 고구려 군이 최소 2년 또는 그 이상 주둔하면서 순차적으로 규슈로 파병하거나 교대하면서 규슈에서의 고구려군의 활동들이 이뤄졌을 것으로 추정된다는 것이다. 현대전도 그렇지만 어느 시대나 전쟁은 보급이 전쟁의 성공과 실패를 가르는 핵심 요인이기 때문에, 한반도 남부에 주둔하고 있었을 고구려 군대의 규슈로의 추가 보급이 꾸준히 체계적으로 이뤄지지 않았다면 고대 정복 전쟁이 성공적으로 이뤄질 수 없었을 것이기 때문이다.

400년에 후연이 빼앗은 영토는 2년 뒤에 태왕이 성공적으로 다시 수복한 것으로 보인다. 그 후 고구려본기 광개토태왕 13년(404)

에 태왕은 후연을 먼저 공격했고[213], 14년(405) 기록에 모용희(慕容熙)가 고구려가 점령하고 있는 요동성(遼東城)을 공격했지만 빼앗지 못하고 돌아간다.[214]

고구려에게 계속 패하던 후연의 모용희(慕容熙)는 407년에 내부자이자 고구려인인 모용운(慕容雲)에게 피살당한다. 모용운(慕容雲)은 자신의 할아버지가 고구려인이었기 때문에 즉위 후 성을 '고(高)'로 바꿔 '고운(高雲)'이라고 칭하면서 친고구려 정책으로 돌아선다. 태왕은 고운(高雲)의 후연을 북연으로 부르며 우호 정책을 펼친다.[215]

북연과 우호 관계에 들어갔다고 그 상황이 언제 변할 수는 알 수 없었다. 또한 북위와 북연의 관계가 적대적이었으므로 북위가 북연을 공격하면 고구려는 어떤 식으로든 입장을 분명히 할 수밖에 없는 상황이었다. 고구려가 북조에서 일어나는 이런 상황들에

---

213) 『삼국사기』「고구려본기」 광개토왕 13년..13년(404) 겨울 11월에 군대를 출병시켜 〔후〕연〔燕〕을 침공하였다.(十三年, 冬十一月, 出師侵燕.) (출처 번역: 한국사데이터베이스)

214) 『삼국사기』「고구려본기」 광개토왕14년(405)… 봄 정월에 〔후〕연〔燕〕의 왕 〔모용〕희(慕容熙)가 요동성(遼東城)을 공격해 왔다. 막 성을 함락시키려 하는데, 〔모용〕희가 장수와 병사들에게 명하기를, "먼저 오르지 말라. 성이 평정되기를 기다려 짐(朕)이 황후와 수레를 타고 들어갈 것이다."라고 하였다. 이로 말미암아 〔고구려군이〕 성안에서 방비를 엄히 할 수 있게 되어 〔후연의 군대가〕 마침내 함락시키지 못하고 돌아갔다.(十四年, 春正月, 燕王熙來攻遼東城, 且陷, 熙命將士, "毋得先登. 俟剗平其城, 朕與皇后乘轝而入." 由是, 城中得嚴備, 卒不克而還.) (출처 번역: 한국사데이터베이스)

215) 『삼국사기』「고구려본기」 광개토왕17년(408)..봄 3월에 사신을 북연(北燕)에 보내 종족(宗族)으로서 예를 베푸니, 북연왕 운(雲)이 시어사(侍御史) 이발(李拔)을 보내 답례하였다. 운의 할아버지 고화(高和)는 고구려의 지파로 스스로 고양씨(高陽氏)의 먼 후손이라 말하였는데, 이 때문에 고(高)를 성씨로 삼았다. 모용보(慕容寶)가 태자가 되자 운(雲)이 무예로써 동궁을 시위하였는데, 모용보가 그를 아들로 삼고 모용씨의 성을 내려주었다.(十七年, 春三月, 遣使北燕, 且敍宗族, 北燕王雲, 遣侍御史李拔, 報之. 雲祖父高和, 句麗之支, 自云高陽氏之苗裔, 故以高爲氏焉. 慕容寶之爲太子, 雲以武藝侍東宮, 寶子之, 賜姓慕容氏.)-출처 번역: 한국사데이터베이스

외통수로 몰리지 않고 다양한 외교적 선택지를 가지기 위해서는 남조와 외교 교역 관계를 트는 것이 필요했을 것이다. 그런데 문제는 남조와의 자유로운 외교 교역이 당시 남북조가 대치하는 상황이었기 때문에 쉽지 않았다는 것이다. 이런 당시 상황을 미뤄 볼 수 있는 기사가 있다. 장수왕 68년(480)에는 다음과 같은 내용이 기록되어 있다.

> 왕이 사신 여노(餘奴) 등을 보내 남제와 통교하게 하였다. [북]위(北魏)의 광주인(光州人)이 바다 가운데서 여노 등을 잡아 대궐로 보냈다. 북위 고조가 조서를 보내 왕을 책망하여 말하기를, "… 어찌 이것이 번신(藩臣)이 절개를 지키는 의리이겠는가? 지금 하나의 잘못으로 경의 옛 정성을 덮을 수 없어서 곧바로 [사신을] 그대의 나라로 돌려보낸다. [그대는] 용서를 감사히 여기고 자기 허물을 깨달아 밝은 명령을 공경하여 받들고, 다스리는 지역을 편안하게 하고 동정을 보고하라."라고 하였다.[216]

남제에게 보낸 사신이 바다를 지키던 북위 장수에게 걸려 고구려로 강제 귀국을 당했다는 내용이다. 물론 이때 강제 귀국을 당했지만 다음 해에는 고구려가 남제에 사신을 보내는 것에 성공한다. 장수왕 68년인 이 시기는 장수왕 즉위 초반 시기는 아니지만

---

216) 『삼국사기』 「고구려본기」 광개토왕 68년(480)… 王遣使餘奴等, 朝聘南齊, 魏光州人, 於海中得餘奴等, 送闕. 魏高祖詔責王曰, "道成親弑其君, 竊位江左. 朕方欲興滅國於舊邦, 繼絶世於劉氏, 而卿越境外交, 遠通簒賊, 豈是藩臣守節之義. 今不以一過掩卿舊款, 即送還藩, 其感恕思愆, 祗承明憲, 輯寧所部, 勤校勘 032靜以聞." (출처 번역: 한국사데이터베이스)

위의 기사로 미루어 남북조가 대치 상황에 있던 5세기 당시에 고구려가 북조의 경계망에 잡히지 않고 발해를 따라 연안 항해로 내려가 남조에 도착하는 것이 쉽지 않았을 것을 짐작할 수 있다.

광개토태왕 때 이미 고대 요동 오늘날 요서 지역을 안정적으로 영유했으며, 400년 경자년에 백잔과 백잔의 부역 세력들의 규슈 본거지를 접수했기 때문에 이를 계승한 장수왕은 선대에게 물려받은 영토를 안정적으로 유지할 책무를 느꼈을 것이다.

이를 염두에 두고 장수왕 즉위 후의 외교 행보를 검토하면 고구려가 고대 요동부터 규슈까지 장악한 것을 당시 장수왕이 어떻게 고구려의 이익을 위해 활용했을 것인지 추정해 볼 수 있다. 장수왕은 즉위년에 남조 동진에게 사신부터 보냈는데, 다음은 『삼국사기』「고구려본기」에 나오는 그 기사이다.

> 원년(413)에 장사(長史) 고익(高翼)을 보내 [동]진[晉]에 들어가 표(表)를 올리고, 붉은 털과 흰 털이 섞인 준마를 바쳤다. 안제(安帝)가 왕을 봉하여 고구려왕(高句麗王) 낙안군공(樂安郡公)이라 하였다.[217]

이때 장수왕은 이른바 송서의 왜 5왕이라고 알려진 왜왕 찬(贊)·진(珍)·제(濟)·흥(興)·무(武)의 첫 번째 왜왕인 찬(贊)을 데리고 들어가 동진에게 소개시킨 것으로 보인다.

---

217) 『삼국사기』「고구려본기」 장수왕 즉위년(413) 元年, 遣長史高翼, 入晉奉表, 獻赭白馬, 安帝封王高句麗王·樂安郡公. (출처 번역: 한국사데이터베이스)

(義熙)九年 … 是歲, 高句麗·倭國及西南夷銅頭大師並獻方物

(이 해에 고구려, 왜국 및 서남이 동두대사들이 모두 방물을 바쳤다.)

-『晉書』「安帝紀」義熙 9년(413)

 본고에서는 이 왜 5왕이 모두 韓倭 5왕으로 고구려와 백제에 의해 운영되며 종속된 정권이라고 본다. 앞서 고구려가 남조와의 외교 교역를 북조가 원하지 않았기 때문에 고구려의 남조 외교 교역이 상당한 제약을 받고 있었다고 설명했다. 따라서 고구려가 규슈 북부까지 복속시킨 여러 이유 중의 하나에는 '왜'를 앞세워 남조와의 교류를 북조의 허락 없이 눈치 보지 않고 자유롭게 왕래하기 위함도 있었을 것으로 본다. 이것은 무엇보다 '(韓)倭'가 당시 고구려의 허락 없이 독자적으로 서해 연안을 따라 항해한다는 것은 어려운 상황이었기 때문이다. 따라서 본고는 이 추정이 합리적이라고 본다.

 또한, 고구려에 이끌려 동진에 소개된 찬이 보낸 사신의 조공물은 '초피(담비 가죽)와 인삼[218]'인데, 이것은 열도에서 구할 수 없는 것들이고, 전형적인 고구려 특산물이라는 것으로 보아 고구려의 필요에 의해 만들어진 고구려 페이퍼 정권의 성격이 크다고 본다. 다음은 찬(贊)이 413년에 최초로 등장한 이후 고구려가 (한)왜왕 찬(贊)·진(珍)을 어떻게 남북조 외교에서 활용했을지 짐작할 수 있

---

218) 倭國獻貂皮人參, 詔賜細笙麝香(왜국이 초피(담비 가죽)와 인삼을 바쳤고, 생황과 사향을 하사했다.) -『義熙起居注(의희기거주)』

는 고구려의 사신 연대 비교표다.

5세기 장수왕의 남북조 외교 타임라인과 (한)왜왕 贊

	5세기 장수왕의 남북조 외교 타임라인(고구려 괴뢰: 한왜왕 贊)
413년	장수왕 즉위년 고구려 한왜왕 찬의 사신 동진 동반 입조[219]
421년	한왜왕 贊이 남조 송에 사신을 보냄(송 고조 영초 2년).[220]
422년	'고련(장수왕)'에게 산기상시와 독평주제군사의 직을 더해 주다.[221]
424년	장수왕이 남조 송 사신을 보냄(소제 경평 2년).[222]
425년	장수왕이 〔북〕위〔魏〕에 사신을 보냄(장수왕 13년).[223]
	한왜왕 贊이 송에게 조공(송 문제 원가 2년).[224]

위의 표는 장수왕이 (한)왜왕 찬을 어떻게 활용했는지 짐작할 수 있는 단서를 보여 준다. 먼저, (한)왜왕 贊이 송에 사신을 보낸 연도와 고구려가 송에 사신을 보낸 연도가 겹치지 않는다. 고구려가 송에 사신을 보내지 못할 형편일 때 (한)왜왕 찬을 내세워 송에

---

219) 『晉書』「安帝紀」義熙 9년(413) 九年 … 是歲, 高句麗·倭國及西南夷銅頭大師並獻方(이 해에 고구려, 왜국 및 서남이 동두대사들이 모두 방물을 바쳤다.)

220) 『송서』「이만전」「왜전」 고조(高祖) … 世修貢職. 高祖永初二年, 詔曰:「倭 讚萬里修貢, 遠誠宜甄, 可賜除授.」

221) 『송서』「이만전」「고구려전」… 惟新告始, 宜荷國休, 璉可征東大將軍, 映可鎭東大將軍, 持節·都督·王·公如故._」… 三年, 加璉散騎常侍, 增督平州諸軍事.

222) 『송서』「이만전」「고구려전」… 少帝景平二年, 璉遣長史馬婁等詣闕獻方物

223) 『삼국사기』「고구려본기」 장수왕 13년 十三年, 遣使如魏貢.

224) 『송서』「이만전」「왜전」… 太祖元嘉二年, 讚又遣司馬曹達奉表獻方物.

사신을 보냈을 것으로 보인다.

고대 국가 간의 외교에서 조공은 말이 조공이지 사실은 무역의 일환이다. 조공으로 바친 물품을 받은 쪽은 다른 물품들을 이른바 하사한다. 일종의 물물교환이다. 쌍방 간의 교역이 서로 윈윈하는 편이면 오래 교역이 이뤄지고, 그렇지 않고 어느 한쪽이 일방적으로 요구만 하면 갈등과 전쟁으로 가게 마련이다.

421년 고구려가 송에 사신을 보내지 않을 때 송으로 사신을 보낸 (韓)倭 왕 贊의 사신은 본국으로 귀환할 때 교환받은 물품들을 고구려에게 바쳤을 것이다. 425년에는 고구려는 북위에 사신을 보내고, 韓倭 왕 贊에게는 송나라에 사신을 보내게 하여 고구려가 송에 직접 사신을 보내면 발생할 수 있는 북위와의 소모적 신경전을 피할 수 있었을 것으로 보인다.

동진이 망하고 뒤를 이은 남조의 송나라는 고구려와의 관계를 우호적으로 유지하는 것이 북위와의 대치 상황에서 아주 중요한 핵심 사안이라는 것을 잘 알고 있었다. 이것은 『송서』「이만전」「고구려전」의 첫 문구가 "동이 고구려국은 지금에 와서는 한나라 대의 요동군[225]을 다스리고 있다.(東夷高句驪國, 今治漢之遼東郡)"로 시작하는 것에도 나타난다. '今治漢之遼東郡'이라고 고구려의 위치

---

225) "今治漢之遼東郡(지금은 한나라 때의 요동군을 다스리로 있다)"는 문구로 알 수 있듯이 한나라 때의 요동군은 현재의 요동반도를 의미하는 것이 아니다. 즉, 현재 북경시 하북성에 있는 난하 유역이 한무제가 멸망시킨 위만조선이 있었던 자리고, 그 지역에 낙랑군 등을 설치한 것으로, 한나라 때 요동군은 난하와 갈석산이 있는 그 일대였다고 할 수 있다. 광개토태왕 때 고조선 지역이었던 그곳을 수복했고, 이어서 장수왕대에 안정적으로 영유하고 있었다는 것을 알 수 있다.

를 특정한 것에 주목할 필요가 있다. 한나라 때의 요동군을 고구려가 차지하고 있다고 지적한 것은 한나라가 하던 역할들을 이제는 고구려가 하고 있다는 것을 환기시킨 것이다. '한나라가 하던 역할들'이라는 부분에서 『후한서』와 『삼국지』「왜전」의 내용들을 복기할 필요가 있다.

『후한서』「왜전」에는 "무제(武帝)가 조선(朝鮮)을 멸망시킨 후에 사역(使驛)을 이용하여 한(漢)과 통한 것이 30여 개 나라[國]이다.(自武帝滅朝鮮, 使驛通於漢者三十許國)"라는 기록이 있다. 또, 『삼국지』「왜전」에는 "왜인(倭人)은 대방군(帶方郡) 동남쪽의 대해(大海) 중에 살고 있는데, 산이 많은 섬에 의지하여 나라와 마을[國邑]을 이루었다. 이전에는 100여 나라였는데, 한대(漢代)에 [이들 중에서 한의] 조정에 알현(朝見)하는 나라가 있었고, 지금은 사역(使譯)이 통하는 곳이 30개 나라이다.(倭人在帶方東南大海之中, 依山島爲國邑. 舊百餘國, 漢時有朝見者, 今使譯所通三十國)"라고 기록되어 있다. 이 말은, 한나라가 위만조선을 멸하고 그 일대에 장악한 후에 그곳을 거점으로 '왜'와 통교하기 시작했다는 것이다. 그 일대에 '왜'와 통교하도록 연결시켜 주는 거점 지역이 바로 '대방군'이었다는 것이다. 그러므로 「송서」에 "今治漢之遼東郡"라고 한 것은 그 교통요충지를 지금은 고구려가 장악하고 있으면서 '漢나라 때의 대방군(이 일대를 통상적으로 요동군으로 통칭했다고 봄)이 하던 역할'들이 고구려의 지정학적 권력으로 들어갔다는 것을 지적하고 있는 것이다.

5세기 고구려가 장악한 서해- 고구려의 바다

송나라가 망한 후에 들어선 남조의 *濟*나라의 『남제서』「고구려전」에도 5세기 고구려의 위상에 대한 언급부터 다음과 같이 등장한다.

> 동이 고려국은 서쪽으로 魏로(북위)와 경계를 접하고 있다. 송 말기에 고려왕·낙랑공 고련(장수왕, 재위: 412~491)을 사지절·산기상시·도독영평이주제군사·거기대장군·개부의동삼사로 삼았다. … 배를 타고 바다를 건너오니 사신과 통역관이 늘상 왕래했는데, 魏로에게도 사신을 보냈다. 하지만 강성하여 [송·위로 어느 쪽에도] 통제를 받지 않았다. [魏]로는 여러 나라의 사신이 머무는 객사를 두었는데, 濟의 사신이 제일이

었고, 고구려는 그다음이었다.[226]

『송서』와 『남제서』의 고구려전은 모두 5세기 당대 고구려가 얼마나 강성했는지 말하고 있는데, 그것에는 고구려가 장악한 지역의 지정학적 위치가 포함되어 있다. 그 지정학적 위치는 바로 고구려가 한나라 때의 요동군 지역부터 규슈 북단까지 이어지는 서해 항행을 통제할 수 있는 위치였다는 것에 주목해야 한다. 이러한 서해 항행 통제 패권은 고구려가 고대 요동 지역을 점유하고, 규슈 북단 지역을 점거한 이후부터 나타난 것이다. 고구려의 서해 항행 통제 패권을 보여 주는 한 단면이 바로 한왜왕 贊과 珍의 등장이라는 것이 본고의 주장이다. 이번에는 한왜왕 贊 이후 珍이 『송서』에 등장하는 것과 당시의 고구려 상황에 대해 검토해 보겠다. 다음의 표는 韓倭왕 珍이 『송서』에 등장하는 438년을 전후한 상황이다.

---

226) 『南齊書』「蠻·東南夷傳」「高麗國」 東夷高麗國, 西與魏虜接界. 宋末, 高麗王樂浪公高璉爲使持節·散騎常侍·都督營平二州諸軍事·車騎大將軍·開府儀同三司. 太祖建元元年, 進號驃騎大將軍. 三年, 遣使貢獻. 乘舶汎海, 使驛常通, 亦使魏虜. 然彊盛不受制. 虜置諸國使邸, 齊使第一, 高麗次之. (출처 번역: 동북아역사넷)

5세기 장수왕 430년대 북위 남송 외교 타임라인과 (한)왜왕 珍

	장수왕 430년대의 북위 남송 외교 타임라인(고구려 페이퍼: (한)왜왕 珍)
435년	장수왕 23년 북위에 사신을 보내, 또 그 나라 [임금의] 휘(諱)를 청하였다. 도독요해제군사(都督遼海諸軍事) … 요동군개국공(遼東郡開國公) 고구려왕을 삼았다.[227]
436년	장수왕 24년- 송 문제 元嘉 13년 송에 사신을 보냄.[228] 장수왕 24년 9월 왕이 사신을 보내 [북]위[魏]에 가서 표(表)를 올리며, 풍홍과 함께 왕의 교화를 받들겠다고 핑계를 대었다. 위주(魏主)는 [고구려를] 공격할 것을 논의하고 … 비(丕) 등이 간언(諫言)하니 위주가 그만두었다.[229]
437년	장수왕 25년 봄 2월에 사신을 보내 [북]위[魏]에 조공하였다.[230]
438년	장수왕 26년 고구려 한왜왕 珍의 사신 동반 입조.(是歲, 武都王·河南國·高麗國·倭國·扶南國·林邑國並遣使獻方物.이때 무도왕, 하남국, 고구려, 왜국, 부남국, 임읍국이 함께 사신을 보내 조공했다. 송 문제 원가 15년.)[231] 풍홍을 죽이고 송나라 장수 왕백구를 잡아 송으로 압송함.[232] 한왜왕 珍이 사지절(使持節), 도독(都督) 왜, 백제, 신라, 임나(任那), 진한(秦韓), 모한(慕韓) 육국제군사, 안동대장군(安東大將軍), 왜국왕을 요청 → 송 문제는 안동장군(安東將軍) 왜국왕을 제수함.[233]
439년	장수왕 27년 [원가] 16년 [송] 태조(문제)는 북방을 토벌하고자, [고]련에게 말을 요청 [고]련이 말 800필을 지원.[234] 북위에 사신을 보냄(11월 12월).[235]
441년	장수왕 29년 원가 18년 송에게 사신을 보냄.[236]

227) 『삼국사기』「고구려본기」 장수왕 23년 二十三年, 夏六月, 王遣使入魏朝貢, 且請國諱. 世祖嘉其誠歎, 使録帝系及諱以與之, 遣員外散騎侍郎李敖, 拜王為都督遼海諸軍事·征東將軍·領護東夷中郎將·遼東郡開國公·高句麗王.

228) 『송서』「문제 본기」 원가 13년 六月, 高麗國·武都王遣使獻方物

229) 『삼국사기』「고구려본기」 장수왕 24년 王遣使入魏奉表, 稱當興馮弘, 俱奉王化. 魏主以王違詔, 議擊之, 將發隴右騎卒, 劉絜·樂平王 丕等諫之, 乃止.

230) 『삼국사기』「고구려본기」 장수왕 25년 二十五年, 春二月, 遣使入魏朝貢.

231) 『송서』「문제 본기」 원가15년 … 是歲, 武都王·河南國·高麗國·倭國·扶南國·林邑國並遣使獻方物.

232) 『삼국사기』「고구려본기」 장수왕 26년

233) 『송서』「이만전」「왜전」… 讚死, 弟珍立, 遣使貢獻. 自稱使持節·都督倭百濟新羅任那秦韓慕韓六國諸軍事·安東大將軍·倭國王. 表求除正, 詔除安東將軍·倭國王.

234) 『송서』「이만전」「고구려전」..十六年, 太祖欲北討, 詔璉送馬, 璉獻馬八百匹.

235) 『삼국사기』「고구려본기」 장수왕 27년 二十七年, 冬十一月, 十二月 遣使入魏朝貢.

236) 『송서』「문제 본기」 원가 18년..是歲, 肅特國·高麗國·蘇靡黎國·林邑國並遣使獻方物.

장수왕은 즉위 년에 동진에 먼저 사신을 보냈다. 이때 (한)왜왕 贊이라는 정권을 만들어 그 사신을 데리고 함께 동진에 들어간 것으로 본다. 장수왕이 즉위년에 남조 동진에게 먼저 사신 외교를 시작한 것은 북위를 견제하고자 하는 목적이 컸기 때문일 것이다. 남조 동진으로 시작된 사신 외교는 이후 송나라로 이어졌고, 이른바 5세기 송서의 왜 5왕이라는 허수아비정권이 시작된 것이다.

즉, 왜 5왕을 만들어 낸 것이 고구려 장수왕이라는 것이다. 비문의 400년 경자년에 규슈 북단의 '任那=맡을나=末盧=마츠라'에 상륙하여 규슈 북단 장악에 성공한 고구려는 백제를 돕는 규슈 세력들을 제압하면서 열도 전체를 고립시킨 것이다. 즉, 규슈에서 나와서 서해바다를 이용할 수 없도록 만든 것이다.

『宋書』에 나타나는 왜 5왕은 『일본서기』에는 단 한마디도 등장하지 않는다. 『일본서기』에는 단독으로 당시에 중국으로 사신을 보냈다는 천황이 없고, 천황만 없는 것이 아니라 '송나라'라는 이름조차 나오지 않는다. 이것은 '왜왕이 보낸 사신'이라는 것을 고구려가 만들어서 이용했을 뿐인 유령으로 사실상 열도에서는 존재하지 않았던 정권이기 때문이다. 이른바『송서』의 '왜 5왕'이라는 것이『송서』에서 등장하여『송서』에서만 언급되고 있는 이유[237]가 무엇인지에 대해 포커스를 맞추고, 당대 고구려와 남북조 간의 국제 외교 역학 상황을 탐구해 본다면 '왜 5왕'이 무엇인지 어렵지

---

237) 송서 이후 남조 나라들의 왜전에 나오는 내용들은 송서를 받아쓰기 한 것이다.

않게 추정할 수 있다고 본다.

　5세기에 중국의 남북조 분열 시기에 연산산맥 동쪽의 명실상부한 최대 제국이자 강국은 고구려라는 것은 분명한 사실이다. 그러한 고구려의 허락 없이는 백제도 아무 일도 하지 못하는 형편이었는데, 문명 기술이 한반도를 거쳐서 들어가야 하는 지리적 형편에 놓여 있는 열도의 어떤 정권이 실체를 가지고 고구려의 허락 없이 고구려가 관리하는 바다를 지나 중국 남조와 교류했다고 생각하는 것 자체가 국제 정치 외교와 지정학에 문외한들이 가지는 망상이다.

　이것은 이른바 '왜 5왕'에 대한 언급이 북조인 북위에서는 단 한 차례도 거론된 적이 없다는 것을 보아도 분명하다. 북위는 '倭'라는 존재가 있는지 없는지 그 단어 자체를 거론한 기록이 없다. 고구려가 북위에게는 '왜'를 소개하지 않았기 때문이다.

　남조와의 외교를 먼저 튼 장수왕이 본격적으로 북위와 관계 정상화를 한 것은 435년부터다. 장수왕은 435년에 사신을 보내 '避諱(피휘)'를 청한다. '피휘'란 그 나라 임금의 이름을 피하겠다는 것이다. 이에 북위의 세조는 '도독요해제군사(都督遼海諸軍事) 정동장군(征東將軍) 영호동이중랑장(領護東夷中郞將) 요동군개국공(遼東郡開國公) 고구려왕'이라는 작호로 응답한다. 이 작호의 '도독요해제군사(都督遼海諸軍事)'라는 작호는 북위가 관리하는 바다와 고구려가 관리하는 바다의 경계에 고구려의 권한을 북위가 인정한다는 뜻으로 보인다. 이때 '요해'는 지금의 요동반도 앞바다를 지칭하는 것이 아니라, 서해 전체와 지금의 하북성 창려현에 있는 갈석산으로 바다 경계가 만들어지는 곳까지를 의미하는 것이다.

즉, 서해바다를 건너 북위에게 입조하고 싶은 나라는 서해 연안을 따라 항해하다가 현재 하북성 노룡현에 있는 갈석산 앞 바다까지 와서 고구려에 의해 북위에게 인계되는 시스템이었기 때문에 '도독요해제군사(都督遼海諸軍事)'라는 작위를 주었다고 본다. 이 시스템은 갈석산 난하 유역을 과거 한나라, 위나라가 장악했을 때 '대방군'이 하던 역할이었다.

고구려는 고조선의 영토를 회복한다는 뜻의 '다물정신'을 가지고 있었는데, 결국 그 고조선의 옛 지역을 회복한 것이다. 그리고 그 역할을 고구려가 가지고 갔다는 것은 5세기에 고구려가 '다물정신'으로 영토를 회복한 것을 북위를 중심으로 한 당시 국제사회가 인정한 것으로 본다.

중국 창려현 갈석산과 난하 주변- 고대 요동 지역

당시 장수왕은 북위가 북연을 공격할 것이라는 예상하에 북위와 북연의 전쟁에서 고구려가 최대한 중립을 취하면서 그 전쟁에 휘말려 들어 엉뚱한 피해를 보지 않을 방법을 찾고 있었던 때였다. 북연은 407년에 후연의 모용희(慕容熙)를 암살하고 고구려계인 '고운(高雲)'이 즉위했지만 얼마 지나지 않아 풍발(馮跋)에게 고운도 암살당한다. 풍발도 곧 죽고 동생인 풍홍(馮弘)이 즉위하는데, 북연은 사실상 고구려의 지휘하에 있었기 때문에 북위가 북연을 공격한다면 그것은 바로 고구려와의 전쟁이 될 가능성이 컸다. 북위는 계속 북연을 공격했고, 위기에 빠진 풍홍은 고구려로 망명하겠다고 요청한다. 장수왕은 풍홍의 망명을 받아들이지만, 풍홍이 독자적으로 행동하자 상황이 변한다. 풍홍은 장수왕의 허락 없이 송나라에게 도움을 요청했고, 송나라 역시 고구려에게 풍홍에게 재물을 챙겨서 송나라로 송환하라는 압박을 가하면서 군대를 보낸다. 고구려 장수왕의 지휘에 따르지 않고 독자 행동을 한 풍홍에게 격노한 장수왕은 풍홍을 죽이고, 송나라 군사 장수를 사로잡은 뒤에 송나라에게 고구려 군사들을 죽인 책임을 물으면서 압송한다.

이런 일련의 사태에서 장수왕은 주도권을 놓치지 않았다. 북위와 송나라는 장수왕이 풍홍을 죽임으로써 동시에 고구려에 대항할 정치적 명분을 잃었다. 풍홍 사태 전부터 고구려는 북위와 송나라와의 외교 사신 관계를 잘 다져 놓고 있었기 때문에 북위와 송은 단지 이미 죽은 풍홍 때문에 고구려와 적대적인 관계로 가야 하는 것인지에 대한 손익 계산을 해야 했다.

고구려는 당시 강성한 캐스팅보터였다. 북위와 적대하면 고구려는 남송과 손을 잡고 북위를 공격할 것이고, 남송과 적대하면 고구려는 북위와 손을 잡고 남송을 공격할 것이었다. 누구나 아는 당연한 이 사실에 북위도 남송도 고구려 앞에서 겸손할 수밖에 없었다. 436년에 북위는 고구려를 공격하려다가 그 계획을 철회했고, 송나라는 고구려의 눈치를 보며 압송되어 온 송나라 장수 왕백에게 고구려 군사를 죽인 책임을 물어 일단 하옥시킨다.[238] 이것이 『남제서』에서 "(고구려는) 강성하여 [송·위로 어느 쪽에도] 통제를 받지 않았다.(然彊盛不受制)"라고 기록한 이유일 것이다.

북연, 북위, 송나라와의 이러한 상황 속에서 438년에 (한)왜왕 珍의 사신이 고구려의 사신과 함께 송나라에 나타난다. 438년의 珍의 사신은 최초에 贊의 사신이 413년에 고구려 사신과 함께 동진에 나타난 것과 같은 방식으로 또 나타난다. 그리고 이번에는

---

238) 『삼국사기』「고구려본기」장수왕〈24년(436) 9월〉이 사신을 보내 [북]위(魏)에 가서 표(表)를 올리며, 풍홍과 함께 왕의 교화를 받들겠다고 핑계를 대었다. 위주(魏主)는 [고구려] 왕이 조서를 어겼다며 [고구려를] 공격할 것을 논의하고 농우(隴右)의 기병을 징발하려 하였다. 유혈(劉絜)과 낙평왕(樂平王) 비(丕) 등이 간언(諫言)하니 위주가 그만두었다.(王遣使入魏奉表, 稱當興 馮弘, 俱奉王化. 魏主以王違詔, 議擊之, 將發隴右騎卒, 劉絜·樂平王 조等諫之, 乃止.) (출처 번역: 한국사데이터베이스) / 『송서』「이만전」「고구려전」[왕]백구 등이 7,000여 인을 이끌고 [손]수 등을 갑자기 공격하여 치니, [손]수를 생포하고 [고]구 등 2인을 죽였다. [고]련은 [왕]백구 등이 [고구려 장수를] 멋대로 살해하였으므로, 사신을 보내 [그들을] 잡아 [송으로] 보내왔다. 태조는 멀리 떨어진 나라[와의 우호를 고려하여 그 뜻을 거스르려 하지 않았다. [왕]백구 등은 하옥되었다가 풀려났다.((元嘉)十五年, 復爲索虜所攻, 弘敗走, 奔高驪北豊城, 表求迎接. 太祖遣使王白駒·趙次興迎之, 幷令高驪料理資遣, 璉不欲使弘南, 乃遣將孫漱·高仇等襲殺之. 白駒等率所領七千餘人掩討漱等, 生禽漱, 殺高仇二人. 璉以白駒等專殺, 遣使執送之. 上以遠國, 不欲違其意, 白駒等下獄, 見原) (출처 번역: 동북아역사넷)

고구려 사신과 함께 입조한 상황에서 "왜, 백제, 신라, 임나(任那), 진한(秦韓), 모한(慕韓) 육국제군사, 안동대장군(安東大將軍), 왜국왕" 이라는 작호를 요청한다.[239]

이 작호 요청에 등장하는 나라들 중 '왜, 백제, 신라, 임나(任那)'는 이미 광개토태왕릉비문에 나타나는 나라들이다. 백제·신라는 '구시속민'으로 옛부터 고구려(즉, 고조선의 정통을 계승한)의 속민으로 조공을 바쳤던 나라였고, 그래서 신민으로 만들었다고 고구려 장수왕은 태왕의 훈적을 비문에 새겼다. 그리고 고구려의 제국 만들기 행보에 걸림돌이 되는 '왜(한왜=백제 부역 세력)'를 토벌하러 '말을나=任那=末盧=마츠라'에 상륙하여 순라병과 수비병을 두어 점유했다는 것을 고구려는 분명히 했다.

그런데 그런 고구려 앞에서 고구려에 이끌려 송에 입조한 한왜왕 珍의 사신이 고구려의 신민인 나라들을 언급하며 6국제군사도독 작호를 달라는 요청했다는 것은, 만약 이 당시 '왜'가 독립국의 정체성을 가진 정치체였다면 사실상 고구려에게 선전포고를 한 셈이 되는 것이다. 그런데 고구려의 허락을 받지 못하면 서해바다를 건너지도 못하는 형편의 '왜'라는 독립국은 그 당시에는 없었다.

따라서 당연하게도 이 당시 '왜'는 '열도로 건너간 한인들의 모임인 한왜들'이었고, 그 '(한)왜들'의 출입구를 봉쇄한 고구려가 남조

---

239) 『송서』 「문제 본기」 원가15년 … 是歲, 武都王·河南國·高麗國·倭國·扶南國·林邑國並遣使獻方物. / 『송서』 「이만전」 「왜전」 … 讚死, 弟珍立, 遣使貢獻. 自稱使持節·都督倭百濟新羅任那秦韓慕韓六國諸軍事·安東大將軍·倭國王, 表求除正, 詔除安東將軍·倭國王.

와의 교류에서 필요한 정치적 편의성과 경제적 이익의 극대화를 위해 만들어 낸 '韓倭'였고 '韓倭王'일 뿐인 것이다.

그러므로 고구려가 한왜왕 珍으로 하여금 남조 송나라에게 '왜, 백제, 신라, 임나, 진한, 모한'이라는 6국제군사를 요청하도록 한 것에는 고구려의 어떤 정치적 의도가 있었다고 볼 수 있다. 그렇다면 고구려의 정치적 의도는 무엇이었을까? 고구려의 정치적 의도는 『송서(宋書)』「이만전(夷蠻傳)」「백제전」첫머리에서 그 단서를 찾을 수 있다.

> 백제국은 본래 고려[고구려]와 함께 요동의 동쪽 천여 리 밖에 있었다. 나중에 고구려가 요동을 경략하니 백제가 요서를 경략하였다. 백제가 다스린 곳을 진평군 진평현이라 한다. 의희 12년(416)에 백제왕 여영[전지왕, 재위: 405~420]을 사지절도독백제제군사 진동장군 백제왕으로 삼았다. 고조가 즉위하여 작호를 진동대장군으로 올려 주었다. 소제 경평 2년(424)에 [여]영이 장사 장위를 보내 궁궐로 와서 공물을 바쳤다.[240]

위와 같이 『송서』「백제전」에 의하면 당시 송나라는 백제의 존재와 고구려와 백제 간의 알력 갈등 관계에 대해 잘 알고 있었고, 416년에는 백제에게 백제제군사 백제왕이라는 작호를 이미 주었

---

240) 『송서(宋書)』「이만전(夷蠻傳)」「백제전」百濟國, 本與高驪俱在遼東之東千餘里, 其後高驪略有遼東, 百濟畧有遼西. 百濟所治, 謂之晉平郡 晉平縣. 義熙十二年, 以百濟王餘映爲使持節·都督百濟諸軍事·鎭東將軍·百濟王. 高祖踐祚, 進號鎭東大將軍. 少帝景平二年, 映遣長史張威詣闕貢獻. (출처 번역: 동북아역사넷)

다. 이에 따라 송은 珍이 요청한 백제가 포함된 6국제군사에 대해서는 응답하지 않고 단지 '안동장군(安東將軍) 왜국왕'으로만 대응한 것으로 보인다. 즉, 송나라는 고구려가 이른바 왜왕 찬과 진이 보낸 왜의 사신이라고 고구려가 데리고 입조했을 때, 그것이 고구려의 패권과 정치적 의도가 개입된 행위라는 것을 알아챘을 것이라고 추정된다.

다시 말해서, 고구려가 珍의 사신을 시켜 백제가 포함된 6국제군사를 요청한 의도이자 타깃은 '백제'였다는 것이다. 이것은 당시 고구려가 열도에서 장악한 지역은 서해상으로 나오기 위한 출입구인 규슈 북부 일부였을 뿐이고, 열도에서의 실질적인 지배력은 가지고 있지 못했다는 것을 방증하는 것 일 수 있다. 또한, 그 규슈 북부인 출입구마저 백제가 사실상 재점령했을 가능성이 높다는 것을 말해 주는 것이기도 하다. 즉, 백제를 견제하고 저지하는 것이 고구려의 정치적 목적이었다는 것이다.

이에 따라 고구려는 남조 송나라와 교역하는 백제를 고구려가 견제하고 있고, 서해 항행 통제권을 전적으로 고구려가 행사하고 있음을 북위가 인정한 것과 마찬가지로 송나라도 공식적으로 인정해 주길 원했을 것으로 보인다. 즉, 백제의 송나라 교역 역시 고구려를 통해서만 이뤄질 수 있도록 공식적으로 송나라가 승인해 주길 요구한 것이 바로 고구려가 (한)왜왕 珍을 시켜 '왜, 백제, 신라, 임나, 진한, 모한 6국제군사 작호 요청'의 목적이었다고 추정된다.

Pax Koreana- 고구려 서해 독점의 전개와 백제의 생존 투쟁

고구려는 435년 즈음부터 북연의 풍홍 사태를 겪으면서 북위과 남송을 모두를 컨트롤하는 방법을 실현했다. 고구려는 북연의 풍홍 사태 이후에도 북위와 남송 모두에게 사신 외교를 펼치며 두 나라 사이에서의 캐스팅보터 포지션을 강하게 유지했다.

그런데『삼국사기』「고구려본기」장수왕조에는 장수왕이 북위에게만 매년 사신을 자주 보낸 것으로만 기록되어 있고, 남송에 보낸 사신의 기록은 누락되어 있어서『삼국사기』만으로는 장수왕이 남북조 모두를 컨트롤했다는 것을 알 수 없다. 장수왕은 북위에 매년 사신을 보냈고, 어느 해는 두 번 또는 세 번을 보내기도 하는 등 북위와의 친선 우호 관계를 유지했다.

그런데 이것은 동시에 남송과의 친선 우호 관계를 유지했기 때문에 가능한 것이기도 했다. 장수왕이 남송에게 사신을 보낸 기록은『송서』본기에는 장수왕 11년(423) 3월부터 453년까지 총 9차례,『책부원귀』에는 8차례 사신을 파견한 것으로 기록되어 있다. 또한 455년 이후에도 458년 10월, 459년 11월, 462년(『책부원귀』), 463년 6월(『송서』) 등 총 4차례 송에 사신을 파견한 것으로 기록되어 있지만,『삼국사기』「고구려본기」에는 모두 누락되어 있다.

이러한 고구려 장수왕의 중립적 양다리 외교는 고구려가 군사적으로나 경제적으로나 강국이었기 때문에 가능했던 것이다. 중립외교는 부국강병하지 못한 약국(弱國)의 선택지에는 없는 항목이기 때문이다.

한편, (한)왜왕 찬(贊)과 진(珍)의 뒤를 이어 제(濟)가 나타나는데, '제(濟)' 이후 흥(興)까지는 고구려의 허수아비정권이 아니라 고구려의 허락을 받은 백제의 허수아비정권으로 보인다. 고구려의 허락을 받은 백제의 허수아비정권이라는 것은 당시 고구려의 바다를 건너기 위해서는 고구려에게 조공을 바치지 않고는 불가능한 상황이었기에, 백제가 고구려에게 조공을 하고 '(한)왜의 활용성'을 넘겨받은 것으로 보인다는 뜻이다. 이것은 고구려가 북위와 남송을 동시에 컨트롤이 가능하다는 것을 스스로 알게 되었고, '(한)왜 허수아비정권'을 운용하지 않고 '백제와 백제의 허수아비정권(한) 왜'가 서해 연안을 이용하도록 하고 그 통행료를 조공받는 것이 더 가성비가 있다는 현실적인 판단을 고구려가 했을 수 있기 때문이다.

이러한 정황은 '제(濟)'가 나타는 『송서』「문제 본기」를 보면 추정할 수 있다. (한)왜 왕 제(濟)는 443년 『송서』「문제 본기」 원가 20년에 "是歲, 河西國·高麗國·百濟國·倭國並遣使獻方物"로 기록되어 있다. 즉, 제(濟)는 고구려와 백제와 함께 나타난 것이다. 이것은 고구려가 '백제와 (한)왜'를 데리고 나타난 것으로 보아야 한다. 왜냐하면 최초의 (한)왜왕 찬이 나타날 때도, 두 번째 (한)왜왕인 진이 나타날 때도 고구려와 함께 나타났기 때문이다.[241]

---

241) 『晉書』「安帝紀」義熙 9년(413) 九年 … 是歲, 高句麗·倭國及西南夷銅頭大師並獻方(이 해에 고구려, 왜국 및 서남이 동두대사들이 모두 방물을 바쳤다.) / 『송서』「문제 본기」 원가15년 ..是歲, 武都王·河南國·高麗國·倭國·扶南國·林邑國並遣使獻方物. / 『송서』「이만전」「왜전」... 讚死, 弟珍立, 遣使貢獻, 自稱使持節·都督倭百濟新羅任那秦韓慕韓六國諸軍事·安東大將軍·倭國王. 表求除正, 詔除安東將軍·倭國王.

讚과 珍을 고구려가 데리고 나타난 것과 마찬가지로 이번에는 고구려가 '백제와 한왜왕 제(濟)'를 데리고 나타난 것이다. 다시 말해, 이것은 고구려가 데리고 입조하는 하나의 공식적인 패턴이라고 봐야 한다.

그러므로 이것은 '백제가 (한)왜를 데리고' 고구려에게 고구려의 바다인 서해 연안 항로를 이용하는 것에 대한 대가로 조공을 바치기로 한 다음에야 송나라에게 백제의 무역을 위한 사신 외교가 가능했다고 추정할 수 있는 근거가 된다.

이런 추정 해석을 가능하게 하는 것은 濟가 451년에 두 번째로 사신을 보냈을 때도 드러난다. 송 문제는 451년(원가 28년)에 濟가 보낸 사신을 통해 "사지절(使持節), 도독 왜, 신라, 임나, 가라, 진한, 모한, 육국제군사를 더하고, 안동장군"을 제수한다.[242]

이것은 송나라가 珍의 사신이 438년에 고구려 사신과 함께 입조한 상황에서 '백제'를 포함한 6국제군사를 요청했던 것을 받아들이지 않고 '안동장군 왜국왕'만 제수한 것과 비교되는 대목이다. 즉, 438년에 珍의 '백제'를 포함한 6국제군사 요청을 받아들이지 않은 것과 대비되어, 濟가 443년에 고구려·백제와 함께 나타난 이후 8년 뒤인 451년의 濟에게 '백제'가 빠진 '왜, 신라, 임나, 가라, 진한, 모한' 6국제군사를 송 문제가 제수했다는 것이다.

---

242) 『송서』「이만전」「왜전」(元嘉)二十八年, 加使持節·都督倭 新羅 任那 加羅 秦韓 慕韓六國諸軍事·安東將軍如故. / 『송서』「문제본기」 원가 28년(451) … 秋七月甲辰, 安東將軍倭王倭濟進號安東大將軍

다시 말해, 육국제군사 작호를 '백제'를 포함하여 최초로 제군사 작호를 요청했던 두 번째 한왜왕인 珍이 아니라, '백제'를 빼고 요청한 세 번째 (한)왜왕인 濟가 받은 것이다. 이때 (한)왜왕인 濟의 사신이 고구려 백제와 함께 입조한 443년 뒤에 받은 것이므로, '백제'가 빠진 6국제군사를 宋이 (한)왜왕 濟에게 주었다는 것은 이미 이것을 고구려와 백제·송나라가 합의했을 것으로 보인다는 말이다.

이렇게 추정하는 것은 451년에 (한)왜왕인 濟가 '백제'가 빠진 6국제군사를 받은 그해에 고구려는 별도로 혼자 송에게 사신을 또 보냈기 때문이다.[243] 즉, 고구려는 443년에 '백제와 한왜왕의 사신을 데리고' 송에 입조한 후에 451년에 (한)왜왕 濟가 6국제군사를 받을 때 별도로 사신을 보낸 것이다.

(한)왜왕에게 고구려의 신민인 나라들인 '신라, 임나, 가라' 등이 들어간 6국제군사를 (한)왜왕 濟에게 수여했다는 것은 송과 고구려, 백제 사이에 기록으로는 나타나지 않는 암묵적인 어떤 이면 합의가 있었을 것이라고 추정된다. 북위와 대치 상황에서 고구려와의 관계가 어그러지는 것을 원치 않았을 송은 분명히 (한)왜왕 濟에게 6국제군사를 제수하는 것에 대한 고구려의 입장을 확인하고, 백제와 고구려와의 관계에서 고구려의 정치 경제적 입장에 손해가 되지 않을 만큼의 외교적 행위를 했을 것이라고 생각된다.

백제의 입장에서 고구려에게 조공을 해가며 서해 연안 항로를

---

243) 『송서』 「문제본기」 원가 28년(451) 冬十月癸亥, 高麗國遣使獻方物. 장수왕 39년 고구려 입조)-「고구려본기」에는 이 기록이 없다.

이용하는 것은 매우 굴욕적이었을 것이다. 또한 전통적으로 열도에서의 우위는 '백제'였는데, 고구려 광개토태왕의 고구려 군대가 규슈에 상륙하여 출입구를 봉쇄해 버리는 탓에 '백제의 부역 세력으로 활동하던 (한)왜들'도 역시 백제가 활용하지 못하고 오히려 그 명목적 타이틀을 고구려에게 빼앗기게 된 것도 굴욕에 굴욕을 더하는 일이었을 것이다.

백제는 고구려 광개토태왕과 장수왕 재위 당시에 단 한 번도 고구려를 이겨서 북상한 적이 없다. 고구려의 전쟁의 신인 광개토태왕과 외교의 신인 장수왕을 연이어 만난 것은 백제의 불운이었다. 고개 숙이고 고구려의 신민으로만 계속 살기에는 백제 역시 단군조선에서 부여로 이어지는 정통한 계통에서 나왔다고 하는 자부심이 있었다.

고구려에게 (한)왜왕 타이틀을 백제가 넘겨받아 (한)왜왕 濟의 사신과 함께 고구려에 딸려 백제가 입조한 443은 백제의 비유왕 17년이다.[244] 그런데 백제가 고구려에게 고개 숙이고 조공을 하며 '(한)왜왕'이라는 허수아비정권을 넘겨받아, 그 이후 백제 비유왕이 '(한)왜왕 濟'를 이용하여 보낸 443년과 451년 두 번의 송과의 교역에서 아마도 백제는 고구려에게 서해 연안 항로를 이용한 대가를 지불하느라 별로 남는 것이 없었을 것이다. 이런 억울한 상황을 변화시키기 위한 백제의 분투는 개로왕 때부터 시작된 것으로 보인다. 그런 상황들을 추적해 보기 위해 여기서 백제가 남조 나라들에 사신을 보

---

244) 비유왕 17년이지만 「백제본기」에는 기록되어 있지 않다.

낸 연표를 '(한)왜왕 濟'와 함께 비교하는 다음의 도표로 살펴보았다.

(한)왜왕 濟를 포함한 백제의 남조 외교 타임라인

	백제의 남조 외교 타임라인((한)왜왕 濟 포함)
416년	전지왕 12년 동진에서 진동장군 백제왕.[245]
424년	구이신왕 5년(소제 경평 2년) 송에 사신.[246]
429년	비유왕 3년 송에 사신을 보냄.[247]
430년	비유왕 4년 여름 4월에 송(宋) 문제(文皇帝)가 선왕 전지왕을 책봉.[248]
440년	비유왕 14년 송에 사신을 보냄.[249]
443년	(한)왜왕 濟의 사신 고구려 백제와 함께 입조.[250]
	비유왕 17년 송에 사신을 보냄. 고구려와 (한)왜왕 제와 함께 입조.[251]
451년	송 문제 원가 28년 (한)왜왕 濟 6국제군사 안동대장군 왜국왕.[252]
	고구려 원가 28년 겨울 10월에 송에 사신을 보냄.[253]

---

245) 『송서』「이만전」「왜전」 義熙十二年, 以百濟王餘映爲使持節·都督百濟諸軍事·鎭東將軍·百濟王 / 삼국사기 백제본기 전지왕 12년. 十二年, 東晉 安帝遣使, 冊命王爲使持節·都督百濟諸軍事·鎭東將軍·百濟王. / 이보다 앞서 「백제본기」에는 전지왕 2년(406)에 동진에 사신을 보냈다고 기록되어 있다. … 二月, 遣使入晉朝貢.

246) 『송서』「이만전」「왜전」 … 少帝景平二年, 映遣長史張威詣闕貢獻. / 『송서』「왜전」에는 映(영=전지왕)이라고 되어 있지만, 424년은 구이신왕 재위 기간이므로 송서에 착오가 있다고 본다.

247) 『삼국사기』「백제본기」 비유왕 3년. 三年, 秋, 遣使入宋朝貢.

248) 『삼국사기』「백제본기」 비유왕 4년. 四年, 夏四月, 宋 文皇帝以王復修職貢, 降使冊授先王映爵號腆支王十二年, 東晉冊命, 爲使持節·都督百濟諸軍事·鎭東將軍·百濟王.

249) 『삼국사기』「백제본기」 비유왕 14년. 冬十月, 遣使入宋朝貢.

250) 『송서』「문제본기」 원가 20년 是歲, 河西國·高麗國·百濟國·倭國並遣使獻方物 / 송서 이만전 왜전 원가 二十年, 倭國王濟遣使奉獻, 復以爲安東將軍·倭國王

251) 『송서』「문제본기」 원가 20년(443) 是歲, 河西國·高麗國·百濟國·倭國並遣使獻方物

252) 『송서』「문제본기」 원가 28년(451) … 秋七月甲辰, 安東將軍倭王倭濟進號安東大將軍/송서 이만전 왜전. 원가28년(451)에 사지절(使持節), 도독왜, 신라, 임나, 가라, 진한, 모한, 육국제군사를 더하고, 안동장군은 전과 같이 하였다. 아울러 올린 23인의 군(軍)과 군(郡)을 제수하였다.(二十八年, 加使持節·都督倭 新羅 任那 加羅 秦韓 慕韓六國諸軍事·安東將軍如故.)

253) 『송서』「문제본기」 원가 28년(451) 冬十月癸亥, 高麗國遣使獻方物.장수왕 39년 고구려 입조)- 「고구려본기」에는 이 기록이 없다.

앞의 표에서 451년 (한)왜왕 제가 6국제군사 안동대장군의 작호를 받을 때는 451년 가을 7월이라고 『송서』「문제본기」 원가 28년에 기록되어 있다. 그리고 고구려는 같은 해 겨울 10월에 사신을 보냈다. 즉, (한)왜왕 濟가 보낸 사신이 고구려 없이 단독으로 451년에 처음 들어온 것이다. 이것이 고구려의 허락 없이 서해 연안 항로를 이용한 것이라고 보기는 힘들다. 송으로 들어가는 것도, 송에서 나와 다시 귀국하는 것도 모두 서해 연안 항로를 따라가야 하는 입장에서 고구려의 서해바다 감시 눈을 피하기는 어려웠을 것으로 보이기 때문이다. 아마도 451년 (한)왜왕 濟의 사신은 고구려에게 조공을 하고, 송으로 가는 항로와 귀국 항로 모두를 이용했을 것이다.

451년은 백제 비유왕 25년이다. 이런 추측은 비유왕(427~455) 때 백제가 고구려에게 공격적인 어떤 행동을 한 일이 없다는 것에 근거한다. 비유왕의 외교 정책은 신라와 동맹을 강화하고 '(한)왜들'과의 교류를 더 밀도 있게 하는 것이었고, 가급적이면 고구려와의 마찰은 피하는 것이었다고 볼 수 있다. 강성한 고구려를 백제가 이기기 위해서는 당분간 힘의 축적과 백제 우호 동맹들을 강화하는 것이 필요하다는 것이 백제 비유왕의 정책이었던 것이다.

그런데 개로왕(455~475) 때부터는 이 정책들이 변화한다. 고구려와의 마찰을 피하던 백제는 「백제본기」에 의하면 개로왕 15년(469)에 고구려의 남쪽 변방을 공격한다.[254] 개로왕 때의 이러한 변화

---

254) 『삼국사기』「백제본기」 개로왕 15년 … 十五年, 秋八月, 遣將侵高句麗南鄙.

는 '(한)왜왕 興'이 462년에 송에 단독으로 입조한 것에서 미리 암시되었다고 본다.

『송서』「효무제 본기」 대명 6년에 "三月 …壬寅, 以倭國王世子興爲安東將軍"이라고 기록되어 있는 것으로 보아 이때 '(한)왜왕 興'이 보낸 사신은 고구려에게 딸려 간 것이 아니라 단독으로 송에 간 것으로 보인다. 그전에 찬(贊)·진(珍)·제(濟)까지 모두 처음 입조할 때 고구려가 데리고 간 것과 대조되는 모습이다. 또한 이때의 興이 보낸 사신은 백제와도 함께 가지 않았다. '(한)왜왕 興'이 보낸 사신이 고구려도 백제도 없이 오로지 단독으로 송에 갔다는 것은 주목할 만하다. 이것은 고구려에게서 '(한)왜왕'이라는 허수아비정권 타이틀을 가지고 온 뒤에 규슈를 실질적으로 장악하고 있던 규슈백제가 본토 백제의 도움과 허락을 받아 송으로 들어간 것으로 보이기 때문이다.

즉, 본토백제를 돕는 백제 부역 세력인 규슈백제가 본토와의 결속력을 더욱 증가시켰다는 것을 보여 주는 것이 興의 사신이 단독으로 송에 간 사실이라는 것이다. 규슈백제가 당시 중국으로 교역하려면 일단은 먼저 본토백제의 바다를 지나야 하기 때문에 본토백제와 결속력이 약하면 규슈백제 단독으로는 가능하지 않다는 것을 환기할 필요가 있다.

한편, 興의 사신이 백제의 서해 연안 바닷길을 지나 고구려의 바닷길은 이용하지 않고 송으로 갔다면, 아마도 현재 요동 반도 아래쪽에서 묘도 군도를 지나 산동 반도에 도착하는 항로를 이용했을 것으로 보인다. 제일 안전한 항로는 서해 연안을 따라 계속 올라가다가 하북성 창려현에 있는 갈석산 앞으로 들어가는 것이지만, 그 항로는 고구려에게 조공을 하지 않으면 갈 수 없는 항로이니 흥의 사신은 요동반도에서 묘도군도를 통해 산동반도에 도착하는 항로를 이용했을 것이다. 그런데 그 묘도 군도를 지나가는 항로는 작은 무인도 섬들로 이어져 있지만, 어쨌든 먼 바다로 나가는 것과 같으므로 당시 항해술로는 안전한 항로가 아니었다. 이것은 개로왕이 472년에 북위에 보낸 표문에서도 나타나므로 뒤에서 다시 말하겠다.

462년의 興이 이렇게 단독으로 사신을 보낸 것은 당시 본토 백제왕인 개로왕이 비유왕 때와는 다르게 본격적으로 고구려에게서 벗어나기 위한 정책으로 전환한 것을 보여 준 암시였다고 본다. 개로왕이 고구려에게 벗어나 서해 항로를 온전히 이용하기 위해 얼마나 노심초사했는지는 개로왕 18년(472)에 북위에 보낸 표문을 보면 짐작할 수 있다. 다음은 개로왕이 보낸 표문이다.

> "신이 동쪽 끝에 나라를 세웠는데, 승냥이와 이리가 길을 막으니, 비록 대대로 영험한 교화를 받았으나 번국(藩國)의 예를 받들 수 없었습니다. … 삼가 사사로이 임명한[私署] … 보내어 험한 파도에 배를 띄워 아득한 나루로 가는 길을 찾아 헤매며, 목숨을 자연의 운수에 맡겨서 만분의 일의 정성이라도 바치고자 하옵니다. … "신은 고구려와 함께 근원이 부여(扶餘)에서 나왔기에 선대에는 예전의 우의를 돈독하게 유지하였으나 그 조상인 쇠(釗)가 … 신의 국경을 함부로 짓밟았습니다. 신의 조상인 수(須)가 … 쇠의 머리를 베어 효수하였습니다. … (그러나) 풍씨(馮氏)의 운

수가 다하여 남은 무리들이 (고구려로) 도망해 오자 추악한 무리들이 점점 번성해져서 마침내 (우리는) … 핍박을 당하게 되었습니다. 원한을 맺고 병화(兵禍)가 이어진 지 30여 년이 되니 … 점점 약해지고 위축되었습니다. … 속히 한 명의 장수를 보내 신의 나라를 구해 주십시오. … 또 고구려는 의롭지 못하여 거스르거나 속이는 일은 한 번이 아닙니다. … 혹은 남쪽으로 유씨(劉氏)와 통하고, 북쪽으로는 연연(蠕蠕)과 맹약하여 … 폐하의 책략을 능멸하려고 도모하고 있습니다. … 지금 만약 (고구려를) 취하지 않으면 장차 후회를 남기게 될 것입니다. 지난 경진년(庚辰年) 이후에 신이 (나라의) 서쪽 경계인 소석산북국(小石山北國)의 바다 가운데서 시신 10여 구를 발견하고 아울러 의복과 기물(器物), 안장과 굴레를 얻었는데, … 이는 황제의 사신이 신의 나라로 내려오던 중 기다란 뱀이 길을 막아 바다에 빠진 것이라고 합니다. … 어찌 더벅머리 아이가 천자에게 가는 길에 걸터앉아 가로막게 하십니까? 지금 습득한 안장 하나를 올리니 이로써 사실을 징험하십시오."라고 하였다.[255]

---

255) 『삼국사기』 「백제본기」 개로왕 18년 十八年, 遣使朝魏, 上表曰. "臣立國東極, 犲狼隔路, 雖世承靈化, 莫由奉藩. 瞻望雲闕, 馳情罔極. 涼風微應, 伏惟皇帝陛下恊和天休, 不勝係仰之情. 謹遣私署冠軍將軍·駙馬都尉·弗斯侯·長史餘禮, 龍驤將軍·帶方太守·司馬張茂等, 投舫波阻, 搜徑玄津, 託命自然之運, 遣進萬一之誠. 冀神祇垂感, 皇靈洪覆, 克達天庭, 宣暢臣志, 雖旦聞夕沒, 永無餘恨." 又云, "臣與高句麗, 源出扶餘, 先世之時, 篤崇舊款, 其祖釗輕廢鄰好, 親率士衆, 凌踐臣境. 臣祖須整旅電邁, 應機馳擊, 矢石暫交, 梟斬釗首. 自爾已來, 莫敢南顧. 自馮氏數終, 餘燼奔竄, 醜類漸盛, 遂見凌逼, 構怨連禍三十餘載, 財殫力竭, 轉自房踧. 若天慈曲矜, 遠及無外, 速遣一將, 來救臣國. 當奉送鄙女, 執箒後宮, 并遣子弟, 牧圉外厩, 尺壤匹夫, 不敢自有." … 又詔璉護送安等. 安等至高句麗, 璉稱昔與餘慶有讎, 不令東過, 安等於是皆還, 乃下詔切責之. 後使安等從東萊浮海, 賜餘慶璽書, 褒其誠節. 安等至海濱, 遇風飄蕩, 竟不達而還. 王以麗人屢犯邊鄙, 上表乞師於魏, 不從. 王怨之, 遂絶朝貢. (출처 번역: 한국사데이터베이스)

개로왕은 표문에서 고구려가 길을 막고 있어서 백제가 북위에 갈 수 없다고 말하고 있다. 백제가 북위에게 충성을 하고 싶어도 고구려가 못 하게 하니 북위가 고구려를 정벌해야 한다는 것이 표문에 나타난 백제 개로왕의 논리 중 하나다. 또한, 고구려가 길을 막아 백제는 어려운 항로를 사용하고 있다고 토로한 부분도 표문에 나타난다. 표문 중에 "험한 파도에 배를 띄워 아득한 나루로 가는 길을 찾아 헤매며, 목숨을 자연의 운수에 맡겨서(投舫波阻, 搜徑玄津, 託命自然之俚)"라는 문구가 고구려를 피해 어려운 항로를 이용할 수밖에 없는 백제의 고충을 토로한 부분으로 보인다. 이 항로는 아마도 요동반도 아래에서 묘도군도를 지나 산동반도로 가는 항로였을 것이다. 앞서 말한 462년의 (한)왜왕 흥의 사신 역시 고구려의 바다를 피해 이 어려운 항로로 송에 간 것으로 보인다.

고구려와의 일전을 불사하는 의지를 불태웠던 개로왕은 475년에 고구려와의 전쟁에서 전사했다. 개로왕의 전사로 한성에 도읍했던 백제는 사실상 멸망했다. 한성을 잃은 것은 경기만을 잃은 것으로 백제의 바다가 더 줄어든 것이었다. 백제는 중국과 교역하기 더 어려워진 것이다.

이러한 사정은 「백제본기」에 나타난다. 웅진으로 도읍을 옮기고 다시 시작한 백제는 문주왕 2년(476) 3월에 송에 사신을 보내지만, 고구려가 막아서 가지 못하고 돌아왔다.[256] 동성왕 6년(484)에도

---

256) 『삼국사기』「백제본기」문주왕 2년 三月, 遣使朝宋, 高句麗塞路, 不達而還 (출처 번역: 한국사데이터베이스)

가을 7월에 내법좌평 사약사(沙若思)를 보내 남제에 가서 조공하려 했으나, 서해바다에서 고구려 군사를 만나 가지 못했다.257)

백제가 이러한 궁핍한 굴욕적 상황을 실질적으로 전환시킨 것은 결국 무령왕 즉위 후 즈음 되어야 가능했던 것으로 보인다. 백제 무령왕은 양나라 보통 2년 521년에 표문을 보내 다음과 같이 말했다.

> 양나라에 [양] 보통 2년(521)에 [백제]왕 여융[무령왕, 재위: 462~523]이 비로소 다시 사신을 보내 표문을 올려 말하였다. "수차례 [고]구려를 격파하고 이제야 비로소 [양]과 통호를 하게 되었습니다. 그래서 백제는 다시 강한 나라가 되었습니다.258)

백제 무령왕의 즉위와 '(한)왜왕 무'와의 관계들은 주로 『일본서기』의 해석을 근거로 해명될 수 있는 부분들이다. 이에 관해서는 '『일본서기』'에서의 미마나(任那)'를 해석하면서 다뤄질 것이다.

---

257) 『삼국사기』 「백제본기」 동성왕 6년 ⋯ 秋七月, 遣内法佐平沙若思, 如南齊朝貢, 若思至西海中遇髙句麗兵, 不進. (출처 번역: 한국사데이터베이스)

258) 『양서』 권 54, 열전48, 「제이(諸夷)」 「백제전」 普通二年, 王餘隆始復遣使奉表. 稱累破句驪, 今始與通好, 而百濟更爲强國. (출처 번역: 동북아역사넷)

2장 광개토태왕비문의 '(韓)倭'와 경자년(400)조의 '任那加羅'   255

광개토태왕이 400년에 보낸 고구려 군대가 규슈 북부에 상륙하였고, 규슈 북부를 고구려 군대가 점령한 뒤에 서해바다 연안 항해길이 규슈 북부부터 고대 요동 지역까지 고구려의 통제권역으로 들어오게 되었다는 것을 고대 문헌들을 근거로 설명하였다. 고구려가 서해 연안 바다길을 통제했던 것은 5세기 당시 국제 정세와 맞물리며 고구려를 더욱 강성하게 해 주는 지렛대 역할을 했던 것으로 추정된다. 이와 같이 문헌 기록들을 근거로 고구려의 규슈 북부 장악이 서해바다 해상 패권 장악을 위한 것이었다고 설명했다. 다음은 고구려 군대가 규슈 북부에 상륙했을 것으로 추정되는 고고학적 흔적으로 규슈 북부 지역인 후쿠오카의 고구려 고분에 대해 살펴보겠다.

규슈의
고구려 고분

 규슈의 고분들 중에 고구려 고분으로 볼 수 있는 고분들이 있다. 고구려는 고분의 천장에 별자리 천문도를 새겨 놓는 특징이 있다. 천문도가 그려진 고구려 벽화 무덤은 25기에 달하는 것으로 알려져 있다. 안악3호분(357년)의 천장석에 해와 달을 비롯하여 북두칠성 등의 별자리를 그렸고, 덕흥리 고분(408년)에는 사방 벽면의 천장에 모두 64개의 별을 그려 가장 다채로운 별자리를 담고 있다. 여기에는 해와 달, 목성과 토성 등 태양계의 오행성, 북두 칠성, 견우직녀성 등이 실제로 관측된 하늘 방향에 그려져 있어 고구려 천문 관측의 정밀성을 보여 준다. 뿐만 아니라 중국의 천문도에서 보이지 않는 별자리들도 그려져 있어 고구려에 독자적인 천문 전통이 있음을 알려 준다.[259]

---

259) 국립중앙박물관 박물관신문(https://webzine.museum.go.kr/sub.html?amIdx=8252)

이러한 고구려 고분의 특징을 가지고 있는 고분이 후쿠오카현에 있다. 일본학계에서는 이러한 고구려적 특징을 가지고 있는 고분을 장식고분(裝飾古墳)이라고 한다. 고구려의 천문도가 새겨져 있는 규슈의 대표적인 고분은 규슈 북부 가쓰라가와초(桂川町) 후쿠오카현 이이즈카시(福岡県飯塚市)에 있는 오츠카장식고분(王塚裝飾古墳)이다.

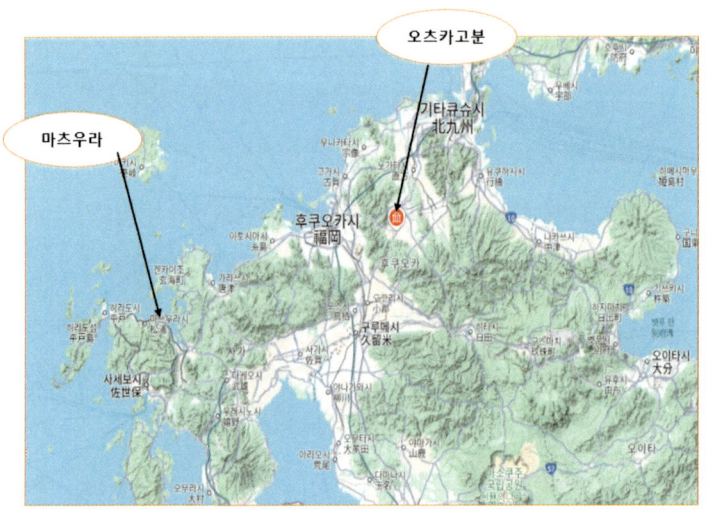

400년에 고구려군이 상륙한 곳으로 보이는 마츠우라와 후쿠오카의 오츠카고분

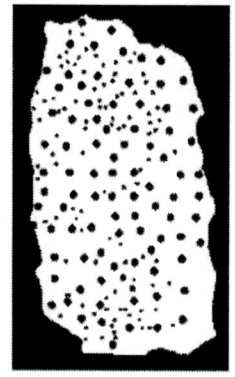 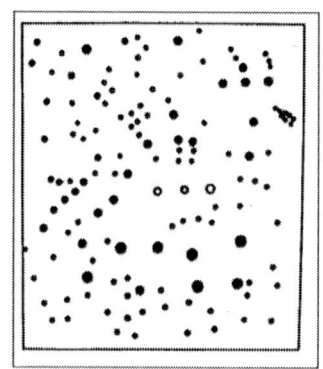

오츠카고분의 천문도와 평양 진파리 4호분의 천문도[260]

오츠카장식고분(王塚裝飾古墳)은 6세기 초에 조성된 것으로 여겨지는데, 위의 그림처럼 별자리가 그려져 있다. 오츠카고분의 별자리는 평양에 있는 고구려 고분인 진파리고분 4호분 천장천문도와 같은 형식인 것으로 연구자들은 보고 있다고 한다. 연구자들은 천장의 주분 배치가 유의미하다고 가정하여 현대 천문도를 선정하여 수치 비교를 한 결과, 진파리 4호 천문도와 매우 유사하다는 결론을 내렸다.[261]

고구려 고분의 천문도는 고구려 고분의 특징이다. 오츠카고분이 6세기 초에 조성된 것으로 보아 5세기에 규슈에 상륙했던 고구려인들 중 일부는 귀국하지 않고 규슈 북부에 안착하여 살았을 가

---

260) 平井 正則 (月光天文台·福岡敎育大學), 「北部九州の裝飾古墳」, 第 5 回「歷史的記錄と現代科学」硏究会, 2018
261) 平井 正則 (月光天文台·福岡敎育大學), 위와 같은 논문.

능성이 있을 것으로 여겨진다. 그렇다면 5세기에 규슈백제(한왜= 왜)를 정벌하기 위해 규슈로 건너왔던 고구려 병사들 중 일부는 규슈에 정착하여 살면서 본국 고구려의 지시를 받고 연락을 주고 받는 역할을 했을 것이다. 그리고 그 후손들이 6세기 초에는 고분을 조성했을 것이라는 추정이 가능하다고 본다.

또한, 6세기 초라는 이 시기는 『일본서기』 「계체기」 계체 21년 (527)에 나타나는 축자(筑紫)의 이와이(磐井) 난(亂)이 일어난 시기다. 오츠카고분은 이와이(磐井) 세력과 연관된 고분일 가능성이 높다. 즉, 난을 일으킨 축자의 이와이(磐井) 세력은 5세기에 규슈에 상륙한 고구려 군대 병사들 중 일부가 규슈에 정착한 결과로 이어진 그들의 후손일 것이라고 본고는 추정한다.

3장

『일본서기』 '미마나(任那)'의 성격과 위치 분석

이 장에서는 규슈에 상륙한 고구려 군대의 마츠라(任那)가 『일본서기』에 나오는 미마나(任那)로 시간이 흐른 후, 그 위치와 성격이 변했다는 것을 논증할 것이다.

    이에 『일본서기』에 등장하는 신라와 백제 그리고 미마나(任那)는 열도에 있었다는 것을 환기하는 지도를 게재하고, 논지를 전개하겠다.

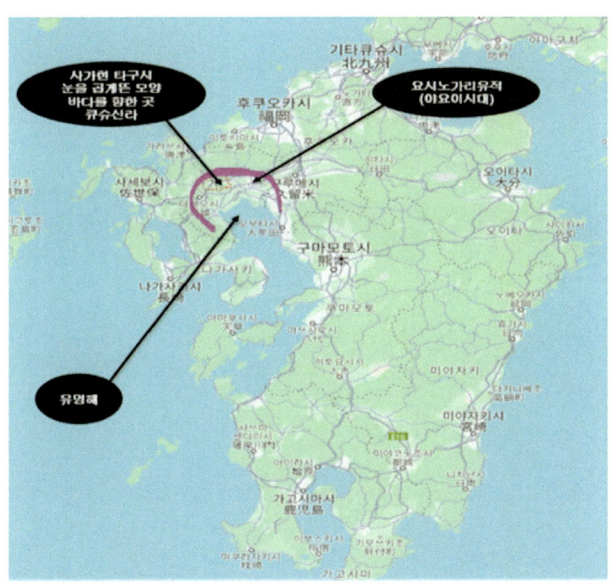

사가현 타쿠시와 요시노가리 유적을 중심으로 있었던 규슈신라

구마모토현 다마나시를 중심으로 위치했던 규슈백제와 에다후나야마고분

3장 『일본서기』 '미마나(任那)'의 성격과 위치 분석   263

비문의 '任那=맡을나=마츠라'와
『일본서기』의 '미마나'

'任那=맡을나=마츠라'에서 '미마나(みまな)'가 되는 과정

『일본서기』에서 '任那'가 최초로 등장하는 기사는 '숭신(崇神 스진) 65년조'다. 숭신은 『일본서기』에 따르면 10대 천황이다. 재위년도는 서기전 97에서 서기전 30년이고, '任那'가 등장하는 65년조의 연대는 서기전 33년이다. 전술했지만 기사는 다음과 같다.

> 65년 가을 7월에 임나국(任那國 ; 미마나노쿠니)이 소나갈질지(蘇那曷叱知)를 파견하여 조공하였다. 임나는 축자국을 떠나 2천여 리, 북으로 바다를 사이에 두고 계림의 서남에 있다.(六十五年 秋七月, 任那國遣蘇那曷叱知, 令朝貢也. 任那者去筑紫國, 二千餘里. 北阻海以在鷄林之西南.)[262]

---

262) 『일본서기』「숭신」 65년 7월 (출처 번역: 동북아역사넷)

그런데 숭신 65년조인 서기전 33년이라는 연대는 『일본서기』의 1대 신무(神武 진무)의 연대부터 따진 것이다. 신무는 서기전 667년에 규슈에서 오사카 지역으로 동정(東征)을 떠난다. 7년에 걸친 동정을 끝내고 서기전 660년인 "신유년 봄 정월 경진삭(1일)에 천황이 강원궁(橿原宮)에서 즉위[263]"했다고 한다.

『일본서기』는 신무가 즉위했다는 연도부터 문제가 있다는 '기년의 문제'를 아직까지 명쾌하게 해명하지 못한 사서(史書)이다. 신무가 즉위했다는 서기전 660년은 '신유년'인데, 이것은 '신유혁명설'에 따라 후대의 『일본서기』 편찬자들이 만들어 낸 즉위년이라는 주장에 크게 이의가 제기되지 않는다. '신유혁명설'이라는 것은 '신유년에 세상이 크게 바뀌는 혁명이 일어난다'는 일종의 참위설(讖緯說)이다. 삼선청행(三善淸行, 847~918)은 1대 신무가 서기전 660년에 즉위한 뒤에 그로부터 1320년 후인 서기 660년인 제명천황 6년(660)에 1부 혁명이 끝난다고 해석했다.[264] 또한, 에도시대 국학자인 등정간(藤貞幹, 1732~1797)은 『충구발(衝口發)』(1781)에서 신무천황 원년 신유년(기원전 660)에서 600년을 늦추어야만 연기(年紀)가 맞는다는 주장도 했다.[265]

---

263) 『일본서기』 「신무」 원년 辛酉年 春正月庚辰朔, 天皇卽帝位於橿原宮.
264) 所功, 『三善淸行』(人物叢書 157), 吉川弘文館, 1989. (재인용: 동북아역사재단, 『역주 일본서기 1』, 2013, p.77)
265) 동북아역사재단, 『역주 일본서기 1』, 2013, p.87

이렇게 『일본서기』 기년은 신무 즉위년부터 연대 문제에 신뢰성을 갖지 못한다. 신무가 언제 규슈를 떠나 동정을 시작해서 언제 오사카 지역에 안착했느냐 하는 문제는 사실상 『일본서기』 전체를 관통하는 핵심적인 문제다.

이른바 '신무동정'의 시기 문제를 설명하는 것이 『일본서기』를 해석하는 방법의 출발점이라고 할 수 있다. 이에 대해 전술했듯이 북한학자 김석형은 고고학 자료를 인용하여 신무가 동정을 떠난 것은 5세기 말로 보인다는 학설을 제시했다. 제시하는 고고학 자료란 묘제의 '횡혈식 석실'이다. (북)규슈에서는 이미 이른 시기에 '횡혈식 석실'이 보편적으로 널리 나타나는데, 이 묘제는 동쪽으로 더 이상 퍼지지 못하고 있다가 5세기 말이 되면 오사카 지역에서 나타나기 시작한다는 것이다. 즉, 규슈에서 이른 시기부터 보편적으로 자리 잡고 있던 '횡혈식 석실 묘제'가 5세기 말에 이르면 오사카 지역에서 나타나기 시작하니, 규슈 세력이 동쪽으로 간 시기는 5세기 말이라고 볼 수 있다는 것이다.[266]

이에 본고는 북한학자 김석형의 이러한 근거 제시가 타당하다고 생각하여 '신무동정'의 시기를 5세기 말로 추정한다. 이렇게 본다면 10대 천황인 숭신 65년조의 서기전 33년이라는 '任那' 기사의 기년 역시 신무동정이 일어난 5세기 말 이후로 맞춰진다고 볼 수 있다. 따라서 '任那'라는 말이 초출되는 것은 『일본서기』 숭신 65년

---

266) 김석형, 「한일고대관계사」, 한마당, 1988, p.335

조가 아니고 비문의 400년 경자년조인 것이다.

즉, 400년은 5세기가 시작되는 연도다. 이것은 고구려군이 5세기 초에 규슈에 상륙함으로써 『후한서』와 『삼국지』「(한)왜전」에 나타나는 규슈를 중심으로 하는 韓倭들의 정치 세력 조직들에 변화가 일어나기 시작한 것이라고 추정할 수 있는 연대이다. 그런 변화의 여파로 5세기 말 즈음에는 '신무동정'이라는 사건이 발생한 것으로 보인다.

고구려군이 5세기 초 규슈에 상륙한 이후 5세기 말 즈음에는 신무가 동정하여 오사카 지역에 안착한 이후, 세월이 어느 정도 흐른 후, 10대 천황 숭신 때 '任那의 사신 소나갈질지(蘇那曷叱知)'가 조공을 했다는 것은 그 세월 사이에 어떤 변화가 있었다는 것을 보여 주는 것이다.

즉, 처음 규슈에 고구려군이 상륙하여 만든 '任那=末盧國=맡을나=마츠라=현재 규슈 북부 나가사키현(長崎縣) 북부에 있는 松浦市(마츠우라, まつうら)'는 신무가 오사카 지역으로 동정하여 안착한 이후 10대 천황인 숭신 때에 이르면 고구려 세력은 약화되고, 오사카 지역에 안착한 신무 세력은 뿌리를 내리고 세력을 더 강화시키고 있었다는 것으로 해석할 수 있다는 것이다. 그래서 약화된 규슈의 고구려 세력에게서 강화된 오사카 세력에게로 '任那의 사신 소나갈질지(蘇那曷叱知)'가 조공을 오게 된 것으로 해석된다.

이것은 숭신 65년조의 기사 이후에 '任那=마츠라'가 '任那=미마나(みまな)'로 호칭이 바뀌는 과정을 보면 더 정확하게 알 수 있다.

다음은 호칭이 '任那(마츠라)=미마나(みまな)'로 바뀌게 되는 11대 천황인 수인(垂仁: 스이닌) 2년조 기사다.

> … 길을 알지 못해서 섬과 포구에 계속 머물렀다. 북해로부터 돌아와 출운국(出雲國: 이즈모)을 거쳐 여기에 이르렀다."고 말했다. 이때 천황(숭신천황)이 죽었다. 그대로 머물러 활목천황(수인천황)을 섬겨 3년이 경과하였다. 천황이 듣고 도노아아라사등(都怒我阿羅斯等)에게 "너의 나라에 돌아가고 싶은가?"라고 물었다. 그러자 "그러고 싶다."라고 대답하였다. 천황이 아라사등을 불러 "네가 길을 헤매지 않고 빨리 왔더라면 선황을 만나고 섬길 수 있었을 것이다. 그러니 너의 본국의 이름을 고쳐서 어간성천황(御間城天皇)의 이름을 따라 즉시 너의 국명으로 삼아라."라고 말하였다. 그리고 붉은 비단을 아라사등에게 주어 본토에 돌아가게 하였다. 그 국호를 미마나국(彌摩那國: 미마나노쿠니)이라 함은 이것이 연유가 된 것이다. …267)

여기서 언급되는 '도노아라사등'은 숭신 65년조에 나오는 '소나갈질지'와 같은 사람으로 본다. 수인 2년조의 이 내용은 편찬자가 '一云'이라는 별도의 주석을 달아서 설명한 부분에 나온다. 즉, '任

---

267) 『일본서기』「수인(垂仁)」2년 (是歲)… 不知道路留連嶋浦, 自北海廻之, 經出雲國至於此間也. 是時遇天皇崩, 便留之, 仕活目天皇逮于三年. 天皇問都怒我阿羅斯等曰, 欲歸汝國耶. 對諮, 甚望也. 天皇詔阿羅斯等曰, 汝不迷道必速詣之, 遇先皇而仕歟. 是以 改汝本國名, 追負御間城天皇御名, 便爲汝國名. 仍以赤織絹給阿羅斯等, 返于本土. 故號其國謂彌摩那國, 其是之緣也…

那=마츠라의 사신 소나갈질지'에 대해서 다른 책에서는 달리 말하고 있다는 것을 표시해 놓은 것이다.[268]

이 내용은 정리하자면 '任那=마츠라의 사신'이 숭신을 만나려고 오는 길에 길을 잃어 헤매다가 도착했더니 이미 숭신은 죽었다는 것이다. 그래서 그 이후 3년간 귀국하지도 못하고 있었더니, 숭신의 아들 수인이 불러서 아버지 숭신을 섬기는 것을 인정하여 나라 이름을 아버지 이름(어간성천황(御間城天皇))을 따서 국명으로 삼으라고 했다. 그 국명이 미마나국(彌摩那國: 미마나노쿠니(みまなのくに))이라는 것이다. 이로써 '任那=마츠라'는 미마나(みまな)로 불리게 되었다는 말이다.

일본어로 숭신의 이름인 어간성(御間城)을 '미마키(みまき)'라고 발음한다. 즉, 숭신의 이름은 한자로 御間城이라고 쓰고, 읽기는 みまき라고 읽는다는 것이다. 여기서 城(성)=き(키)이고, 존칭에 해당되므로 사실상 숭신의 이름은 'みま(미마)'이다. 그리고 みまな(미마나, 彌摩那)의 な(나, 那)는 '임나任那'의 那(나)와 같은 것으로 '땅', '벌판', '나라'라는 한국 고대어의 향찰이다. '나라'는 순우리말이지만, '나라'는 한자로 '那羅'라고 쓴다. 즉, 고대 지명에서 那(나)는 '那羅'의 줄임말이라고 본다.

『일본서기』「수인(垂仁)」에 나오는 みまな(미마나)의 한자는 彌摩那(미마나)이다. 따라서 '땅', '벌판', '나라'를 의미하는 '那(나)'를 빼면

---

268) 그 신분과 이름이 의부가라국왕(意富加羅國王)의 아들 '도노아라사등'이라고도 하고 또 '우사기아리질지간기(于斯岐阿利叱智干岐)'라고도 한다고 설명하고 있다.

みま(미마, 彌摩)만 남는다. みま(미마, 御間)는 숭신의 이름이다. 즉, 임금의 이름이다. みまな(미마나, 彌摩那)의 한자 彌摩(미륵 미/문지를 마)는 숭신의 이름 御間(미마, みま)를 음차한 것이다.

그런데 '任那=마츠라'는 '임금의 명령을 맡은 나라'라는 뜻이므로, 처음에 그 임금이 '광개토태왕일 때는 그 '任那=마츠라'의 '임금'은 광개토태왕이었지만, 그 후에 세월이 흘러 열도에 새로운 권력자인 다른 임금들이 나타나면서 '任那=마츠라'의 임금은 때에 따라 다른 임금이 될 수 있게 된 것이다. 즉, 고유명사가 보통명사화된 것으로, 언어 음운학적 관점으로 '미마나'의 의미를 해석할 것이 아니라 정치적 관점으로 해석해야 한다는 것이 본고의 관점이다.

이것이『일본서기』에만 압도적인 숫자로 '任那=마츠라'라는 말이 기록되어 있는 이유다. 또한, 이것은『일본서기』에만 셀 수도 없이 많이 등장하는 '任那=마츠라'는 최초에 규슈에 세웠던 광개토태왕이 만든 '任那=마츠라'와 같은 '任那=마츠라'가 아니라는 뜻이기도 하다.

『일본서기』에서 처음으로 '任那=마츠라'의 사신이 숭신을 만나러 왔었기 때문에 '任那=마츠라'의 임금을 숭신의 이름으로 바꿔서 '미마(みま)의 나라', '미마나(みま那)'라고 부르라고 한 것은 정치적으로 그 '땅의 소유권, 징세권'이 오사카 지역의 패권을 장악한 세력에게 속한다는 것을 선포한 것으로 해석된다.

이렇게 '任那=마츠라'가 '미마나(みま那)'로 불리게 된 이유에 대

해 이해하게 되면 "최초에 400년에 만들어졌던 규슈에 있었던 광개토태왕의 나라 任那=마츠라"가 이후 일본 열도에서 벌어진 정치적 패권 변화 상황에 따라 차츰 일본 열도 규슈에서 열도 내의 다른 지역들로 이동했을 것이라는 추정이 가능하다.

'任那=마츠라'를 '미마나(みま那)'로 부르게 했다는 수인(垂仁) 2년조의 기사는 오사카에 안착한 정치 세력이 최초의 '任那=마츠라'를 복속시켰다는 것으로 해석된다는 것이다. 그러므로 그 국명이 변함에 따라 그 정치적 성격도 변했다는 것으로 이해해야 한다. 이렇게 최초의 '任那=마츠라'에서 '미마나'로 바뀌는 것으로 성격이 변했다는 것은 규슈를 떠나 오사카에 자리 잡은 세력에게 복속되었다는 의미와 함께, 그 의미도 고유명사가 아니라 보통명사로 확장 및 변형되었다는 것을 의미한다. 이에 따라 그 위치도 가변성(可變性)을 가지게 된다. 이에 대해서는 다음 장에서 설명하겠다.

'미마나(みまな)'의 정치적 성격과 위치

『일본서기』는 '任那=마츠라'가 처음 언급되는 숭신 65년조에서 그 위치를 '임나는 축자국을 지나 2천여 리, 북으로 바다를 사이에 두고 계림의 서남에 있다.(任那者去筑紫國, 二千餘里. 北阻海以在鷄林之西南.)'라고 말하고 있다. 이 내용에서 축자국(筑紫國)은 규슈 북부 또는 북규슈 일대고, 계림을 한반도의 신라라고 보아, 규슈 북쪽에서 출발하여 2천 리 떨어진 곳이고, 북쪽은 바다로 막혀 있는 조건에 부합한 곳은 '대마도' 외에는 없다고 주장하는 견해가 있다. 즉, 여기서 '임나'의 위치를 지정해 주는 2개의 좌표축은 '축자국'과 '계림'이다. 이 2개의 축만으로 '임나'의 위치를 비정하면 '대마도' 이외에 다른 곳이 비정될 수 없어 보인다.

그런데 숭신 65년조 기사 내용을 다르게 해석할 수 있는, 숨겨진 제3의 중심축이 있다. 숨겨진 제3의 축이란 화자(話者)의 위치다. 고대사를 기록한 고대 문헌들에서 거리는 왕이 있는 곳인 도읍에서 얼마나 멀리 떨어져 있는지 계산하는 것이 보통이다. 왜냐하면 왕에게 세금등 조공을 바쳐야 하기 때문이다. 고대에는 멀리 떨어진 지역에서 조공을 바치기 위해 도읍까지 자발적으로 정기적으로 온다는 것이 매우 힘들었다. 자발적으로 조공을 오지 않으면 그것을 빌미로 탄압하기도 힘든 지역이 도읍에서 멀리 떨어진 지역이기도 하다.

따라서, 고대 문헌에서 '○○리'라고 굳이 표기가 되는 지역은 상당한 정치적 의미를 포함하고 있다고 봐야 한다. 즉, ○○리만큼 멀리 떨어져 있어서 굳이 조공을 하지 않는다면, 그것은 '일종의 반란'으로 봐서 먼 지역이지만 조공을 강요하기 위해 군사를 보내야 할 것인가, 아니면 군사를 보내는 비용을 감당하면서까지 굳이 조공을 받아야 하는 지역인지 정권 차원에서 결정해야 하는 문제이기 때문이다. 그러므로 '임나'가 사신 '소나갈지지'를 보내 자발적으로 조공을 했다는 내용에 이어서 '임나'의 위치가 서술되었다는 것에 주목해야 하는 것이다.

즉, 임나의 위치는 축자국을 지나 2천여 리에 있는데, 숭신천황이 도읍했다고 하는 지역인 '오사카 나라 기내지역'이 기준점이 되어 그곳에서 출발하여 축자에 도착한 뒤에 축자를 지나 2천 리 떨어져 있는 곳에 '임나'가 있다는 것으로 해석되어야 하는 것이다. '오사카 나라 기내지역'에서 '축자국'을 향해 출발하여 '축자국'에 도착한 뒤에, 다시 축자국을 지나 2천여 리를 가면 임나가 있는데, 북쪽에는 바다가 있고, 북동쪽에는 계림이 있는 곳이 '임나'라고 할 수 있다.

또한, 신라를 일컫는 '계림'이라는 단어가 단지 유일하게 한반도에 있었던 신라를 가리키는 말도 아니다. '신라'라는 말은 한반도 고대국가 '신라'를 가리키는 고유명사일 수도 있지만, 새롭게 개척한 땅이라는 '새 땅(新地)'의 의미인 보통명사로도 쓰일 수 있기 때문이다. 고대에는 전부 한자에서 음과 뜻을 차용하여 사용했기에, '那·奴·弩·野·邪·羅·良·川(내)·津(느리)·壤·穰… 등은 모두 좁은 뜻으로는 "지방(地方)", 광의(廣義)로는 "나라(國)"의 개념으로 사용되어, 서로 대체 표기하는 문자들이었다. 이것은 몽골어에서 "na"가 "土地"를 의미했던 것과 관계가 있다.[269] 따라서 한반도 고대 국가 주민들이 일본 열도로 건너가 인구를 형성하고 살았기 때문에

---

269) 김인배·김문배, 「任那新論-역설의 한일고대사」, 고려원, 1995, p.271

'새 땅'이라는 의미의 '신라' 또는 본토 '신라계 이주민들'이 형성한 '새 땅 신라'라는 소국들이 규슈에서부터 오사카 나라 지역 전체 서일본 열도에 있었을 가능성이 높다고 볼 수 있다.

그러므로 숭신 65년조의 신라를 의미하는 "계림"이 한반도 고대 국가 신라라고만 단정할 수 없는 것이다. 그래서 당연하게도 신라 백제를 뜻하는 국명이 일본 열도에 남아 있는데, 일본어로는 백제를 'くだら(쿠다라)'라고 하고, 신라를 'しらぎ(시라기)'라고 한다.

여기서 규슈의 신라로 보이는 지역을 말하자면 '규슈의 유명해(有明海: 아리아케 해(ありあけかい))' 북쪽이라고 할 수 있다. 규슈의 신라 위치가 비정되면 그에 따라 규슈의 '미마나'가 비정될 수 있다. 이상의 내용을 지도로 보면 다음과 같다.

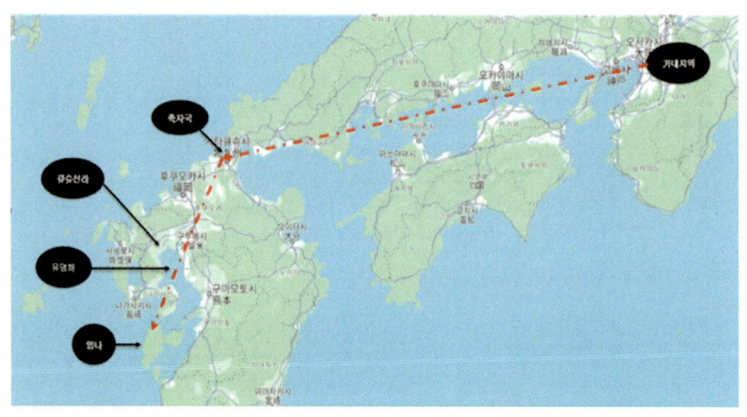

숭신 65년조에 근거한 기내지역에서 북규슈 축자국을 지난 규슈의 미마나

그리고 김인배·김문배의 「임나신론」에 근거한 규슈의 미마나 4현의 지도는 다음과 같다.

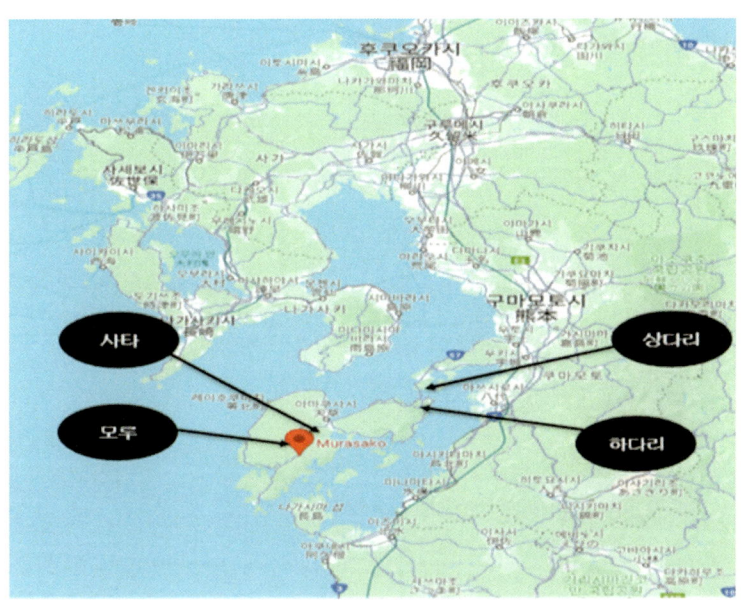

규슈의 미마나 4현 상다리 하다리 사타 모루(임나신론 김인배 김문배 주장)

그런데 이 위치는 이미 5세기 말 1대 신무가 오사카에 안착한 후 10대 숭신에게서 나타나는 기사이므로 최초 400년에 고구려군이 상륙한 '任那=마츠라'가 아닐 것으로 보인다. 규슈 안에서 400년 이후에 어떤 일들이 발생했는지는 정확하게 알 수는 없기 때문이다. 다만, 고구려군의 상륙에 따른 변화들이 일어났을 것이라는 추정만 할 수 있을 뿐이다.

숭신 65년조의 위치를 염두에 두고 수인 2년조 기사를 검토해 보면 이 기사에 나오는 任那가 최초 고구려군이 상륙했던 곳인 '任那=마츠라末盧=현재 松浦市(마츠우라, まつうら)'라고 보기 어려운 이유가 나타난다.

> 이 해에 임나인 소나갈질지(蘇那曷叱智)가 "나라에 돌아가고 싶다."고 청하였다. 아마도 선황의 시대에 알현하러 와서 아직 돌아가지 않았던 것인가? 그래서 소나갈질지에게 융숭하게 상을 주었다. 아울러 붉은 비단 1백 필을 주어 임나왕(任那王 ; 미마나노코니키시, 미마나노코키시)에게 하사하였다. 그러나 신라인이 길을 막아 이것을 빼앗아 버렸다. 양국의 원한이 이때 처음으로 생겼다. …270)

위의 내용은 소나갈질지가 수인천황이 준 붉은 비단 1백 필을 가지고 귀국하는 길이었는데, 신라인이 길을 막고 비단 1백 필을 빼앗았다는 것이다. 이것은 오사카 지역에서 '신라'를 지나가야 '미마나'가 있다는 것을 보여 주고 있다.

이 기사에 의하면, '미마나'는 한반도 남부의 가야 지역이 될 수 없다. 한반도 남부의 가야는 신라를 지나가야 있는 것이 아니기 때문이다. 열도에서 김해 금관가야를 가는데 신라를 지나갈 일이

---

270) 『일본서기』 「수인」 2년 是歲, 任那人蘇那曷叱智請之, 欲歸于國. 蓋先皇之世來朝未還歟. 故敦賞蘇那曷叱智, 仍齎赤絹一百匹賜任那王. 然新羅人遮之於道而奪焉. 其二國之怨, 始起於是時也… (출처 번역: 동북아역사넷)

없다는 것은 당연한 일이다. 이를 보면 숭신 65년조에 이어 수인 2년조에 나타나는 '미마나'는 400년 고구려 군이 상륙했던 곳인 '任那=마츠라末盧=현재 松浦市(마츠우라, まつうら)'라고 설명하기 어려운 것이다. 이것은 이때의 '미마나' 위치가 신라의 위치와도 연관되어 있기 때문이다. 이때의 '미마나' 위치를 설명하기 위해서는 수인 2년조에 나오는 '신라'가 열도의 어디에 있었던 '신라'인가 하는 문제가 함께 해명되어야 한다.

'미마나'로 국명이 변했다는 것은 오사카백제[271]에게 복속된 나라라는 뜻이다. 즉, '미마나'로 국명이 변경된 이후의 '任那'는 오사카백제 세력에게 계속 조공을 바쳐야 하는 나라가 되었다는 뜻이다. '조공을 오사카 세력에게 주기적으로 바쳐야 하는 오사카 세력에게 속한 나라'라는 뜻으로 변경되었다는 것을 감안하고 '미마나'가 등장하는 『일본서기』의 기사들을 검토하면 '미마나'가 왜 그렇게 많이 『일본서기』에 '신라', '백제'와 함께 등장하는지 이해할 수 있다.

이를 설명하기 위해 『일본서기』 상의 30대 천황인 민달(敏達: 비다쓰) 조를 예로 들어보겠다. 다음은 민달 4년(575)의 기사들이다. 이어지는 내용이므로 기사 3개를 연달아 보겠다.

---

271) 전술했지만, 오사카백제는 규슈에 있던 백세 세력이 오사카 지역으로 이주하여 정착한 세력으로 1대 천황 신무의 동정으로 대표된다고 할 수 있다.

① (민달 4년) 575년 2월… 을축에 백제가 사신을 보내어 조(調)를 바쳤다. 평년보다 많았다. 천황은 신라가 임나(任那)를 세우지 않으므로, 황자와 대신(大臣)에게 "임나의 일을 게을리하지 말라."고 명하였다.(乙丑, 百濟遣使進調. 多益恆歲. 天皇, 以新羅未建任那, 詔皇子與大臣曰, 莫懶懈於任那之事.) / ② (민달 4년) 575년 4월… 여름 4월 을유삭 경인(6일)에 길사금자(吉士金子: 키시노카네)를 신라에 사신으로 보내고, 길사목련자(吉士木蓮子: 키시노이타비)를 임나(任那)에 사신으로 보내고, 길사역어언(吉士譯語彦: 키시노워사히코)을 백제에 사신으로 보냈다.(夏四月乙酉朔庚寅, 遣吉士金子, 使於新羅. 吉士木蓮子使於任那. 吉士譯語彦使於百濟.) / ③ (민달 4년) 575년 6월… 6월에 신라가 사신을 보내어 조(調)를 바쳤다. 평소의 예보다 많았다. 아울러 다다라(多多羅), 수나라(須奈羅), 화타(和陀), 발귀(發鬼) 네 읍(邑)의 조(調)를 바쳤다.(六月, 新羅遣使進調. 多益常例. 幷進多多羅·須奈羅·和陀·發鬼, 四邑之調.)[272]

위의 민달 4년조의 기사들은 '미마나'에 대해 아주 중요한 사실들을 보여 주고 있다.

먼저 ①의 기사의 내용이 무엇을 의미하는지 살펴보겠다. 민달 4년 2월조에서 민달은 백제가 평년보다 더 많은 조(調)를 바쳤는데, 그에 대한 언급은 하지 않고 "신라가 미마나(任那)를 세우지 않고 있다."며 황자와 대신들에게 "미마나(任那)의 일을 게을리하지

---

272) 『일본서기』 권 20 「민달(敏達)」 4년 조… (출처 번역: 동북아역사넷)

말라"고 당부한다. 앞서 '미마나'로 국명이 바뀌면서 '미마나는 오사카 세력에게 조공을 바쳐야 하는 나라'가 되었다는 것을 염두에 두어야 한다고 설명했다.

그런데 '미마나'가 調를 바치도록 관리 감독하는 나라들이 있는데 그 나라들이 백제 아니면 신라다. 즉, 신라가 調를 바칠 때 '미마나'의 調까지 거두어서 함께 바친다든지, 또는 백제가 調를 바칠 때 '미마나'의 調까지 함께 가지고 온다든지 하는 시스템인 것이다. 이것을 전제로 기사 ①을 다시 보면 다음과 같이 해석할 수 있다.

【백제가 평년보다 많은 조를 바쳤다.(그런데 그 조에 '미마나'의 조가 덧붙여 있지 않았다. 민달천황은 백제가 미마나의 조를 함께 가지고 올 것이라고 예상했는데, 백제가 그렇게 하지 않은 것이다. 이에 민달은 백제가 미마나의 조를 가지고 오지 않았으니, 아마 신라가 가지고 와야 할 텐데.) 신라는 '미마나의 조'를 가지고 온 적이 없어서 모를 수 있으니, 황자와 대신들에게 '미마나의 조를 걷어 가지고 오는 것을 신라에게 잘 알리는 일을' 게을리하지 말라고 당부했다.】

이 해석을 전제로 ②와 ③의 내용을 살펴보겠다. '미마나에게 조를 거두는 일을 제대로 하라'는 질책을 대신들에게 말한 이후 같은 해 4월에는 신라·미마나·백제에게 모두 사신을 보낸다.(기사 ②) 이때 각 나라에 파견된 사신들은 '미마나의 조를 거두는 일'에

3장 『일본서기』 '미마나(任那)'의 성격과 위치 분석   279

백제와 신라가 '미마나'에게서 어떤 형식으로 거둬서 오사카 세력에게로 바칠 것인지 그 내용을 전달하고, 의논·합의하는 것을 목적으로 파견되었다고 할 수 있을 것이다. 사신들이 파견된 후 같은 해 6월에 신라가 나타나서 조(調)를 바친다. 그런데 신라는 신라의 조에 더해 다다라(多多羅), 수나라(須奈羅), 화타(和陀), 발귀(發鬼) 4읍(邑)의 조까지 덧붙여 바친다.(기사 ③) 여기서의 4읍(邑)은 이른바 '미마나 4읍'이다. 기사 ③의 내용은 민달의 오사카 세력이 백제, 신라, 미마나에게 사신을 보낸 이후에 나타나는 기사이기 때문에 신라가 '미마나의 조'까지 부담하여 오사카 세력에게 바친 것으로 보인다.

이와 같은 상황은 '미마나의 조'를 백제가 부담하든지 아니면 신라가 부담하든지 하는 상황으로 이해할 수 있다. '미마나'와 관련된 기사에 항상 백제와 신라가 등장하는 이유가 이것이다.

이것은 정치적으로 복잡한 전형적인 세력 패권 다툼의 양상이다. '미마나의 調'를 받아야 하는 오사카 세력이 調를 징수하는 것에는 여러 가지 장애물이 있는데, 그 장애물이 백제 또는 신라로 나타나는 것이다. 오사카 세력의 힘이 강해지면 '미마나의 조'를 백제와 신라에게 덧붙여 강제 징수할 수 있지만, 그 반대로 오사카 세력이 백제와 신라 세력보다 더 크지 않거나 또는 비등할 경우에는 '미마나의 조'를 오사카 세력에게 바치지 않고 중간에 백제 또는 신라가 가져 버리는 현상이 발생한다. 위의 민달 4년조는 575년으로 6세기 후반에는 오사카 세력이 백제 세력, 신라 세력보다 확실한 우위를 점한 때이므로, 구구절절하고 복잡한 내용의 갈등과 분쟁의 기사로 나타나지 않고 백제가 조를 바치고 신라가 '미마나의 조'까지 덧붙여 바친다는 한 줄짜리 단편 기사로 나탄 것이다.

또한, 이 기사에는 다다라(多多羅), 수나라(須奈羅), 화타(和陀), 발귀(發鬼) 4읍(邑)이라는 '미마나 4읍'으로 '미마나'가 나타난다. 『일본서기』에서 '미마나'는 4촌, 4현, 10국과 같이 행정단위가 변화하면서 나타난다. 이것은 '미마나의 조'의 규모와 내용이 각각 다른 지역에 있는 다른 내용이라는 것을 뜻하는 것이라고 볼 수 있다. 즉, 조(調)는 어떤 지역의 특산물을 세금으로 바치는 것을 의미하는 것으로 '민달 4년의 미마나 4읍', '계체 23년의 미마나 4촌', '계체 6년의 미마나 4현', '흠명 23년의 미마나 10국'은 각각 다른 지역에서 바쳐야 할 조(調)의 규모와 내용이 다르다는 것을 의미한다는 것이다.

이에 따라 '미마나'를 둘러싸고 일어나는 오사카 세력과 다른 지역에 있는 백제 세력, 신라 세력 간의 갈등 투쟁을 기록한 내용들은 '미마나의 조'를 최종적으로 누가 가지고 갈것이냐를 두고 벌이는 3각 패권 전쟁이다. 이 패권 전쟁은 규슈에서 오사카로 와서 안착한 오사카 세력의 힘이 약하여 떠나온 규슈에까지 간섭을 할 여력이 없는 형편일 때는 백제 세력과 신라 세력이 '미마나의 조'를 누가 부담하여 가지고 갈 것인가 하는 패권 전쟁으로 나타난다. '계체 6년(512)의 미마나 4현'이 이것의 대표적인 기록이다. 이때 오사카 세력은 규슈백제에게 미마나 4현을 아예 주고 만다. 그만큼 오사카 세력이 규슈에까지 영향력을 미치지 못했다는 것을 의미한다.

오사카 세력이 오카야마에 있는 백제·신라 세력들을 제압하고 규슈에까지 영향력을 본격적으로 행사하기 시작한 것은 6세기부터 보인다. 6세기의 계체 6년(512)에는 규슈백제를 중심으로 한 규슈 세력들을 제압하지 못했지만, 계체 21년(527)의 규슈의 호족 '이와이(磐井)의 반란'을 제압하고 난 뒤에는 본격적인 영향력을 행사한 것으로 보인다. 따라서 6세기 이후인 계체기에 나타나는 '계체 6년(512)의 미마나 4현', '계체 23년의 미마나 4촌'과 '흠명 23년의 미마나 10국'과 같은 '미마나'는 규슈에 있는 백제·신라 세력들을 오사카 세력이 제압하는 과정에서 규슈에서 걷을 수 있는 '미마나의 조'의 실제적인 수취권을 가져가는 것에 관한 내용이라고 해석된다. 그러므로 민달 4년인 575년에는 오사카 세력이 규슈를 확고하게 장악한 이후이기 때문에 갈등 분쟁의 내용이 나타나지 않는 것으로 보인다.

이와 같이 '미마나의 문제'는 '미마나의 조'를 실질적으로 누가 가지고 가느냐의 문제로 해석할 수 있다. '미마나의 조'에 대한 실질적 징세권을 두고 열도의 각 지역에서 백제 세력과 신라 세력과 오사카 세력 3대 세력이 갈등을 벌이다가 갈등이 격화되어 전쟁까지도 가는 상황이 기록된 것이 『일본서기』의 '미마나의 문제'다.

이것은 '미마나'가 그 이름에서 알 수 있듯이, 명분적으로는 규슈에서 오사카로 동정을 간 세력에게 복속되어 그 징세권을 오사카 세력이 가지고 있는 것이지만, 실제 현실에서 백제 세력이나 신라 세력이 오사카 세력과 비등한 패권을 가지고 있을 때는 오사카 세력에게 안정적으로 그 미마나의 조가 전달되지 못하기 때문에 발생하는 문제였다. 다른 말로 하자면, '미마나의 문제'는 '미마나의 고정적 위치'가 정해져 있어서 그 정해진 지역에 대한 문제가 아니었다는 뜻이다.

즉, 명분적으로는 오사카 세력의 소유인데, 실제 현실에서의 징수는 그 주변 나라에게 맡겨 징수한 특산품들을 전달받을 수밖에 없는 형편에 있는 땅을 '미마나'라고 한 것이다. 따라서 『일본서기』에서의 '미마나'는 고정된 어떤 한 지역의 영토에 대한 의미로 쓰인 것이 아니라 '오사카 세력의 미마나의 조에 대한 안정적 징수가 방해받고 있기 때문에 그 방해 요인들을 해결하기 위한 논란에 있는 땅'이라는 뜻으로 설명할 수 있다. 이것을 오늘날의 개념 용어로 표현하자면 'pending issue'라고 정의할 수 있다. 펜딩 이슈란 아직 결정되지 않은 어떤 문제라는 뜻으로 '현안 쟁점'이라고 번역한다.

『일본서기』에서의 '미마나'는 명분적 소유와 실질적 징세권이 계속 갈등 상황에 있는 'pending issue(현안 쟁점)에 있는 토지'를 통칭하는 용어이다. 이에 따라 『일본서기』에서의 '미마나'는 멸망과 부활을 반복한다.

즉, '미마나'의 멸망과 부활이 반복된다는 것은 '오사카 세력의 실질 징수권이 주로 신라 세력에 의해 빼앗겼거나 빼앗길 위기에 있던 상태에서, 오사카 세력 입장에서 그 위기를 극복해서 다시 징세권을 가지고 오거나 아니면 다시 가지고 오려는 노력을 하는 데 장애 요인들에 부닥치거나' 하는 상황이 반복된다는 것을 의미하는 것이다.

이것은 '미마나'를 '미마나미야케(みまなみやけ)'라고 말한 것에서도 드러난다. '미마나미야케'는 한자로 '任那日本府=미마나미야케'라고 쓰기도 하고, '任那屯倉=미마나미야케'라고 쓰기도 한다. '미마나의 조를 거두는 것을 관리하는 관리나 관청'을 '미마나미야케(任那屯倉)'라고 한다. 『일본서기』 민달 4년조에 屯倉(미야케)에 관한 기사가 분쟁 갈등의 내용 없이 한 줄 기사로 나타난 것으로 보아 6세기 말 즈음에는 오사카 세력이 열도에서 보편적으로 여러 지역에 안정적으로 설치한 것으로 보인다.

任那屯倉(미마나미야케)를 '任那日本府'라고 표기한 것은 열도에서 친본토 세력들의 영향력이 줄어든 7세기 본토 백제의 멸망 이후에 '日本'이라는 국명을 선택함으로써 '본토로부터 독립된 정치적 자아'를 확립한 이후에 『일본서기』 편찬 과정에서 '任那日本府'라는 한자 표기로 변경 윤색한 것으로 볼 수 있다.

정리하자면, 『일본서기』의 '미마나'는 광개토태왕이 보낸 고구려군이 규슈에 상륙했던 지역인 '任那=맡을나=마츠라'와는 그 지역도 그 정치적 성격도 다르다. '任那=맡을나=마츠라'가 '미마나'로 국명이 바뀌어 불리게 되었다는 것은 '오사카 세력에게 조를 바치도록 정해진 나라가 되었다.'는 뜻이다. 이후 『일본서기』에서의 '미마나'는 명분적 소유와 실질적 징세권이 계속 갈등 상황에 있는 'pending issue(현안 쟁점)에 있는 토지'를 통칭하는 용어로 그 뜻이 확장된다. 규슈에서 동진한 후 오사카에 자리 잡은 오사카 세력은 그 후 다시 서진하면서 먼저 오카야마에 있는 백제·신라 세력과 부딪친다. 오카야마에 있는 '오사카 세력에게 조를 바치도록 정해진 나라인 미마나'의 실질 징수권을 오사카 세력이 가지지 못하고 오카야마에 있는 백제 세력에게 주기도 하는 등의 상황이 발생한다. 400년대 후반인 5세기 후반에 오카야마 세력들과 패권 다툼 하는 이러한 내용은 「웅략기」(456~479)에 담겨 있다.

한편, 500년대 6세기 초반인 계체 6년(512)과 7년(513)의 갈등 분쟁 기사는 오사카 세력이 규슈에까지 영향력을 행사하게 된 내용들에 대한 기사다. 오사카 세력은 차츰 패권을 강화하여 계체21년인 527년에는 규슈에 상륙한다. 이후 나타나는 '미마나 문제'는 규슈에서 규슈백제세력과 규슈신라세력과 오사카세력이 규슈에 있는 '미마나'의 징세권을 둘러싸고 벌이는 분쟁의 내용이다. 주로 「흠명기」에서 집중적으로 나타난다. 이에 대한 내용들은 다음 장에서 자세하게 논하겠다.

백제 무령왕(武寧王)과
『일본서기』 1대 천황 신무(神武, 진무)

『일본서기』에서 정복 전쟁의 구체적인 내용으로 기술되고 있는 천황은 1대 신무천황뿐이다. 신무천황은 '武' 자가 사용되면서 정복 전쟁을 벌인 유일한 천황이다. 신들의 이야기인 신대사가 끝나고 바로 등장하는 천황이 신무천황이다. 신무천황은 등장하자마자 서기전 667년에 규슈를 떠나 동정을 시작하여, 서기전 660년에 오사카에서 즉위한다. 출발해서 오사카에 도착하여 즉위하기까지 만 7년이 걸린 것이다. 그런데 즉위 전에 신무 세력은 오사카에서 즐옥요속일명(櫛玉饒速日命: 쿠시타마니기하야히노미코토) 세력을 만난다. 요속일명 세력은 오사카로 진출해 온 신무 세력에게 오사카 지역을 제패하고 있는 본래 토착 세력은 자신이라고 선포하고 새로 들어온 신진 세력인 신무 세력에게 정체를 묻는다. 다음은 이에 관한 「신무기」의 기록이다.

그때 장수언은 사람을 보내어 천황에게 "옛날 천신의 아들이 천반선을 타고 하늘에서 내려왔다. 즐옥요속일명(櫛玉饒速日命: 쿠시타마니기하야히노미코토)이라고 한다[饒速日은 니기하야히(儞藝波椰卑)라고 읽는다.]. 이분이 나의 누이 삼취옥원(三炊屋媛: 미카시키야히메)에게 장가들어 [다른 이름은 장수원(長髓媛: 나가스네비메), 또 다른 이름은 조견옥원(鳥見屋媛: 토미야비메)이다.] 아들을 낳았다. … 나는 요속일명을 임금으로 받들어 모시고 있다. 도대체 천신의 아들이 두 종류가 있겠는가? 어째서 또 천신의 아들이라고 칭하면서 남의 땅을 빼앗으려는 것인가? …"고 말하였다. 천황이 "천신의 아들도 여럿 있다. 네가 임금으로 섬기는 이가 진실로 천신의 아들이라면 반드시 징표가 있을 것이다. 그것을 보여라."라고 말하였다. 장수언은 곧 요속일명의 천우우시(天羽羽矢: 아마노하하야)와 보채(步靫: 카치유키)를 천황에게 보였다. 천황이 보고 "거짓이 아니다."라고 말하였다. 이번에는 천황이 가지고 있던 천우우시 하나와 보채를 장수언에게 보였다. 장수언은 … 외경하는 마음을 가졌다. 그러나 무기는 이미 갖추었고 중도에 중지할 수가 없는 상황이었다. 그래서 잘못된 생각을 버리지 못하여 새삼스레 고칠 생각이 없었다. 요속일명은 … 또 장수언의 성품이 비뚤어져서 천손과 사람은 전혀 다르다고 가르쳐도 알아듣지 못하리라는 것을 알고 그를 죽이고 무리를 거느리고 귀순하였다. 천황은 처음부터 요속일명이 하늘에서 내려온 것을 알고 있었다. 그리고 지금 과연 충성을 다하는 것을 보고 포상하고 총애하였다.

이가 물부씨(物部氏: 모노노베노우지)의 먼 조상이다.[273]

위의 인용문에서 등장하는 인물 장수언은 요속일명을 임금으로 모시는 장수다. 그런데 이 '장수언'이라는 인물은 하늘에서 천반선을 타고 내려와 오사카 지역에서 최초의 임금이 되었던 즐옥요속일명(櫛玉饒速日命)의 처남이다. 위의 인용문에서 장수언은 자신의 누이가 즐옥요속일명과 결혼을 했고, 아들을 낳았다고 말하고 있기 때문이다. 하늘의 천신은 즐옥요속일명이고, 그 천신의 아들이 두 종류일 수 없다고 말한다. 그러자 신무세력은 천신의 아들이라는 신표를 보이라고 요구한다. 그러자 장수언은 천우우시(天羽羽矢: 아마노하하야)와 보채(步靫: 카치유키)를 보내 보여 주고, 이에 대응하여 진무 세력도 "가지고 있던 천우우시 하나와 보채를" 보여 준다. 마주한 두 세력이 모두 천신의 후손이라는 것을 서로 확인한 것이다.

신진 세력인 신무 세력도 천신인 즐옥요속일명의 후손이라는 것을 확인한 이후 오사카 세력은 두 파로 갈라진다. 즉, 즐옥요속일

---

273) 『일본서기』「신무 즉위前紀」 B.C.663년 12월 4일 時長髓彦, 乃遣行人, 言於天皇曰, 嘗有天神之子, 乘天磐船, 自天降止. 號曰櫛玉饒速日命[饒速日, 此云爾藝波椰卑.]. 是娶吾妹三炊屋媛[亦名長髓媛. 亦名鳥見屋媛.]. 遂有兒息. 名曰可美眞手命[可美眞手. 此云于魔詩莾耐.]. 故吾以饒速日命爲君而奉焉. 夫天神之子, 豈有兩種乎. 奈何更稱天神, 以奪人地乎. 吾心推之, 未必爲信. 天皇曰, 天神子亦多耳. 汝所爲君, 是實天神之子者, 必有表物. 可相示之. 長髓彦卽取饒速日命之天羽羽矢一隻及步靱, 以奉示天皇. 天皇覽之曰, 事不虛也. 還以所御天羽羽矢一隻及步靱, 賜示於長髓彦. 長髓彦見其天表. 盆懷跋踖. 然而凶器已構, 其勢不得中休. 而猶守迷圖, 無復改意. 饒速日命, 本知天神慇懃, 唯天孫是與. 且見夫長髓彦稟性愎很, 不可教以天人之際, 乃殺之. 帥其衆而歸順焉. 天皇素聞饒速日命, 是自天降者. 而今果立忠効. 則襃而寵之, 此物部氏之遠祖也. (출처 번역: 동북아역사넷)

명의 아들로 천손인 당시 임금인 요속일명은 신진 세력과의 전쟁을 원하지 않고 타협하여 복속되길 원한 것이고, 즐옥요속일명의 처남이자 요속일명의 삼촌인 장수언은 전쟁으로 물리치기를 원했던 것이다. 그러자 조카인 요속일명이 삼촌인 장수언을 죽이고 신무 세력에게로 귀순한다. 귀순한 요속일명 세력이 현재 천황에게 총애를 받는 물부씨(物部氏: 모노노베노우지)의 조상이라고 『일본서기』「신무기」는 밝히고 있다.

오사카에 안착하여 즉위하기 직전에 오사카에서 벌어졌던 이 사건 내용은 매우 의미심장하다. 오사카에 도착한 신무 세력과 오사카에 그보다 먼저 뿌리를 내렸던 토착 세력의 조상신이 같은 "즐옥요속일명(櫛玉饒速日命)"이라는 것에 주목할 필요가 있다. 규슈를 떠나 오사카에 도착한 세력 전에 이미 오사카에는 일단의 세력이 있었는데, 알고 보니 이 두 세력의 조상이 같다는 것이다. 그렇다면 같은 조상신인 이 "즐옥요속일명(櫛玉饒速日命)"이 누구인지 알아볼 필요가 있다.

이에 대해 윤영식은 「백제에 의한 왜국 통치 300년사」에서 즐옥요속일명(櫛玉饒速日命)이 근초고왕이라고 밝히고 있다.[274] 『신찬성씨록』을 근거로 분석한 그의 논거는 다음과 같다.

---

274) 윤영식, 「백제에 의한 왜국통치 300년사」, 도서출판 청암, 2011, p.62-63

『신찬성씨록』

　**금부수(錦部首): 神饒速日命 十二世孫 物部目大連之後也(山城國天神)
　→ 금부수는 신요속일명의 12세손이고 물부목대련의 후손이다.(산성국천신)

　**금부련(錦部連): 三善宿禰同祖 百濟國 速古大王後也(河內國諸蕃)
　→ 금부련은 삼선숙녜와 조상이 같고 백제국 속고대왕후손이다.(하내국제번)

　**삼선숙녜(三善宿禰) : 出自 百濟國 速古大王也(右京諸蕃)
　→ 삼선숙녜의 시조는 백제국 속고대왕이다.(우경제번)

　위의 『신찬성씨록』은 각 성씨의 조상이 누구인지 밝혀 놓은 기록이다. 즉, 제시된 금부수(錦部首), 금부련(錦部連), 삼선숙녜(三善宿禰)는 성씨인데, 이 3개의 성씨의 조상이 각각 饒速, 速古, 速古라는 것이다. 速古는 그 설명이 분명하게 "百濟國 速古大王"이라고 밝혀 놓고 있다.
　여기서 윤영식의 설명은 백제왕족의 성(姓)이 "부여(扶餘) 또는 여(餘)"라는 것에 주목한다. 즉, '요속일명'의 '요(饒)'와 '여(餘)'는 유사음이라서 서로 혼용하여 쓰인다는 것이다. 그리고 '요(饒)'와 '여

(餘)'는 둘 다 '넉넉하다'라는 같은 뜻을 가지고 있다는 것이다. 또 '요속일명'의 日은 하나밖에 없는 하늘의 태양으로 '왕'을 가리키는 것으로 본다. 이것을 해석하면 '여(餘) 성을 가진 왕'이라는 뜻이다. 한편, 속고대왕(速古大王)의 '속(速)'은 일본어로 '소구(소쿠)'고, 이것은 그대로 '肖古(소고, 초고)'와 같은 발음이라는 것이다.

이렇게 해석하고 '즐옥요속일명(櫛玉饒速日命)'에서 '즐(櫛)'은 '빗 즐'이라는 것을 알 수 있는데, 이때 '빗'은 '빛'을 말하는 향찰이라는 것을 알 수 있다. 즉, 하늘에서 내려온 '빛'이 임금이라는 것이고, 또 거기에 신성함과 귀함을 상징하는 玉을 붙여서 '櫛玉'이라는 존칭을 붙였다는 것을 알 수 있다.

따라서 위의 해석 전체를 붙여서 '즐옥요속일명(櫛玉饒速日命)'을 해석하면 「하늘에서 내려온 빛이면서 귀한, 성(姓)이 여(餘)이고 이름은 '속(速)=소쿠 肖古(소고, 초고)인 日=王'이라는 뜻이 된다. 즉, 이 사람이 '근초고왕'이라는 것이 윤영식의 설명이다.

본고는 윤영식의 이와 같은 해석이 매우 타당하다고 본다. 백제의 여러 전성기 중 하나가 4세기 근초고왕 때일 것이다. 백제계 주민들이 열도로 이주한 것은 아마도 그 이전부터였겠지만 정권 차원에서 의도를 가지고 진출한 것은 근초고왕 때부터였을 것이라고 가정하면 신공기에서 신공 49년에 신공이 규슈에 상륙하여 규슈 신라를 정벌하고 7국을 복속했다는 것이 사실은 근초고왕이 규슈에 상륙하여 규슈신라를 복속시킨 내용을 신공으로 각색한 것으로 볼 수 있다. 또, 이때에 근초고왕이 오사카 지역까지 내친

김에 진출하여 자리를 잡았거나, 아니면 근초고왕은 본토 백제로 복귀하고 그 후손들이나 근초고왕 인척 측근들의 후손들이 오사카 지역으로 들어가 오사카 백제의 터전을 꾸렸을 것이라고 볼 수도 있다.[275]

이와 같이 규슈를 떠난 신무 세력과 오사카에 미리 터를 잡았던 요속일명 세력의 조상이 모두 '근초고왕'이라고 본다면 '신무'가 누구인지에 대한 의문에 실마리가 잡힌다고 본다.

즉, 본고는 전술했듯이 북한의 김석형, 조희승이 주장한 것처럼 신무가 동정을 해서 오사카에 안착한 시기는 서기전 667년~서기전 660년이 아니라 5세기 말이라고 보는 견해에 동의한다. 김석형, 조희승은 신무 세력이 백제식 횡혈식 석실을 오사카 지역으로 본격적으로 가지고 온 세력이라고 보고 있다고 앞서 서술했다. 본고도 역시 이 견해에 동의한다.

그렇다면 400년대 후반부터 500년대 초반에 해당하며 '武'를 사용하여 백제를 다시 6세기에 중흥으로 이끌었던 근초고왕의 후손

---

275) 『삼국사기』「백제본기」에 의하면 근초고왕은 346년 즉위년에 즉위했다는 기사가 나오고 그다음은 347년에 "진정 을 조정좌평(朝廷佐平)으로 삼았다. 진정은 왕후의 친척으로서 성품이 사납고 어질지 못하며 일할 때 가혹하고 까다로웠다. 권세를 믿고 제 마음대로 하니 나라 사람들이 미워하였다.(二年, 春正月, 祭天地神祗. 拜眞淨爲朝廷佐平. 淨王后親戚, 性狠戾不仁, 臨事苛細, 恃勢自用, 國人疾之.)"라는 기사 이후 20년간 근초고왕 행적이 없다. 즉, 347년 근초고왕 2년 이후 기사 다음에는 "근초고왕 21년(366) 봄 3월에 사신을 보내 신라를 예방(禮訪)하였다.(二十一年, 春三月, 遣使聘新羅.)"으로 이어진다는 것이다. 삼국사기는 유독 백제왕들의 행적이 몇 년간의 기록이 없이 드문드문 나타나는 것이 다른 고구려본기 신라본기보다 더 심하다. 이렇게 왕들의 행적이 몇 년씩 기록되지 않고 비어 있는 기간이 긴 왕들 중에 근초고왕의 비어 있는 기간이 제일 길다. 본고는 이 기간에 근초고왕이 본토 한반도에 없었고 열도에 있었을 가능성이 높다고 추론한다.

인 백제왕은 누구인지 특정할 수 있다. 바로 무령왕(462 혹은 461~501~523)이다.

전술했듯이 무령왕은 『일본서기』 웅략 5년(461) 4월조에 그 탄생 이야기가 기록되어 있다. 그에 의하면, 백제 개로왕이 동생인 곤지에게 만삭인 아내를 데리고 열도로 가게 했다고 한다.[276] 이때 만삭의 개로왕후는 열도로 가는 길인 가카라시마(各羅島)에서 무령왕을 출산했고, 섬에서 출생했다고 해서 무령왕의 이름이 사마(斯麻)[277]라고 지어졌다고 한다.[278]

---

276) 『일본서기』 웅략 5년(461) 4월 그 아우 군군(軍君)[곤지(昆支)이다.]에게 "너는 마땅히 일본으로 가서 천황을 섬기도록 하라."고 명하였다. 군군은 "왕의 명을 거스를 수 없습니다. 원컨대 왕의 부인을 내려 주신다면 명을 받들겠습니다."라고 대답하였다. 가수리군은 임신한 부인을 군군에게 주면서 "나의 임신한 부인은 이미 산달이 되었다. 만일 가는 길에 출산하면, 바라건대 어디에 있든지 배 한 척에 실어 속히 본국으로 돌려보내도록 하라."고 말하였다. 이윽고 작별하여 왜의 조정으로 갔다.(軍君對曰, 上君之命不可奉違. 願賜君婦, 而後奉遣. 加須利君則以孕婦, 嫁與軍君曰, 我之孕婦, 旣當産月. 若於路産, 冀載一船, 隨至何處, 速令送國. 遂與辭訣, 奉遣於朝.) (출처 번역: 동북아역사넷)

277) 사마(斯麻)는 일본어로 섬을 뜻하는 시마(島, しま)와 유사한 발음이라고 본다.

278) 『일본서기』 웅략 5년(461) 6월 병술삭(1일)에 임신한 부인이 가수리군(加須利君)의 말처럼 축자(筑紫: 츠쿠시)의 각라도(各羅島: 카카라노시마)에서 아이를 낳았다. 그래서 아이 이름을 도군(島君)이라 하였다. 이에 군군이 곧 배에 태워 도군을 본국으로 돌려보냈다. 이가 무령왕(武寧王)이다. 백제 사람들은 이 섬을 주도(主島)라 불렀다.(六月丙戌朔, 孕婦果如加須利君言, 於筑紫 各羅嶋産兒. 仍名此兒曰嶋君. 於是, 軍君卽以一船, 送嶋君於國. 是爲武寧王. 百濟人呼此島曰主島也.) (출처 번역: 동북아역사넷)

(왼쪽) 가카라시마 섬   (오른쪽) 무령왕 탄생을 매년 기념하는 주민들[279]

　이외에 무령왕에 대한 내용들은 본고의 "오사카(가와치 기내지역)의 한왜" 부분에서 이미 자세하게 서술했기 때문에 여기서는 생략하겠다. 그렇지만 무령왕의 왕릉에서 나온 왕과 왕비의 관이 오사카 지역에서만 나는 금송으로 만들어졌다는 것과 다이센고분에서 출토된 동경이 무령왕릉에서 나온 동경과 같다는 것을 다시 환기하고, 신무천황이 5세기 말 즈음에 오사카로 이동한 세력이라고 하는 것을 연결하여 추정하면 무령왕과 신무천황과는 어떤 긴밀한 관계가 있을 것이라고 추정된다.

　462년에 태어난 무령왕이 501년에 즉위할 때는 40세였다. 무령왕은 동성왕을 시해해서 몰아낸 세력의 힘으로 즉위한 것으로 추정되는데, 늦은 나이인 40세에 즉위하기 전까지의 행적은 기록된 것이 없다. 다만, 본국 백제 왕으로 즉위하기 전에는 열도에서 활약했을 가능성이 높다고 본다.

---

279)　지도 출처: 구글 지도 / 사진 출처: 미주중앙일보 2019년 10월 9일 기사 〈무령왕, 일본 섬에서 출생, 한일 모두에게 소중한 백제 역사〉 중

무령왕은 개로왕의 아들이지만 곤지의 법적 아들일 가능성이 있기 때문이다. 동성왕[280]은 곤지의 아들로 열도에서 태어나 살다가 백제 본국의 왕으로 즉위했다. 열도에서 살다가 백제 왕으로 동성왕이 즉위하던 479년에 무령왕은 17세였다. 동성왕과 무령왕의 나이 차이는 크지 않을 것으로 보이므로, 동성왕이 즉위 전 열도에서 체류했을 때 무령왕 역시 열도에 있었을 것이라고 추정되기 때문이다. 즉, 동성왕이 본국 백제에 왕으로 즉위하면서 열도에는 10대 후반의 무령왕이 남아 있었을 것이고, 열도에서 활약했을 것이라고 보인다는 뜻이다.

479년에 동성왕이 본국 백제에 즉위하던 그 전후로 열도와 관련된 '(한)왜왕 무'의 기록이 등장한다. 즉,『송서(宋書)』「순제기(順帝紀)」와 「왜국전(倭國傳)」에는 478년에 왜왕 무(武)가 흥(興)의 뒤를 이어 즉위했고, 순제는 武를 使持節(사지절)都督(도독)倭新羅任那加羅秦韓慕韓(왜, 신라, 임나, 가라, 진한, 모한)六國諸軍事(6국제군사)安東大將軍(안동대장군)倭王(왜왕)에 제수했다는 기록이 나타난다. 다음은『송서』「왜국전」에 기록된 (한)왜왕 武가 순제에게 보낸 표(表)의 내용이다.

---

280) 동성왕은 즉위 전에 열도에서 살다 즉위하면서 본국 백제로 들어왔다. 백제 왕 중에서 열도에 체류하다가 즉위한 것이 확실해 보이는 왕은 아신왕, 전지왕, 동성왕, 무령왕으로 볼 수 있다. 이 외에도 많은 백제왕들이 열도와 본국을 번갈아 가면서 체류했을 가능성이 높다. 이때 왕이 혼자서 움직였다고 볼 수 없다. 왕을 수행하는 많은 사람들과 그 가족들이 함께 움직였을 것이다. 이에 따라 이들이 본국으로 들어왔을 때 주로 규슈의 흔적들도 함께 가지고 왔을 것이라고 추정된다. 그 흔적들이 영산강 유역의 이른바 '왜계 무덤'이라고 하는 것으로 남은 것으로 보인다. 그 '왜계 무덤'의 '왜'는 본고에서 주장하는 '한인 왜'다.

순제 승명 2년(478)에 사신을 보내 표를 올리기를, "봉해진 나라가 먼 곳에 치우쳐 있으며, 바깥에 번국을 이루고 있는데, 과거의 조상으로부터 스스로 갑옷과 투구를 걸치고 산천을 누비느라 편안히 거처할 겨를이 없었습니다. 동으로는 모인(毛人)국을 정벌하였고, 서로는 중이(衆夷)국을 복종시켰으며, 바다 건너 해북(海北) 95국을 평정하니, 왕도는 화락하고 편안하며, 땅을 넓히고 왕기를 아득히 크게 하였으며, 여러 대에 걸쳐 조종(朝宗)하여, 해마다 어긋나는 일이 없었습니다. 신이 비록 아주 어리석으나 조상의 뒤를 이어 다스리는 곳을 이끌고 중국의 조정을 존중하고자 하였습니다. 가는 길이 백제를 거쳐야 하므로 큰 배를 준비하였는데, 구려(句驪)가 무도하여 (우리를) 집어삼키려 하고, 변방의 속한 곳을 노략질하며 살육을 그치지 않으니, 매번 지체되어 좋은 바람을 놓치게 됩니다. … 신의 돌아가신 아버지 제(濟)가 실로 원수가 천로(天路)를 막는 것에 분노하니, 활을 쏘는 병사 100만이 의로운 소리에 감격하여 바야흐로 크게 일어나고자 하였으나, 갑자기 아버지와 형을 잃으니, 수성(垂成)의 공을 이루고자 하였으나, 마지막 한 삼태기를 얻지 못하였습니다. 상중에 있어 병사를 움직이지 못하고 쉬고 있었으므로 이기지 못하였습니다. 지금에 이르러 갑옷과 무기를 잘 갖추어 부형의 뜻을 펼치고자 하니 … 삼가 스스로 개부의동삼사(開府儀同三司)를 가수(假授)하고, 다른 사람에게도 모두 각각 [적당한 관작을] 가수하여, 충절을 권유하였습니다."라고 하였다. 조하여 무를 사지절, 도독왜·신라·임나·가라·진한·모한육국제군사, 안동

대장군, 왜왕에 제수하였다.[281]

이때 (한)왜왕 무는 고구려가 무도하게 노략질과 살육을 자행하고 있다고 말하면서 돌아가신 아버지 제(濟)가 '원수 고구려가 길을 막는 행위에 분노했다'고 쓰고 있다. 이것은 개로왕이 북위에 보낸 표문에 나오는 내용들을 떠오르게 한다. 또, '아버지와 형을 갑자기 잃었다(奄喪父兄)'고도 쓰고 있다.[282] 이것은 백제 무령왕 입장에서라면 아버지 개로왕이 고구려와의 전쟁 중에 사로잡혀 475년에 아차산에서 참수당한 것과 형인 문주왕이 477년에 병관좌평(兵官佐平) 해구(解仇)에 의해 암살당한 일을 말하는 것이 된다. 즉, (한)왜왕 무는 무령왕이 501년에 본국 백제왕으로 즉위하기 전 열도에서 활약한 모습일 가능성이 높다는 것이다.

이것은 동성왕과 무령왕의 재위 시기와 관계가 있다. (한)왜왕 무에 대한 기록으로 나타나는 『송서(宋書)』, 『제서(齊書)』, 『양서(梁

---

281) 『송서』「왜국전」順帝昇明二年, 遣使上表曰:「封國偏遠, 作藩于外, 自昔祖禰, 躬擐甲胄, 跋涉山川, 不遑寧處. 東征毛人五十五國, 西服衆夷六十六國, 渡平海北九十五國, 王道融泰, 廓土遐畿, 累葉朝宗, 不愆于歲. 臣雖下愚, 忝胤先緒, 驅率所統, 歸崇天極, 道逕百濟, 裝治船舫, 而句驪無道, 圖欲見吞, 掠抄邊隸, 虔劉不已, 每致稽滯, 以失良風. 雖曰進路, 或通或不. 臣亡考濟實忿寇讎, 壅塞天路, 控弦百萬, 義聲感激, 方欲大擧, 奄喪父兄, 使垂成之功, 不獲一簣. 居在諒闇, 不動兵甲, 是以偃息未捷. 至今欲練甲治兵, 申父兄之志, 義士虎賁, 文武效功, 白刃交前, 亦所不顧. 若以帝德覆載, 摧此强敵, 克靖方難, 無替前功. 竊自假開府儀同三司, 其餘咸各假授, 以勸忠節.」詔除武使持節·都督倭 新羅 任那 加羅 秦韓 慕韓六國諸軍事·安東大將軍·倭王. (출처 번역: 동북아역사넷)

282) 김주인, 「5세기 왜(倭) 5왕의 성격과 실체에 대한 연구」, 『역사와 융합』 12호(2022), 바른역사학술원, p.7-48 김주인은 이 소논문에서 왜왕 무와 무령왕이 동일 인물이라고 주장했다. 본고는 이 주장을 인용했다.

書)』의 시기가 477년~501년인데, 이 시기의 백제는 동성왕 재위 시기다. 그런데 이 시기 「백제본기」에 '(한)왜와의 교류 기사'가 전혀 나타나지 않는다. 이것은 아주 이상한 일이다. 왜냐하면 (한)왜가 중국 남조 나라들과 교류하려면 최소한 백제의 서해바다는 지나가야 하는 형편이기 때문이다. 그러므로 (한)왜왕 무가 열도를 별도로 장악한 독자적인 정권이라면 백제에게 사신을 보냈어야 마땅하고, 『삼국사기』 「백제본기」에는 '왜'가 보낸 사신에 대한 기록들이 나타나 있어야 한다. 그러나 전술했듯이 「백제본기」에는 왜가 사신을 보내며 백제와 교류했다는 기록이 없다.

본고는 이것이 바로 열도의 정치 세력들을 본토백제가 장악한 결과이기 때문이라고 본다. 즉, 같은 나라이기 때문에 별도로 열도에서 본토백제로 사신을 보내 중국으로 가기 위한 백제의 바다 뱃길을 열어 달라고 요청할 필요가 없었다는 뜻이다. 앞서 본고는 (한)왜 5왕의 찬(讚)과 진(珍)은 고구려가 만든 허수아비정권이라고 보았고, 제(濟)와 흥(興)은 불분명하지만 무(武)는 백제계 허수아비정권 또는 백제의 즉위 전 무령왕일 것이라고 본 이유도 여기에 해당한다.

백제는 개로왕 때에 북위에게 함께 고구려를 공격하자는 개로왕의 제안을 북위가 받아들이지 않자 북조와는 단교한 상태였다. 그 후 동성왕대에 와서도 백제는 서해바다 연안 항해를 하는 데에 고구려의 간섭을 받았다. 「백제본기」는 484년 동성왕 6년에도 남제에 보낸 사신이 고구려에게 막혀서 돌아왔다는 기사를 전하고 있다.[283] 백제는 서해 연안바다의 항해를 고구려 때문에 아마도 고구려의 감시가 소홀할 때는 경기만을 따라 올라가 요동반도 아래에서 묘도 군도 쪽으로 가는 항로를 따라 아마도 산동반도 등주 쪽에 도착하는 항로를 이용했을 것이다. 이 항로 역시 고구려의 감시를 받았기 때문에 늘 성공하지는 못했을 것이다. 또한, 묘도 군도를 따라 산동반도로 가는 항로가 계속해서 서해 연안 항로를 이용하는 것보다는 위험하고 불안한 항로였던 것도 사실이었을 것이다.

그런데 백제가 북조와의 교류는 아예 포기하고 남조와의 교류만이라도 살리기 위해 노력했던 결과는 고구려의 상승세가 꺾이는 6세기 무령왕대에 와서 성공적인 결과를 이룬다. 따라서 규슈에서 출발하는 (한)왜가 북조인 북위하고 교류한다는 것은 고구려의 허락 없이는 애초에 불가능한 것이었다. 그래서 고구려의 허수아비정권이었던 '찬'과 '진'은 고구려가 (한)왜를 이용하여 남조와 교류할 목적으로 고구려의 인도하에 남조와 교류하는 것이 가능했던 것으로 볼 수 있다고 이미 전술했다. 그리고 '제'와 '홍' 역시 고구려의 허락을 받아 남조에 입조가 가능했거나 아니면 고구려의 감시의 눈을 피해 남조에 들어갔다고 보는데, 고구려의 규슈 장악 능력이 5세기 중반 이후부터는 약화되어 백제에게 넘어간

---

283) 『삼국사기』「백제본기」 동성왕 6년(484) 가을 7월에 내법좌평 사약사(沙若思)를 보내 남제에 가서 조공하려 했으나, 약사가 서해바다에 이르러 고구려 군사를 만나 가지 못하였다.(秋七月, 遣內法佐平沙若思, 如南齊朝貢, 若思至西海中遇高句麗兵, 不進.) (출처 번역: 한국사데이터베이스)

것으로 볼 때, '제'와 '흥'은 백제왕이거나 백제계 허수아비정권으로 해석할 여지가 있다. 왜냐하면 고구려의 감시의 눈을 피한다고 하더라도 백제의 서해바다를 (한)왜왕들이 지나가야 한다는 것은 변할 수 없는 사실이기 때문이다. 이에 동성왕때의 (한)왜왕인 武가 백제의 허락을 받지 않고 무단으로 백제의 서해바다를 지나 남조와 교역했다는 것은 바로 본토백제와 규슈를 포함한 전체 열도가 마치 무비자로 왕래하는 유럽연합처럼 하나의 영역 영토 국가였을 것이라는 추정을 가능하게 한다.

이것은 신라가 본토를 통일한 이후 열도의 일본국이 당나라에 사신을 보내기 위해 늘 신라에게 요청했던 것과 비교해 보면 더 명확하게 알 수 있다. 신라가 본토를 통일한 후에는 서해바다는 신라의 허락 없이는 지나갈 수 없는 바다였기 때문에 일본은 견당사를 보낼 때 늘 신라에게 부탁했던 것이다. 다시 말해, 이러한 사실들과 비교해 보면 (한)왜왕 무가 백제 동성왕 재위 시기에 활약하면서, 어떤 사신도 백제에 보내지 않았다는 것은 본토백제와 규슈를 포함한 열도 백제가 사실상 하나의 나라로 움직였다는 것의 방증이라고 할 것이다. 즉, 나라가 하나이므로 서해바다를 건너는 것에 대한 허락을 받기 위한 사신을 보낼 필요가 없었다는 말이다.

한편, (한)왜왕 武는 규슈에서 동정을 떠난 1대 신무천황처럼 정복전쟁을 했다고 표(表)에서 말하고 있다. 표(表)에는 "동으로는 모인(毛人)국을 정벌하였고, 서로는 중이(衆夷)국을 복종시켰으며, 바다 건너 해북(海北) 95국을 평정"했다고 기록되어 있다. 무령왕으로 보이는 (한)왜왕 무가 규슈에서부터 오사카 지역까지 정복 전쟁을 했던 것으로 보이는 대목이다. 이러한 정복전쟁은『일본서기』에서 오로지 신무천황기에서만 나타난다.

이상의 사실들을 정리해 보면『일본서기』1대 신무천황은 5세기 말 즈음에 백제 무령왕이 열도에서 활약했던 사실들을 '신무'라는 가상의 인물에 투영하여 만든 것이라고 추정할 수 있다. 즉, 이상 서술한 것과 같은 논거로 본고는 백제 무령왕은 한왜왕 武이자, 동시에 1대 천황인 신무로 본다.

'みまな(미마나=任那)'의 위치로 본
『일본서기』의 재구성

　열도의 고대 역사는 다른 말로 하면 고대 한반도 주민들의 이주사다. 전술했듯이 이것은 마치 유럽인들이 미국으로 이주하여 후에 미국을 독립국으로 만든 것과 같은 상황으로 볼 수 있다. 즉, 열도에 8세기[284]에 이르러 일본이라는 국호의 나라가 선 것은 마치 영국 등에서 미대륙으로 이주해 갔던 이민자들이 미국이라는 독립국을 만든 것과 같은 것이라는 말이다. 열도에서 고대에 벌어진 역사들은 동아시아 고대 버전의 미국독립운동사 같은 것이다. 이러한 정황들은 이미 인류유전학과 고고학으로 설명했다.

　다시 말해, 『일본서기』는 본토에서 건너간 이주 이민자들이 열도에서 본토 세력들에게 영향을 많이 받는 친본토 세력들을 물리치고 자기 정체성을 새롭게 확립하여 자아 독립성을 가지는 나라로 만드는 과정을 기록한 '고대 일본독립운동사'라고 정의할 수 있

---

284) 일본이라는 국호가 최초로 나타난것은 신라본기 신라 문무왕 10년(670)이다.

다. 이 과정에서 『일본서기』는 백제를 자기 정체의 원류로 삼고 있으며, 이에 따라 주로 열도에 있는 (친)신라 세력들과 열도 패권을 두고 대결을 벌인 사건들을 후일 천황이라는 세력이 되는 '오사카 백제'가 쓴 것이다.

여기에서는 광개토태왕비문 경자년조에 나타난 고구려군이 400년을 기점으로 규슈에 상륙했다는 것과 『일본서기』에 나타난 1대 신무가 규슈에서 오사카로 떠난 것이 400년대 후반인 5세기 후반에 발생한 사건이라는 것, 이 두 가지 사건을 중심축으로 『일본서기』의 연대를 재구성할 것이다.

이것은 신무가 5세기 말에 규슈를 떠나기 전 시대에 규슈에서 발생한 사건들이 기록된 『일본서기』의 기록들을 시대 순서에 따라 먼저 앞에 놓는다는 뜻이다. 다시 말해, 5세기 말 신무가 규슈를 떠나는 것을 기준으로, 신무가 규슈를 떠나기 전에 규슈에서 벌어진 사건들의 기록을 신무동정 기록보다 앞에 놓겠다는 것이다. 이것은 이른바 120년 이주갑설로 기록의 신빙성에 많은 의문이 제기되는 「신공기」와 「응신기」가 그에 해당한다.

「신공기」와 「응신기」는 이른바 120년을 더하는 2주갑설에 따라 같은 기록 안에서도 어떤 기사에는 120년을 더하고, 어떤 기사에는 더하지 않는 해석을 하고 있는데, 이러한 기준 없는 해석 방법은 잘못이라고 본고는 지적했다. 이에 본고는 「신공기」와 「응신기」는 '5세기 전 규슈에서 발생한 사건들에 대한 통합적 기록'이라는 하나의 기준점을 제시하겠다는 것이다.

즉, 120년 2주갑을 더했다 뺐다 하는 시간은 '규슈라는 공간'만을 기준으로 잡으면 별 의미가 없게 된다. 오직 '규슈에서 발생한 모든 사건들'이라는 것 하나만 잣대로 설정하면 120년을 더하고 빼고 하는 것은 전혀 중요하지 않게 된다. 이에 따라 '연대는 무시하고 모두 규슈에서 일어난 사건들'이라는 공통점을 찾을 수 있다.

따라서, 조작된 연대로 구성되어 있는 『일본서기』의 연대를 재구성한다면, 「신공기」와 「응신기」에 기록된 규슈 사건들보다 먼저 일어났던 사건들에 대한 기록인 『후한서』와 『삼국지』 「왜전」에 기록된 '왜국대란'과 '왜국대란'을 진압하고 나타난 정권인 '비미호 정권'에 대한 기록들이 「신공기」, 「응신기」의 사건들보다 먼저 일어났던 사건들이므로 「신공기」, 「응신기」보다 앞에 두고 먼저 서술하며 이 사건들에 대한 설명을 할 것이다.

그리고 5세기가 시작되는 400년에는 광개토태왕의 고구려 군대의 규슈 상륙이 발생하고 이어서 5세기 말에는 신무의 동진이 일어난다. 그리고 그 이후는 숭신, 수인, 웅략, 계체, 흠명의 순서대로 서술되고, 이 기록들에 나타난 'pending issue(현안 쟁점)에 있는 토지인 미마나'의 위치 변화를 중심으로 그 내용들을 재해석할 것이다. 이와 같이 연대를 재구성한 것을 정리하면 다음과 같다.

『일본서기』 연대 재구성표

	재구성한 연대 순서
①	43년간의 왜국대란(146~189) 과 비미호
②	신공기, 응신기- 규슈에서 일어났던 사건들의 기록
③	광개토태왕비문의 400년 경자년조- 고구려군의 규슈 상륙
④	신무의 동진- 400년대 후반 즉 5세기 말 즈음(숭신기, 수인기)
⑤	웅략기, 계체기, 흠명기- 5세기 말에서 6세기의 상황 해석

위의 도표에서 재구성한 연대 순서대로 서술하면서 각 항목에서 자세하게 논해야 하는 사안들은 하위 내용으로 넣어 재해석할 것이다.

43년간의 왜국대란 발생 원인과 비미호(卑彌乎)

한반도 주민들의 열도 이주는 이미 고조선 시대부터 있었던 일이다. 이른 시기에 일찍 열도로 도래한 사람들이 세월이 지나면서 토착 세력이 되었을 것이다. 이후 만주 한반도에 삼국시대가 성립하면서 열도로 주로 이주한 사람들은 가야계와 신라계였을 것으로 보인다. 가야계 주민들의 열도 이주가 주로 활발했던 것으로 보이며, 신라계의 이주도 꾸준하게 이뤄졌을 것으로 본다. 이를 바탕으로 일찍 이주해 온 가야 신라계 이주민들이 열도에서 토착 세력이 되었다고 전제하면, 『후한서』와 『삼국지』 「왜전」에서 말하는 '왜국 대란'에 대해 한 가지 가설적 추론을 제기할 수 있다.

『후한서』 「왜전」에서는 "환제(桓帝)와 영제(靈帝)의 치세에 왜국(倭國)에서 대란(大亂)이 일어나서 서로 공격하고 치니 오랫동안 군주(君主)가 없었다.(桓·靈間, 倭國大亂, 更相攻伐, 歷年無主.)"고 기록하고 있다. 환제의 시기는 146~167년이고, 영제의 시기는 167~189년이다. 두 시기를 합치면 왜국 대란은 43년간 있었던 일이다. 이 시기는 또한 야요이시대 후반기에 해당한다. 야요이 시기는 보통 서기 전 3세기에서 서기 3세기 중반 정도로 구분하는데, 시작 시기는 서기전 3세기보다 더 앞선 시기로 보기도 한다.

환제부터 영제 시기는 146~189년이니 서기 2세기로 야요이시대 후반이다. 이 시기에 '왜국대란'이 일어났다고 했으니, 이 시기는 고대판 전국시대라고 부를 수 있다. 야요이시대는 수도작 농경이 규슈에서부터 시작되어 열도 전체로 뻗어 나간 시기이기도 하다. 왜국 대란이 야요이시대 후반기에 일어난 것은 열도에서 농경이 잘 되어 생산량이 좋아지고, 기술이 더욱 발전한 뒤에 일어난 것으로 보인다.

'왜국대란'이 일어난 이 야요이시대 후기에 전쟁과 관련된 유적은 '고지성 집락(高地性 集落)'이라고 할 수 있다. 고지성 집락은 산등성이 둘레에 구덩이를 파 놓는 일종의 방어 시설물이다. 평지에 주거시 마을 형성하고 그 주변을 빙 둘러 구덩이를 파놓는 시설은 '저지성 집락(低地性 集落)'이라고 한다. 고지성 집락은 물론 야요이시대 후반기에 처음 시작된 것은 아니다. 이미 야요이시대가 시작되는 초반 서기전 3세기나 그 이전 시대부터도 고지성 집락은 존재했었다.

규슈의 고지성 집락은 이미 서기전 3세기 이전부터 하카타만(博多湾)을 중심으로 이토지마 반도와 후쿠오카 지역까지 광범위하고 밀도 높게 분포되어 왔었다.[285] 이러한 군사적 방어 시설물이 왜국대란이 일어난 시기인 2세기를 포함한 1~3세기에 세토내해 연안지대를 포함하여 더 많이 퍼져서 나타난다.[286]

그런데 고지성 집락이 밀도 높게 분포한다고 해도 각 지역 내부에서 전쟁을 한 흔적이 나오는 것은 아니다. 북규슈에서는 북부 규슈에서 동부규슈를 잇는 지역에서 봉수대를 포함하는 高地性集落이 조성되어 있는데[287], 이것은 북쪽과 동쪽의 바다를 건너오는 외침에 대비한 흔적으로 볼 수 있다.

즉, 2세기를 중심으로 일어난 왜국대란이 외부에서 들어오는 다른 새로운 이주 세력들이 도화선이 되어 규슈에서부터 일어나고 이것이 마치 유행처럼 도미노 현상이 되어 열도의 각 지역으로 퍼져 나갔을 것이라고 추정된다.

그런데 이 왜국대란의 전쟁이 오사카에서 세토내해를 거쳐 규슈까지 원정을 오는 형태의 것은 아니었을 것이라고 본다. 규슈는

---

285) 宇佐美 智之, 「北部九州弥生時代前半期における集落分布·立地の変化 —集落の動態にみる列島初期農耕社会の形成過程—」,日本情報考古学会講演論文集 권 23, 2020, p.150
286) 조희승, 「일본에서 조선소국의 형성과 발전」, 민족문화사, 1995
287) 동북아역사넷, 『삼국지』 「왜전」- "비미호가 왕으로 추대됨" 각주 3)

규슈 북쪽에서 바다 건너오는 새로운 이주민 세력들과의 분쟁 갈등이 전쟁으로 이어졌을 것이고, 기내 오사카 지역은 동해지역 관동 지역 세력과의 분쟁과 갈등이 격화된 것 같다.[288]

그렇다면 규슈를 볼 때 바다를 건너와 토착화된 기존 세력들과 갈등 전쟁을 벌였을 새로운 이주 세력은 백제계였을 것이라고 본다. 이 시기 146~189년에 해당하는 백제 왕은 4대 개루왕(蓋婁王 128~166)의 중기 시기부터 5대 초고왕(肖古王 166~214)대 초반부에 걸쳐 있는 시기다.

이 시기 개루왕의 연보는 매우 간략하다. 원년(128), 4년(131), 5년(132), 10년(137), 28년(155) 1월, 28년(155) 10월 이렇게 모두 6개의 간단한 기사가 있을 뿐이다. 146년 이후의 개루왕 28년 1월 기사는 일식 기사며, 10월 기사는 신라 관리가 망명을 와서 받아 줬다는 기사다. 그런데 초고왕 때는 신라와 수차례 큰 전투를 벌인다. 관계 기사를 보면 다음과 같다.

---

288) 동북아역사넷, 『삼국지』 「왜전」- "비미호가 왕으로 추대됨" 각주 3)

왜국대란 146~189년 사이 초고왕 시기 신라와 전투 사건 일부

초고왕	전투 내용
2년(167)	가을 7월 신라의 서쪽 변경에 있는 두 성을 습격하여 남녀 1,000명을 사로잡아 돌아왔다.[289]
2년(167)	8월에 신라왕이 일길찬(一吉湌) 흥선(興宣)을 보내 군사 20,000명을 거느리고 나라 동쪽의 여러 성으로 쳐들어왔다. 신라왕도 몸소 정예 기병 8,000명을 거느리고 뒤를 이었는데, 순식간에 한수(漢水)까지 이르렀다. 왕은 신라 군사의 수가 많아 대적할 수 없다고 생각하여 바로 앞서 빼앗았던 것을 돌려주었다.[290]
5년(170)	겨울 10월에 군사를 내어 신라의 변경을 침공하였다.[291]
24년(189)	가을 7월에 우리 군사가 신라와 구양(狗壤)에서 싸워 패배하였는데, 죽은 자가 5백여 명이었다.[292]

초고왕 당시 꽤 큰 전투가 여러 번 있었고, 신라와의 긴장 상태는 계속되고 있었다. 이에 유추하면 징집을 피하거나 전란을 피할 목적으로 바다를 건너 이주하는 백제 주민들이 대량 발생했을 수 있다고 생각된다.

왜국대란이 발생한 원인 중에는 여러 가지가 있을 수 있겠지만, 초고왕 당시 백제 주민들이 징집과 전란을 피해 바다를 건너 이

---

289) 『삼국사기』「백제본기」 초고왕 二年, 秋七月, 潛師襲破新羅西鄙二城, 虜獲男女一千而還. (출처 번역: 한국사데이터베이스)
290) 『삼국사기』「백제본기」 초고왕 八月, 羅王遣一吉湌興宣, 領兵二萬, 來侵國東諸城. 羅王又親帥精騎八千繼之, 掩至漢水. 王度羅兵衆, 不可敵, 乃還前所掠. (출처 번역: 한국사데이터베이스)
291) 『삼국사기』「백제본기」 초고왕 冬十月, 出兵侵新羅邊鄙. (출처 번역: 한국사데이터베이스)
292) 『삼국사기』「백제본기」 초고왕 秋七月, 我軍與新羅戰於狗壤敗北, 死者五百餘人. (출처 번역: 한국사데이터베이스)

주해 규슈에 지속적으로 대거 도착했다면, 이 새로운 이주민들이 정착하기 위해 기존 신라 가야계 토착민들과 갈등 전쟁으로 가는 격한 상황이 발생했을 수도 있다.

규슈를 중심으로 북규슈 북부와 동부까지 이어지는 봉수대를 포함한 고지성 집락 방어 시설은 세또내해에서 규슈 쪽으로 오는 세력들에 대한 방어의 목적도 있었겠지만, 주로 바다 건너오는 새로운 백제 이주민들을 경계하는 목적도 있었으리라 추정된다.

이 왜국대란을 끝내고 나타나는 사람이 왜국여왕 '비미호(卑彌呼)'이다.[293] 본고는 앞에서 '비미호'가 신라 '박 씨 왕조'의 후손일 가능성이 높다고 말했다. 따라서 규슈에서의 왜국대란은 백제계의 새로운 이주 세력들이 정착하는 과정에서 기존 신라계 토착 세력들과 갈등을 빚고 이것이 트리거가 되어 왜국대란으로 이어졌을 것이라고 본고는 추론한다. 이 과정을 지나 결국 신라계를 대표하는 '비미호[294]'가 왜국 여왕으로 추대되었을 것이다.

---

293) 『후한서』「동이열전」「왜전」其國本亦以男子爲王, 住七八十年, 倭國亂, 相攻伐歷年, 乃共立一女子爲王, 名曰卑彌呼. 桓·靈間, 倭國大亂, 更相攻伐, 歷年無主. 有一女子名曰卑彌呼, 年長不嫁, 事鬼神道, 能以妖惑衆, 於是共立爲王.(환제(桓帝)와 영제(靈帝)의 치세에 왜국(倭國)에서 대란(大亂)이 일어나서 서로 공격하고 치니 오랫동안 군주(君主)가 없었다. 이름이 비미호(卑彌呼)라는 한 여자가 있었는데, 나이가 들었지만 시집을 가지 않고 귀신의 도[鬼神道]를 섬기면서 괴이한 술수[妖]로 사람들을 미혹하였다. 이에 [사람들이 그녀를] 공동으로 세워 [共立] 왕으로 삼았다.) (출처 번역: 동북아역사넷)
『삼국지』「동이열전」「왜전」其國本亦以男子爲王, 住七八十年, 倭國亂, 相攻伐歷年, 乃共立一女子爲王, 名曰卑彌呼(그 나라도 본래 남자를 왕으로 삼았으나, 70년~80년이 지나자 왜국에서 난리가 일어나서 서로 공벌(攻伐)한 지 여러 해가 되었다. 마침내 모두 함께 한 여자를 추대하여 왕으로 삼았는데, 이름은 비미호(卑彌呼) 라고 한다.) (출처 번역: 동북아역사넷)
294) 비미호의 야마대국의 위치에 관한 논쟁 쟁점 정리 소개.

「신공기」와 「응신기」- 규슈에서 발생한 모든 사건들

「신공기」는 연대의 문제에만 초점을 맞춰 보면 120년을 더했다 뺐다 하는 원칙 없는 최대의 미스터리에 빠지게 만드는 기록이다. 이것은 설명하기 힘든 최고 난이도 문제인 '비미호의 연대' 때문에 발생한다. 비미호(히미코)는 앞서 말한 '왜국대란'을 종결하면서 나타난 (한)왜 여왕으로, 비미호가 사망한 연대는 『삼국지』「위지」「왜전」에 암시되어 있고 『북사(北史)』「왜전」에는 248년이라는 비교적 정확한 연대가 언급되어 있다.[295] 즉, '비미호'가 살아서 활약했던 연대와 사망한 연대는 절대 연대라는 것이다. 그리고 본고는 '비미호'가 신라의 박 씨 왕족 후손일 것이라는 가설을 앞에서 제기했다.

그러면 이제 '비미호'는 '절대연대'라는 것과 '신라계'라는 두 가지를 기억하면서 「신공기」를 관찰 및 검토해 보겠다.

「신공기」에는 비미호가 활약했던 연대의 내용에 대한 기사가 3번 나오는데, 다음과 같다.

【- 신공 39년(239) 이 해의 간지는 기미(己未)이다(위지(魏志)에서는 명제(明帝) 경초(景初) 3년(서기 239년) 6월에 왜 여왕이 대부(大夫)

---

[295] 『삼국지』「위지」「왜전」 비미호(卑彌呼)가 마침내 죽자 크게 무덤을 만들었는데, 지름이 1백 여 보(步)였고 순장(殉葬)된 자는 노비(奴婢) 1백여 명이었다.(卑彌呼以死, 大作冢, 徑百餘步, 狗葬者奴婢百餘人.)/『北史』권4「倭傳」正始中 卑彌呼死 정시 중에 비미호가 죽었다. '정시(正始)'는 조위(曹魏) 제왕(齊王) 조방(曹芳)의 年號(240~248)이다. (출처 번역: 동북아역사넷)

난두미(難斗米) 등을 보내 군(郡)에 이르러 천자에게 가서 조헌할 것을 청하자, 대방군 태수 등하(鄧夏)가 관리를 보내 데리고 가게 하여 경도(京都)에 이르게 하였다고 한다.).- 卅九年. 是年也, 大歲己未(魏志云, 明帝景初三年六月, 倭女王遣大夫難斗米等, 詣郡, 求詣天子朝獻. 太守鄧夏遣使將送詣京都也.)

- 신공 40년(240) (위지에는 정시 원년(240)에 건충교위제휴(建忠校尉梯携) 등을 보내 조서와 인수를 받들고 왜국에 가게 하였다고 한다.).- 卌年(魏志云, 正始元年, 遣建忠校尉梯携等, 奉詔書印綬, 詣倭國也.)

- 신공 43년(243) (위지에는 정시 4년에 왜왕이 다시 사신 대부 이성자(伊聲者)와 액야약(掖耶約) 등 8인을 보내어 헌상하였다고 한다.).- 卌三年(魏志云, 正始四年, 倭王復遣使大夫伊聲者 掖耶約等八人上獻.)】

 이와 같이 비미호에 대한 3개의 기사 모두 "위지운(魏志云)"으로 「신공기」는 기록하고 있다. 이 기록을 적어 넣은 편찬자가 『삼국지』「위지」「왜전」을 보았다는 것을 알 수 있다. 그렇다면 위나라에게 사신을 보낸 왜국 여왕을 '비미호'라고 한다는 것도 보았을 텐데, 그에 대해서는 일언반구 한마디도 쓰지 않았다. 이것은 편찬자가 '신공'을 '비미호'처럼 독자들이 암묵적으로 느끼게 할 목적인 듯 보인다. 즉, 편찬자가 스스로 직접 '신공'이 '비미호'라고 언급하지는 않았지만, 읽는 사람들에게는 신공이 비미호일 수 있다고 느끼도록 유도했다는 것이다. 그래서 신공 39년, 40년, 43년을 각각 239년 240년 243년으로 『삼국지』 「위지」 「왜전」의 '비미호 절대 연도'에 맞춰 놓은 것이다.

그렇다면 편찬자는 왜 신공이 바로 비미호라는 것을 적시하지 않았을까 하는 질문을 피할 수 없다. 이것은 비미호는 신라계며, 열도에서 신라는 열도 백제의 지속적인 정벌 대상이었다는 것을 기억한다면 질문에 대한 대답이 가능해진다. 즉, 열도 규슈의 비미호는 신라를 대표하는 세력이었고, 결국 백제계에게 정벌당해 복속되었기 때문에, 비미호가 신공이었다고 편찬자는 적시할 수 없었던 것이다.

다시 말해, 편찬자는 '비미호 연대'가 절대 연대이기 때문에 「위지」 「왜전」을 본 이상 쓰지 않을 수는 없었지만, 동시에 '비미호는 규슈 신라'였기 때문에 '백제의 정체성'으로 열도에서의 백제 중심 역사를 기록하면서 신공을 비미호라고 적시할 수 없었던 것이다. 즉, 신공은 '비미호'를 정벌한 쪽이기 때문이다. '신공'은 '비미호'가 아니고, '신공'은 '비미호'를 정벌하여 복속시킨 쪽으로 '비미호'는 실체가 있지만, '신공'은 '규슈신라'를 정벌하여 복속시킨 세력들인 '백제를 대표하는 상징성을 가진 어떤 통합된 가상의 존재'일 가능성이 높다.

즉, 「신공기」에 나오는 4차에 걸친 '신라 정벌 기사'들은 정벌의 주체와 정벌의 시기가 제각각이라는 것이다. 정벌의 시기가 오사카에 뿌리를 내린 백제 세력이 6세기인 527년의 규슈 호족 이와이(磐井)의 반란을 진압한 이후에 규슈신라를 정벌한 것을 「신공기」

에 썼을 수도 있고, 300년대 근초고왕 시대인 4세기 본토 백제가 규슈로 들어오면서 신라를 중심으로 한 규슈 세력과 부딪힌 것을 썼을 수도 있다.

다시 말해, 「신공기」의 신라정벌 기사는 '모든 연대에 있었던 규슈신라를 제압하려고 했던 시도들에 대한 통합적인 기록'으로 연대를 무시하고 규슈에서 발생했던 사건들을 마치 이른 시기부터(3세기부터) 오사카 세력이 규슈 세력들(주로 규슈 신라)을 제압했던 것처럼 보이도록 하려고 쓴 기록이라는 것이다.

이에 따라 '백제를 대표하는 통합된 가상의 인물인 신공'은 규슈신라를 정벌한 4세기의 근초고왕일 가능성도 있다. 현재 남한의 강단사학계는 신공기 249년의 신라정벌 이야기를 120년을 더한 369년인 근초고왕 24년에 근초고왕이 한반도 남부 가야 지역을 공략한 이야기를 쓴 것이라고 주장하고 있다.

그러나 본고는 근초고왕이 가야 지역을 공략한 것이 아니라 규슈신라를 공략했을 가능성이 더 크다고 본다. 본고는 규슈신라가 요시노가리 유적을 포함한 유명해 북쪽 지역에 있었다고 보며, 규슈백제는 에다후나야마 고분을 포함한 유명해 동쪽 다마나시 일대에 있었다고 본다.

백제 주민들이 열도에 본격적으로 진출한 시기는 신라 가야보다는 더 뒤의 시기에 진출했을 것으로 본다. 백제 주민들이 본격적으로 규슈를 비롯해서 열도로 이주한 가장 이른 시기를 특정한다는 것은 더 본격적인 연구가 필요할 것으로 보며, 유명해 동쪽 다마나시를 중심으로 하는 일대에 백제 이주민들이 정착하여 일정한 정치 세력으로 자리 잡은 것은 5대왕 초고왕(肖古王166~214) 6대왕 구수왕(仇首王 214~234) 때였다고 본다. 그리고 그 후, 백제의 전성기가 시작되는 4세기 근초고 왕때에 규슈신라를 복속시키기 위해 출병했던 이야기가 신공 49년조의 내용이라고 추정한다.

이것은 신공 49년조에 규슈백제 왕과 왕자의 이름이 초고왕과 왕자 구수라고 기록된 것에 근거한 추론이다. 후술하겠지만 신공 49년조의 규슈신라 정벌군은 연합군이다. 처음에 출병하여 규슈신라를 정벌하려고 했지만 군사 숫자가 부족하다는 말을 들은 신공은 규슈백제에게 청병한다. 이에 따라 규슈백제 군사까지 온 뒤에 '탁순'에 모인 뒤에 함께 규슈신라를 정벌한다. 그 뒤에 군사를 보내 준 규슈백제에게 그 대가로 정벌한 지역 중에 '고해진(古奚津)', '남만(南蠻)', '침미다례(忱彌多禮)'를 준다. 즉, 규슈신라를 정벌하는 데에 함께 참전한 연합군에게 그 지분을 나눠 준 것이다.

이런 일이 남한 강단사학계의 주장대로 신공 49년조의 내용이 근초고왕이 한반도 남부를 경략한 내용이라면, 군사를 내어 준 대가로 그 지분으로 정벌한 지역의 일부를 근초고왕이 다른 어떤 세력에게 내어 줬다는 것이 되는데, 한반도 남부에 있었던 백제가 다른 그 어떤 정치 세력에게 청병하고 그 대가로 정벌 지역을 나눠 줬다는 일이 가능할 수는 없는 일인 것이다.

따라서, 신공 49년조의 내용은 4세기 전성기의 본토 백제의 왕이었던 근초고왕이 규슈신라를 복속시키기 위해 규슈에 상륙하여 전쟁을 벌이던 와중에 이미 규슈 지역에 이주해 있던 백제계 이주민들이 만든 백제계 소국에게 군사 지원을 요청하고, 함께 협력하여 규슈신라를 접수하여 그 지역 영토를 함께 나눠 가진 것으로 해석하면 해명이 된다고 본다. 그때의 규슈 백제 왕의 이름이 본토에서는 이미 사망하고 없었던 초고왕 그리고 왕자인 구수로 아마도 초고왕과 왕자 구수 때 그와 관계된 일족들이 규슈로 이주해 만든 백제계 소국이었을 것으로 추정된다.

실제 인물이었던 '규슈신라 세력의 대표'였던 '비미호'가 활약했던 절대 연대는 200년대인 3세기다. 이 연대를 바꿀 수는 없는 것이다. 따라서 『일본서기』「신공기」는 그 절대연대를 기준으로 규슈에서 규슈신라를 정벌하기 위한 활약을 펼쳤던, 본토를 포함한 열도 각 지역의 여러 백제 세력들의 연대(年代)를 비미호 절대 연대에 맞춰 서술된 것으로 보인다.

다시 말해, 여러 시기에 있었던 본토백제, 규슈백제, 오사카백제 간의 협력과 알력 관계를 뒤섞어서 비미호의 절대 연대에 맞춰서 3세기 연대에 오사카백제 세력이 3세기부터 오사카에서 규슈까지를 통할하여 제압한 것처럼 보이도록 기록했다는 것이다. 이것을 염두에 두고 「신공기」를 살펴보면 '규슈에서 벌어졌던 백제 VS 신라 공방전'을 볼 수 있다.

이를 보기 위해 「신공기」의 '신라정벌' 기사들을 분석해 보겠다. 규슈에 있던 신라를 정벌하기 위해 본토 백제와 규슈 백제 그리고 오사카 백제들이 어떤 활약을 했는지 그 흔적들을 찾을 수 있다.

(1) (신공 즉위전기) 200년 10월 3일:
　　연대혼용 규슈에서 있었던 사건들

【겨울 10월 기해삭 신축(3일)에 ① 화이진(和珥津: 와니노츠)에서 출발했다. … 신라왕은 전전긍긍하며 어찌할 바를 몰랐다. 여러사람을 불러 모아 "신라의 건국 이래 바닷물이 나라 안까지 들어온 일은 아직 없었다. 천운이 다해 나라가 바다가 되는 것이 아닌가?"라고 말했다. … 장차 신라를 멸망시키려 하는 것이라 여기고 두려워 전의를 상실했다. 마침내 정신을 차리고 "내가 들으니 동쪽에 신국(神國)이 있는데, ② 일본(日本)이라고 한다. … "지금 이후부터 길이 천지와 함께 복종하여 사부(飼部: 사부미카이)가 되겠습니다…. 그리고 거듭 맹세하여 "동쪽에서 떠오른 해가 서쪽에서 떠오르는 일이 없는 한, 또 ③ 아리나례하(阿利那禮河)가 역류하고 강의 돌이 하늘에 올라가 별이 되는 일이 없는 한, 춘추로 조공을 거르거나 태만하여 말빗과 말채찍을 바치지 않는다면 천신지기여, 벌을 주십시오."라고 말하였다. … 지금 이미 재국(財國)을 얻었다. 또한 사람들이 스스로 항복하였다. 죽이는 것은 상서롭지 못하다."라고 말하고, 결박을 풀어 사부(飼部: 미마카히)의 일을 맡겼다. … 신라왕 ④ 파사매금(波沙寐錦)은 즉시 ⑤ 미질기지파진간기(微叱己知波珍干岐)를 인질로 삼아 금은채색(金銀彩色) 및 능라겸견(綾羅縑絹)을 80척의 배에 실어 관군을 따라가게 하였다. 이로써 신라왕은 항상 배 80척의 조공선을 일본국에 바치게 되었는데 이것이 그 연유다. 이에 고구려(高麗)와 백제 두 나라 왕은 신라가 도적(圖籍)을 거두

어 일본국에 항복하였다는 것을 듣고 몰래 그 군세를 엿보게 하였다. 그리고 도저히 이길 수 없다는 것을 알고는 스스로 영외로 나와서 머리를 조아리며 "지금 이후부터는 길이 서번(西蕃)이라 일컫고 조공을 그치지 않겠습니다."라고 말하였다. 이로써 ⑥ 내관가(內官家)로 정하였다. 이것이 이른바 삼한(三韓)이다. 황후가 신라에서 돌아왔다.】[296]

위의 내용은 신공기의 1차 규슈신라 정벌 기사다. 전술했듯이 신공기에서 절대 연도인 '비미호' 관련 기사를 빼고 규슈신라를 정벌하는 기사 내용들은 1개의 기사 안에서도 여러 시대에 일어난 일들을 섞어서 써 놓았다는 것을 염두에 두고 위의 기사를 해석해야 한다. 위의 기사에서 번호로 표시해 놓은 것들이 각각 다른 시기와 다른 주체들을 추정할 수 있는 단서들이다.

---

[296] 『일본서기』「신공즉위전기」 200년 10월 3일 冬十月己亥朔辛丑, 從和珥津發之. 時飛廉起風, 陽侯擧浪, 海中大魚, 悉浮扶船. 則大風順吹, 帆舶隨波. 不勞櫨楫, 便到新羅. 時隨船潮浪, 遠逮國中. 即知, 天神地祇悉助歟. 新羅王, 於是, 戰戰慄慄厝身無所. 則集諸人曰, 新羅之建國以來, 未嘗聞海水凌國. 若天運盡之, 國爲海乎. 是言未訖之間, 船師滿海, 旌旗耀日, 鼓吹起聲, 山川悉振. 新羅王遙望以爲, 非常之兵, 將滅己國. 警焉失志. 乃今醒之曰, 吾聞, 東有神國. 謂日本. 亦有聖王. 謂天皇. 必此國之神兵也. 豈可擧兵以距乎, 即素施而自服. 素組以面縛. 封圖籍, 降於王船之前. 因以, 叩頭之曰, 從今以後, 長與乾坤, 伏爲飼部. 其不乾船柂, 而春秋獻馬梳及馬鞭. 復不煩海遠, 以每年貢男女之調, 則重誓之曰, 非東日更出西, 且除阿利那禮河返以之逆流, 及河石昇爲星辰, 而殊闕春秋之朝, 怠廢梳鞭之貢, 天神地祇, 共討焉. 時或曰, 欲誅新羅王, 於是, 皇后曰, 初承神教, 將授金銀之國. 又號令三軍曰, 勿殺自服. 今旣獲財國. 亦人自降服. 殺之不祥, 乃解其縛爲飼部. 遂入其國中, 封重寶府庫, 收圖籍文書. 即以皇后所杖矛, 樹於新羅王門, 爲後葉之印. 故其矛今猶樹于新羅之門也. 爰新羅王波沙寐錦, 即以微叱己知波珍干岐爲質, 仍齎金銀彩色及綾·羅·縑絹, 載于八十艘船, 令從官軍. 是以, 新羅王, 常以八十船之調賣于日本國, 其是之緣也. 於是, 高麗·百濟二國王, 聞新羅收圖籍, 降於日本國, 密令伺其軍勢. 則知不可勝, 自來于營外, 叩頭而款曰, 從今以後, 永稱西蕃, 不絶朝貢. 故因以, 定內官家屯倉于 001. 是所謂之三韓也. 皇后從新羅還之. (출처 번역: 동북아역사넷)

다마나시를 중심으로 하는 일대에 백제 이주민들이 정착하여 일정한 정치 세력으로 자리 잡은 것은 5대왕 초고왕(肖古王166~214) 6대왕 구수왕(仇首王 214~234) 때였다고 본다. 그리고 그 후, 백제의 전성기가 시작되는 4세기 근초고 왕때에 규슈신라를 복속시키기 위해 출병했던 이야기가 신공 49년조의 내용이라고 추정한다.

  이것은 신공 49년조에 규슈백제 왕과 왕자의 이름이 초고왕과 왕자 구수라고 기록된 것에 근거한 추론이다. 후술하겠지만 신공 49년조의 규슈신라 정벌군은 연합군이다. 처음에 출병하여 규슈신라를 정벌하려고 했지만 군사 숫자가 부족하다는 말을 들은 신공은 규슈백제에게 청병한다. 이에 따라 규슈백제 군사까지 온 뒤에 '탁순'에 모인 뒤에 함께 규슈신라를 정벌한다. 그 뒤에 군사를 보내 준 규슈백제에게 그 대가로 정벌한 지역 중에 '고해진(古奚津)', '남만(南蠻)', '침미다례(忱彌多禮)'를 준다. 즉, 규슈신라를 정벌하는 데에 함께 참전한 연합군에게 그 지분을 나눠 준 것이다.

  이런 일이 남한 강단사학계의 주장대로 신공 49년조의 내용이 근초고왕이 한반도 남부를 경략한 내용이라면, 군사를 내어 준 대가로 그 지분으로 정벌한 지역의 일부를 근초고왕이 다른 어떤 세력에게 내어 줬다는 것이 되는데, 한반도 남부에 있었던 백제가 다른 그 어떤 정치 세력에게 청병하고 그 대가로 정벌 지역을 나눠 줬다는 일이 가능할 수는 없는 일인 것이다.

  따라서, 신공 49년조의 내용은 4세기 전성기의 본토 백제의 왕이었던 근초고왕이 규슈신라를 복속시키기 위해 규슈에 상륙하여 전쟁을 벌이던 와중에 이미 규슈 지역에 이주해 있던 백제계 이주민들이 만든 백제계 소국에게 군사 지원을 요청하고, 함께 협력하여 규슈신라를 접수하여 그 지역 영토를 함께 나눠 가진 것으로 해석하면 해명이 된다고 본다. 그때의 규슈 백제 왕의 이름이 본토에서는 이미 사망하고 없었던 초고왕 그리고 왕자인 구수로 아마도 초고왕과 왕자 구수 때 그와 관계된 일족들이 규슈로 이주해 만든 백제계 소국이었을 것으로 추정된다.

실제 인물이었던 '규슈신라 세력의 대표'였던 '비미호'가 활약했던 절대 연대는 200년대인 3세기다. 이 연대를 바꿀 수는 없는 것이다. 따라서 『일본서기』「신공기」는 그 절대연대를 기준으로 규슈에서 규슈신라를 정벌하기 위한 활약을 펼쳤던, 본토를 포함한 열도 각 지역의 여러 백제 세력들의 연대(年代)를 비미호 절대 연대에 맞춰 서술된 것으로 보인다.

다시 말해, 여러 시기에 있었던 본토백제, 규슈백제, 오사카백제 간의 협력과 알력 관계를 뒤섞어서 비미호의 절대 연대에 맞춰서 3세기 연대에 오사카백제 세력이 3세기부터 오사카에서 규슈까지를 통할하여 제압한 것처럼 보이도록 기록했다는 것이다. 이것을 염두에 두고「신공기」를 살펴보면 '규슈에서 벌어졌던 백제 VS 신라 공방전'을 볼 수 있다.

이를 보기 위해「신공기」의 '신라정벌' 기사들을 분석해 보겠다. 규슈에 있던 신라를 정벌하기 위해 본토 백제와 규슈 백제 그리고 오사카 백제들이 어떤 활약을 했는지 그 흔적들을 찾을 수 있다.

(1) (신공 즉위전기) 200년 10월 3일:
    연대혼용 규슈에서 있었던 사건들

【겨울 10월 기해삭 신축(3일)에 ① 화이진(和珥津: 와니노츠)에서 출발했다. … 신라왕은 전전긍긍하며 어찌할 바를 몰랐다. 여러사람을 불러 모아 "신라의 건국 이래 바닷물이 나라 안까지 들어온 일은 아직 없었다. 천운이 다해 나라가 바다가 되는 것이 아닌가?"라고 말했다. … 장차 신라를 멸망시키려 하는 것이라 여기고 두려워 전의를 상실했다. 마침내 정신을 차리고 "내가 들으니 동쪽에 신국(神國)이 있는데, ② 일본(日本)이라고 한다. … "지금 이후부터 길이 천지와 함께 복종하여 사부(飼部: 사부미카이)가 되겠습니다…. 그리고 거듭 맹세하여 "동쪽에서 떠오른 해가 서쪽에서 떠오르는 일이 없는 한, 또 ③ 아리나례하(阿利那禮河)가 역류하고 강의 돌이 하늘에 올라가 별이 되는 일이 없는 한, 춘추로 조공을 거르거나 태만하여 말빗과 말채찍을 바치지 않는다면 천신지기여, 벌을 주십시오."라고 말하였다. … 지금 이미 재국(財國)을 얻었다. 또한 사람들이 스스로 항복하였다. 죽이는 것은 상서롭지 못하다."라고 말하고, 결박을 풀어 사부(飼部: 미마카히)의 일을 맡겼다. … 신라왕 ④ 파사매금(波沙寐錦)은 즉시 ⑤ 미질기지파진간기(微叱己知波珍干岐)를 인질로 삼아 금은채색(金銀彩色) 및 능라겸견(綾羅縑絹)을 80척의 배에 실어 관군을 따라가게 하였다. 이로써 신라왕은 항상 배 80척의 조공선을 일본국에 바치게 되었는데 이것이 그 연유다. 이에 고구려(高麗)와 백세 두 나라 왕은 신라가 도적(圖籍)을 기두

어 일본국에 항복하였다는 것을 듣고 몰래 그 군세를 엿보게 하였다. 그리고 도저히 이길 수 없다는 것을 알고는 스스로 영외로 나와서 머리를 조아리며 "지금 이후부터는 길이 서번(西蕃)이라 일컫고 조공을 그치지 않겠습니다."라고 말하였다. 이로써 ⑥ 내관가(內官家)로 정하였다. 이것이 이른바 삼한(三韓)이다. 황후가 신라에서 돌아왔다.]²⁹⁶⁾

위의 내용은 신공기의 1차 규슈신라 정벌 기사다. 전술했듯이 신공기에서 절대 연도인 '비미호' 관련 기사를 빼고 규슈신라를 정벌하는 기사 내용들은 1개의 기사 안에서도 여러 시대에 일어난 일들을 섞어서 써 놓았다는 것을 염두에 두고 위의 기사를 해석해야 한다. 위의 기사에서 번호로 표시해 놓은 것들이 각각 다른 시기와 다른 주체들을 추정할 수 있는 단서들이다.

---

296) 『일본서기』「신공즉위전기」 200년 10월 3일 冬十月己亥朔辛丑, 從和珥津發之. 時飛廉起風, 陽侯擧浪, 海中大魚, 悉浮扶船. 則大風順吹, 帆舶隨波. 不勞櫨楫, 便到新羅. 時隨船潮浪, 遠逮國中. 卽知, 天神地祇悉助焉. 新羅王, 於是, 戰戰慄慄厝身無所. 則集諸人曰, 新羅之建國以來, 未嘗聞海水凌國. 若天運盡之, 國爲海乎. 是言未訖之間, 船師滿海, 旌旗耀日, 鼓吹起聲, 山川悉振. 新羅王遙望以爲, 非常之兵, 將滅己國. 讋焉失志. 乃今醒之曰, 吾聞, 東有神國, 謂日本. 亦有聖王, 謂天皇. 必其國之神兵也. 豈可擧兵以距乎, 卽素旆而自服. 素組以面縛. 封圖籍, 降於王船之前. 因以, 叩頭之曰, 從今以後, 長與乾坤, 伏爲飼部. 其不乾船柂, 而春秋獻馬梳及馬鞭. 復不煩海遠, 以每年貢男女之調, 則重誓之曰, 非東日更出西, 且除阿利那禮河返及之逆流, 及河石昇爲星辰, 而殊闕春秋之朝, 怠廢梳鞭之貢, 天神地祇, 共討焉. 時或曰, 欲誅新羅王, 於是, 皇后曰, 初承神敎, 將授金銀之國, 又號令三軍曰, 勿殺自服. 今旣獲財國. 亦人自降服. 殺之不祥, 乃解其縛與飼部. 遂入其國中, 封重寶府庫. 收圖籍文書. 卽以皇后所杖矛, 樹於新羅王門, 爲後葉之印. 故其矛今猶樹於新羅王之門也. 爰新羅王波沙寐錦, 卽以微叱己知波珍干岐爲質, 仍齎金銀彩色及綾·羅·縑絹, 載于八十艘船, 令從官軍. 是以, 新羅王, 常以八十船之調貢于日本國, 其是之緣也. 於是, 高麗·百濟二國王, 聞新羅收圖籍, 降於日本國, 密令伺其軍勢. 則知不可勝, 自來于營外, 叩頭而款曰, 從今以後, 永稱西蕃, 不絶朝貢. 故因以, 定內官家屯倉注 001. 是所謂之三韓也. 皇后從新羅還之. (출처 번역: 동북아역사넷)

① 화이진(和珥津: 와니노츠)에서 출발: 이곳은 대마도에 있는 지명이다. '와니우라'라고도 하는 이곳은 현재 對馬島의 북단에 있는 上縣郡 上對馬町의 악포(鰐浦)이다. 대마도 악포에서 규슈신라를 정벌하러 출발했다는 것이다. 대마도에서 규슈신라로 간다는 것이므로 이것은 본토 백제가 대마도에 도착한 뒤에 규슈를 향해 출발했다는 것이고, 연대 200년을 그대로 인정한다면 백제 5대 초고왕 35년이다. 대마도에서 규슈신라를 정복하기 위해 출발했다면, 출발의 주체는 본토 백제였을 것이다.

② 일본(日本): '일본'이라는 말은 7세기에 처음 나오는 말이다. 『삼국사기』에는 「신라본기」 문무왕 10년(670) 12월조에는 "10년(670) 12월 왜국(倭國)이 이름을 고쳐 일본(日本)이라 하였다. 스스로 말하기를 해 뜨는 곳에 가깝기 때문에 그로써 이름을 지은 것이라 하였다.[297]"라고 기록되어 있다. 중국 사료로는 『舊唐書』 卷6 則天皇后本紀 大足 2年(702) 기사와 『구당서(舊唐書)』 권 199 상(上) 「동이전」 「일본(국)」조, 『신당서(新唐書)』 권 220 일본전(日本傳), 『통전(通典)』 권 185 변방(邊防) 왜(倭)조 등에 '왜'에서 '일본'으로의 국호 변경 사실이 기록되어 있다.

『구당서(舊唐書)』에는 「일본(국)」전도 있고 「왜(국)」전도 함께 있는데, 「왜국전」에 이어서 나오는 「일본전」에서는 일본을 국호로 삼은 이유에 대한 간략한 설명을 다음과 같이 전하고 있다.

---

297) 『삼국사기』 「신라본기」 문무왕 10년(670) 倭國更号 日本. 自言近日所出, 以爲名. (출처 번역: 한국사데이터베이스)

일본국은 왜국의 별종(別種)이다. 그 나라가 해가 뜨는 곳에 있기 때문에 일본을 나라 이름으로 하였다. 혹은 말하기를, 왜국이 스스로 그 이름이 우아하지 못한 것을 싫어하여 일본으로 고쳤다고 한다.[298] 혹은 말하기를, 일본은 과거에는 작은 나라였는데, 왜국의 땅을 병합하였다고 한다. 그 [나라] 사람으로 입조한 자가 대부분 [자기 나라가] 크다고 자부하여 사실로 대답하지 않았다. 그래서 중국이 이를 의심하였다. 또한 말하기를, "동서남북이 각각 수천 리인데, 서쪽과 남쪽 경계는 모두 큰 바다에 이르고, 동쪽과 북쪽 경계는 큰 산이 있어 한계를 이룬다. 산 바깥은 곧 모인(毛人)의 나라다."라고 하였다.[299]

위의 사료들에 따르면 '일본'을 국호로 사용하기 시작한 시기를 알 수 있고, 국호를 일본이라고 변경한 이유를 짐작할 수 있다.

그런데 문제는 정작 『일본서기』에는 국호를 정한 시기와 그 이유에 대한 이야기가 나오지 않는다는 것에 있다. 日本이라는 국호를 정식으로 사용한 것이 확실한 기사는 『續日本紀』 大寶 2年(702) 乙

---

298) 『唐會要』 倭國條에서는 "則天時, 自言, '其國近日所出, 故號日本國.' 蓋惡其名不雅而改之."라고 하여 아마도 그 이름이 우아하지 않아서 고친 것인가라고 하여 왜국에서 일본국으로 이름을 고친 이유에 대하여 추측한 내용이 보인다. 『續日本紀』의 천황의 즉위조칙 선명(宣命) 등에 倭가 보이기 때문에 일본에서 倭라는 글자를 꺼리지 않았음을 알 수 있다. 따라서 『唐會要』에 보이는 내용을 바탕으로 『舊唐書』에서는 마치 일본이 倭라는 글자를 꺼려서 고친 것으로 잘못 기록한 것으로 보인다. (출처 재인용: 동북아역사넷, 일본국(日本國)의 국호 및 지리에 대한 설명, 각주 2))

299) 『舊唐書』 卷199上 「일본국」전 日本國者, 倭國之別種也. 以其國在日邊, 故以日本爲名. 或曰: 倭國自惡其名不雅, 改爲日本. 或云: 日本舊小國, 併倭國之地. 其人入朝者, 多自矜大, 不以實對, 故中國疑焉. 又云: 其國界東西南北各數千里, 西界·南界咸至大海, 東界·北界有大山爲限, 山外卽毛人之國… (출처 번역: 동북아역사넷)

酉條이다. 이 기사에 의하면 당에 파견된 속전조신진인(粟田朝臣眞人)이 자신이 일본국의 사신이라고 주장하자, 당 황제는 일본이 어떤 나라인지 질문하였다고 한다.[300]

『일본서기』에는 자기 정체성을 나타내는 '일본'이라는 국호와 '왜'가 혼용되어서 기록되어 있다. 이렇게 『일본서기』에 일본이라는 국호가 선포되는 시기와 그 과정이 나오지 않기 때문에 현재까지 그에 관한 여러 가지 연구와 학설이 분분하다.[301]

그런데 최근 2011년에 중국에서 발견된 백제인 예군(禰軍

---

300) 동북아역사넷, 신공기(신공 즉위전기) 200년 10월 3일 신라를 정벌함 각주 3)

301) 吉田孝(よしだ たかし, 요시다 다카시)는 天武・持統代에 天皇이라는 용어가 공식화되면서 이와 짝을 이루는 형태로 日本이라는 국호가 사용되었을 것으로 보는 견해가 있다. 즉, 천황은 天照大神의 자손인 동시에 天照大神의 靈威를 계승한 '日御子'이며, '日御子'가 다스리는 나라로 日神의 바로 아래에 있는 곳이라는 의미로 日本이라는 국호를 채택하였다는 것이다. 보다 구체적으로는 689년에 반포된 정어원령(淨御原令)에서 비로소 天皇과 日本이라는 용어가 규정된 것으로 보기도 한다.- (吉田孝著,『大系日本の歷史3 古代國家の步み』, 小学館, 1988, p.14 / 吉田孝著「日本の誕生」, 岩波書店, 1997, p.118-119 /『大寶令』公式令(701)에서 처음으로 日本이라는 국호가 공식적으로 규정된 것으로 보는 견해도 있다.-: 神野志 隆光(こうのし たかみつ, 코오노시 타카미츠),「日本」とは何か, 出版社, 講談社, 2005 / 日本이라는 용어가 중국 쪽에서 해가 뜨는 쪽이라는 의미로 보는 견해가『日本書紀私記』에서 보이는 바와 같이 일찍부터 존재하고 있는 데 대하여, 해의 바로 아래 즉 세계의 중심을 나타내는 말로 일본적인 중화사상의 산물로 보는 견해가 있다.- 熊谷公男(くまがい きみお, 쿠마가이 키미오)著「日本の歷史03 大王から天皇へ」,講談社, 2001, p.342 / 이러한 日本이란 국호의 성립 시기에 대해서는 일찍이 推古天皇이 隋의 황제에게 보낸 國書에 있는 '日出處天子'(『隋書』卷81 列傳 倭國條)를 근거로 日本은 중국의 동방에 있다는 의미로 推古朝에 성립되었다고 보는 견해가 제기되었다. 현재는 天武末에서 持統初에 걸쳐(7세기 말~8세기 초) 성립하여 지통천황 3년(689) 정어원령(淨御原令)에 의해 제도화된 후, 신라나 당나라에도 전해졌다고 하는 견해가 설득력을 얻고 있다. (동북아역사넷, 신공기 (신공 즉위전기) 200년 10월 3일 신라를 정벌함 각주 3))

613~678)[302] 묘지명에 '일본'이 나타나면서 '일본'은 '백제'를 가리키는 말이라는 학설이 제기되었다. 다음은 예군묘지명에서 '일본'이 나타나는 부분이다.

> 지난 현경(顯慶) 5년 관군(官軍)이 본번을 평정하던 날 (일의) 조짐을 보고 변화를 알아 검을 잡고 귀의할 곳을 알았으니, 유여(由余)가 융(戎)에서 나온 것과 유사했고 김일제[金磾]가 한(漢)으로 들어온 것과 같았다. 성상(聖上)께서 기뻐 찬탄하며 영화로운 반열로 발탁하니 우무위(右武衛), 산천부(滻川府), 절충도위(折衝都尉)를 제수했다. 이때 일본(日本)의 남은 무리가 부상(扶桑)에 의거하여 징벌을 필해 달아났다. … 1천의 배가 파도를 가로지르니 원사(原蛇)에 의지하여 물이 가득한 곳으로 쳐들어갔다. 공이 해좌(海左)에서 계책을 궁구하여 영동(瀛東)에서 본보

---

302) 예군(禰軍)은 백제인으로 그 선조가 원래 '중화(中華)'와 조상을 같이하였는데, 4세기 초반인 영가말년(永嘉末年)에 전란을 피하여 동방(백제)으로 이주했다고 묘지명에 쓰여 있다. 예군은 백제의 명망 있는 가문 출신으로 증조부 복(福), 조부 예(譽), 아버지 선(善)도 모두 본번(本藩: 백제)의 1품이자 좌평(佐平)을 역임했다고 전한다. 이후 예군은 현경(顯慶) 5년(660)에 백제가 멸망할 당시 당에 항복해 출사하였고, 함형(咸亨) 3년(678)에 사망했다고 한다. 예군에 대해서는 『삼국사기』 신라본기 문무왕 10년(670) 7월조에 웅진도독부(熊津都督府) 사마(司馬)로서 신라에 사자로 파견되었는데, 스파이 활동 혐의로 신라에 억류된 사실이 기록되어 있으며, 『선린국보기(善隣國寶記)』 권 상, 천지천황(天智天皇) 3년조에서 인용한 『해외국기(海外國記)』에 '백제좌평예군(百濟佐平禰軍)'으로, 또 『일본서기』 천지 4년 9월조에 당나라 사절단의 일원으로서 '우융위랑장상주국백제예군(右戎衛郎將上柱國百濟禰軍)'으로 표현되기도 하였다. 특히 「예군 묘지명」에 기록된 예군의 관력(官歷)과 관련 서술들을 통해 볼 때 그는 백강 전투 이후 당과 왜(倭)와의 교섭을 담당했다. 묘지명에 따르면 이후 예군은 당으로 소환되어 672년 우위위대장군(右威衛大將軍)을 역임하다가, 678년 2월 19일 66세의 나이로 장안(長安)의 자택에서 병사했으며, 같은 해 10월 2일 옹주(雍州) 건봉현(乾封縣) 고양리에 묻혔다고 전한다. 이 예군묘지명에 '일본'이 등장하는 것으로, '일본'이라는 말이 678년에 백제를 칭하는 말로 사용되고 있었다는 것을 알 수 있다.

기가 되니 황제에게 특별히 발탁되어 가서 초유(招諭)하고 위무(慰撫)하는 일을 주관했다.[303]

위의 묘지명 부분에서 "일본의 남은 무리가 부상에 의거하여(日本餘噍據[扶]桑)"라는 것은 당나라가 백제를 멸망시킬 때를 말하는 표현이다. 즉, 백제의 남은 무리가 왜로 도망을 갔다는 뜻으로, 묘지명에서 백제의 남은 무리가 도망간 곳인 당시 열도는 "부상(扶桑), 해좌(海左), 영동(瀛東)"으로 지칭되고 있다. 따라서 "일본의 남은 무리(日本餘)"라는 말은 "백제의 남은 무리"라는 뜻이다.

한편, 예군(禰軍)은 『일본서기』 천지(天智) 4년(665)에 당나라가 보낸 사신들 중 "우융위랑장(右戎衛郞將) 상주국(上柱國) 백제녜군(百濟禰軍)"으로 나타난다. 백제가 663년에 부흥운동을 벌이며 백촌강 전투를 벌인 이후인 665년에 열도에 가서 당시 천지(天智) 조정과 협의하고 설득하는 활약을 벌인 것이 묘지명에 "공이 해좌(海左)에서 계책을 궁구하여 영동(瀛東)에서 본보기가 되니 황제에게 특별히 발탁되어 가서 초유(招諭)하고 위무(慰撫)하는 일을 주관했다." 라고 표현되어 있는데, 이 내용이 천지(天智) 4년(665)에 나오는 것이다. 예군이 백제인으로 당나라로 투항 후 장군까지 된 사람이기

---

303) 公狼輝襲祉薦頴生姿涯濬陂裕光愛日干牛斗之逸氣芒照星中搏羊角之英風影征雲外去 顯慶五年官軍平本藩日見機識變杖劒知歸似由余之出戎如金磾之入漢▢▢聖上嘉歎擢以 榮班授右武衛滻川府折衝都尉于時日本餘噍據[扶]桑以逋風谷遺甿負盤桃而阻固萬騎亘 野與盖馬以驚塵千艘橫波援原蛇而縱泝以公格謨海左龜鏡瀛東特在蘭帝往尸招慰 (출처 번역: 한국사데이터베이스)

때문에 오사카 백제 세력인 당시 천지 조정을 만나 설득할 수 있는 논리와 문화적 공감대를 가지고 있었을 것으로 보인다.

그런데 『일본서기』는 '일본서기 구분론'[304]에 의하면 권 27인 「천지기」가 권 9인 「신공기」보다 먼저 편찬되었다. 따라서, 「신공기」에 나오는 '일본'은 7세기 연대인 「천지기」의 관점으로 쓰여진 것이다.

천지(天智) 4년(665) 등장하는 백제 출신 당나라 투항 장군 예군(禰軍)은 '오사카백제 천지 조정'을 만난 후 3년 뒤에 사망했다. 사망한 해인 668년에 '예군묘지명'이 제작되었다. 따라서 당나라에게 멸망한 뒤의 남은 무리인 백제를 '일본의 남은 무리들'이라고 표현한 것에서의 '일본'이라는 말은 백제의 별칭 같은 것으로, 「신라본기」 문무왕 10년(670) 12월조에 '일본'이라는 말이 나타나기 전인 668년에 이미 백제와 당시 주변국들이 백제를 '일본'이라고 부르고 있었다는 것을 알 수 있다.

따라서, 먼저 편찬된 7세기 연대인 「천지기」의 관점이 뒤에 편찬된 「신공기」에서 '오사카백제'를 '일본'이라고 표현한 것으로 볼 수 있다. 이것은 빨라야 6세기 초반에 서일본 열도가 '오사카백제' 손에 들어간 것을 200년대인 3세기라는 이른 시기에 '오사카 백제'가 규슈신라까지 정복하여 '서일본 열도 전체 통일'을 이뤄 낸 것

---

304) 『일본서기』의 각 권별 어구 및 어법, 가요(歌謠), 가명(假名) 표기에 사용된 한자, 분주(分註)의 수, 출전과 소재(素材) 등의 특징을 바탕으로 하여 통상적으로 1~13권, 22~23권, 28~29권을 β군, 30권을 제외한 나머지 권을 α군, 30권으로 세 영역으로 구분하고 있다. 이처럼 『일본서기』 각 권의 특징을 찾아내어 몇 개의 그룹으로 구분하는 연구를 구분론(區分論)이라고 한다. α군이 먼저 편찬되고, β군이 후에 편찬되었다. (『역주 일본서기 1』, 동북아역사재단, 2023, p.33)

처럼 보이도록 연대를 배치하여 쓴 것으로 보인다.

③ 아리나례하(阿利那禮河)는 규슈에 있는 유명해(有明海)를 말하는 것이다.

유명해(有明海)는 일본어로 아리아케카이(ありあけかい) 이다. 有明을 아리아케(ありあけ)로 발음한다. 아리나례(阿利那禮)가 아리아케(ありあけ)로 변형된 것으로 본다.

④ 파사매금(波沙寐錦)과 ⑤ 미질기지파진간기(微叱己知波珍干岐)

미질기지파진간기(微叱己知波珍干岐)는 『일본서기』 신공황후 섭정 5년 3월조에는 미질허지벌한(微叱許智伐旱)으로 나오는데, 『삼국사기』에 신라 15대 내물이사금[305]의 아들 미사흔(未斯欣 ?~433)으로 본다. 『삼국유사』에는 미해(美海) 또는 미지희(未叱喜)라고 나오는데, 동일 인물이다.

「신라본기」에 의하면 신라 16대 실성이사금은 402년 2월에 즉위하는데, 바로 그다음 달인 3월에 내물이사금의 아들 미사흔을 '규슈의 (한)왜'에게 인질로 보낸다. 실성왕 본인이 내물왕 때 고구려에 인질로 보내졌던 것에 대해 내물왕 후손들에게 가해지는 복수의 의미도 있었겠지만, 그보다 당시 '규슈의 (한)왜'는 400년에 고구려군이 규슈 '任那(맡을나=마츠라)'에 상륙하여 규슈를 관리할 때였다. 따라서, 이때 미사흔을 인질로 보내라고 한 '(한)왜'는 규슈

---

305) 왕호는 『삼국사기』에는 '이사금(尼師今)'으로 기록되어 있고, 『삼국유사』에는 '마립간'으로 표기되어 있는데, 일반적으로 내물왕 때에 '마립간'의 왕호를 처음 사용한 것으로 알려져 『삼국유사』의 설을 따르고 있다. (출처: 한국민족문화대백과사전)

를 점거한 '고구려'라고 할 수 있다. 규슈를 점거한 고구려는 나제동맹을 우려하여 미사흔을 고구려가 점거한 규슈로 보내라고 했을 것이다.

이것은 실성왕 11년(412)에 실성왕이 내물왕의 또 다른 아들 복호(卜好)를 고구려에 인질로 보낸 것으로도 확인할 수 있다[306]. 즉, 규슈의 고구려는 나제동맹을 방지하거나 방해할 목적으로 미사흔을 규슈로 보내 인질로 삼은 후에 412년에 또 복호를 고구려 본국에서 인질로 잡아 신라를 이중으로 압박하고자 했던 것이다. 이때 규슈고구려에 인질로 갔던 미사흔은 418년에 박제상의 기지와 노력으로 규슈에서 도망쳐 귀국했고[307], 박제상은 붙잡혀서 화형을 당한다.[308]

여기서 문제는 연대의 문제다. 미사흔 구출 사건은 5세기에 일어난 사건이다. 본토 신라에서 고구려가 장악한 규슈에 미사흔을 인질로 보낸 사건의 연대는 『삼국사기』에 분명하게 기록되어 있다. 즉, 미사흔 인질(신공즉위전기 200년) 과 구출(신공 5년(205)) 의 기사가 나오는 200년대인 3세기의 사건이 아니다. 다시 말해서, 5세기에 일어난 사건을 3세기에 일어난 사건인 것처럼 보이도록 하기 위해 「신공기」에 기록했다는 것을 알 수 있다.

---

306) 十一年, 以奈勿王子卜好質於高句麗.(11년(412) 나물왕(奈勿王)의 아들 복호(卜好)를 고구려에 볼모로 보냈다.)

307) 「신라본기」 눌지마립간 2년(418) 秋, 王弟未斯欣自倭國逃還.(가을에 왕의 동생 미사흔(未斯欣)이 왜국(倭國)에서 도망해 돌아왔다.) (출처 번역: 한국사데이터베이스)

이것은 '매금(寐錦)'이란 말을 「신공기」에 썼다는 것을 봐도 알 수 있다. 매금(寐錦)은 『삼국사기』와 『삼국유사』 등에는 보이지 않고 「광개토대왕릉비(廣開土王陵碑)」, 「중원고구려비(中原高句麗碑)」, 「울진봉평비(蔚珍鳳坪碑)」, 「지증대사적조탑비(智證大師寂照塔碑)」 등의 금석문에만 보인다. 寐錦에 대해서는 尼師今과 동의어라는 견해와 麻立干의 異表記란 견해가 제기되었는데, 「中原高句麗碑」, 「蔚珍鳳坪碑」가 신라 마립간 시기[309]에 세워진 것이 판명됨으로써 현재 寐錦을 麻立干으로 보는 데는 거의 이견이 없다.[310] 즉, '매금'이라는 단어도 '마립간'이 등장하는 5세기 용어라는 뜻이다.

---

308) 박제상은 『일본서기』 「신공」 5년(205) 3월 7일에 "모마리질지(毛麻利叱智)"라는 이름으로 나온다. 신공 5년조의 기사 내용 중 일부는 다음과 같다. "時新羅使者毛麻利叱智等, 竊分船及水手, 載微叱旱岐, 令逃於新羅. 乃造蒭靈, 置微叱許智之床, 詳爲病者, 告襲津彦曰, 微叱許智忽病之將死. 襲津彦使人令看病者. 卽知欺, 而捉新羅使者三人, 納檻中, 以火焚而殺. (신라의 사자 모마리질지(박제상)들이 몰래 배와 뱃사공을 나누어 미질한기(미사흔)를 태우고 신라로 도망가게 하였다. 그리고 허수아비를 만들어 미질허지의 침상에 놓고, 거짓으로 병에 걸린 척하며 습진언에게 "미질허지가 갑자기 병에 걸려 죽어 간다."고 말하였다. 습진언은 사람을 보내 병자를 보게 하였다. 곧 속은 것을 알고 신라의 사신 3인을 붙잡아 감옥에 가두고 불태워 죽였다.) (출처 번역: 동북아역사넷)
『삼국사기』 열전 제5 「박제상전」 "堤上獨眠室内晏起, 欲使未斯欣遂行. 諸人問, "將軍何起之晚." 答曰, "前日行舟勞困, 不得夙興." 及出, 知未斯欣之逃, 遂縛堤上, 行舡追之. 適煙霧晦冥, 望不及焉. 歸堤上於王所, 則流於木島. 未幾使人以薪火燒爛支體, 然後斬之. (제상이 홀로 방 안에서 자다가 늦게 일어났는데, 미사흔으로 하여금 멀리 갈 수 있도록 하기 위해서였다. 여러 사람이 묻기를, "장군께서는 어찌하여 늦게 일어났습니까?"라고 하였다. 대답하여 말하기를, "어제 배를 타 나른하고 피곤하여 일찍 일어날 수 없었다."라고 하였다. (제상이) 방에서 나오자, (그제서야) 미사흔이 도망간 것을 알아챘다. 이에 제상을 포박하고 배를 저어 (미사흔을) 추격하였다. 때마침 연무가 자욱하여 어두컴컴해짐에 따라 멀리 바라볼 수가 없었다. (왜인들이) 제상을 왕이 있는 곳에 보내자, (왜왕이) 곧바로 목도(木島)로 유배 보냈다가 얼마 안 있어 사람을 시켜 장작불에 불을 질러 (제상의) 신체를 태운 후에 그의 목을 베었다.) (출처 번역: 한국사데이x]베이스)
이와 같이 미사흔(미질허지벌한)을 구해내고 박제상은 화형을 당했다는 같은 내용을 『일본서기』 「신공기」 5년과 『삼국사기』 「박제상 열전」이 전하고 있다.

'미사흔 인질과 구출 사건'도 '매금=마립간'이라는 용어도 5세기를 상징한다. 그리고 '파사매금(波沙寐錦)'에서 '파사(波沙)'만 따로 떼어 보면 신라 5대 왕이 '파사이사금(波沙尼師今)'인데, 재위 연대는 서기 80년~112년이다. 따라서, 신공즉위전기인 200년에 나타나는 '파사매금'하고는 하등 관계가 없다.

이로써 알 수 있는 것은 5세기에 일어났던 사건들을 「신공기」의 200년대인 3세기에 일어났던 것처럼 꾸몄다는 것이다. 그래서 절대 연도인 '규슈신라의 여왕이었던 비미호 연대'에 맞추어 연대를 무시하고 '규슈에 대한 영향력과 규슈를 제압한 이야기' 중심으로 「신공기」를 구성한 것이다. 파사매금(波沙寐錦)과 미질기지파진간기(微叱己知波珍干岐)도 이것을 보여 주는 흔적이다.

⑥ 내관가(內官家)

官家는 둔창(屯倉)이다. 또는 둔가어택(屯家御宅), 삼택(三宅)이라는 표현을 쓰기도 한다. 미야케(みやけ)'라고 한다. 기본적으로 둔창은 둔전(屯田)을 관리하는 창고거나 관리를 뜻하는 말이다. 즉,

---

309) 마립간이라는 말은 『삼국사기』에 인용된 김대문(金大問)의 설명에 의하면 "방언으로 말뚝[橛]을 이름이요, 궐은 함조(諴操)의 뜻으로 자리를 정하여 두는 것이니, 왕궐이 주가 되고 신하의 궐은 아래에 배열하는 것을 이름한 것"이라고 한다. 한편, 언어학적 설명에 의하면, 마립은 '마루 [宗]' '마리 [廳]' 등과 같은 어원의 말이라 한다. 따라서 마립간은 마루칸[麻樓干] ·누칸 [樓干] ·종간(宗干) 등으로 사용되기도 하며, 대수장(大首長)을 뜻하고 있다. 『삼국유사』에서는 17대 내물왕, 『삼국사기』에서는 19대 눌지왕부터 마립간 칭호가 사용되었다고 하여 시작 연대에 있어서 시대적 차이가 있다. 내물왕 때부터 지증왕이 지증왕 4년에 중국식 칭호인 '왕'으로 바꾸기 전까지를 마립간 시기라고 한다. (출처: 한국민족문화대백과사전)

310) 동북아역사넷, (신공 즉위전기) 200년 10월 3일, 신라를 정벌함 각주 10)

둔전은 천황의 땅이고, 천황의 땅에서 생산되는 곡물 등을 천황에게 바치도록 관리·감독하는 것이 둔창이다. 이것이 열도 내의 각 국들을 정치·경제·군사적으로 지배하기 위해 설치한 건물(官舍)과 관리를 의미하는 것으로 확장된다.

'미야케(みやけ)'가 각국에 본격적으로 설치됐다는 기사는 6세기 초 27대 안한(安閑: 안칸) 2년 (535) 5월 9일에 나타난다.[310] 한편, 任那(미마나)는 任那官家(미마나미야케)라고 한다. 즉, 미마나미야케를 줄여서 미마나라고 한다는 것이다. 이 미마나미야케는 흠명 2년(541) 4월에 任那日本府(미마나야마토노미코토모치)라고 초출된다.

---

311) 「안한(安閑:안칸)」 2년 5월 병오삭 갑인(9일)에 축자(筑紫: 츠쿠시)의 수파둔창(穗波屯倉: 호나미노미야케)과 겸둔창(鎌屯倉 ; 카마노미야케), 풍국(豊國 : 토요노쿠니)의 주기둔창(膝碕屯倉: 미사키노미야케), 상원둔창(桑原屯倉: 쿠하하라노미야케), 간등둔창(肝等屯倉: 카토노미야케) [音으로 읽는다.], 대발둔창(大拔屯倉: 오호누쿠노미야케), 아록둔창(我鹿屯倉: 아카노미야케)[我鹿은 아카(阿柯)라고 읽는다.], 화국(火國: 히노쿠니)의 춘일부둔창(春日部屯倉: 카스가베노미야케), 파마국(播磨國: 하리마노쿠니)의 월부둔창(越部屯倉: 코시베노미야케), 우록둔창(牛鹿屯倉: 우시카노미야케), 비후국(備後國: 키비노미치노시리노쿠니)의 후성둔창(後城屯倉: 시츠키노미야케), 다녜둔창(多禰屯倉: 타네노미야케), 내리둔창(來履屯倉: 쿠쿠츠노미야케), 엽치둔창(葉稚屯倉: 하와카노미야케), 하음둔창(河音屯倉: 카하토노미야케), 아나국(婀娜國: 아나쿠니)의 담식둔창(膽殖屯倉: 이니웨노미야케), 담년부둔창(膽年部屯倉: 이토시베노미야케), 아파국(阿波國: 아하노쿠니)의 춘일부둔창(春日部屯倉: 카스가베노미야케), 기국(紀國: 키노쿠니)의 경단둔창(經湍屯倉: 후세노미야케)[經湍은 부세(俯世: 후세)라고 한다.], 하변둔창(河邊屯倉: 카하헤노미야케), 단파국(丹波國: 타니하노쿠니)의 소사기둔창(蘇斯岐屯倉: 소시키노미야케)[音으로 읽는다.], 근강국(近江國: 아후미노쿠니)의 위포둔창(葦浦屯倉: 아시우라노미야케), 미장국(尾張國: 워와리노쿠니)의 간부둔창(間敷屯倉: 미시키노미야케), 입록둔창(入鹿屯倉: 이루카노미야케), 상모야국(上毛野國: 카미츠케노노쿠니)의 녹야둔창(綠野屯倉: 미도노미야케), 준하국(駿河國: 스루가노쿠니)의 치지둔창(稚贄屯倉: 와카니헤노미야케)을 두었다.(五月丙午朔甲寅, 置筑紫穗波屯倉·鎌屯倉, 豊國膝碕屯倉·桑原屯倉·肝等[取音讀].屯倉·大拔屯倉·我鹿屯倉[我鹿, 此云阿柯.], 火國春日部屯倉, 播磨國越部屯倉·牛鹿屯倉, 備後國後城屯倉·多禰屯倉·來履屯倉·葉稚屯倉·河音屯倉, 婀娜國膽殖屯倉·膽年部屯倉, 阿波國春日部屯倉, 紀國經湍屯倉[經湍, 此云俯世.] 河邊屯倉, 丹波國蘇斯岐屯倉[皆取音.], 近江國葦浦屯倉, 尾張國間敷屯倉·入鹿屯倉, 上毛野國綠野屯倉, 駿河國稚贄屯倉.)
(출처 번역: 동북아역사넷)

이상의 근거들로 설명할 수 있는 것은 이 신공 즉위전기 200년 10월 3일의 내관가(內官家)는 3세기의 일이 아니라 후일 5~6세기에 규슈에서 있었던 일을 썼다는 것을 보여주는 증거가 된다는 것이다.

(2) (신공즉위전기) 200년 12월 14일:
3세기 신라內戰-본토신라 vs 규슈신라

【(신공 즉위전기) … 그날 밤에 천황은 갑자기 병이 나서 죽었다(崩). 그 후에 황후는 신의 가르침대로 제사를 지냈다. 황후는 남장하고 신라를 쳤다. 그때에 신이 인도하였다. 배에 따라온 큰 파도가 멀리 신라 나라 안까지 미쳤다. 그러자 신라왕 ① 우류조부리지간(宇流助富利智干)이 마중 나와 무릎을 꿇고 황후의 배를 잡고 땅에 닿도록 머리를 숙이고 "신은 앞으로 내관가가 되어 일본국에 계시는 신의 아들에게 끊이지 않고 조공하겠습니다."라고 말하였다.]

[어떤 책(一)에는 다음과 같은 내용이 전한다. 신라왕을 포로로 잡아 해변으로 가서 왕의 무릎뼈를 뽑고서 돌 위에서 기도록 하고, 곧 배에서 모래 속에 묻었다. 그리고 한 사람을 남겨 신라의 재(宰: 재상)로 삼고 돌아왔다. 그 후에 신라왕의 처는 남편의 시신이 묻혀 있는 곳을 몰라, 혼자 재(재상)를 유혹할 생각을 가졌다. 그래서 재를 꾀어서 "그대가 왕의 시신 묻은 곳을 알려 주면 반드시 후하게 보답하겠습니다. 그리고 그대의 처가 되겠습니다."라고 말하였다. 재는 꾀는 말을 믿고

몰래 시신이 묻혀 있는 곳을 알려 주었다. 그 후 왕의 처와 국인(國人)이 공모하여 재를 죽였다. 그리고 왕의 시신을 꺼내어 다른 곳에 장사 지냈다. 그때 재의 시신을 왕의 묘 아래에 묻고, 왕의 관을 들어 올려 그 위에 두면서 "존비(尊卑)의 순서는 원래 이와 같아야 한다."고 말하였다. 천황이 이것을 듣고 심히 노하여 군사를 크게 일으켜 신라를 멸망시키려고 하였다. 그리하여 군선이 바다 가득히 떠서 신라에 이르렀다. 신라 사람이 모두 두려워하여 어찌할 바를 몰라 하다가 결국 서로 모여 공모하여 왕의 처를 죽이고 사죄하였다.]】[312]

위의 신공즉위전기 200년 12월 14일 조 기사는 『삼국사기』 「열전 5」의 「석우로(昔于老)」전과 같은 내용이다. 위의 기사에서 "신라왕 ① 우류조부리지간(宇流助富利智干)"을 석우로의 다른 이름이라고 본다.

석우로는 신라 10대 왕 내해이사금(奈解泥師今 196~230)의 아들이다. 내해이사금의 조부는 벌휴이사금(伐休泥師今, 184~196)이고, 벌휴이사금의 아버지는 탈해이사금(脫解尼師今 57~80)이다. 즉, 석우

---

312) 『일본서기』 (신공 즉위전기) 200년 12월 14일 ....是夜天皇忽病發以崩之. 然後, 皇后隨神敎而祭. 則皇后爲男束裝, 征新羅. 時神留導之. 由是, 隨船浪之, 遠及于新羅國中. 於是, 新羅王宇流助富利智干, 參迎跪之, 取王船卽叩頭曰, 臣自今以後, 於日本國所居神御子, 爲內官家, 無絶朝貢. 一云, 禽獲新羅王, 詣于海邊, 拔王臏筋, 令匍石上. 俄而斬之, 埋沙中. 則留一人, 爲新羅宰而還之. 然後, 新羅王妻, 不知埋夫屍之地, 獨有誘宰之情. 乃誂宰曰, 汝當令識埋王屍之處, 必敦報之. 且吾爲汝妻. 於是, 宰信誘言, 密告埋屍之處. 則王妻與國人, 共議之殺宰. 更出王屍葬於他處. 乃時取宰屍, 埋于王墓土底, 以擧王櫬, 窆其上曰, 尊卑次第, 固當如此. 於是, 天皇聞之, 重發震忿, 大起軍衆, 欲頓滅新羅. 是以, 軍船滿海而詣之. 是時, 新羅國人悉懼, 不知所如. 則相集共議之, 殺王妻以謝罪.] (출처 번역: 동북아역사넷)

로는 석탈해의 4대 후손이다. 『삼국사기』 열전에 의하면 11대 조분이사금(助賁泥師今 230~247) 때 대장군이 되어 신라의 영토를 넓혔다. 또한, 고구려·(한)왜와 싸워서 승리를 거둔 장군이다. 249년 첨해이사금(沾解尼師今 247~261)때는 신라를 배신하고 백제로 귀부한 사량벌국(沙梁伐國)을 멸망시켰다. 이런 최고 대장군 서불한(舒弗邯)이었던 석우로는 (한)왜인에게 피살당한다. 「신라본기」 첨해이사금 3년(249) 여름 4월조 에는 "왜인(倭人)이 서불한(舒弗邯) 우로(于老)를 죽였다.(三年, 夏四月, 倭人殺舒弗邯于老.)"고 나온다. 「열전 5」「석우로전」에는 연도가 253년으로 「신라본기」와 연도는 다르지만 보다 더 자세한 내용이 다음과 같이 적혀 있다.

〔첨해왕(沾解王)〕 7년(253) 계유(癸酉)년에 왜국(倭國)의 사신 갈나고(葛那古)가 객관(客館)에 머물렀는데, 석우로(昔于老)가 그를 접대하였다. 갈나고와 장난치며 말하기를, "언젠가는 너희 왕을 소금 만드는 노비[鹽奴]로 만들고 왕비는 밥 짓는 여자로 삼겠다."라고 하였다. 왜왕이 이 말을 듣고 노하여 장군 우도주군(于道朱君)을 보내 우리나라를 공격하였다. 〔첨해〕대왕이 〔왕경을 떠나〕 우유촌(于柚村)에 머무르게 되었다. 우로가 말하기를, "지금의 근심거리는 내가 말을 할 때 삼가지 않았기 때문이니, 내가 마땅히 그 책임을 지겠다."라고 하였다. 마침내 왜군에게, "전날의 말은 장난이었을 뿐이다. 어찌 군대를 일으켜 여기까지 오리라 생각하였겠는가?"라고 하였다. 왜인이 대답하지 않고, 그를 잡아 장작을 쌓은 위에 두고는, 그를 태워 죽이고 돌아갔다. 〔그때〕 석우로의

아들은 어려서 걷지 못하였기 때문에, 다른 사람이 안아서 말을 타고 돌아왔다. (그 아들이) 나중에 흘해이사금(訖解尼師今 310~356)이 되었다. 미추왕(味鄒王 262~284) 때에 왜국(倭國)의 대신(大臣)이 예물을 가지고 방문하였다. 석우로(昔于老)의 아내가 국왕에게 청하여 사적으로 왜의 사신을 대접하였다. 사신이 매우 취하게 되자, (석우로의 아내가) 장사(壯士)를 시켜 그를 마당으로 끌어내어 태워 죽여 옛일의 원한을 갚았다. 왜인들이 원망하여 금성(金城)을 공격해 왔으나, 이기지 못하고 돌아갔다.[313]

    석우로가 왜의 사신을 접대하던 중에 농담으로 했던 말이 왜왕을 분노하게 하여 신라로 군사를 일으켜 쳐들어왔고, 그 왜군들에게 석우로는 사로잡혀서 화형을 당했다는 내용이다. 또 이어지는 내용은, 석우로의 아내가 훗날 미추왕대에 왜의 사신이 오자 석우로가 화형당했던 것과 같은 방식으로 그 사신을 화형시켰고, 그로 인해 다시 왜가 보복 공격을 했지만, 별 소득 없이 돌아갔다는 내용이다. 이 석우로 일화의 사건이 일어난 시기는 「신라본기」의 첨해이사금 3년(249)부터 석우로의 아내가 복수하는 시기인 미추이사금(262~284)대까지다.

---

313) 『삼국사기』 「열전 5」 「석우로」… 七年癸酉, 倭國使臣葛那古在館, 于老主之. 與客戲言, "早晚, 以汝王爲鹽奴, 王妃爲爨婦." 倭王聞之怒, 遣將軍于道朱君, 討我. 大王出居于柚村. 于老曰, "今玆之患, 由吾言之不愼, 我其當之." 遂抵倭軍謂曰, "前日之言, 戲之耳. 豈意興師至於此耶." 倭人不答, 執之積柴置其上, 燒殺之乃去. 于老子幼弱不能步, 人抱以騎而歸. 後爲訖解尼師今. 未鄒王時, 倭國大臣來聘. 于老妻請於國王, 私饗倭使臣. 及其泥醉, 使壯士曳下庭焚之, 以報前怨. 倭人忿, 來攻金城, 不克引歸. (출처 번역: 한국사데이터베이스)

그런데 이 시기는 249년에 왜국 여왕 비미호가 사망한 이후이다. 『북사(北史)』「왜국(倭國)전」에는 "정시 연간(240~249)에, 비미호가 죽고, 다시 남왕(男王)을 세웠으나 나라 안이 따르지 않고, 다시 서로 쳐서 죽이니, 다시 비미호의 종녀(宗女)인 대여(臺與)를 세워 왕으로 삼았다.(正始中, 卑彌呼死, 更立男王, 國中不服, 更相誅殺, 復立卑彌呼宗女臺與爲王.)"라고 기록되어 있는데, 석우로 사건이 일어난 시기는 『북사』에 기록된 비미호가 사망한 직후 시기이다. 즉, 이른바 '비미호 사망 이후 왜 5왕이 송서에 나타나기까지 147년간의 왜국 실종 미스터리'라고 불리는 기간에 일어난 사건이라는 것이다. 중국 사료에서 이 147년간의 시기에 왜의 사신이 등장하지 않지만, 이 시기에 「신라본기」에는 지속적으로 나타난다.[314]

즉, 왜국 여왕 비미호는 신라왕조 박 씨 왕조의 후손들이라는 것이다. 이 시기의 「신라본기」에 나오는 왜국은 본토에서 밀려난 신라 박씨 왕조들이 '규슈에 세운 박 씨 왕조 신라'라고 보아야 맞을 것이다. 그렇게 보면 석우로가 왜의 사신에게 농담을 할 정도로 가까웠다는 것과 그 농담의 내용으로 인해 규슈 박 씨 왕조 신라국이 분노하여 군사를 출병했다는 것도 이해할 수 있게 된다.

석우로 열전에서 석우로가 왜의 사신에게 '언젠가는 너희 왕을 소금 만드는 노비[鹽奴]로 만들고 왕비는 밥 짓는 여자로 삼겠다.'

---

314) 앞서 본고는 이 시기에 중국 사서에서 왜국이 사라졌던 것은 '고구려의 고대 요동 공략으로 인한 대방군의 지역의 혼란으로 사신을 보내 무역을 할 수 있는 시스템이 불안해졌기 때문'이라고 설명했다.

라는 말을 '필담'으로 전했을 것이라고 생각하기 어렵다. 또한, 이런 내용을 농담이랍시고 통역을 통해 전달했을 것이라는 것도 역시 상상하기 어렵다. 이것은 왜의 사신과 석우로가 서로 말이 같았고, 여러 가지 일을 같은 말로 나눌 만한 그간의 사정과 친분 등이 있었다는 것을 암시하는 것이다. 즉, 이때 「신라본기」에서 말하는 '왜'는 규슈로 건너간 신라 박 씨 왕족 후손들인 '신라 韓倭'이며, '신라의 석 씨 왕권을 반대하는 규슈에 있는 반정부 세력'이라고 정의하는 것이 신라만 공격하면서 「신라본기」에만 나타나는 '(한)왜'에 대한 타당한 정의(定義)라고 할 수 있다.

신라는 사실상 '본토신라'와 '규슈신라'로 나뉘어 내전(內戰)을 치르고 있었던 것이다. 본고는 이것이 바로 「삼국사기」에서 오로지 신라만 공격하는 '왜'에 대한 올바른 해석이라고 본다. 200년대 3세기에 본토신라의 석우로는 '규슈신라'에게 피살당했다. 그에 대한 보복 대응으로 '본토신라'는 '규슈신라'가 보낸 사신을 화형시키는 보복을 하고, 이것에 대해 '규슈신라'가 다시 '본토신라의 금성'을 포위하는 공격을 하는 등 격렬하게 내전을 치르고 있었던 것이다.

이와 관련하여 위의 신공즉위전기 200년 12월 14일 조는 석우로를 '우류조부리지간(宇流助富利智干)'이라는 이름의 규슈의 신라왕이라고 하면서, 그 신라왕을 마치 3세기에 '오사카백제 세력인 신공'이 규슈에 와서 복속시킨 것처럼 각색한 것이다. 즉, 3세기에 '규슈신라'와 '본토신라'가 내전을 벌이는 과정에서 발생했던 일화를 마치 '오사카백제 세력'이 3세기에 '규슈신라'를 복속시킨 것처럼 각색한 기사가 신공즉위전기 200년 12월 14일 조의 '우류조부리지간(宇流助富利智干)' 기사라는 것이다.

(3) 신공 46년부터 52년 칠지도(七枝刀)와 55년 肖古王薨 기사까지

신공이 신라를 정벌했다는 신공 49년(249)의 기사가 나오기까지는 그 앞에서 일어났던 일련의 사건들과 연관되어 있다. 「신공기」에서 '신공 39년(239), 신공 40년(240), 신공 43년(243)', 이렇게 3개의 기사가 "위지운(魏志云)"으로 시작되는 비미호 기사다. 이 3개의 기사는 위지와 연대가 일치한다. 이 기사들은 "위지운(魏志云)"이라고 쓰면서 마치 오사카백제 세력인 신공이 위(魏) 나라에 사신을 보낸 비미호(卑彌呼)인 것처럼 쓰고 있다. 그렇지만 전술했듯이, 비미호(卑彌呼)는 물론 '신공'이 아니다. '위지운(魏志云)'의 비미호(卑彌呼)'는 오사카백제 세력이 아니기 때문이다.

『일본서기』의 연대가 120년 2주갑 설이 나올 만큼 엉망으로 꼬이게 된 것은 백제가 규슈를 장악하기 전에 이미 규슈가 신라 세력에 의해 장악되어 있었기 때문이다. 규슈의 원조 정치체였던 규슈신라가 비미호라는 여왕이 되어 왜국 또는 왜노국이라는 이름으로 당시 중국 왕조인 위나라와 교류한 흔적이 『삼국지』 「위지」 「동이전」 「왜전」에 남아 있었기 때문이다. 다시 말해, 239년부터 243년이라는 3세기 중엽에 규슈에서 있었던 일의 주체가 마치 오사카백제 세력이었던 것처럼 위장하려다 보니 연대가 꼬이게 된 것이라는 말이다.

즉, 전술했듯이 「신공기」의 서술은 연대의 문제가 아니라 규슈에서 있었던 사건들을 오사카백제 세력의 입장으로 서술하면서 발생한 문제로 봐야 한다. 따라서 오사카백제 세력이 규슈를 복속시킨 사건의 모든 연대를 혼합해서 썼다고 볼 것이다.

이에 따라 "위지운(魏志云) 비미호(卑彌呼)" 기사가 끝나고 이어서 나오는 신공 46년인 246년부터 신라를 정벌하는 신공 49년인 249년의 기사는 2백년대인 3세기 기사가 아니고, 규슈에서 일어났던 300년대인 4세기 백제 근초고왕 때의 사건일 가능성이 높다. 근초고왕 때의 일이라고 보는 것은 그 시기가 백제 전성기였기 때문이고, 이어서 연결되는 신공 52년조에 나오는 칠지도(七枝刀)와 신공 55년의 "百濟肖古王薨"이라는 기사 때문이다.

신공 52년에 나오는 칠지도는 현재 나라현[奈良縣] 덴리시[天理市]에 있는 이소노가미신궁(石上神宮)에서 1874년에 발견된 칠지도와 같은 것으로 보고 있다. 이 칠지도에는 제작 연도를 포함한 명문이 새겨져 있는데, 신공 52년에 나오는 칠지도일 것으로 본다. 이에 대해서는 후술하겠다. 또한, 52년에서 이어지는 55년에는 "百濟肖古王薨(백제 초고왕이 죽었다.)"는 기사가 나온다. 신공 55년의 기년은 255년인데, 여기에 2주갑을 인하하면 375년으로 근초고왕이 사망한 해와 일치한다.

이러한 일련의 흐름을 보면 "위지운(魏志云) 비미호(卑彌呼)" 관련 기사가 끝나고 바로 이어지는 46년 47년 49년 50년 51년 52년 55년까지의 내용들은 모두 규슈신라정벌과 그 이후에 관한 내용들로, 55년인 255년에는 120년을 인하하면 백제 근초고왕이 사망한 해인 375년이 되는 해의 기사까지 연결되고 있다. 또한, 여기서 끝나는 것이 아니라 이후 근구수왕의 즉위와 근구수왕의 사망과 침류왕의 즉위 기사까지 120년을 인하하면 그 연대가 일치하는 현상이 벌어지고 있다.[315]

이것은 '신공 39년(239), 신공 40년(240), 신공 43년(243)'의 3개의 기사가 '비미호' 관련 기사라는 것과 연동되어 있다는 것을 본고는 다시 환기시키고자 한다. 즉, 비미호가 있었던 곳이 규슈신라인데, 그 비미호의 규슈신라를 300년대인 4세기에 본토백제의 근초고왕의 지휘 통할 아래 규슈백제와 오사카백제가 연합해서 복속시킨 이야기가 비미호 관련 기사에 연결되어 그 뒤에 나타나고 있다는 것이다.

비미호는 3세기 중반에 죽었다고 했지만, 비미호가 죽은 이후 『삼국지』「위지」「동이전」「왜전」에는 "다시 비미호 종실(宗室)의 여자(宗女)인 일여(壹與)를 [왕으로] 세웠는데, [그녀는] 나이 13세에 왕이 되었지만, 국중(國中)은 마침내 안정되었다.(復立卑彌呼宗女壹與, 年十三爲王, 國中遂定)[316]"라는 문구가 있는 것으로 보아 비미호

---

315) 신공 56년 五十六年, 百濟王子貴須立爲王.(백제 왕자 귀수가 왕위에 올랐다.) / 신공 64년 六十四年, 百濟國貴須王薨. 王子枕流王立爲王.(백제국 귀수왕이 죽었다(薨). 왕자 침류왕이 왕위에 올랐다.)
316) 『삼국지』「위지」권 30「동이전」왜전 (출처 번역: 동북아역사넷)

의 규슈신라는 비미호 사후에도 규슈에서 여전히 유지 및 운영되고 있었던 것으로 보인다. 즉, 200년대인 3세기에 규슈에는 규슈신라가 꾸준하게 유지되고 있었다는 것이다.

그런데 3세기에 비미호가 여왕으로 있었고, 그 뒤를 이어 일여(壹與)가 여왕이 되었던 규슈신라를 3세기에 오사카백제가 정벌한 것처럼 보이도록 하기 위해 연대를 신공 43년에 이어서 신공 46년, 47년, 49년, 50년, 이런 식으로 연결해서 열거했다는 것이다. 그렇지만 실제 규슈신라를 복속하는 전쟁은 300년대 4세기 백제 전성기인 근초고왕 시절에 일어난 일이라는 것이다. 다시 말하자면, 4세기 백제 근초고왕 시대에 규슈신라를 규슈백제와 오사카백제가 연합해서 규슈신라를 복속시켰다는 것이다.

이 규슈신라는 『삼국지』「위지」「왜전」에서 언급되는 3세기 비미호의 나라며, 3세기 이후 꾸준하게 유지되어 오던 규슈신라가 4세기에 근초고왕의 통할 지휘 아래 규슈백제와 오사카백제가 연합군을 형성하여 복속전쟁을 하면서 거의 멸망에 이른 것으로 해석할 수 있다는 것이다.

이를 해설하기 위해 먼저, "위지운(魏志云) 비미호(卑彌呼)" 관련 기사가 끝나고 이어서 나오는 신공 46년과 47년의 기사 내용을 보겠다. 기사는 다음과 같다. 괄호 안의 해설과 함께 있는 열도 지역 명칭은 필자의 의도로 명기한 것이다.

【46년(246) 봄 3월 을해삭(1일)에 사마숙녜(斯摩宿禰: 시마노스쿠네)를

(규슈)탁순국(卓淳國)에 파견하였다[사마숙녜는 어떤 성(姓)을 가진 사람인지 알 수 없다.]. 이때 탁순왕(卓淳王) 말금한기(末錦旱岐)가 사마숙녜에게 다음과 같이 말하였다.

"갑자년(甲子年) 7월 중에 (규슈)백제인 구저(久氐), 미주류(彌州流), 막고(莫古) 세 사람이 우리나라에 와서 '백제왕은 동방(東方)에 일본이라는 귀국(貴國)이 있다는 말을 듣고 신들을 보내 귀국에 조공하도록 하였습니다. 그래서 길을 찾다가 이 땅에 이르렀습니다. 만약 신들에게 길을 가르쳐 통할 수 있게 해 준다면 우리 왕은 반드시 군왕(君王)에게 깊이 감사할 것입니다.'라고 말하였다. 그때 왕이 구저 등에게 '본디 동쪽에 귀국이 있다는 것을 들은 바 있지만, 아직 왕래한 적이 없기 때문에 그 길을 알지 못한다. 다만 바닷길이 멀고 파도가 거칠어서 큰 배를 타고서야 겨우 왕래할 수 있을 것이다. 비록 길이 있다고 해도 어찌 능히 도달할 수 있겠는가?'라고 말하였다. 이에 구저 등이 '그러면 지금 당장은 건너갈 수 없겠습니다. 다시 돌아가 선박을 준비한 다음에 왕래하는 것이 좋겠습니다.'라고 말하였다. 또한 '만약 귀국의 사신이 오면 반드시 우리나라에 알려 주십시오.'라고 당부하고 이내 돌아갔다."

사마숙녜는 곧바로 겸인(傔人) 이파이(爾波移: 니하야)와 탁순인 과고(過古) 두 명을 백제국에 파견하여 그 왕을 위로하였다. 그때 (규슈)백제의 초고왕(肖古王)은 매우 기뻐하며 후하게 대접하였다. 이에 오색채견(五色綵絹) 각 한필과 각궁전(角弓箭) 그리고 철정 40매를 이파이에게 선물하였다. 게다가 다시 보물 창고를 열어서 각종 진귀한 보물들을 보여 주며, "우리나라에는 이러한 진귀한 보물들이 많다. 귀국에 조공하고자 하여도 길을 알지 못하여 뜻은 있는데 생각대로 되지 않았다. 그러나 이제 사자에게 부탁하여 공물을 계속해서 바치겠다."고 말하였다. 그래서 이파이는 그 일을 맡아 돌아가 지마숙녜(志摩宿禰) 에게 보고하였다. 지마숙녜는 탁순에서 돌아왔다.】[317]

【47년(247) 여름 4월에 (규슈)백제왕은 구저, 미주류, 막고를 보내어 조공하도록 하였다. 그때 (규슈)신라국의 조사(調使)도 구저와 함께 왔다. 이에 황태후(皇太后)와 태자 예전별존(譽田別尊: 호무타와케노미코토)은 크게 기뻐하며, "선왕(先王)이 바라고 계셨던 나라 사람이 지금 내조하였다. 천황을 뵙지 못한 것이 참으로 슬픈 일이다."라고 말하자, 군신은 모두 슬퍼서 눈물을 흘리지 않는 자가 없었다. 그리고는 두 나라의 공물을 검교(檢校)하였다. 이에 (규슈)신라의 공물은 진귀한 것이 실로 많았지만 (규슈)백제의 공물은 적고 보잘것없었다. 그래서 구저 등에게 "백제의 공물이 신라에 미치지 못하는 것은 무슨 까닭이냐?"라고 물었다. 이에 "신들은 길을 잃어 사비신라(沙比新羅)에 이르렀는데, 신라인이 저희를 붙잡아 감옥에 감금하였습니다. 그리고 석 달이

---

317) 『일본서기』 권 9 「신공 46년」(246) 冊六年 春三月乙亥朔, 遣斯摩宿禰于卓淳國[斯麻宿禰者, 不知何姓人也.]. 於是, 卓淳王末錦旱岐, 告斯摩宿禰曰, 甲子年七月中, 百濟人久氐·彌州流·莫古三人, 到於我土曰, 百濟王, 聞東方有日本貴國, 而遣臣等, 令朝其國, 故求道路, 以至于斯土. 若能敎臣等, 令通道路, 則我王必深德君王. 時謂久氐等曰, 本聞東有貴國. 然未曾有通, 不知其道, 唯海遠浪嶮, 則乘大船, 僅可得通. 若雖有路津, 何以得達耶, 於是, 久氐等曰, 然卽當今不得通也. 不若, 更還之備船舶, 而後通矣. 仍曰, 若有貴國使人來, 必應告吾國. 如此乃還. 爰斯摩宿禰卽以傔人爾波移與卓淳人過古二人, 遣于百濟國, 慰勞其王. 時百濟肖古王, 深之歡喜, 而厚遇焉. 仍以五色綵絹各一匹, 及角弓箭, 幷鐵鋌卌枚, 幣爾波移, 便復開寶藏, 以示諸珍異曰, 吾國多有是珍寶. 欲貢貴國, 不知道路. 有志無從. 然猶今付使者, 尋貢獻耳. 於是, 爾波移奉事而還, 告志摩宿禰. 便自卓淳還之也. (출처 번역: 동북아역사넷)

지나자 죽이려고 하였습니다. 그때 구저 등은 하늘을 향해 저주를 하였습니다. 신라인은 그 저주를 두려워하여 죽이지 못하였습니다. 그렇지만 우리의 공물을 빼앗아 자기 나라의 공물로 대신하고, 신라의 천한 물건으로 신의 나라의 공물과 바꾸었습니다. 그리고 신들에게 '만약 이 사건을 누설하면 돌아오는 날에 너희들을 죽이겠다!'고 하였습니다. 구저 등은 두려워서 이를 따랐을 뿐입니다. 그래서 가까스로 천조(天朝)에 올 수 있었습니다."라고 대답하였다. 그때 황태후와 예전별존은 신라의 사자를 꾸짖고, 천신(天神)에게 "누구를 백제에 파견하여 장차 사건의 진위를 검사하도록 할 것이며, 또한 누구를 신라에 보내어 그 죄를 물으면 좋겠습니까?"라고 기도하였다. 이에 천신이 "무내숙녜에게 그 일을 의논하도록 하여라. 그리고 천웅장언(千熊長彦: 치쿠마나가히코)을 사자로 삼으면 마땅히 원하는 바대로 될 것이다."라고 말하였다[천웅장언은 명확히 그 성을 알 수 없는 사람이다. 일설에는 무장국(武藏國: 무자시노쿠니)의 사람으로 지금은 액전부규본수(額田部槻本首: 누카타베노츠키노모토노오비토) 등의 시조라고 한다. 『백제기(百濟記)』에는 직마나나가비궤(職麻那那加比跪: 치쿠마나나가히코)라고 하였는데 무릇 이 사람인가?]. 이에 천웅장언을 (규슈)신라에 파견하여 (규슈)백제의 헌상물을 함부로 바꾼 것을 꾸짖었다.]318)

앞 기사 내용은 규슈백제가 먼저 오사카 백제에게 어떤 목적을 위한 동맹과 협력을 제안하는 내용이다. 이때 규슈백제는 본토백제 근초고왕 세력이 통할(統轄) 때라고 보인다. 즉, 본토와 규슈를 통할하던 근초고왕 세력이 규슈신라의 완전한 복속을 위해 오사카백제 세력에게 동맹을 제의하는 내용이라는 것이다. 『일본서기』는 전체적으로 결국 규슈백제와 오사카백제가 규슈를 두고 패권을 다투는 내용이다. 이에 대해서는 차차 더 자세히 후술하기로 하겠다.

위의 내용을 먼저 정리해 보자. 기사에 의하면 규슈백제가 먼저 규슈에 있는 탁순국왕을 찾아가서 오사카백제 세력과 연결해 줄 것을 부탁한다. 이것을 탁순국왕으로부터 들은 오사카백제 세력인 사마숙녜는 이파이(爾波移)를 탁순인 과고(過古)에게 딸려 규슈백제에게 보낸다. 이파이(爾波移)와 탁순인 과고(過古)를 맞이한 규슈백제의 초고왕은 "우리나라에 진귀한 보물들이 많다. 귀국에 조공을 하고 싶은데 길을 알지 못하여 조공을 바치지 못했다. 앞으로는 공물을 계속 바치겠다."고 말한다. 이것이 신공 46년의 내용이다.

위의 기사는 오사카백제 입장으로 각색되어 서술되었기 때문

---

318) 『일본서기』 권 9 「신공 47년」(247) 冊七年 夏四月, 百濟王使久氏・彌州流・莫古, 令朝貢. 時新羅國調使, 與久氏共詣. 於是, 皇太后・太子譽田別尊, 大歡喜之曰, 先王所望國人, 今來朝之. 痛哉, 不逮于天皇矣. 群臣皆莫不流涕. 仍檢校二國之貢物. 於是, 新羅貢物者, 珍異甚多. 百濟貢物者, 少賤不良. 便問久氏等曰, 百濟貢物, 不及新羅, 奈之何. 對曰, 臣等失道, 至沙比新羅. 則新羅人捕臣等禁囹圄. 經三月而欲殺. 時久氏等, 向天而呪詛之. 新羅人怖其呪詛而不殺. 則奪我貢物, 因以, 爲己國之貢物. 以新羅賤物, 相易爲臣國之貢物. 謂臣等曰, 若誤此辭者, 及于還日, 當殺汝等. 故久氏等恐怖而從耳. 是以, 僅得達于天朝. 時皇太后・譽田別尊, 責新羅使者, 因以, 祈天神曰, 當遣誰人於百濟, 將檢事之虛實. 當遣誰人於新羅, 將推問其罪. 便天神誨之曰, 令武內宿禰行議. 因以千熊長彦爲使者, 當如所願[千熊長彦者, 分明不知其姓名. 一云, 武藏國人. 今是額田部槻本首等之始祖也. 百濟記云職麻那那加比跪者, 蓋是歟也.]. 於是, 遣千熊長彦于新羅, 責以濫百濟之獻物. (출처 번역: 동북아역사넷)

에, 아무 일도 없는데 규슈백제가 찾아가는 길도 모르는 오사카 백제에게 먼저 귀한 물건들을 많이 가지고 있다면서 조공을 바치겠다고 했다는, 매우 어색하고 이해할 수 없는 서술이 된 것이다. 구하기 힘든 귀중품을 많이 가지고 있는 나라가 당연히 힘이 더 센 패권국가이기 때문에 먼저 조공을 하겠다는 것은 어느 모로 봐도 맞지 않는 서술이다.

따라서, 위의 기사는 본토백제와 규슈백제를 통할하던 근초고왕 세력이 규슈신라를 완전하게 복속하기 위해 오사카백제 세력에게 귀한 물건들을 주겠다면서 군사적 동맹을 유도하는 내용이라고 해석할 수 있다. 이렇게 보고 위의 기사를 오사카백제 입장이 아니라 규슈백제 입장에서 다시 제대로 쓴다면 다음과 같이 쓸 수 있을 것이다. 다음은 필자의 해설을 덧붙인 해석이다.

【46년(246) 봄 3월 을해삭(1일)에 (오사카백제는)사마숙녜(斯摩宿禰: 시마노스쿠네)를 (규슈)탁순국(卓淳國)에 파견하였다[사마숙녜는 어떤 성(姓)을 가진 사람인지 알 수 없다.]. 이때 탁순왕(卓淳王) 말금한기(末錦旱岐)가 사마숙녜에게 다음과 같이 말하였다.

"갑자년(甲子年) 7월 중에 (본토의 통할을 받는 규슈)백제인 구저(久氐), 미주류(彌州流), 막고(莫古) 세 사람이 우리나라에 와서 '(본토의 통할을 받는 규슈)백제왕이 오사카백제에게 군사적 협력을 제안했습니다. ⋯ 그때 규슈탁순국왕이 구저 등에게 '본디 동쪽에 오사카백제가 있다는 것을 들은 바 있지만, 아직 왕래한 적이 없기 때문에 그 길을 알지 못한다. 다만 바닷길이 멀고 파도가 거칠어서 큰 배를 타고서야 겨우 왕래할 수 있을 것이다. 비록 길이 있다고 해도 어찌 능히 도달할 수 있겠는가?'라고 말하였다. 이에 구저 등이 '그러면 지금 당장은 건너갈 수 없겠습니다. 다시 돌아가 선박을 준비한 다음에 왕래하는 것이 좋겠습니다.'라고 말하였다. 또한 '만약 오사카백제의 사신이 오면 반드시 우리나라(본토의 통할을 받는 규슈백제)에 알려 주십시오.'라고 당부하고 이내 돌아갔다."

　사마숙녜는 곧바로 겸인(傔人) 이파이(爾波移: 니하야)와 탁순인 과고(過古) 두 명을 (본토의 통할을 받는 규슈) 백제국에 파견했다. 그때 본토의 통할을 받는 규슈백제의 초고왕(肖古王: 근초고왕 세력으로 본토백제의 후왕)은 규슈신라를 복속하기 위한 군사적 외교적 협력을 하게 된 것을 매우 기뻐하며 후하게 대접했다. 이에 오색채견(五色綵絹) 각 한 필과 각궁전(角弓箭) 그리고 철정 40매를 이파이에게 하사하였다. 게다가 다시 보물 창고를 열어서 각종 진귀한 보물들을 보여 주며, "우리나라에는 이러한 진귀한 보물들이 많다. 오사카백제가 우리에게 협력하면 이런 귀한 물건들을 하사해 주겠다. 지금까지 뜻은 있었는데, 길을 알지 못하여 생각대로 되지 않았다. 그러나 이제 사자를 통해 계속 협력하면 귀한 물건들을 오사카백제는 하사받을 수 있다."고 말하였다. 그래서 이파이는 그 일을 맡아 돌아가 지마숙녜(志摩宿禰)에게 보고하였다. 지마숙녜는 탁순에서 돌아왔다.】

신공 46년의 이와 같은 내용은 47년조로 이어진다. 47년 기사[319]
는 본토의 통할을 받는 규슈 백제가 오사카백제에게 보낸 하사품
을 규슈신라가 가로챈 뒤에 바꿔치기를 했다는 내용이다. 이 기
사 역시 오사카백제 입장에서 서술했다. 마치 오사카백제가 3세
기부터 규슈 전체를 복속하여 규슈신라와 규슈백제가 함께 조공

---

319) 신공 47년 여름 4월에 백제왕은 구저, 미주류, 막고를 보내어 조공하도록 하였다. 그때 신라국의 조사(調使)도 구저와 함께 왔다. 이에 황태후(皇太后)와 태자 예전별존(譽田別尊: 호무타와케노미코토)은 크게 기뻐하며, "선왕(先王)이 바라고 계셨던 나라 사람이 지금 내조하였다. 천황을 뵙지 못한 것이 참으로 슬픈 일이다."라고 말하자 군신은 모두 슬퍼서 눈물을 흘리지 않는 자가 없었다. 그리고는 두 나라의 공물을 검교(檢校)하였다. 이에 신라의 공물은 진귀한 것이 실로 많았지만 백제의 공물은 적고 보잘것없었다. 그래서 구저 등에게 "백제의 공물이 신라에 미치지 못하는 것은 무슨 까닭이냐?"라고 물었다. 이에 "신들은 길을 잃어 사비신라(沙比新羅)에 이르렀는데, 신라인이 저희를 붙잡아 감옥에 감금하였습니다. 그리고 석 달이 지나자 죽이려고 하였습니다. 그때 구저 등은 하늘을 향해 저주를 하였습니다. 신라인은 그 저주를 두려워하여 죽이지 못하였습니다. 그렇지만 우리의 공물을 빼앗아 자기 나라의 공물로 대신하고, 신라의 천한 물건으로 신의 나라의 공물과 바꾸었습니다. 그리고 신들에게 '만약 이 사건을 누설하면 돌아오는 날에 너희들을 죽이겠다!'고 하였습니다. 구저 등은 두려워서 이를 따랐을 뿐입니다. 그래서 가까스로 천조(天朝)에 올 수 있었습니다."라고 대답하였다. 그때 황태후와 예전별존은 신라의 사자를 꾸짖고, 천신(天神)에게 "누구를 백제에 파견하여 장차 사건의 진위를 검사하도록 할 것이며, 또한 누구를 신라에 보내어 그 죄를 물으면 좋겠습니까?"라고 기도하였다. 이에 천신이 "무내숙녜에게 그 일을 의논하도록 하여라. 그리고 천웅장언(千熊長彦: 치쿠마나가히코)을 사자로 삼으면 마땅히 원하는 바대로 될 것이다."라고 말하였다[천웅장언은 명확히 그 성을 알 수 없는 사람이다. 일설에는 무장국(武藏國: 무자시쿠니)의 사람으로 지금은 액전부규본수(額田部槻本首: 누카타베노츠키노모토노오비토) 등의 시조라고 한다. 『백제기(百濟記)』에는 직마나나가비궤(職麻那那加比跪: 치쿠마나나가히코)라고 하였는데 무릇 이 사람인가?]. 이에 천웅장언을 신라에 파견하여 백제의 헌상물을 함부로 바꾼 것을 꾸짖었다.(卌七年 夏四月, 百濟王使久氐·彌州流·莫古, 令朝貢. 時新羅國調使, 與久氐共詣. 於是, 皇太后·太子譽田別尊, 大歡喜之曰, 先王所望國人, 今來朝之. 痛哉, 不逮于天皇矣. 群臣皆莫不流涕. 仍檢校二國之貢物. 於是, 新羅貢物者, 珍異甚多. 百濟貢物者, 少賤不良. 便問久氐等曰, 百濟貢物, 不及新羅, 奈之何. 對曰, 臣等失道, 至沙比新羅. 則新羅人捕臣等禁囹圄. 經三月而欲殺. 時久氐等, 向天而呪詛之. 新羅人怖其呪詛而不殺. 則奪我貢物, 因以, 爲己國之貢物. 以新羅賤物, 相易爲臣國之貢物. 謂臣等曰, 若洩此辭者, 及于還日, 當殺汝等. 故久氐等恐怖而從耳. 是以, 僅得達于天朝. 時皇太后·譽田別尊, 責新羅使者, 因以, 祈天神曰, 當遣誰人於百濟, 將檢事之虛實. 當遣誰人於新羅, 將推問其罪. 便天神誨之曰, 令武內宿禰行議. 因以千熊長彦爲使者, 當如所願[千熊長彦者, 分明不知其姓人. 一云, 武藏國人. 今是額田部槻本首等之始祖也. 百濟記云職麻那那加比跪者, 蓋是歟也.]. 於是, 遣千熊長彦于新羅, 責以濫百濟之獻物.) (출처 번역: 동북아역사넷)

을 한 것처럼 서술하고 있다.

그런데 이 시기에 오사카백제에게 규슈백제와 규슈신라가 조공을 바칠 이유가 없다. 규슈는 지정학적으로 외부와 교류하는 길목이다. 열도는 규슈를 장악한 세력이 열도에 귀중품들을 보급할 권한을 가질 수밖에 없는 구조이기 때문이다. 따라서 47년의 기사는 본토와 규슈백제가 오사카백제와 협력하여 규슈신라를 복속시키기 위한 명분 쌓기용 기사라고 볼 수 있다. 뿐만 아니라, 규슈신라가 본토와 규슈백제 그리고 오사카백제가 연합되어 백제 패권이 열도 전체에 퍼지는 것을 방해하고 있는 세력이라는 것을 분명하게 보여 주는 기사라고도 해석할 수 있다. 이렇게 47년의 기사는 결국 49년조 기사로 이어져 규슈신라를 정벌하러 가는 명분이 된다. 이른바 신공 49년조의 신공의 신라정벌 기사이다. 다음은 신공 49년조 기사다.

【49년 봄 3월에 (오사카백제)황전별(荒田別: 아라타와케), 녹아별(鹿我別: 카가와케)을 장군으로 임명하였다. 그리하여 구저(규슈백제) 등과 함께 군사를 정돈하여 바다를 건너가 (규슈)탁순국에 이르러 (규슈)신라를 공격하고자 하였다. 그때 누군가가 "군사의 수가 적어서 신라를 깨뜨릴 수 없습니다. 그러니 다시 사백개로(沙白蓋盧)를 보내 군사를 증원해 달라고 요청하십시오.(규슈백제에게 군사 지원 요청)"라고 말하였다. 곧 목라근자(木羅斤資), 사사노궤(沙沙奴跪)[이 두 사람의 성(姓)은 알 수 없다. 다만 목라근자는 백제의 장군이다.]에게 명령하여 정병을 이

끌고 사백개로와 함께 가도록 하였다. 그 후 모두 (규슈)탁순에 집결(오사카백제 군사와 규슈백제 군사=연합군)하여 (규슈)신라를 공격하여 깨뜨리고 비자발(比自㶱), 남가라(南加羅), 탁국(喙國), 안라(安羅), 다라(多羅), 탁순(卓淳), 가라(加羅) 7국을 평정하였다. 그리고 군사를 옮겨 서쪽으로 돌아서 고해진(古奚津)에 이르러 남만(南蠻) 침미다례(忱彌多禮)를 무찌르고 (규슈)백제에게 주었다.(연합군으로 참전한 대가로) 이에 (규슈백제 세력) 백제왕 초고(肖古)와 왕자 귀수(貴須) 또한 군대를 이끌고 와서 만났다. 그때 비리(比利), 벽중(辟中), 포미지(布彌支), 반고(半古) 4읍(四邑)이 스스로 항복하였다. 이에 백제왕 부자와 황전별, 목라근자 등은 함께 의류촌(意流村)에 모였다[지금은 주류수기(州流須祇)라고 한다.]. 서로 보며 기뻐하며 예를 두텁게 하여 보냈다. 다만 천웅장언(오사카백제)과 (규슈)백제왕은 백제국에 가서 벽지산(辟支山)에 올라 맹약하였다. 그리고 다시 고사산(古沙山)에 올라서 함께 반석(磐石) 위에 앉았다. 그때 백제왕이 "만일 풀을 깔아서 자리를 만들면 불에 탈까 두렵고, 또한 나무로 자리를 만들면 물에 떠내려갈 것 같아 두렵다. 따라서 반석에 앉아서 맹약하는 것은 영원히 변하지 않을 것임을 보여 주는 것이다. 이로써 지금부터는 천추만세에 끊임없이 항상 서번(西蕃)이라 칭하며 해마다 조공하겠다."라고 맹세하였다. 그리고는 천웅장언(오사카백제)을 데리고 (규슈)백제의 도읍에 이르러 더욱 두터이 예우하고 구저(규슈백제) 등을 딸려서 보냈다.][319]

이 기사의 내용도 규슈에서 발생한 사건이다. 전술했듯이, 신공 49년 신라 복속 전쟁은 신공 47년의 기사 내용에 따른 신라에 대한 징벌적 복속전쟁이다. 신공 49년은 기년으로 249년이다. 그런데 여기에 이른바 2주갑설인 120년을 내리면 369년으로 근초고왕 24년에 해당하는 연도가 된다.

본고는 신공 49년조의 사건이 허구나 날조라는 것을 주장하는 것이 「신공기」의 신라정벌 사건이 규슈에서 발생했던 사건을 기록한 것이고, 그 서술이 7세기 이후 오사카 지역부터 규슈까지 서일본 열도에 통일적인 영향력을 행사하게 된 오사카백제 중심으로 기록되었다는 것을 말하고 있는 것이다. 이에 따라 이 사건들이 발생한 연대는 백제의 전성기였던 300년대 4세기 근초고왕 때였을 가능성이 높다. 일각에서는 이 사건이 발생한 연대를 200년대 3세기인 백제 고이왕(234~286) 때 규슈로 진출하면서 발생한 사건으로 해석하기도 한다.[321] 즉, 고이왕 16년(249)이 신공 49년(249)과

---

320) 『일본서기』「신공」 49년 卌九年 春三月, 以荒田別·鹿我別爲將軍, 則與久氐等, 共勒兵而度之, 至卓淳國, 將襲新羅. 時或曰, 兵衆少之, 不可破新羅. 更復, 奉上沙白蓋盧, 請增軍士. 卽命木羅斤資·沙沙奴跪[是二人, 不知其姓人也. 但木羅斤資者, 百濟將也.] 領精兵, 與沙白蓋盧共遣之, 俱集于卓淳, 擊新羅而破之. 因以, 平定比自㶱·南加羅·㖨國·安羅·多羅·卓淳·加羅, 七國. 仍移兵, 西廻至古奚津, 屠南蠻忱彌多禮, 以賜百濟. 於是, 其王肖古及王子貴須, 亦領軍來會. 時比利·辟中·布彌支·半古, 四邑, 自然降服. 是以, 百濟王父子及荒田別·木羅斤資等, 共會意流村[今云州流須祇]. 相見欣感. 厚禮送遣之. 唯千熊長彦與百濟王, 至于百濟國, 登辟支山盟之. 復登古沙山, 共居磐石上. 時百濟王盟之曰, 若敷草爲坐, 恐見火燒. 且取木爲坐, 恐爲水流. 故居磐石而盟者, 示長遠之不朽者也. 是以, 自今以後, 千秋萬歲, 無絶無窮. 常稱西蕃, 春秋朝貢. 則將千熊長彦, 至都下厚加禮遇. 亦副久氐等而送之. (출처 번역: 동북아역사넷)

321) 문정창, 김인배, 김문배 등의 주장이다.

같은 연대로 고이왕이 규슈로 진출한 것을 신공이라는 가공 인물로 대체해서 서술했다는 것이다.

그러나 3세기 때의 규슈 상황은 『삼국지』 「위지」 「동이전」 「왜전」에 비교적 상세하게 소개되어 있다. 비미호를 중심으로 하는 (한)왜 여왕국의 존재와 활약 대외관계가 연대기적으로 서술되어 있기 때문이다. 즉, 3세기의 규슈는 본토 신라에서 정치적인 이유로 인해 꾸준하게 이탈한 신라 세력들이 자리를 잡고 활발하게 활동하던 시기였다는 것이다. 3세기에 규슈를 장악했던 세력은 본토 신라에서 넘어온 신라 세력들 중심이었다는 것이다. 이렇게 보면 『삼국사기』 「신라본기」에서 오로지 신라만 공격하는 '(한)왜'에 대한 설명도 가능해진다.

그러므로 신라 세력이 중심이었던 규슈의 판도에 변화가 오게 된 것은 3세기 이후 4세기에 들어오면서 백제의 진출이 분명해지면서 흔들리게 된 것으로 보는 것이 보다 더 합리적이라고 본다. 이것은 비미호 이후 중국 고대문헌에서 '(한)왜'에 대한 기록이 사라지고 5세기가 되어서야 '5세기 왜 5왕'의 등장으로 다시 중국 고대문헌에 나타나는 '(한)왜'를 설명할 수 있는 근거가 된다. 즉, 3세기까지 신라 세력들에 의해 장악되었던 규슈의 세력 판도가 4세기 백제의 진출 때문에 흔들렸고, 열도로 진출한 백제 세력들이 각 지역에서 각각 자리 잡으면서 서로 연대와 반목을 증폭 또는 조정하던 시기였기 때문에 4세기의 열도에서 열도를 대표하는 '(한)왜' 정권이 중국에게 사신을 보낼 수 없었을 것이다. 물론 전술했듯이

'(한)왜'를 대표하는 정권이 중국에 사신을 보낼 수 없었던 것은 대방군이 있었던 고대 요동 지역이 고구려의 지속된 공격으로 혼란 상태에 빠져 있었기 때문이라는 것이 근본적인 원인이기는 하다.

따라서, 이 기사의 사건은 백제 전성기였던 4세기 근초고왕 때 일어난 사건이고, 정벌의 주체는 근초고왕 세력으로 볼 수 있다. 신공 46년조의 내용을 보면 신라 세력에 의해 장악되어 있던 규슈를 백제가 장악하기 위한 시도는 근초고왕의 기획으로 시작된 것으로 보인다. 『삼국사기』「백제본기」에 나타나는 근초고왕의 행적은 매우 띄엄띄엄 서술되어 있다. 근초고왕은 즉위 후 다음해인 2년(347)에 "진정을 조정좌평(朝廷佐平)으로 삼았다.(拜真淨爲朝廷佐平)"는 기사를 마지막으로 행적이 묘연해진다. 실종되었던 행적이 다시 나타나는 것은 근초고왕 21년(366) "봄 3월에 사신을 보내 신라를 예방(禮訪)하였다.(春三月, 遣使聘新羅.)"는 기사다. 그리고 근초고왕 23년의 기사가 두 개 나온 뒤에 369년인 24년 기사는 치양에서 고구려군을 물리쳤다는 기사가 나온다.[322]

본고는 근초고왕 즉위 후 실종된 20여 년의 공백 기간을 근초고왕과 근초고왕을 지지한 세력들이 열도에서 자리 잡기 위해 활약했던 기간이 아닐까 추정한다. 본토의 정치적 기반이 취약했던

---

322) 『삼국사기』「백제본기」 근초고왕 24년(369) 가을 9월에 고구려 왕 사유(斯由)가 보병과 기병 20,000명을 이끌고 치양(雉壤)에 와서 진을 치는 군사를 나누어 민가를 약탈하였다. 왕이 태자를 보내니, [태자는] 군사를 이끌고 지름길로 치양에 이르러서 급히 쳐부수고 5천여 명을 잡았는데, 사로잡은 포로는 장수와 군사들에게 나누어 주었다.(二十四年, 秋九月, 髙句麗王斯由帥歩騎二萬, 來屯雉壤, 分兵侵奪民戶. 王遣太子以兵徑至雉壤, 急撃破之, 獲五千餘級, 其虜獲分賜將士.) (출처 번역: 한국사데이터베이스)

근초고왕과 그 지지 세력들이 열도로 건너가 규슈를 포함하여 오사카 지역까지도 퍼져 간 것으로 추정된다. 이렇게 각 지역에 자리 잡은 세력들은 서로 연결되지 않고 각각의 정치체로 존재했다가 근초고왕의 지시와 기획으로 규슈지역의 신라를 정벌하기 위한 목적으로 규슈에 모인 것이 다시 오사카백제 세력과 규슈백제 세력이 연대를 하게 된 계기가 되었다고 본고는 추정한다.

그렇게 보는 근거는 신공기 46년에 규슈백제가 먼저 오사카백제와 연대할 의향을 규슈 탁순국왕에게 전달했고, 또한 규슈백제가 먼저 연대와 동맹을 제안하면서 귀중품들을 하사하겠다는 의지를 표명한 것에서 찾는다. 이것은 근초고왕의 통할을 받은 규슈백제가 근초고왕의 지시를 따른 것일 것으로 본고는 추정하고 있는데, 그것은 규슈백제왕의 이름이 초고왕인 것에 드러나 있다고 본다. 즉, 규슈백제왕인 초고왕이 바로 근초고왕이고, 당시에 근초고왕이 열도에 체류하고 있었다고 볼 근거는 없기 때문에[323], 본고는 「신공기」에 나오는 규슈백제왕이라고 하는 초고왕과 왕자 귀수를 본토 백제 근초고왕의 통할과 지시를 받는 侯國의 왕이고, 근초고왕의 지시를 따른다는 뜻에서 '근' 자를 뺀 '초고왕'이라고 이름 붙였을 가능성이 높은 것으로 본다. 왕자 귀수도 근초고왕의

---

323) 근초고왕이 다시 등장하는 근초고왕 21년인 366년 이후 열도에 체류한 것이 아니라 본토에 있었을 가능성이 더 높다고 보는 것은 369년에 「백제본기」의 "치양에서 고구려군을 물리쳤다."는 기사 때문이다. 369년 근초고왕 24년의 이 기사 이후 백제가 본토에서 고구려와 격전 중이었다는 기사는 계속 등장한다. 근초고왕이 사망하던 당해 년인 375년 근초고왕 30년에도 근초고왕은 고구려와 격전을 벌이고 있었다. 따라서, 근초고왕 본인이 열도에 계속 체류했었다는 주장은 근거가 없다고 보인다.

정통성을 계승한다는 측면에서 같은 것으로 본다. 이에 따라 「신공기」에 나오는 '초고왕'과 왕자 '귀수'는 철저하게 본토 백제 근초고왕의 지시에 따라 움직이므로 그가 어떤 자율적이고, 독립적이고, 독자적인 개인이 아니라 일종의 근초고왕의 그림자였을 것이니, 오사카백제 세력은 『일본서기』에 '근초고왕=초고왕'이라고 여기고 기록했을 것이다. 이렇게 해석하면 신공 55년조의 '百濟肖古王薨.(백제 초고왕이 죽었다.)'는 기사가 120년을 인하한 375년으로 「백제본기」의 근초고왕 사망 기사와 일치되는 부분이 해명될 수 있다고 본다.

한편, 이 기사에서 주목할 부분은 규슈신라를 복속시키기 위해 규슈에 상륙한 오사카백제 세력이 군사력이 부족하여 규슈백제에게 지원을 요청했다는 사실이다. 이것은 오사카백제 세력은 연합군을 형성해야 할 만큼 규슈신라를 단독으로는 복속시키기 어려웠던 당시 상황을 보여 주고 있다. 또한, 연합군으로 참전한 규슈백제에게 정벌했던 땅의 일부인 "고해진(古奚津), 남만(南蠻), 침미다례(忱彌多禮)"를 주었다는 것은 규슈신라 정벌 전쟁의 공로를 인정해 연합군 참전의 대가로 주었다는 것으로 해명될 수 있다. 규슈 백제에게 참전의 대가로 "고해진(古奚津), 남만(南蠻), 침미다례(忱彌多禮)"를 오사카백제가 주었다고 기록했지만, 이것 역시 오사카백제 입장에서 쓴 것이니 주체를 규슈백제 입장으로 바꿔 놓으면 규슈백제가 오히려 오사카백제에게 참전의 대가로 하사한 것이 될 수도 있다.

그런데 이 사건이 만약 한반도 본토에서 일어난 사건이고, 근초고왕이 369년에 한반도 남부 가야 지역을 정벌한 사건을 신공이라는 인물에 투영해서 기술한 것이라고 주장한다면 연합군에 대한 해석이 불가능하다. 즉, 한반도 남부 지역 경략을 할 때 그 정벌의 주체가 군사를 출병한 근초고왕과 출병해서 도착한 지역에서 다시 원군을 요청해서 지원군을 보낸 주체가 또 따로 있어야 하는데, 한반도 남부 가야 지역에서는 그런 지원군이 누구라고 특정할 수 없다는 것이다. 다시 말해, 근초고왕 군대가 한반도 남부 지역에 도착한 후에 지원군을 요청했을 때 그 요청을 받고 지원군을 보낸 또 다른 주체가 누구인지 설명을 해야 하는 것이다. 현재 「신공기」의 이 기사가 369년에 근초고왕이 한반도 남부를 경략한 사건을 기술한 것이라고 주장하고 있는 남한 강단학계는 지원을 요청한 근초고왕이 신공이고, 또 지원 요청을 받은 초고왕과 왕자 구수도 근초고왕이라고 주장하고 있는 셈이다.

따라서, 이 신라정벌 전쟁이 한반도에서 발생했던 사건이라고 보기 어렵다. 규슈신라를 복속시키기 위한 전쟁에 오사카백제가 출병한 것이고, 규슈백제에게 지원을 요청해 연합군을 형성한 뒤 규슈신라를 복속시킨 전쟁으로 보면 그 시기가 언제인지는 불분명하더라도 다른 부분들은 해명이 된다. 다음 지도는 정벌 당한 규슈신라 지역이다.

김인배·김문배의 「임나신론」에 근거한 정벌당한 규슈신라에게 속해 있던 신라 7국

　신공 49년 신라정벌이 끝난 그 이후의 기사들은 규슈백제와 오사카백제가 꾸준하게 교류하는 내용들이다. 49년에 규슈신라 정벌을 함께한 것을 계기로 규슈백제에서 오사카백제로 사신을 보낸 내용들인데, 규슈백제가 오사카백제에게 조공을 하고 "영원히 서번(西蕃)"이 되는 충성맹서를 한다는 내용으로 채워져 있다. 교류의 내용을 오사카백제 입장에서 기술했기 때문에 충성을 한다는 식으로 서술된 것이다. 이런 기사들의 열거되다가 신공 52년에 칠지도(七枝刀)에 관한 기사가 나타난다. 다음은 칠지도(七枝刀)가 나타나는 신공 52년 기사다.

【52년 가을 9월 정묘삭 병자(10일)에 구저 등이 천웅장언을 따라왔다. 이때에 칠지도(七枝刀) 한 자루와 칠자경(七子鏡) 한 개를 비롯하여 여러 가지 귀중한 보물을 바쳤다. 그리고 "신국의 서쪽에 강이 있는데, 그 수원은 곡나철산(谷那鐵山)입니다. 너무 멀어서 7일 동안 가도 이를 수가 없습니다. 그 물을 마시다가 문득 그 산의 철을 얻으니 영원토록 성조(聖朝)에 바치고자 합니다."라고 아뢰었다. (백제왕이) 손자 침류왕(枕流王)에게 "지금 내가 교류하고 있는 바다 동쪽의 귀국은 하늘이 계시하여 세운 나라다. 그러므로 천은을 베풀어 바다 서쪽을 나누어 나에게 주니, 나라의 기틀이 영원히 견고해졌다. 너도 마땅히 우호를 잘 닦아 토물을 모아 공물을 끊임없이 바친다면 죽어도 무슨 한이 남겠느냐?"라고 일러두었다. 이후로 매년 끊임없이 조공하였다.】[324]

기사 내용은 규슈백제에서 칠지도와 칠자경을 바치면서 앞으로도 계속 조공을 하면서 서번의 역할을 충실하게 하겠다는 맹서를 했다는 내용이다. 또한, 여기에 백제왕인 근초고왕이 손자 침류왕에게 동쪽의 나라에게 충성을 계속해서 우호를 잘 닦아 놓으라고 당부했다는 내용도 기술되어 있다. 신공 52년은 252년에 120년을 인하하면 372년으로 근초고왕 27년에 해당하는 해다. 또한 신공

---

324) 『일본서기』 권 9 「신공 52년」 (252) 9월 10일 五十二年 秋九月丁卯朔丙子, 久氐等從千熊長彦詣之. 則獻七枝刀一口·七子鏡一面, 及種種重寶. 仍啓曰, 臣國以西有水. 源出自谷那鐵山. 其邈七日行之不及. 當飲是水, 便取是山鐵, 以永奉聖朝. 乃謂孫枕流王曰, 今我所通, 海東貴國, 是天所啓. 是以, 垂天恩, 割海西而賜我. 由是, 國基永固. 汝當善脩和好, 聚斂土物, 奉貢不絶, 雖死何恨. 自是後, 每年相續朝貢焉. (출처 번역: 동북아역사넷)

49년은 120년 인하 기준으로 369년으로부터 햇수로 4년이 되는 해다. 즉, 신공 52년은 규슈백제와 오사카백제가 근초고왕의 통할과 지시 아래 함께 규슈신라를 정벌한 지 햇수로 4년째 되는 해라는 것이다. 이것을 기억하면서 다음은 나라현[奈良縣] 덴리시[天理市]의 이소노카미신궁[石上神宮]에서 1874년에 발견된 칠지도의 명문에 대한 해석을 설명하겠다. 다음은 한국민족문화대백과사전에 제시되어 있는 칠지도의 앞면과 뒷면의 명문과 해설이다.

나라현 덴리시에 있는 이소노가미신궁에 소장되어 있는 칠지도

〈앞면〉

泰△四年五月十六日丙午正陽造百練銕七支刀出(生)辟百兵宜供供侯王△△△△祥(作)

해석- 태△4년 5월 16일은 병오인데(泰△四年五月十六日丙午), 이 날 한낮에 백번이나 단련한 강철로(正陽造百練銕) 칠지도를 만들었다(七支刀出). 이 칼은 온갖 적병을 물리칠 수 있으니(辟百兵), 제후국의 왕에게 나누어 줄 만하다(宜供供侯王). △△△△가 만들었다.

〈뒷면〉

先世以來未有此刀百濟王世子奇生聖音故爲倭王旨造傳示後世

해석- 지금까지 이러한 칼은 없었는데(先世以來未有此刀), 백제 왕세자 기생성음이(百濟王世子奇生聖音) 일부러 왜왕 지(旨)를 위해 만들었으니 후세에 전하여 보이라(故爲倭王旨造傳示後世).

위의 해석은 한국민족문화대백과사전에 나온 명문이자 해석이다. 이에 대해서는 많은 해설들이 있는데, 그것에 대해서 이 본문에서 일일이 소개하지는 않겠다. 다만, 논쟁이 되는 핵심적인 사안에 대해서만 본고의 해석을 밝힐 것이다.

먼저, 이 칠지도의 명문에 "侯王"이라는 글자와 "百濟王"이라는 글자가 뚜렷하게 새겨져 있으니, 이것이 백제가 열도의 왕에게 하사하는 하사품이라는 것에 의문을 제기하는 학설은 한국과 일본을 모두 합해도 일부 일본인 학자들을 제외하고는 현재 거의 없다고 할 수 있다. 따라서 명문의 각 문구가 상행문이냐 하행문이냐 하는 것은 필요 없는 논쟁이라 보아, 본고는 거론하지 않을 것이다. 대신에 본고는 신공 52년의 칠지도와 이소노가미 신궁에서 발견된 칠지도가 같은 칠지도라고 본다는 전제하에, 칠지도에서 중요한 논점이라고 생각되는 부분인 제작 연대에 관해서 본고의 「신공기」해석 관점과 일치하는 것으로 칠지도의 제작연대에 관해 해설하겠다.

칠지도 명문의 해석에서 중점적으로 보아야 할 부분은 제작 연대다. 제작의 주체가 백제이고 이것을 열도에 있는 후왕에게 하사한다는 것은 전술했듯이 명문에 나와 있으니, 제작 연대가 설명이 되면 그 주체가 백제의 누구인지, 제작의 목적이 무엇인지도 모두 함께 해명되기 때문이다. 다시 말해, 제작의 주체와 목적을 제작 연대로 알 수 있다는 것이다.

제작 연대는 칠지도 명문 앞면에 泰△四年이라고 새겨져 있다. 이 연대가 언제인지에 대한 논의가 분분하다. 泰△에서 △에 들어가는 글자는 현재 和로 밝혀진 것으로 본다. 따라서, 泰△는 泰和인 것이고, 泰△四年은 泰和 4년이 된다.

연대에 대한 논쟁이 집중되는 것은 이 泰和 4년이 백제가 사용한 백제 고유의 연호인지 아니면 당시 동진(東晉)에서 사용했던 연호인 太和와 같은 것으로 볼 것인지에 대한 것이다. 泰和 4년을 동진의 太和 4년과 같은 것으로 보는 견해는 동진이 실제로 泰和와 太和 모두를 동시에 사용한 것으로 보이는 사례들이 발견됨으로

써 강력하게 지지받고 있기도 한 견해다.[325] 이에 따르면, 동진의 太和 4년이라는 泰和 4년은 369년이 된다. 369년은 근초고왕 24년 인 해고, 「신공기」의 신공 49년인 249년인 신라정벌 기사에 120년 을 인하하면 나오는 그 369년인 해이다.

그런데 泰和 4년을 동진의 연호 太和 4년과 같은 것으로 보고 369년이라고 한다면 칠지도가 나오는 신공 52년 기사와 연도가 맞지 않게 된다. 즉, 칠지도를 하사한다는 기사가 나오는 연도는 신공 52년인데, 신공 52년은 252년으로 여기에 120년을 인하하면 372년이라는 연도가 나온다는 말이다. 다시 말해, 신공 52년에 나 오는 칠지도의 제작 연대는 372년이라는 것이다.

즉, 신공 52년의 칠지도 제작 연대는 120년을 인하하지 않으면 252년이고, 120년을 인하하면 372년이 되는 것이다. 따라서, 이소 노가미 신궁에서 나온 명문이 새겨진 칠지도를 신공 52년에 나오 는 칠지도와 같은 것으로 보고 泰和 4년을 동진의 연호 太和 4년 인 369년으로 해석하면 120년의 인하 여부와 관련하여 신공 52년 기 기사 내용인 252년도 372년도 아닌, 그 어느 쪽도 해당이 되지 않게 된다.

그러므로 泰和 4년이 동진의 연호인 太和 4년이라는 주장은 신 공기 52년조에서 언급되는 칠지도와 연계해서 해석한다면 전혀 엉뚱한 얘기가 되고 만다. 泰和 4년이 동진의 연호인 太和 4년이

---

325) 福山敏男, 「石上神宮七支刀の銘文」日本建築史研究, 1968, pp.106~136.

고 369년이라고 주장하고 싶다면 신공 52년조 기사의 칠지도와 이소노가미 신궁의 칠지도는 서로 관계없는 전혀 별도의 칠지도라고 주장해야 맞는 것이 된다. 다시 말해, 이소노가미 신궁의 칠지도의 명문에 나온 제작 연대인 泰和 4년을 신공 52년에 나오는 칠지도와 연계해서 해석하려면 그 연호가 동진의 연호인 太和가 될 수 없는 것이다. 신공 52년의 120년 인하 여부와 관련하여 252년 또는 372년 둘 중 어느 것도 369년이 될 수 없기 때문이다.

그런데 일본 학계는 이런 모순을 피해 가기 위해 이소노가미 신궁의 칠지도를 신공 52년조의 칠지도라고 규정하면서 백제가 야마토왜왕에게 헌상을 하기 위해 제작은 369년에 했다가 헌상품으로 바치는 것은 372년에 한 것이라는 주장을 하고 있다. 이런 주장은 명문을 어떻게 해석하더라도 "侯王=倭王"이라는 전체의 맥락은 절대 변하지 않기 때문에 논리라고도 할 수 없는 유아스러운 억지일 뿐이라고 말할 수밖에 없다.

이런 논리로 신공 52년조의 칠지도와 이소노가미신궁의 칠지도를 연계하여 해석하려면 泰和 4년은 동진의 연호와는 아무 상관없이 백제가 독자적으로 사용한 연호라고 보는 것이 맞을 수밖에 없다는 것이다.

이에 본고는 이소노가미 신궁의 칠지도는 「신공기」 신공 52년조에 나오는 칠지도와 같은 칠지도라고 보며, 이소노가미 신궁의 칠지도 명문에 새겨진 泰和 4년은 백제 고유의 연호로 신공 52년의 252년에 120년을 인하한 372년이라는 견해를 제출한다. 이것은 신공 49년에 발생한 사건인 규슈신라정벌 사건에서 규슈백제와 오사카백제가 연합해서 성공했다는 「신공기」의 기록에 근거한 것이다. 즉, 규슈신라를 복속한 신공 49년인 369년이 泰和 1년(원년)이라는 것이 본고의 견해다.

다시 말하자면, 369년의 규슈신라정벌과 복속을 계기로 규슈백제와 오사카백제가 和合을 이루었고, 「신공기」에 의하면 그 후로도 규슈백제와 오사카백제는 교류를 지속했는데, 그것은 당시 근초고왕의 뜻이었다고 추정할 수 있다. 근초고왕은 본토에서 고구려와 격전을 벌이는 와중이었는데, 그 와중에 열도의 규슈와 오사카 지역 모두 백제의 공식적인 후국으로 만들려는 확장 의지도 계속 가지고 있었다고 보여진다. 즉, 규슈백제에는 근초고왕의 뜻을 받드는 공식적인 후왕인 초고왕이 이미 있었고, 여기에 오사카백제까지 후국으로 만든 것이다.

규슈백제가 후국이 되는 동안 연계가 되지 않고 따로 오사카 지역에 고립적으로 있었던 오사카백제가 369년의 규슈신라정벌을 계기로, 또 그 후에도 지속된 규슈백제 초고왕의 노력으로 오사카백제도 마침내 근초고왕의 뜻에 따라 또 하나의 후왕으로 편입되었다는 것을 기념하고 공식화하는 의미로 칠지도가 제작되어 전달되었다고 보는 것이다. 따라서, 泰和라는 연호의 기준은 369년 규슈신라정벌을 기념하는 연호이자, 그 정벌을 계기로 규슈백제와 오사카백제가 연합군으로 큰 화합을 이뤘다는 의미로 泰和를 사용했다고 본다. 이렇게 보면 칠지도는 규슈신라에 속해있던 신라 7국을 의미하는 것으로도 볼 수 있다.

앞서 본고는 「신공기」의 기록이 120년을 인하하지 않으면 200년 대 3세기의 기록이 되고 120년을 인하하면 300년대 4세기의 기록이 되는 이중성을 가지고 있는 것은, 『삼국지』 「위지동이전」 「왜전」에 비교적 자세하게 서술되어 있는 비미호 왜여왕국이 규슈신라이기 때문이라고 설명했다. 3세기의 비미호 왜여왕국의 존재가 너무나 분명하게 기록되어 있는데, 비미호의 왜여왕국이 바로 규슈신라였다는 것이다. 따라서 이 비미호라는 절대연대 때문에 오사카백제가 『일본서기』를 편찬할 때 규슈신라를 규슈백제와 오사카백제가 함께 연합하여 복속시켰던 4세기의 전쟁을, 비미호 존재 시대와의 연속성 때문에 마치 3세기에 있었던 전쟁인 것처럼 기록하지 않을 수 없었다는 것이다.

3세기의 비미호 왜여왕국은 비미호가 죽은 이후에도 규슈에서 규슈신라로서 존재하고 있었고, 이에 따라 4세기에 백제 근초고왕 세력이 본격적으로 진출하면서 규슈신라 세력을 복속시켜야 할 필요성이 발생했다는 것이 본고의 중요한 논지 중 하나다. 이에 4세기 백제 전성기였던 근초고왕 때 열도에 본격적으로 후왕들을 배치시켰다고 보이는데, 이러한 흔적이 이소노가미 신궁의 칠지도 명문 문구에 근초고왕의 흔적이 나타나 있다고 본다. 명문의 그 문구는 뒷면에 새겨진 "奇生聖音"으로 보인다.

⟨뒷면⟩

先世以來未有此刀百濟王世子奇生聖音故爲倭王旨造傳示後世

앞에 제시한 한국민족문화대백과사전에서는 奇生聖音을 "백제왕세자 기생성음"이라고 해석해 놓아 "기생성음"이 마치 백제 왕세자의 이름인 것처럼 해석해 놓았다.

그런데 "백제왕세자(百濟王世子)"라는 부분에 대해 김석형은 본래 마모되어 잘 판독되지 않았던 "百濟王世△"의 △ 부분을 '子'라고 판독한 것은 잘못된 판독이라고 지적했다. 왜냐하면 한국은 고대 삼국시대에는 물론이고, 왕의 뒤를 이을 아들을 통례로 太子라고 했지 世子라고 한 적이 없었다는 것 때문이었다. 김석형의 이러한 지적에 대해 일본 아오야마(靑山) 학원대학의 무라야마(村山) 강사가 명문의 마모된 부분은 글자의 위치와 크기 등으로 보아 '世'의 한 획으로 보는 것이 타당하다고 지적했다. 그렇게 되면 백제왕세자(百濟王世子)는 백제왕세세(百濟王世世)가 되는 것이다.[326] 이렇게 되면 "백제왕세세(百濟王世世)"는 "백제왕이 세세토록"이라고 해석이 된다.

그다음에 나오는 문구가 "奇生聖音"이다. 奇生은 한자 뜻 그대로 '기탁하여 산다, 의지하여 산다'는 뜻으로, 奇生聖音은 '聖音에 의지하여 산다'는 뜻이 된다. 다시 말해, 百濟王世子奇生聖音의 해석

---

326) 김인배·김문배, 앞의 책, p.456

이 "백제왕세자인 기생성음"이라고 마치 백제 왕세자의 이름이 기생성음인 것처럼 해석되던 것은 百濟王世世奇生聖音에 대한 것으로 재해석되어야 한다. 이를 종합하면 "백제왕이 세세토록 성음에 의지하여(따르며)사니(百濟王世世奇生聖音)"로 해석될 수 있다.

성음(聖音)은 "임금의 음성, 천자의 언어"라는 뜻이다. 따라서, 성음에 의지하여 또는 성음을 따라 살고 있는 백제왕은 '성음(聖音)'에 나타나 있는 '임금'이 아니다. 즉, "성음(聖音)=임금의 언어·임금의 음성" 속의 임금은 근초고왕이다. 또한, 근초고왕의 지시에 따라 살고 있다는 문구 속의 백제왕은 신공 49년조에 나오는 규슈 백제 초고왕이라고 볼 수 있다.

이 뒤에 이어지는 "故爲倭王旨造傳示後世"에서 爲倭王旨에서 '지(旨)'를 왜왕의 이름으로 해석하여 "왜왕 지(旨)를 위해 만들었으니"로 해석하는 경우가 많다. 그렇지만 왜왕의 이름이 등장하는 것은 문맥상 어색하다. 만약, 旨가 왜왕 이름이라면, 칠지도라는 귀한 상감 제작품을 받은 왜왕이 누구인지 특정할 만한 문헌 근거가 제시될 수 있다면, 아마 그에 대한 반박은 불가능할 것이다. 그러나 현재까지 旨라는 이름을 가진 왜왕이 누구인지는 어떤 문헌에서도 특정된 바가 없다. 일각에서는 旨가 5세기 송서에 등장하는 왜 5왕인 '찬, 진, 제, 흥, 무' 중 한 명일 것이라는 가설을 제시하기도 한다. 하지만 그런 가설은 전술했듯이 이소노가미 신궁의 칠지도와 신공 52년조에 나오는 칠지도는 아무 관계가 없다는 전제하에 제시되어야 한다.

그렇다면 이소노가미 신궁의 칠지도와 신공 52년조에 나오는 칠지도가 관계가 있다는 전제로 故爲倭王旨造의 旨는 본래의 의미인 "뜻"으로 해석하는 것이 문맥의 연결상 자연스럽다. 즉, 故爲倭王旨造는 "왜왕을 위하는 뜻으로 만들었으니" 또는 "왜왕이 된 뜻으로 만들었으니"라고 해석되는 것이 옳다고 본다.[327] 이렇게 보면 이미 근초고왕의 후왕인 규슈백제왕이 근초고왕의 뜻에 따라 오사카 지역의 왜왕도 후왕으로 편입시키는 것을 공표한다는 뜻으로 명문을 해석할 수 있다. 또, 이것이 신공 49년조에 나오는 규슈 신라정벌 사건으로 규슈백제와 오사카백제가 연대와 동맹이 맺었다는 내용이 이소노가미 신궁에서 발견된 칠지도에 새겨진 것으로 해석이 될 수 있는 것이다. 여기까지 칠지도 뒷면 명문에 대한 본고의 견해를 종합해 보면 다음과 같다.

〈뒷면〉

先世以來未有此刀百濟王世世奇生聖音故爲倭王旨造傳示後世

해석- 지금까지 이러한 칼은 없었는데(先世以來未有此刀), (규슈)백제왕이 세세토록 성음에 의지하여 살았기 때문에(근초고왕의 통할과 지시를 따르며 살았기 때문에) (百濟王世世奇生聖音), 그런고로 왜의 왕을 위하는 뜻으로(왜의 왕이 된 뜻으로) 만들었으니(故爲倭王旨造), 후세에 전하여 보여라(傳示後世)

---

327) 김인배·김문배 「역설의 고대사 임나신론」, 1995, p.459

그런데 이와 같은 해석은 이소노가미 신궁의 칠지도가 신공 52년조에 나오는 칠지도라는 전제 위에서만 가능한 해석이다. 그러므로 정작 이소노가미신궁의 칠지도 명문에 나온 어떤 부분에 신공 52년인 252년에 120년 인하한 372년인 4세기가 아니라는 증거가 있다면, 본고의 위와 같은 해석은 철회되어야 할 것이다. 이에 최근 홍성화를 비롯한 일각의 주장들에서 칠지도의 제작 시기가 5세기인 전지왕 408년이라는 등의 주장들이 있기에 이에 대한 본고의 생각을 서술하겠다.

제작 시기를 4세기가 아니라 5세기로 보는 견해는 "泰△四年五月十六日丙午正陽"에서 5월 16일이 丙午일이 아니라는 문제 제기에서 출발한다. 즉, 369년 5월 16일은 丙午일이 아니라 乙未일이라는 것이다. 이 문제와 함께 여기에 1981년에 일본 NHK에서 칠지도를 X-선 촬영을 한 결과, 5월 16일의 五 자가 五가 아니라 '十'라고 판독되었다는 것이다. 또, 1996년 일본학자 무라야마 마사오(村山正雄)가 펴낸 〈칠지도명문도록〉에 실린 확대 사진에는 십(十) 자 밑에 일(一) 자가 보이므로, 이 획수가 일(一)이거나 이(二)의 획수가 남아 있는 것으로 본다면 11월이거나 12월로 파악할 수 있다는 것이다. 그렇게 되면 5월 16일이 아니라 11월 또는 12월 16일이 되는 것이다. 그러면 5월 16일에는 병오일이 없는데, 11월 16일이나 12월 16일에 병오일이 있는 년도를 찾으면 그 해가 제작 연도일 수 있다는 주장이다. 그런데 마침 11월 16일이 병오일이다. 11월 16일이 병오일인 그 해는 408년이라는 것이다. 이것이 408년

11월 16일이 제작 연대라는 주장의 핵심 내용들 중 하나다.[328]

11월 16일이 병오일이기 때문에 408년 전지왕 4년이 제작 연대라고 주장하는 홍성화는 408년 무렵이면 백제가 고구려의 남진정책에 크게 흔들리던 시기였기 때문에, 그런 백제가 와신상담의 계기로 삼은 것은 왜와의 연합 작전이었다고 주장한다. 그리고 「백제본기」에 따르면, 아신왕 사망 이후 열도에 체류하고 있었던 전지왕은 귀국해서 왕위에 오른다. 이에 홍성화는 전지왕이 '408년 11월 16일 제작한 칠지도'를 전지왕이 어려울 때 군대를 파견하여 즉위를 도와주었던 왜왕을 후왕(侯王)의 지위로 승인하는 차원에서 칠지도를 내린 것으로 본다고 주장한다.[329]

먼저, 이소노가미 신궁의 칠지도 명문이 판독에 의해 5월 16일이 아니고 11월 16일이고 11월 16일이 병오일이어서 408년이라고 하는 주장은 날짜와 간지가 반드시 일치하지 않는 경우가 종종 있다는 주장과 명문의 "병오정양(丙午正陽)"이라는 문구는 후한의 사상가 왕충(27~104)이 "의기 등을 주조할 때의 길일은 화기(火氣)가 강한 "5월 병오일"이라고 『논형』에서 말했다는 것으로 반박이 된다. 즉, 다른 날 주조했어도 그냥 길일인 '5월 병오'에 주조했다는 것이 길상구(吉祥句)의 의미로 쓰여 새겨 넣는 경우가 있다는

---

328) 조경철, 「백제 칠지도의 제작 연대 재론: 병오정양(丙午正陽)을 중심으로」, 공주대학교 백제문화연구소, 백제문화 42권, 2010
329) 홍성화, 「칠지도와 일본서기」, 경인문화사, 2021, p.45-49

것이다.[330]

본고는 위의 반박 주장에 일정 정도 동의하며, 11월 16일이 병오일이기 때문에 408년 전지왕 4년이 이소노가미 신궁의 칠지도 제작 연대라는 주장에 동의하지 않는다. 홍성화처럼 "병오정양(丙午正陽)"을 중심으로 병오일에 따라 제작 연대를 추정하는 주장은 『일본서기』에 나타나는 백제와 신라가 한반도에 있는 백제와 신라라는 확고한 단정적 전제 위에 있는 것이다. 이것은 열도의 규슈와 오사카 지역 등에 백제와 신라가 있었다는 본고의 견해와 근본적으로 다른 것이기 때문에 홍성화 등의 주장에 동의할 수 없다.

홍성화 등의 주장은 이소노가미신궁의 칠지도의 제작 연대가 408년이기 때문에 신공 52년의 칠지도와는 아무 관계가 없다는 것이다. 이들은 이러한 주장으로 신공 49년조의 신공의 신라정벌이 일본학계 쪽에서 3세기나 4세기에 한반도의 신라를 일본이 정벌한 것처럼 주장하는 것을 무력화시킬 수 있는 것처럼 여기고 있다. 즉, 신공 49년조에서 신공 52년조까지 연결되어 등장하는 내용에서 신공 49년조의 신라 정벌 기사는 369년에 근초고왕이 한반도 남부 가야 지역을 경략한 내용일 뿐인 것이고, 그 뒤에 이어져서 나타나는 신공 52년조의 칠지도 관련 기사는 허구며 날조 기사고, 이소노가미신궁에서 발견된 칠지도와는 아무 상관이 없

---

330) 홍성화, 위와 같은 책, p.32

다는 것이다.[331]

즉, 신공 49년조의 내용은 근초고왕 24년인 369년에 한반도의 백제가 한반도 남부 가야 지역을 경략한 사실을 신공으로 위장하여 기록한 것이라고 주장하면서, 그 신공 49년조의 내용과 연결되어 이어지는 맥락에서 나타나는 신공 52년조의 칠지도 기사는 허구이고 날조라는 것이다. 그래서 이소노가미 신궁의 칠지도 제작 연대는 칠지도가 나오는 신공 52년인 252년 이거나 아니면 120년 인하하여 372년이 되면 안 되는 것이고, 병오일이 있는 11월 16일 408년이 되어야 한다는 것이 홍성화 등의 논리이다.

그런데 신공 49년조 신라정벌 기사는 49년에서 끝나는 기사가 아니다. 49년에 신라정벌을 한 후에 어떤 상황이 전개되는지에 대한 기사가 50년과 51년에 이어서 나타난다. 신라를 함께 정벌한 두 세력이 그 후 어떤 관계를 가지는지에 대한 기사가 연결되어 나타나고 있다는 말이다. 두 정치 세력이 연대하는 관계가 지속되도록 노력한 결과가 52년의 칠지도를 준다는 것으로 결말이 지어지는 것이다. 그런데 신공 49년조의 신라정벌 기사가 한반도 남부에서 근초고왕이 일으켰던 사건이라고 해석하고 그 지명들을 전부 한반도 남부에 비정하고 나니, 그 뒤에 이어지는 기사들을 설명할 방법이 없게 된 것이다. 그래서 홍성화 등이 369년의 5월 16일은 병오일이 아니니 신공 52년조의 칠지도와 이소노가미 신궁

---

331) 홍성화, 위와 같은 책, p.28-50

의 칠지도는 관계가 없고, 신공 52년조 기사는 날조고 허구일 뿐이라고 주장하고 있는 것이다.

신공 52년조에는 칠지도뿐 아니라 「손자 침류왕(枕流王)에게 "지금 내가 교류하고 있는 바다 동쪽의 귀국은 하늘이 계시하여 세운 나라다. 그러므로 천은을 베풀어 바다 서쪽을 나누어 나에게 주니, 나라의 기틀이 영원히 견고해졌다. 너도 마땅히 우호를 잘 닦아 토물을 모아 공물을 끊임없이 바친다면 죽어도 무슨 한이 남겠느냐?"라고 일러 두었다. 이후로 매년 끊임없이 조공하였다.(乃謂孫枕流王曰, 今我所通, 海東貴國, 是天所啓. 是以, 垂天恩, 割海西而賜我. 由是, 國基永固. 汝當善脩和好, 聚斂土物, 奉貢不絶, 雖死何恨. 自是後, 每年相續朝貢焉.)」[332]라는 내용도 나온다. 침류왕은 근초고왕의 손자다. 이러하니 침류왕에게 말했다는 왕은 근초고왕이 맞는 것이 된다. 이 내용은 오사카백제 입장에서 각색 서술된 것이다. 따라서 위의 내용은 근초고왕이 침류왕에게 오사카백제까지 후왕으로 거느리게 되었으니 후왕들 관리를 잘하는 것이 중요하다는 정치적 지도력에 관한 훈계로 보는 것이 타당하다. 또한, 침류왕이 즉위 전에 유년 청소년 시절을 규슈백제에 체류했을 때 할아버지인 근초고왕에게 오사카백제를 잘 관리하는 것이 중요하다는 지시를 받은 내용일 수도 있다.

즉, 이렇게 신공 46년조부터 신공 52년의 내용까지 또한 그 뒤

---

332) 『일본서기』 「신공」 52년조 (출처 번역: 동북아역사넷)

의 신공 55년에 초고왕의 사망 기사까지 이어지는 일련의 내용들은 본토 백제의 근초고왕의 지시와 통합을 받아 규슈신라를 함께 정벌한 규슈백제와 오사카백제의 정치적 관계에 대한 기록이라고 이해하면 「신공기」의 기사 내용들의 상당 부분이 해명된다.

이에 이소노가미 신궁 칠지도의 408년 제작 연대설에 대해 본고는 명문 판독에서 五 자가 十 또는 十과 그 아래 一로 판독된다는 것도 五 자에서 마모되어 남은 흔적이 十 또는 十과 그 아래 一로 판독될 수 있다고 본다. 따라서, 5월 16일이 아니라 11월 16일이라는 판독 주장이 큰 의미가 없다고 보며, 또한 5월 16일이 병오일이 아니기 때문에 11월 16일 병오일에 맞춰 제작 연대를 408년으로 봐야 한다는 주장도 본말이 전도된 끼워 맞추기식 주장이라고 생각한다. 전술했듯이 "병오정양(丙午正陽)"은 무기 등을 제조할 때 화력이 가장 센 날을 상징하는 길상구일 확률이 크고, 실제 그렇게 사용했다는 기록도 남아 있기 때문에, 5월 16일이 병오가 아니기 때문에 泰和 4년이 372년이 아니라는 주장은 설득력이 없다고 보는 것이다.

그러므로 본고는 신공 52년조의 칠지도가 이소노가미 신궁의 칠지도라고 보며, 그 제작 연도인 泰和 4년은 신공 52년인 252년에서 120년 인하한 372년 근초고왕 27년이라고 본다. 이것은 신공 49년에 규슈백제와 오사카백제가 화합하여 규슈신라를 정벌한 것을 기념하는 의미에서 신공 49년인 369년(249년+120년)을 泰和 1년(원년)으로 삼았다는 것을 의미한다. 신공 49년인 369년 泰

和 1년(원년)을 기념하는 의미로 3년간의 교류가 원활하게 끊이지 않고 진행된 시점인 372년 泰和 4년에 오사카백제를 규슈백제와 마찬가지인 본토백제의 후왕으로 삼는다는 것을 공표하기 위한 기념물로 오사카백제에게 하사된 것으로 본다. 또한, 이때의 泰和라는 연호는 결국 7세기 이후 오사카백제가 서일본 열도 전역에 영향력을 확장하게 된 이후, 겐메이 천황(元明天皇, 661년~721년)때 국명을 두 글자로 하면서 만든 "大和(야마토, ヤマト)"로 이어진다고 생각한다.

(4) 응신(應神, 오진):
 본토백제의 규슈백제와 오사카백제의 불화 갈등 결별

「응신기」는 본토백제의 통할 아래 있던 규슈백제와 오사카백제가 각각 불화와 갈등을 겪는 내용들로 이뤄져 있다. 이것은 본토백제에서 발생하는 각 정치 세력들의 패권 다툼이 규슈백제와 그리고 오사카백제에까지 영향을 미쳤다는 것을 의미한다. 이와 관련하여 「응신기」에는 진사왕(385~392), 아신왕(392~405), 전지왕(405~420), 구이신왕(420~427)까지의 권력 교체 때 발생했던 사건들에 대한 기록이 나온다. 이 기록들은 권력 교체기에 발생한 사건들에 대한 것이며, 본토백제의 권력 교체에 규슈백제와 오사카백제가 어떻게 대응했는지에 대한 기록들이다.

이것은 「신공기」에서 근초고왕의 통할 아래에 본토백제가 규슈백제와 오사카백제의 연대와 화합을 이루어 냈던 것이 깨지게 되는 과정의 서술이기도 하다. 그리고 한편으로는 오사카백제가 기비 지역인 오카야마 정치 세력들과 갈등을 빚는 내용들도 나타나 있다.

이렇게 「응신기」의 내용을 크게 두 개로 나누자면 규슈백제를 통합하는 본토백제가 본토백제와 규슈백제 그리고 오사카백제 사이에서 발생한 대립 갈등 결별에 대한 기록과 그리고 오사카백제가 오카야마 지역과 갈등 대립하는 내용으로 나눠서 볼 수 있다.

사건들이 발생한 연대와 장소를 연계하여 구분하자면 120년 인하하여 4세기 말 5세기 초의 본토와 규슈 사이에서 발생한 사건들을 오사카백제를 중심으로 기술한 것과 5세기 중기 이후 오사카백제가 기비 오카야마 정치 세력들과 대립·갈등한 사건을 마치 3세기에 발생한 것처럼 연대를 조작하여 오사카백제 입장에서 서술한 부분으로 나눌 수 있다.

본고는 이와 같이 「응신기」 역시 「신공기」 처럼 연대를 혼용하여 기록되었고, 연대가 혼용된 이유는 「신공기」에 이어 「응신기」도 규슈에서 발생한 사건들을 오사카백제가 3세기부터 패권과 주도권을 장악하고 있었던 것처럼 보이도록 만들기 위해서였다는 것을 여기서 다시 강조한다.

① 본토백제, 규슈백제, 오사카백제 3각관계- 규슈에서 발생한 사건들 120년 인하 연대

【응신 3년(272: 120년 인하 392년) 이 해에 (본토)백제 진사왕(辰斯王)이 즉위하여 귀국(貴國)천황에게 무례하였다. 그래서 기각숙녜(紀角宿禰: 키노츠노노스쿠네), 우전시대숙녜(羽田矢代宿禰: 하타노야시로노스쿠네), 석천숙녜(石川宿禰: 이시카와노스쿠네), 목토숙녜(木菟宿禰: 츠쿠노스쿠네)를 파견하여 그 무례함을 꾸짖었다. 이에 (규슈)백제국은 진사왕을 죽여 사죄하였다. 기각숙녜 등은 아화를 왕으로 세우고 돌아왔다.】[333]

→ 『삼국사기』「고구려본기」와 「백제본기」에 의하면 광개토태왕과 아신왕은 각각 392년 동년에 즉위했다. 그런데 『삼국사기』의 기년이 1년씩 다르게 기술되어 있다. 즉, 광개토태왕릉비문에는 광개토태왕의 즉위가 391년인 신묘년으로 되어 있기 때문이다.

이에 광개토태왕릉비문에 따라 즉위년은 391년 신묘년이고, 동년에 즉위한 아신왕의 즉위년도 391년이 된다. 즉, 『삼국사기』「백제본기」와 『일본서기』「응신기」 3년인 272년에 120년 인하한 392년이 모두 391년에 일어난 아신왕 즉위에 관한 일이라는 것이다. 391년이 광개토태왕의 즉위년이자 이 해는 신묘년이다. 이 '신묘

---

333) 『일본서기』「응신 3년」 是歲, 百濟辰斯王立之失禮於貴國天皇. 故遣紀角宿禰·羽田矢代宿禰·石川宿禰·木菟宿禰, 噴讓其无禮狀. 由是, 百濟國殺辰斯王以謝之. 紀角宿禰等, 便立阿花爲王而歸. (출처 번역: 동북아역사넷)

년'이라는 해는 이른바 광개토태왕릉비문의 '신묘년조'로 유명한 해다.

본고는 비문의 영락 5년에 언급되어 있는 '신묘년조의 (한)왜'가 바로 규슈에 있는 규슈백제를 지칭하는 것으로, 규슈백제가 본토백제로 건너와서 진사왕을 암살하고 아신왕을 즉위시킨 뒤에 對고구려 정책을 主戰정책으로 바꾼 것이 광개토태왕으로 하여금 '백잔(본토백제)과 왜(규슈백제)'를 동시에 토벌하기로 결심하게 만든 계기가 된 사건이라고 전술했다. 즉, 진사왕은 광개토태왕의 공격에 속수무책으로 무너졌으며 대항 의지도 없었다는 것이다. 무조건 항복만 남아 있었던 상태였던 진사왕을 암살하고 젊은 아신왕으로 정권을 교체한 후에 對고구려 정책을 主戰정책으로 바꾼 정치 세력이 규슈백제라는 것을 직시한 광개토태왕이 본토백제와 규슈백제를 동시에 일망타진할 것을 결단한다. 이에 따라 400년 경자년조에 규슈까지 고구려군을 보내도록 결심하게 만든 계기가 된 사건이 바로 응신 3년조의 '진사왕 암살- 아신왕 옹립'에 관한 이 기사라고 볼 수 있다. 이때, 본토백제에 가서 진사왕을 암살하고 아신왕을 즉위시킨 세력이 규슈백제 세력이다.

한편, 이 응신 3년조 기사에 "진사왕(辰斯王)이 즉위하여 귀국(貴國)천황에게 무례하였다."라고 나오는데, 이 문장에 나오는 귀국(貴國)은 오사카백제를 지칭하는 것으로, 마치 오사카백제가 본토와 규슈까지 영향력을 미치며 권한을 행사한 것처럼 보이도록 하기 위해 오사카백제의 지휘하에 일련의 사건들이 벌어진 것처럼 서술한 것으로 본다.

"귀국(貴國)천황에게 무례하였다."나 "귀국(貴國)에게 무례했다."는 표현은 뒤에서도 거듭 나타난다. 이것은 근초고왕의 통할 아래에 규슈백제와 오사카백제가 함께 후왕으로 있었는데, 근초고왕 사망 이후 정치적 패권 상황에 변화가 온 것을 알려주는 서술 방식으로 보인다. 즉, 본토백제가 규슈백제를 확보한 것에 반감을 가진 오사카백제가 규슈에 있다가 본토로 즉위한 본토백제왕들의 지시를 따르지 않고 규슈백제에 대한 영향력을 확보하기 위해 본토백제에게 대항하며 갈등과 결별의 수순으로 가는 과정에서 나온 표현으로 해석된다. 즉, 귀국(오사카백제)에게 본토백제왕이 무례했다고 한 표현은 오사카백제가 본토백제왕의 통할과 지시를 더 이상 받지 않겠다고 통보하며 갈등이 벌어지기 시작했다는 것을 짐작하게 만들어 주는 서술 방식이라고 해석된다.

【응신 8년(277: 120년 인하 397년) 봄 3월에 백제인이 내조하였다[『백제기(百濟記)』에 "아화왕(阿花王)이 즉위하여 귀국(오사카백제)에게 무례하였다. 그래서 우리의 침미다례 및 현남(峴南), 지침(支侵), 곡나(谷那)[334], 동한(東韓)의 땅을 빼앗았다. 이에 왕자 직지(直支)를 천조(天朝)에 보내 선왕의 우호를 닦도록 하였다."고 한다.]】[335]

---

334) 곡나의 위치에 대해… 신공 52년의 칠지도 제작지… 김인배, 김문배 임나신론에 근거한 설명을 써 줄 것.

335) 『일본서기』「응신 8년」八年 春三月, 百濟人來朝[百濟記云, 阿花王立无禮於貴國. 故奪我枕彌多禮, 及峴南·支侵·谷那·東韓之地. 是以, 遣王子直支于天朝, 以脩先王之好也.]. (출처 번역: 동북아역사넷)

→ 이 기사는 『삼국사기』「백제본기」"아신왕 6년(397) 여름 5월에 왕이 왜국(倭國)과 우호 관계를 맺고 태자 전지(腆支)를 볼모로 보냈다.(六年, 夏五月, 王與倭國結好, 以太子腆支爲質.)"는 기사에 상응하는 내용이다. 아화왕은 아신왕이다. 진사왕을 암살하고 아신왕을 즉위시킨 세력은 규슈백제 세력이다. 따라서 본토백제와 규슈백제는 한 몸처럼 움직였다. 본토백제의 후국인 규슈백제는 본토의 지시와 통할을 받기도 하고 본토백제 정권을 장악한 세력이 규슈백제를 장악하는 등 밀접한 관계로 묶여 있었다고 보인다. 하지만 오사카백제는 그 지역적인 한계로 인해 본토와 규슈가 끈끈하게 하나로 묶일 때 따로 고립되어 있었다. 즉, 본토백제가 규슈백제에게 지시하여 별도로 오사카백제의 지위를 챙겨 주지 않으면 오사카백제는 고립될 수밖에 없는 위치에 있었던 것이다.

이에 근초고왕이 후국인 규슈백제에게 오사카백제를 신경 써서 챙겨 줘야 한다는 당부를 했지만, 근초고왕 사망 후 본토백제 내부의 정치 세력 간의 알력과 분열로 오사카백제는 본토와 규슈백제 정치 세력들의 관심사에서 밀려난 것으로 보인다. 그러므로 "아화왕(阿花王)이 즉위하여 귀국(오사카백제)에게 무례하였다."는 표현은 본토백제와 규슈백제가 오사카백제에게 애초에 하사해 준다고 했던 '귀중품, 귀한 물품들- 철기나 비단처럼 본토백제와 규슈백제를 통해서만 받을 수 있는 귀중품'들의 보급이 끊겼기 때문에 나온 서술이라고 보여진다. 이에 오사카백제는 항의했고, 규슈백제의 영토에 있는 "침미다례 및 현남(峴南), 지침(支侵), 곡나(谷

邪), 동한(東韓)"에 대해 오사카백제의 소유권을 주장했을 것으로 보인다. 이에 이러한 오사카백제의 항의를 접수한 본토백제 아신왕은 이러한 분쟁의 조정을 위해 태자 전지를 오사카백제와의 관계를 원만하게 풀도록 하기 위해 규슈백제의 후왕으로 임명하여 규슈로 보낸 것으로 해석된다.

【응신 9년(278년: 실제는 4세기 말 또는 5세기 말 이후) 여름 4월에 무내숙녜(武內宿禰)를 축자(筑紫: 츠쿠시)로 보내서 백성을 감찰하게 했다. 이때 무내숙녜의 아우 감미내숙녜(甘美內宿禰: 우마시우치노스쿠네)가 형을 없애고자 천황에게 "무내숙녜는 항상 천하를 바라는 마음이 있습니다. 지금 들으니 축자에서 은밀히 모의하면서 '축자를 분할하여 삼한을 불러 나를 따르게만 한다면 천하를 얻게 될 것이다.'라고 말하였다고 합니다."라고 참언하였다. 그러자 천황은 즉시 사자를 파견하여 무내숙녜를 죽이려고 하였다. 그때 무내숙녜가 "나는 원래 다른 마음이 없어 충심으로 군을 모셨다. 그런데 이게 무슨 재앙인가. 죄 없이 죽어야 하다니!"라고 한탄하였다. 이때 일기직(壹伎直: 이키노아타히)의 조상 진근자(眞根子: 오야마네코)라는 사람이 있었다. 그 생김새가 무내숙녜와 비슷하였다. 무내숙녜가 죄 없이 헛되이 죽는 것을 안타까워하여 무내숙녜에게 "지금 대신이 충심으로 군을 모시고 흑심이 없다는 것은 천하 사람들이 다 알고 있습니다. 바라옵건대 몰래 도망가서 조정에 가서서 직접 죄가 없다는 것을 밝히고 난 다음에 죽는다고 해도 늦지 않습니다. 또 사람들이 늘 '네 모습이 대신(大臣)과 닮았다.'고들

말합니다. 그러므로 지금 제가 대신 죽어 대신(大臣)의 충성심을 밝히
겠습니다."라고 말하고 즉시 칼에 엎드려 자살했다. 이때 무내숙녜는
홀로 크게 슬퍼하고, 몰래 축자를 떠나 배를 타고 남해(南海)로 돌아서
기수문(紀水門: 기노미나토)에 정박하였다. 그리고 겨우 조정에 가서 죄
가 없다고 주장하였다. 천황은 즉시 무내숙녜와 감미내숙녜를 추문하
였는데, 두 사람은 각자 자신의 주장을 강하게 고집하였으므로 시비
를 가리기가 어려웠다. 그리하여 천황이 신기(神祇)에게 탐탕(探湯: 죄
인의 손을 열탕에 넣어 봄으로써 데이거나 그렇지 않는 것을 기준으로 옳고 그름
을 판단하는 고대 재판의 한 종류)하도록 명령하였다. 무내숙녜와 감미내
숙녜는 함께 기성천(磯城川: 시키노카와)의 물가에 가서 탐탕하였다. 이
윽고 무내숙녜가 이기자, 즉시 검을 잡고 감미내숙녜를 때려눕힌 후
죽이려고 하였다. 그러나 천황이 (감미내숙녜를) 풀어 주고 기이직(紀伊
直: 기노아타히) 등의 선조에게 (예민으로) 주도록 명령하였다.]³³⁶⁾

→ 위의 기사는 무내숙녜를 축자(筑紫: 츠쿠시)에 보냈는데, 무내

---

336) 『일본서기』 「응신 9년」 九年 夏四月, 遣武內宿禰於筑紫, 以監察百姓. 時武內宿禰弟甘美
內宿禰, 欲廢兄, 卽讒言于天皇, 武內宿禰, 常有望天下之情. 今聞, 在筑紫而密謀之曰, 獨
裂筑紫, 招三韓令朝於己, 遂將有天下. 於是, 天皇則遣使, 以令殺武內宿禰. 時武內宿禰
歎之曰, 吾元無貳心, 以忠事君. 今何禍矣, 無罪而死耶. 於是, 有壹伎直眞根子者. 其爲
人能似武內宿禰之形. 獨惜武內宿禰無罪而空死, 便語武內宿禰曰, 今大臣以忠事君. 旣
無黑心, 天下共知. 願密避之, 參赴于朝, 親辨無罪, 而後死不晚也. 且時人每云, 僕形似大
臣. 故今我代大臣而死之, 以明大臣之丹心, 則伏劒自死焉. 時武內宿禰, 獨大悲之, 竊避
筑紫, 浮海以從南海廻之, 泊於紀水門. 僅得逮朝, 乃辨無罪. 天皇則推問武內宿禰與甘美
內宿禰. 於是, 二人各堅執而爭之. 是非難決. 天皇勅之, 令請神祇探湯, 是以, 武內宿禰與
甘美內宿禰, 共出于磯城川湄, 爲探湯, 武內宿禰勝之. 便執橫刀, 以毆仆甘美內宿禰, 遂
欲殺矣. 天皇勅之令釋. 仍賜紀伊直等之祖也. (출처 번역: 동북아역사넷)

숙녜의 아우인 감미내숙녜가 무내숙녜를 모함하여 죽이려고 했다는 내용의 기사다. 무내숙녜는 「신찬성씨록」에 의하면 근구수왕의 아들 아니면 손자라고 한다.[337] 감미내숙녜가 무내숙녜의 아우라고 했으니, 그 역시 근구수왕의 후손으로 보인다. 따라서 이 기사는 열도에서 근구수왕의 후손들이 각기 따로 세력화를 진행했다는 것을 보여 주는 기사다. 내용상으로는 오사카백제가 규슈백제에 대한 영향력을 행사하고 있는 와중에 벌어진 것으로 되어 있으므로, 이렇게 오사카백제가 규슈백제에게 영향력을 사실적으로 미쳤다면 아마도 5세기 말기 이후의 상황이었을 것으로 보인다.

그렇지 않고 단지 규슈백제와 오사카백제 사이가 갈등으로 벌어지게 된 계기를 오사카백제 입장으로 서술한 것으로 본다면 이 사건은 5세기 말 이후에 있었던 사건으로도 볼 수 있을 것이다. 어느 쪽이든 본토백제의 통할을 함께 받던 규슈백제와 오사카백제가 차츰 서로 멀어지고, 각기 다른 독자적인 정치 세력으로 분화되어 간 과정의 계기가 된 사건을 묘사한 기록으로 본다.

【응신 16년(285: 120년 인하 405년) 이 해에 백제 아화왕(阿花王)이 죽었다(薨). 천황이 직지왕(直支王)을 불러 "그대는 나라로 돌아가서 왕위를 이으라."고 말하고 (규슈백제의) 동한(東韓)의 땅을 주어 보냈다[동한이란 감라성(甘羅城), 고난성(高難城), 이림성(爾林城)이 그것이다.].】[338]

---

337) 조정래, 「신찬성씨록을 통해 본 일본 고대 인물의 정체」, 도서출판 피플파워, 2022, p.58
338) 『일본서기』「응신 16년」 是歲, 百濟阿花王薨. 天皇召直支王謂之曰, 汝返於國以嗣位. 仍且賜東韓之地而遣之[東韓者, 甘羅城·高難城·爾林城是也.]. (출처 빈역: 동북아역사넷)

→ 아신왕이 사망하고 규슈백제의 후왕으로 있던 전지왕이 본토백제왕으로 즉위한 해가 405년이다. 『삼국사기』 「백제본기」에는 전지왕의 즉위가 쉽지 않았던 것으로 기록되어 있다. 아신왕이 사망한 후에 아신왕의 둘째 동생인 훈해(訓解)가 전지왕이 귀국하기를 기다리면 임시로 즉위했는데, 아신왕의 막내동생인 설례(碟禮)가 형인 훈해를 죽이고 즉위를 했던 것이다. 이때의 백제의 정치 세력들 간에 권력 장악을 위한 암투가 극심했음을 알 수 있다. 전지왕은 귀국길에 이 소식을 듣고 바로 본토에 상륙하지 못하고 섬에 머무르며 기다렸다가 전지왕 지지 세력이 설례(碟禮)를 죽인 후에 본토로 들어와 즉위했다고 기록되어 있다.

이러한 당시 상황들을 「응신기」에서는 규슈백제의 왕이었던 전지왕이 본토백제의 왕으로 즉위하는 일련의 상황들에서 마치 오사카백제가 왕으로 만들어 준 것처럼 기록하고 있다. "동한(東韓)의 땅을 주어 보냈다."라는 말의 '동한'은 앞서 응신 8년 397년에 오사카백제가 항의하며 소유권을 주장했던 지역 중의 하나이다. 따라서 "동한(東韓)의 땅을 주어 보냈다."는 말은 규슈백제왕이었던 전지왕이 본토백제왕으로 새롭게 즉위함에 따라 전지왕이 오사카백제와의 긍정적 교류 정책을 기대하면서 소유권 주장을 철회한다는 표현으로 해석된다.

② 5세기 말 이후의 오사카백제와 기비(吉備) 오카야마 정치 세
　력과의 관계

【응신 22년(291: 5세기 말 이후의 일을 3세기의 일인 것처럼 연대를 조작) 3월 정유(14일)에 높은 망대에 올라서 먼 곳을 바라봤다. 이때 비 형원(兄媛: 에히메)이 모시고 있었다. 그런데 서쪽을 보면서 크게 한탄하였다[형원은 길비신(吉備臣: 키비노오미)의 조상 어우별(御友別: 미토모와케)의 여동생이다.]. 이에 천황이 형원에게 "어찌하여 그대는 그와 같이 심히 탄식하는가?"하고 묻자 형원이 "요즈음 첩이 부모의 정을 그리는 마음이 있어서 서쪽을 보니 저절로 한탄이 나왔습니다. 원컨대 잠시 돌아가서 부모를 살피고 싶습니다."라고 대답하였다. 이에 천황이 부모를 사랑하는 형원의 마음이 간절함을 아껴서 "그대가 양친을 보지 못한지 이미 여러 해가 지났다. 돌아가서 부모를 살피고자 하는 것은 당연한 것이다."라고 하여 그를 허락하였다. 이에 담로의 어원(御原: 미하라)의 바다 사람 88인을 뱃사공으로 삼아 길비로 보냈다.】[339]

【응신 22년(291: 5세기말 이후의 일을 3세기의 일인 것처럼 연대를 조작) 9월 경인(10일)에 다시 엽전(葉田: 하다노)[葉田은 하다(簸娜)라고 읽는

---

339) 『일본서기』「응신 22년」3월 丁酉, 登高臺而遠望. 時妃兄媛侍之, 望西以大歎[兄媛者, 吉備臣祖御友別之妹也.]. 於是, 天皇問兄媛曰, 何爾歎之甚也. 對曰, 近日, 妾有戀父母之情. 便因西望, 而自歎矣. 冀暫還之, 得省親歟. 爰天皇愛兄媛篤溫淸之情, 則謂之曰, 爾不視二親, 既經多年. 還欲定省, 於理灼然. 則聽之. 仍喚淡路 御原之海人八十人爲水手, 送于吉備. (출처 번역: 동북아역사넷)

다.]의 위수궁(葦守宮: 아시모리노미야)으로 가서 머물렀다. 이때 어우별
이 찾아와 그의 형제 자손으로 하여금 선부(膳夫: 카시하데)로서 (천황)
식사를 위해 봉사하도록 하였다. 천황은 어우별이 삼가 공손히 받드는
것을 보고 기뻐하는 마음을 가졌다. 그래서 길비국을 나눠서 그 자손
등에게 주었다. 즉, 천도현(川嶋縣: 카하시마노아가타)을 나눠서 큰아들
도속별(稻速別: 이나하야와케)에게 주었다. 그가 하도신(下道臣: 시모츠미
치노오미)의 시조다. … 다음으로 직부(織部: 하토리베)를 형원(兄媛: 에
히메)에게 하사했다. 이로 인해 그 자손이 아직 길비국에 살고 있다. 이
것이 그 연유다.]340)

→ 기비(吉備) 지역은 오카야마 지역이다. 위의 기사들은 오사카
백제가 서쪽으로 진출할 때 제일 먼저 만나게 되는 기비 오카야마
지역의 정치 세력과의 관계와 그 세력이 형성된 연원에 대해 말하
고 있다. 이것은 시기적으로 신무천황이 동정을 해서 5세기 말에
오사카 지역에 안착하여 즉위한 이후 다시 서쪽 세력인 기비 오카
야마지역의 정치 세력을 오사카백제에게 안정적이고 지속적으로
복속시키기 위한 노력을 지속할 때의 이야기로 보인다. 기비 오카
야마 정치세력을 복속시키는 내용들은 이후 「웅략기」와 『계체기』

---

340) 『일본서기』「응신 22년」9월 庚寅, 亦移居於葉田[葉田, 此云簸娜.] 葦守宮. 時御友別參赴
之. 則以其兄弟子孫爲膳夫而奉饗焉. 天皇, 於是, 看御友別謹惶侍奉之狀, 而有悅情. 因
以割吉備國, 封其子等也. 則分川嶋縣, 封長子稻速別. 是下道臣之始祖也. 次以上道縣,
封中子仲彦. 是上道臣·香屋臣之始祖也. 次以三野縣, 封弟彦. 是三野臣之始祖也. 復以波
區藝縣, 封御友別弟鴨別. 是笠臣之始祖也. 即以苑縣, 封兄浦凝別. 是苑臣之始祖也. 即
以織部, 賜兄媛. 是以, 其子孫, 於今在于吉備國. 是其緣也. (출처 번역: 동북아역사넷)

에서 등장한다.

「웅략(雄略: 유라쿠)」… 규슈백제와의 결별로 고립된 오사카백제

웅략은 21대 천황으로 재위 연도는 456년~479년으로 기록되어 있다. 이 시기는 5세기 중후반인데, 이른바 5세기 송서 왜 5왕에서 왜왕 무(武)라고 추정하는 천황이 웅략(유라쿠)이기도 하다, 웅략의 이름을 대박뢰유무존(大泊瀬幼武尊: 오하쓰세와카타케루노미코토)이라고도 하는데, 이름에 武가 들어가 있다는 이유 때문이다.

그러나 본고는 이미 (한)왜 5왕의 정체에 대해서 전술했다. (한) 왜 5왕이 『일본서기』에 나온 천황들 중 누군가 라면 당시 송나라를 비롯한 남조와의 교류 이야기가 한결같이 철저하게 기록되지 않을 리가 없는 것이다. 오사카백제가 후일 정권을 잡은 뒤에 그들이 쓴 『일본서기』에는 5세기 당시의 중국 남조와의 교류뿐 아니라 5세기 국제 정세에 맞는 어울리는 내용이 전혀 쓰여 있지 않다. 본고는 그 이유를 5세기에 오사카백제는 규슈백제와도 결별한 상태에서 열도에 고립되어 있었기 때문이라고 본다. 열도에서 오사카 지역은 그 구조상 규슈를 장악하거나 규슈 세력과 잘 교류하지 못하면 당연히 외부 세계와의 교류에 곤란을 겪을 수밖에 없는 지역이기 때문이다.

규슈백제와 오사카백제 사이의 교류와 연결이 꾸준하게 간간이라도 이어지고는 있었지만, 결국 개로왕 이후로는 열도의 백제후국으로서의 지위에서도 빠지고, 교류도 끊어지면서 오사카백제는 일종의 고립 상태에 들어간 것으로 보인다. 그러한 흔적을 보여 주는 것이 다음과 같은 웅략 2년 과 웅략 5년의 기사라고 보여진다.

① 규슈백제와의 결별

【(웅략 2년) 458년 7월 2년 가을 7월에 백제 지진원(池津媛)이 천황이 장차 행차하려는 데도 석천순(石川楯: 이시카하노타테)[옛 책[舊本]에서는 석하고합수(石河股合首: 이시카하노코무라노오비토)의 조상인 순(楯)이라고 하였다.]과 정을 통하였다. 천황이 크게 노하여 대반실옥대련(大伴室屋大連: 오호토모노무로야노오호무라지)에게 명하여 내목부(來目部: 쿠메베)로 하여금 남녀의 팔다리를 벌려 나무에 매달고 임시로 만든 단 위에 올려놓고 불태워 죽이도록 하였다[백제신찬(百濟新撰)에서는 "기사년에 개로왕이 즉위하였다. 천황이 아례노궤(阿禮奴跪: 아레나코)를 보내 여자를 찾도록 하였다. 백제는 모니부인(慕尼夫人)의 딸 적계녀랑(適稽女郎)을 단장하여 천황에게 바쳤다."고 하였다.]】[341]

【(웅략 5년) 461년 4월 여름 4월에 백제의 가수리군(加須利君)[개로왕(蓋鹵王)이다.]은 지진원(池津媛)을 불태워 죽였다는 소문을 듣고[적계

---

341) 『일본서기』 「웅략 2년」 二年 秋七月, 百濟池津媛, 違天皇將幸, 婬於石川楯[舊本云, 石河股合首祖楯.]. 天皇大怒, 詔大伴室屋大連, 使來目部張夫婦四支於木, 置假庡上, 以火燒死[百濟新撰云, 己巳年, 蓋鹵王立. 天皇遣阿禮奴跪, 來索女郎, 百濟莊飾慕尼夫人女, 曰適稽女郎, 貢進於天皇.]. (출처 번역: 동북아역사넷)

녀랑(適稽女郎)이다.] "과거에 여인을 바쳐 채녀로 삼았다. 그런데 이미 예의를 잃어서 우리나라의 이름을 실추시켰다. 앞으로는 여인을 바치지 말라."고 의논하였다. 이에 그 아우 군군(軍君)[곤지(昆支)다.]에게 "너는 마땅히 일본으로 가서 천황을 섬기도록 하라."고 명하였다. 군군은 "왕의 명을 거스를 수 없습니다. 원컨대 왕의 부인을 내려 주신다면 명을 받들겠습니다."라고 대답하였다. 가수리군은 임신한 부인을 군군에게 주면서 "나의 임신한 부인은 이미 산달이 되었다. 만일 가는 길에 출산하면, 바라건대 어디에 있든지 배 한 척에 실어 속히 본국으로 돌려보내도록 하라."고 말하였다. 이윽고 작별하여 왜의 조정으로 갔다.]342)

→ 위의 기사들에서 먼저 주목할 부분은 개로왕의 즉위 연도다. 지금은 전하지 않는 이른바 백제 3서343) 중의 하나인 『백제신찬』을 인용해서 썼다고 하는 위의 기사에서 "개로왕이 기사년에 즉위했다."고 쓰고 있다. 기사년이면 429년이다. 『삼국사기』「백제본기」에 의하면 개로왕의 즉위 연도는 455년이다.

개로왕의 즉위 년도를 429년 기사년이라고 쓴 것은 개로왕이

---

342) 『일본서기』「웅략 5년」 夏四月, 百濟加須利君[蓋鹵王也.], 飛聞池津媛之所燔殺[適稽女郎也.], 而籌議曰, 昔貢女人爲采女. 而旣無禮, 失我國名. 自今以後, 不合貢女. 乃告其弟軍君[昆支也.]曰, 汝宜往日本以事天皇. 軍君對曰, 上君之命不可奉違. 願賜君婦, 而後奉遣. 加須利君則以孕婦, 嫁與軍君曰, 我之孕婦, 旣當産月. 若於路産, 冀載一船, 隨至何處, 速令送國. 遂與辭訣, 奉遣於朝. (출처 번역: 동북아역사넷)

343) 『일본서기』에 등장하는 백제 관련 인용서로, 지금은 전하지 않는다. 이른바 백제 3서란 『백제기』, 『백제신찬』, 『백제본기』를 말한다.

규슈백제왕으로 429년에 즉위해서 규슈백제를 관리하다가 본토 백제의 왕으로 즉위한 것은 부왕 비유왕이 사망한 455년이라고 추정해 볼 수 있다. 위의 기사에 의하면 '지진원(池津媛)이자 적계녀랑(適稽女郎)'이라는 여자를 오사카백제에게 바쳤는데, 그 여자가 바람을 피워서 오사카백제인 웅략이 불태워 죽였고, 이 얘기를 들은 개로왕이 앞으로는 여자를 바치지 않겠다고 했다는 것이다.

'여자를 바쳤다'라든지 하는 표현은 오사카백제 입장에서 쓴 표현일 뿐이고, 사실상의 내용은 규슈백제와 오사카백제가 결혼동맹을 맺었던 것이 깨졌다는 것을 기록한 것이다. 고대 국가들이 우호적 외교 동맹을 유지하기 위한 방법으로 흔히 했던 외교술 중 하나가 결혼이라는 것은 익히 잘 알려져 있는 사실이다. 이와 마찬가지로 규슈백제와 오사카백제가 우호적 연대를 유지하기 위해 결혼 동맹을 맺었지만, 결혼으로 보내진 "지진원(池津媛)=적계여랑"을 오사카백제 세력이 바람을 피웠다는 빌미를 잡아 불태워 죽였다는 것은 규슈백제와의 외교 관계를 깼다는 의미로 해석할 수 있다.

위의 기록에 의하면 지진원이 화형당한 것은 458년이다. 458년은 개로왕이 본토백제왕으로 즉위한 지 3년이 지난 시점이다. 그러므로 결혼 동맹은 개로왕이 규슈백제왕으로 재위할 때 이뤄진 것일 것이다. 그래서 개로왕이 429년에 즉위했다고 쓴 것으로 보인다. 즉, 그 결혼 동맹을 추진해서 성사시켰던 책임자가 개로왕이고, 그 개로왕이 규슈백제왕이었던 시절에 있었던 일이라는 것을 밝혀 놓기 위해서 썼다는 것이다. 이 소식을 개로왕은 461년에 들었고, "다시는 여자를 바치지 않겠다."고 한 것은 외교적 방법인 결혼 동맹을 다시는 추진하지 않겠다는 말을 한 것이다. 사실상, 단교를 선언한 것이나 마찬가지다.

그 와중에 관계 회복을 위한 마지막 출구로 곤지를 파견한 것으로 보인다. 그렇지만 이미 관계가 악화되고 단절된 상태에 파견되는 것이어서, 위험한 적지에 들어가면 어떤 곤경에 처하게 될지 알 수 없는 상황이었다. 한편, 곤지 정치 세력은 개로왕에게 대항할 만한 정치 세력이었을 것이다. 이에 곤지 정치 세력을 오사카백제로 보내는 것은 본토 중앙정치 무대에서 영원히 내처지게 되는 것일 수도 있었기 때문에, 향후 중앙정치 무대로의 복귀를 위한 빌미로 곤지는 개로왕의 만삭의 부인을 담보 삼아 함께 가기를 요청했을 것으로 보인다. 이에 따라 개로왕이 만삭의 부인을 함께 가도록 했다는 것은 곤지를 오사카백제로 보내 관계가 단절된 것을 해결해 보라는 목적도 있었겠지만, 정치적 부담이 될 수도 있는 곤지와 그 지지 세력들을 일단 중앙정치에서 배제시킬 목적이 더 컸기 때문에 곤지의 요청을 받아들인 것으로 보인다.

【(웅략 5년) 461년 6월 1일 6월 병술삭(1일)에 임신한 부인이 가수리군(加須利君)의 말처럼 축자(筑紫: 츠쿠시)의 각라도(各羅島: 카카라노시마)에서 아이를 낳았다. 그래서 아이 이름을 도군(島君)이라 하였다. 이에 군군이 곧 배에 태워 도군을 본국으로 돌려보냈다. 이가 무령왕(武寧

王)이다. 백제 사람들은 이 섬을 주도(主島)라 불렀다.]³⁴⁴⁾

【(웅략 5년) 461년 7월 가을 7월에 군군이 왕경에 들어왔다. 이윽고 다섯 아들을 두었다[백제신찬(百濟新撰)에 "신축년에 개로왕(蓋鹵王)이 아우 곤지군(昆支君)을 대왜(大倭)로 보내어 천황[天王]을 모시게 하였다. 형왕(兄王)의 우호를 닦게 하기 위함이다."라고 하였다.].】³⁴⁵⁾

→ 열도로 들어간 곤지는 규슈백제를 거쳐서 오사카백제로 들어갔을 것이다. 곤지는 오사카백제에 투항하여 그곳에 안착하여 오랫동안 살았던 것으로 보인다. 5명의 아들을 두었다는 것이 그런 흔적을 말해 주는 것이다. 이 5명의 아들들인 곤지의 후손들이 곤지를 신으로 모시는 곤지 신사가 오사카에 있다. 그 5명의 아들 중 둘째 아들이 479년에 즉위한 동성왕이다. 따라서, 동성왕도 본토백제왕으로 즉위하기 전에 오사카 혹은 규슈에서 유년 청년 시절을 보냈을 것으로 추정된다. 이것은 무령왕도 마찬가지다. 『일본서기』에는 무령왕이 각라도(各羅島)에서 태어난 뒤에 본국 백제로 보내졌다고 하지만 유년과 청년 시절을 규슈에서 보냈을 확률이 더 높다고 본다.

그런데 『삼국사기』「백제본기」에 의하면 곤지는 그 후에 언제인

---

344) 『일본서기』「웅략 5년」六月丙戌朔, 孕婦果如加須利君言, 於筑紫 各羅島産兒. 仍名此兒曰嶋君. 於是, 軍君卽以一船, 送嶋君於國. 是爲武寧王. 百濟人呼此島曰主島也. (출처 번역: 동북아역사넷)

345) 『일본서기』「웅략 5년」秋七月, 軍君入京. 旣而有五子[百濟新撰云, 辛丑年, 蓋鹵王遣弟 昆支君, 向大倭, 侍天王. 以脩兄王之好也.]. (출처 번역: 동북아역사넷)

지 알 수 없지만 본국으로 귀환한 뒤에 문주왕 3년(477)에 내신좌평으로 임명되었다가 그해에 사망한다. 곤지가 본토백제의 통할을 받는 규슈백제와 오사카백제 사이의 가교 역할을 얼마나 잘했는지에 대한 기록이 더 이상 나타나지 않는 것으로 보아 단교의 상태로까지 간 상태가 다시 정상적으로 복구되지 않은 채, 오사카백제는 본토백제 규슈백제와의 교류가 단절되어 오사카 지역에 고립된 상태가 된 것으로 보인다.

오사카 지역에 고립된 오사카백제는 서쪽의 기비 오카야마지역의 정치세력들과의 세력 갈등 상황에 함몰된다. 다음은 그에 관한 기사 내용을 정리한 것들이다.

② 고립된 오사카백제가 기비(吉備) 오카야마 정치 세력과 갈등을 빚는 내용

【(웅략 7년) 463년 8월 8월에 관자(官者) 길비궁삭부허공(吉備弓削部虛空: 키비노유게베노오호조라)이 휴가를 얻어 집으로 돌아갔다. 길비하도신전진옥(吉備下道臣前津屋: 키비노시모츠미치노오미사키츠야)[어떤 책에서 말하기를, 국조(國造) 길비신산(吉備臣山: 키비노오미야마)이라고 하였다]이 허공(虛空: 오호조라)을 머무르게 하여, 한 달이 지나도 상경하는 것을 허락하지 않았다. 천황은 신모군대부(身毛君大夫: 무케노키미마스라위)를 보내어 불렀다. 허공이 부름을 받고 와서 "전진옥이 어린 여자를 천황의 사람으로 삼고, 큰 여자를 자기 사람으로 삼아서 다투어

서로 싸우게 하였습니다. 그러나 어린 여자가 이기는 것을 보자 곧 칼을 뽑아서 죽였습니다. 또 작은 수탉을 천황의 닭이라고 부르면서 털을 뽑고 날개를 자르고, 큰 수탉을 자기 닭으로 삼아서 방울과 쇠로 된 며느리발톱을 붙여서 다투어 싸우게 하였습니다. 그런데 털이 뽑힌 닭이 이기는 것을 보고 또 칼을 뽑아서 죽였습니다."라고 말하였다. 천황이 이 이야기를 듣고, 물부(物部) 병사 30인을 보내어 전진옥과 아울러 일족 70인을 베어 죽였다.]346)

→ 위의 기사에서 등장하는 중요 인물의 성씨는 길비(吉備) 즉, 기비씨다. 오사카백제에 의해 오카야마 기비 지역으로 파견된 "길비궁삭부허공(吉備弓削部虛空: 키비노유게베노오호조라 이하 허공)"이 오사카로 귀경하지 않자 벌어진 사건이다. 기사 내용에 따르면 "길비하도신전진옥(吉備下道臣前津屋: 키비노시모츠미치노오미사키츠야-이하 전진옥)"이 허공을 가둬 놓고 보내 주지 않으면서 천황(오사카백제왕)을 희롱하고 조롱하는 여러 가지 놀이를 했다는 것이다. 이를 보고받은 웅략이 기비오카야마 지역으로 "병사 30인을 보내어 전진옥과 아울러 일족 70인을 베어 죽였다."는 것이다.

이렇게 시작된 기비 지역 정치 세력들과의 갈등은 여기서 끝나

---

346) 『일본서기』「웅략 7년」八月, 官者吉備弓削部虛空, 取急歸家. 吉備下道臣前津屋[或本云, 國造吉備臣山.], 留使虛空. 經月不肯聽上京都. 天皇遣身毛君大夫召焉. 虛空被召來言, 前津屋, 以小女爲天皇人, 以大女爲己人, 競令相鬪. 見幼女勝, 卽拔刀而殺. 復以小雄鷄, 呼爲天皇鷄, 拔毛剪翼, 以大雄鷄, 呼爲己鷄, 著鈴金距, 競令鬪之. 見禿鷄勝, 亦拔刀而殺. 天皇聞是語, 遣物部兵士卅人, 誅殺前津屋幷族七十人. (출처 번역: 동북아역사넷)

지 않는다. 이어지는 기비오카야마 정치 세력과의 갈등 내용은 더 나온다. 그에 관한 기사 내용이 길기 때문에 전부 인용하지 않고 정리 요약하여 소개하고자 한다.

463년 같은 해에 또 다른 사건도 있었다. 웅략은 길비상도신전협(吉備上道臣田狹: 키비노카미츠미치노오미타사-이하 전협)의 부인인 치원(稚媛: 와카히메)를 후궁으로 삼고자 했다. 전협이 평소에 자신의 부인이 너무 아름답다고 자랑하고 다니는 것을 웅략이 듣고 그런 마음을 먹었다고 한다. 그래서 웅략은 전협(田狹)을 사신으로 만들어 집을 떠나게 한다. 그렇게 준 벼슬이 미마나미코토모치(任那國司)이다. 국사(國司)는 미코토모치 라고 읽는데, 천황의 명령을 전하는 사신이라는 뜻이다.

즉, 미마나미코토모치(任那國司)가 간 곳은 기비 오카야마 지역이라는 것이다. 5세기 중엽인 이때 463년에 「웅략기」에서 말하는 미마나(任那)는 기비 오카야마 지역에 있었던 미마나를 말한다. 등장하는 인물들의 이름에 길비(吉備)가 붙는 것은 그 사람들이 그 지역 출신들이기 때문이다. 따라서 이 이야기에 나오는 미마나(任那)는 기비 지역에 있었다고 볼 수 있다.

한편, 고향인 기비 지역으로 미마나미코토모치(任那國司)가 되어 파견된 전협(田狹)은 그곳에서 자신의 부인 치원(稚媛: 와카히메)이 천황의 후궁이 되었다는 소식을 듣는다. 이에 전협(田狹)은 다시 귀경하지 않고 신라로 투항한다. 신라로 일종의 정치적 망명을 한 것이다. 이때 신라는 오사카백제와 외교 관계가 없는 상태였다고 기록되어 있다. 이것으로 이때의 신라는 기비 오카야마에 있는 신라라는 것을 알 수 있다. 이 소식을 들은 웅략은 신라를 공격하여 전협을 데리고 올 것을 명령한다. 그런데 이 명령을 전협의 아들 제군(弟君: 오토키미)에게 내린다. 전협의 아들 제군(弟君)은 웅략의 명령을 따르기는 하지만 차마 아버지가 있는 신라를 공격하지는 못한다. 결국 제군(弟君)은 천황의 명령에 따라 신라를 공격해야 한다고 믿는 그의 부인 장원(樟媛: 쿠스히메)에 의해 살해당한다. 제군(弟君)이 없어졌다는 것을 안 웅략은 제군을 따랐던 세력들을 거둬서 각 지역에 옮겨서 살게 했다는 내용으로 끝난다. 이러한 내용이 웅략 7년(463년)(是歲)조의 내용이다. 이 내용들은 오사카 백제가 기비 오카야마 정치 세력들과 패권 갈등 상황에 있었다는 것을 알 수 있게 해 주는 내용이다. 또, 그 내용을 통해서 기비 오카야마 지역에 신라와 미마나가 있었다는 것도 알려주는 내용이기도 하다.

【(웅략 8년) 464년 2월 천황이 즉위하고 이 해에 이르기까지 신라국(新羅國)이 속이고 배반하며 포저(苞苴)를 바치지 않은 지가 지금에 이르러 8년째였다. 그러나 중국(中國)의 의도를 매우 두려워해서 고구려와 화의를 닦았다. 이로 인해 고구려 왕이 정예병사 1백 인을 보내어 신라를 지키게 하였다. 얼마 되지 않아 고구려 군사 한 사람이 잠시 나라로 돌아갔는데, 이때 신라인을 전마(典馬)로 삼았다[典馬는 우마카히(于麻柯比)라고 읽는다.]. 그가 돌아보며 "너희 나라는 우리나라에

의해 망할 날이 멀지 않았다.[어떤 책에서는 "너희 나라가 마침내 우리의 땅이 될 날이 멀지 않았다."라고 하였다.]"라고 말하였다. 전마는 이를 듣고 거짓으로 배가 아프다고 하고 물러나서 뒤에 있었다. 그리고 자기 나라로 달아나 들은 바를 말하였다. 이에 신라왕이 고구려가 거짓으로 지켜 주는 줄 알고, 사신을 보내 급히 나라 사람들에게 "사람들은 집안에서 기르는 수탉을 죽여라."라고 명하였다. 나라 사람들이 곧 그 뜻을 알고 나라 안에 있는 고구려인을 모두 죽였는데, 다만 고구려인 한 사람이 틈을 타서 벗어나 도망쳐 자기 나라로 들어갔다. 모든 것을 자세히 이야기하니, 고구려왕은 곧 군사를 일으켜 축족류성(筑足流城)에 모여서[어떤 책에서는 도구사기성(都久斯岐城)이라고 하였다.] 드디어 노래와 춤으로 즐거움을 돋우었다. 이에 신라왕이 밤에 고구려군이 사방에서 춤추고 노래한다는 것을 듣고 적이 모두 신라 땅으로 들어온 것으로 알고, 이에 임나왕(任那王)에게 사신을 보내어 "고구려왕이 우리나라를 정벌하려 합니다. 이렇게 되니 흔들리는 깃발과 같이 불안합니다. 나라의 위태로움이 달걀을 쌓은 것보다 더하고 목숨의 길고 짧음을 심히 헤아릴 수 없는 바입니다. 엎드려 일본부(日本府)의 행군원수(行軍元帥) 등의 구원을 청합니다."라고 말하였다. 이로 인해 임나왕이 선신반구(膳臣斑鳩: 카시하데노오미이카루가)[斑鳩는 이카루가(伊柯屨俄)라고 읽는다.], 길비신소리(吉備臣小梨: 키비노오미위나시), 난파길사적목자(難波吉士赤目子: 나니하노키시아카메코)에게 신라를 구원하도록 권하였다. 선신(膳臣: 카시하데노오미) 등은 군영을 설치하고 머무르는 데에는 이르지 않았으나, 고구려의 여러 장수들은 선신

등과 싸우기도 전에 모두 두려워하였다. 선신 등은 직접 힘써 군대를 위로하고 나서 군사들에게 빨리 공격할 준비를 시켜 급히 진격하였다. 그리고 고구려와 대치한 지 10여 일이 지나자, 밤에 험한 곳을 파서 땅굴을 만들어 군대의 무기와 식량을 모두 운반하고 매복병을 배치하였다. 새벽에 고구려는 선신 등이 달아났다고 생각하여 병력을 모두 이끌고 추격해 왔다. 그러자 매복병을 풀고, 보병과 기병이 협공하여 크게 깨뜨렸다. 두 나라의 원한은 이로부터 생겼다[두 나라는 고구려와 신라를 말한다.]. 선신 등이 신라에게 "너희는 지극히 약한데도 지극히 강한 나라와 대적하였다. 관군(官軍)이 구하지 않았으면 반드시 큰 피해를 입었을 것이다. 이번 싸움에서 하마터면 나라를 빼앗길 뻔하였다. 지금부터는 어찌 천조(天朝)를 배반하겠는가!"라고 말하였다.】[347]

---

347) 『일본서기』「웅략 8년」自天皇卽位, 至于是歲, 新羅國背誕, 苞苴不入, 於今八年. 而大懼中國之心, 脩好於高麗. 由是, 高麗王, 遣精兵一百人守新羅. 有頃, 高麗軍士一人, 取假歸國. 時以新羅人爲典馬[典馬, 此云于麻柯比.]. 而顧謂之曰, 汝國爲吾國所破非久矣[一本云, 汝國果成吾土非久矣.]. 其典馬聞之, 陽患其腹, 退而在後. 遂逃入國, 說其所語. 於是, 新羅王乃知高麗僞守, 遣使馳告國人曰, 人殺家內所養鷄之雄者. 國人知意, 盡殺國內所有高麗人. 惟有遺高麗一人, 乘間得脫, 逃入其國, 皆具爲說之. 高麗王卽發軍兵, 屯聚筑足流城[或本云, 都久斯岐城.]. 遂歌儛興樂. 於是, 新羅王, 夜聞高麗軍四面歌儛, 知賊盡入新羅地. 乃使人於任那王曰, 高麗王征伐我國. 當此之時, 若綴旒然. 國之危殆, 過於累卵. 命之脩短, 太所不計. 伏請救於日本府行軍元帥等. 由是, 任那王勸膳臣斑鳩[斑鳩, 此云伊柯屢俄.] 吉備臣小梨 難波吉士赤目子, 往救新羅. 膳臣等, 未至營止. 高麗諸將, 未與膳臣等相戰皆怖. 膳臣等乃自力勞軍. 令軍中, 促爲攻具, 急進攻之. 與高麗相守十餘日. 乃夜鑿險, 爲地道, 悉過輜重, 設奇兵. 會明, 高麗謂膳臣等爲遁也. 悉軍來追. 乃縱奇兵, 步騎夾攻, 大破之. 二國之怨, 自此而生[言二國者, 高麗新羅也.]. 膳臣等謂新羅曰, 汝以至弱, 當至强. 官軍不救, 必爲所乘. 將成人地, 殆於此役. 自今以後, 豈背天朝也. (출처 번역: 동북아역사넷)

→ 이 기사의 사건도 기비 오카야마 지역에서 발생한 사건으로 보인다. 기사의 내용은 신라가 오사카백제에게 조공을 바치지 않은 지가 8년째가 되어 가니 스스로 불안하여 고구려에게 안보를 요청했다는 것이다. 이에 고구려가 병사 100명을 신라에 주둔시켰는데, 주둔한 고구려 군사가 오히려 신라를 공격할 것이라는 소문이 떠돌자 신라왕이 미마나왕에게 도움을 요청한다. 미마나는 전술했듯이 '천황의 땅으로 천황에게 조공을 바치는 땅'이라는 뜻이다. 이런 미마나를 관리하는 관리자를 미마나왕이라고 다른 나라들은 부른 것이다. 기사 내용중에 미마나왕에게 "일본부(日本府)의 행군원수(行軍元帥) 등의 구원을 청합니다."라고 한 것으로 보아 알 수 있다. 이에 미마나왕은 직접 군사들을 풀어 고구려를 내쫓고 신라를 구원했다는 내용이다. 그러면서 기사는 고구려로부터 구원해 주었으니 "천조(天朝)를 배반"하지 말라고 하면서 끝난다. 미마나의 왕이 고구려로부터 신라를 구원해 주었는데, 오사카백제(천황)를 배신하지 말라고 한 것은 '미마나'가 바로 '천황의 땅'이라는 것을 보여 주는 것이다.

이 사건은 길비(吉備)씨 군사들이 바로 동원된 것으로 보아 기비 오카야마 지역에서 발생한 사건으로 보인다. 이로써 기비 오카야마 지역에 신라소국도 있었고, 신라소국 인근에 고구려 소국도 있었다는 것을 알 수 있다.

③ 규슈에서 있었던 사건에 마치 오사카백제가 영향력을 미쳐 해결한 것처럼 서술

【(웅략 20년) 476년 20년 겨울에 고구려 왕이 크게 군사를 일으켜 백제를 쳐서 없앴다. 그런데 몇몇 남은 무리들이 창고 아래에 모여 있었다. 무기와 양식이 이미 다 떨어지고 근심하여 우는 소리가 매우 심하였다. 이때 고구려의 여러 장수들이 왕에게 "백제의 마음가짐이 범상치 않습니다. 신들이 볼 때마다 자신도 모르는 사이에 제정신을 잃습니다. 다시 덩굴이 뻗어 자라듯 되살아날까 두렵습니다. 뒤쫓아 가서 제거하기를 청합니다."라고 말하였다. 이에 왕이 "그럴 수 없다. 과인이 듣기에 백제국은 일본국의 관가(官家)가 된 것이 그 유래가 오래되었다. 또한 그 왕이 들어가서 천황을 섬긴 것은 사방에서 모두 아는 바이다."라고 말하니, 그만두었다[『백제기(百濟記)』에서는 개로왕(蓋鹵王) 을묘년 겨울, 고구려[狛]의 대군이 와서 대성(大城)을 7일 낮 7일 밤을 공격하였다. 그리하여 왕성이 함락되고 마침내 위례(尉禮)를 잃었다. 국왕과 대후(大后), 왕자 등이 모두 적의 손에 죽었다고 적고 있다.].】[348]

---

348) 『일본서기』「웅략 20년」卄年 冬, 高麗王大發軍兵, 伐盡百濟. 爰有小許遺衆, 聚居倉下. 兵粮旣盡, 憂泣玆深. 於是, 高麗諸將, 言於王曰, 百濟心許非常. 臣每見之, 不覺自失. 恐更蔓生. 請逐除之. 王曰, 不可矣. 寡人聞, 百濟國者爲日本國之官家, 所由來遠久矣. 又其王入仕天皇. 四隣之所共識也. 遂止之[百濟記云, 蓋鹵王乙卯年冬, 狛大軍來, 攻大城七日七夜. 王城降陷, 遂失尉禮. 國王及大后, 王子等, 皆沒敵手.]. (출처 번역: 동북아역사넷)

→ 475년에 고구려는 한성백제를 멸망시키고 개로왕을 아차산에서 참수한다. 한성백제시대는 이때 멸망한 것이다. 위의 기사는 본토의 패권 전쟁에서 고구려가 승리했다는 소식을 476년에 전해 들은 규슈에 있던 일부 고구려 세력들이 규슈백제를 공격한 내용으로 보인다. 규슈백제가 오사카백제와 연계되어있기 때문에 규슈에 있던 일부 고구려 세력들이 오사카백제의 개입을 두려워하여 규슈백제에 대한 공격을 더 강하게 진행하지 않은 것으로 보인다. 그런데 5세기 말인 이 시기에 본토 고구려와 연계된 고구려 세력이 강하게 남아 있었다고 보기는 힘들다. 본토의 세력 변화에 관련된 영향력이 규슈까지 일부 번졌던 일종의 작은 해프닝을 오사카백제 세력이 규슈까지 영향력을 강하게 미치고 있었다고 말하기 위해 집어넣은 기사인 듯하다.

【(웅략 23년) 479년 4월 23년 여름 4월에 백제 문근왕(文斤王)이 죽었다[薨]. 천왕(天王)은 곤지왕(昆支王)의 다섯 아들 중 둘째인 말다왕(末多王)이 어린데도 총명하므로 내리(內裏)로 불러 친히 머리와 얼굴을 어루만지며 은근하게 훈계하고, 그 나라의 왕으로 삼았다. 이에 병기를 주고 축자국(筑紫國: 츠쿠시노쿠니)의 군사 5백 인을 함께 보내어 나라까지 호송하게 하였다. 이가 동성왕(東城王)이 되었다.】[349]

---

349) 『일본서기』「웅략 20년」卄三年 夏四月, 百濟文斤王薨. 天王, 以昆支王五子中, 第二末多王, 幼年聰明, 勅喚內裏, 親撫頭面, 誠勅慇懃, 使王其國. 仍賜兵器, 幷遣筑紫國軍士五百人, 衛送於國. 是爲東城王. (출처 번역: 동북아역사넷)

→『삼국사기』「백제본기」에 의하면 문주왕이 사망한 해는 477년이다. 문주왕 사망 후 맏아들인 삼근왕이 즉위하지만 그는 겨우 13세였다. 이에 반란이 일어나고 진압을 하는 등의 사건들이 벌어졌지만, 삼근왕은 479년에 사망한다. 그리고 뒤이어 즉위한 왕이 동성왕이다. 동성왕은 「백제본기」에도 곤지의 아들이라고 나온다. 이를 보아 『일본서기』 웅략기에 "곤지왕(昆支王) 의 다섯 아들 중 둘째인 말다왕(末多王)"이 동성왕이라고 한 기록이 틀렸다고 보기 힘들다. 이때 동성왕이 규슈에 체류 또는 규슈백제왕으로 있다가 본토백제왕으로 즉위했을 가능성이 높다. 이에 오사카백제가 대단한 영향력을 미친 것처럼 서술해 놓은 기사다.

「계체(繼體: 게이타이)」 6세기 오사카백제의 규슈 상륙과 신라 세력

26대 천황이라는 계체의 재위 기간은 507년~531년이다. 「백제에 의한 왜국 통치 300년사」를 쓴 윤영식은 그의 이 책에서 계체를 신무, 숭신, 응신, 웅략과 같은 인물로 보기도 했다.[350] 일본 천황의 정체가 과연 실존했던 사람들에 대한 기록인지는 그만큼 불분명하고 오리무중이다.

---

350) 윤영식, 「백제에 의한 왜국 통치 300년사」, 도서출판청암, 1987, p.406

본고는 윤영식의 견해에 전적으로 동의하지는 않으나 천황들이 어느 정도는 동일 인물일 가능성은 높다고 본다. 즉, 『일본서기』는 『일본서기』가 편찬되는 시기인 8세기를 기준으로 역산하여 4세기 말 또는 5세기 초부터 300년 정도 되는 기간에 있었던 일들을 천년 이상 올려서 기록한 것이기 때문에, 동일 인물들의 이야기가 겹치거나 분산돼서 마치 다른 인물들인 것처럼 기록되었을 가능성이 크다는 것이다. 본고는 그 인물들이 열도에서 활약했기 때문에 관련해서 벌어진 사건들이 열도에서 일어난 것이고, 따라서 관련된 나라들과 지명들 역시 열도에 있었다고 본다.

계체의 재위 기간(507년~531년)은 본토 백제의 무령왕(501~523)의 재위 기간과 겹치는 시기다. 앞에서 본고는 1대 신무천황이 규슈에서 오사카로 동정을 했던 것은 5세기 말 즈음에 일어났던 사건이라고 했다. 또한, 신무천황이 무령왕이며, 동시에 왜왕 武일 가능성도 높다고 보았다. 무령왕의 즉위 당시 나이가 40세라는 늦은 나이이기 때문에 20세부터 즉위 전 40세까지는 열도에서 정복 활동을 했을 가능성이 있다고 보았다. 또한, 5세기 말 같은 시기에 같은 지역에서 정복 전쟁을 한 사람들이 여러 명이 있을 수는 없다고 보기 때문에, 신무와 왜왕 무도 무령왕일 가능성이 높다고 전술했다. 무령왕은 열도에서 활약하며 통합적인 정복 활동을 벌인 뒤에, 40세가 되던 해인 501년에 본토 백제 왕으로 즉위한 것으로 본다. 그 열도에서의 활약상이 1대 신무천황과 (한)왜왕 무로 흔적을 남긴 것으로 여겨진다.

한편, 무령왕이 본토백제왕으로 즉위한 후에 오사카백제에는 계체가 즉위했고, 계체는 무령왕이 열도에 있을 때부터 각별한 관계를 맺고 있었을 가능성이 높다. 왜냐하면 무령왕이 523년에 사망했을 때, 그 관이 오사카 지역에서만 나는 금송으로 제작되었기 때문이다. 『일본서기』의 계체가 그 연대의 실존 인물이라면 무령왕에게 오사카 금송으로 관을 제작하여 보낸 사람이 계체가 되는 셈이다. 그러므로 무령왕이 본토백제왕이 되면서 규슈백제의 관리 권한을 계체에게 허락한 것으로 본고는 추정한다.

무령왕이 규슈부터 오사카까지 동정하며 한때 위력을 펼치며 통일적 기세를 갖춘 적이 있었지만, 그 토대가 오래가지는 못했을 것이라고 본다. 열도의 각 세력들이 어떤 세력의 통일적 집권 아래로 지속적이고 안정적인 관리 아래로 들어갔다고 보기 힘들기 때문이다. 그런 통일적 중앙정부는 메이지 유신이 일어난 근대 일본이 탄생한 후에나 가능한 일이다.

더구나 무령왕의 집권은 동성왕의 암살 이후에 이뤄진 것이다. 만약 동성왕을 암살한 세력이 무령왕과 관계된 세력[351]이라면 규슈백제의 상황도 통일적이거나 본토백제의 완전한 통할 아래 있었

---

351) 백제본기에 의하면 동성왕을 죽인 좌평 백가가 무령왕 즉위 후에도 반란을 일으켰다. 백가는 무령왕에게 항복을 했지만, 무령왕은 백가의 목을 베어 백강에 던졌다고 한다. 이것을 보면 백가가 동성왕을 암살한 것에 무령왕이 개입된 것 같아 보이지는 않는다. 그러나 이미 40세나 된 무령왕의 즉위가 동성왕의 암살이 아니라면 이뤄질 수 없었을 것이라는 측면에서 보면 무령왕과 무령왕 지지 세력의 개입이 없었을 것이라고 보는 것이 오히려 단선적 견해라고 보여진다. 따라서 백제본기의 내용이 오히려 무령왕이 백가를 희생양으로 만들면서 즉위의 정통성을 더욱 확보한 사건으로 볼 수도 있는 것이다.

다고 보기 힘든 상황이었을 것이다. 즉, 규슈백제에는 동성왕 지지 세력과 무령왕 지지 세력 등이 혼전을 벌이고 있었을 것으로 보인다.

본토백제왕으로 즉위한 무령왕은 고구려에게 빼앗겼던 지역을 수복하는 것에 온 힘을 기울였다. 무령왕의 이러한 노력은 무령왕 23년(523)에는 "한수 이북의 백성들을 동원하여 쌍현성(雙峴城)을 쌓도록 했다"는 기사에서 알 수 있듯이 일시적으로 한성을 수복하기도 한 것으로 보인다.

무령왕은 양고조(梁高祖) 보통 2년(521) 양나라에 보내는 표문에서 "수차례 [고구려를 격파하고 이제야 비로소 [양]과 통호를 하게 되었습니다. 그래서 백제는 다시 강한 나라가 되었습니다.(稱累破句驪, 今始與通好. 而百濟更爲强國.)[352]"라고 썼다. 이것은 5세기에 강성기를 누렸던 고구려의 쇠퇴를 알리는 것이고, 백제의 중흥기를 다시 열었다는 무령왕의 자신감이 표출된 것이다. 이렇게 무령왕이 고구려를 밀어붙여 북진으로 계속 경주하는 동안 규슈의 여러 세력들을 제압하고 혼란스러움을 안정화시키는 것은 오사카백제인 계체에게 맡겨진 것으로 보인다. 다시 말해, 6세기 계체 때에는 본격적으로 오사카백제가 본토백제의 허락하에 규슈에 상륙하여 관리를 시도했다는 것이다. 그런데 이런 노력과 시도는 본토신라가 본격적으로 규슈신라에 개입함으로써 규슈의 세력 패권 판도

---

352) 『梁書』 권 54, 「열전 48」 「제이(諸夷)」 「백제전」

는 혼전 양상으로 진행된 것으로 보인다.

이와 같은 전제를 바탕으로 「계체기」의 중요한 기록들을 연대별로 살펴보겠다.

【(계체 2년) 508년 12월, 남해(南海)의 탐라인이 처음으로 (규슈)백제국과 통교하였다.】[353]

→ 탐라국이 본토백제에 토산물을 바쳤다는 기록은 「백제본기」 문주왕 2년(476)에 나온다.[354] 따라서 계체 2년의 이 기록은 본토백제에 대한 기록이 아니다. 이 기록은 규슈백제에 대한 기록이다.

【(계체 6년) 512년 겨울 12월, 백제가 사신을 보내어 조(調)를 바치고 따로 표를 올려 임나국(任那國)의 상다리(上哆唎), 하다리(下哆唎), 사타(裟陀), 모루(牟婁) 4현을 청하였다. 다리국수인 수적신압산이 아뢰기를, "이 4현은 백제에 근접해 있고, 일본과는 멀리 떨어져 있습니다. (백제와 4현은) 아침저녁으로 교통하기 용이하고 닭과 개의 소리도 어느 쪽의 것인지 구별하기 어렵습니다. 이제 백제에 주어 같은 나라로 합치게 한다면, 굳게 지키는 대책이 이보다 나은 것이 없습니다. … "무릇 주길대신(住吉大神: 스미노에노오호카미)이 처음으로 바다 저쪽의

---

353) 『일본서기』 「계체 2년」 十二月, 南海中耽羅人, 初通百濟國.
354) 『삼국사기』 「백제본기」 문주왕 2년(476) 여름 4월에 탐라국(耽羅國)에서 토산물을 바치니 왕이 기뻐하여 사신을 은솔(恩率)로 삼았다.(夏四月, 耽羅國獻方物, 王喜拜使者爲恩率.)

금은이 가득한 나라 고구려, 백제, 신라, 임나 등을 태중(胎中)에 있던 예전천황(譽田天皇)에게 주셨습니다. 그러므로 대후(大后) 식장족희존(息長足姬尊: 오키나가타라시히메노미코토)과 대신(大臣) 무내숙녜(武內宿禰: 타케우치노스쿠네)가 나라마다 처음으로 관가(官家: 미야케)를 설치하고 바다 저쪽의 번병으로 삼았으니, 그 유래가 오래되었습니다. 그런데 그것을 분할하여 다른 나라에 주면 원래의 영토와 다르게 됩니다. 후세까지 비난이 끊이지 않을 것입니다."라고 하였다. … 처는 간청하여 "병을 핑계 삼아 칙을 알리는 일을 그만두십시오."라고 하였다. 대련은 그 청에 따라서 사자를 바꾸어 칙을 알렸다. 하사품과 칙명의 뜻을 전하고, 상표에 따라 임나 4현을 주었다.】[355]

→ 규슈백제가 규슈의 미마나가 바치는 조(租)를 거둬서 가지겠다고 요청한 것이다. 오사카백제의 영향력이 규슈백제까지 미치지 못하고 있는 상황이었다는 것을 알 수 있다. 또한 본토백제왕이 무령왕이었기 때문에 이 시기까지 규슈백제를 통할하는 권한이 본토백제에게 있었을 가능성이 높다고 볼 수 있다. 오사카백제

---

355) 『일본서기』「계체 6년」 冬十二月, 百濟遣使貢調. 別表請任那國上哆唎 下哆唎 娑陀 牟婁, 四縣. 哆唎國守穗積臣押山奏曰, 此四縣, 近連百濟, 遠隔日本. 旦暮易通, 鷄犬難別. 今賜百濟, 合爲同國, 固存之策, 無以過此. 然縱賜合國, 後世猶危. 況爲異場, 幾年能守. 大伴大連金村, 具得是言, 同謀而奏. 迺以物部大連麁鹿火, 宛宣勅使. 物部大連, 方欲發向難波館, 宣勅於百濟客. 其妻固要曰, 夫住吉大神, 初以海表金銀之國, 高麗百濟新羅任那等, 授記胎中譽田天皇. 故大后息長足姬尊, 與大臣武內宿禰, 每國初置官家, 爲海表之蕃屛, 其來尙矣. 抑有由焉. 縱削賜他, 違本區域. 綿世之刺, 詎離於口. 大連報曰, 敎示合理, 恐背天勅. 其妻切諫云, 稱疾莫宣. 大連依諫. 由是, 改使而宣勅. 付賜物幷制旨, 依表賜任那四縣. (출처 번역: 동북아역사넷)

가 규슈백제의 권한을 넘겨받게 되는 것은 계체 21년에 벌어진 이와이의 난(磐井の乱)을 진압한 이후인 것으로 보인다.

본고는 계체 6년의 미마나 4현이 규슈에 있었다는 김인배, 김문배의 주장에 동의하며, 그 위치는 이미 전술했던 바와 같이 다음 아래와 같다.

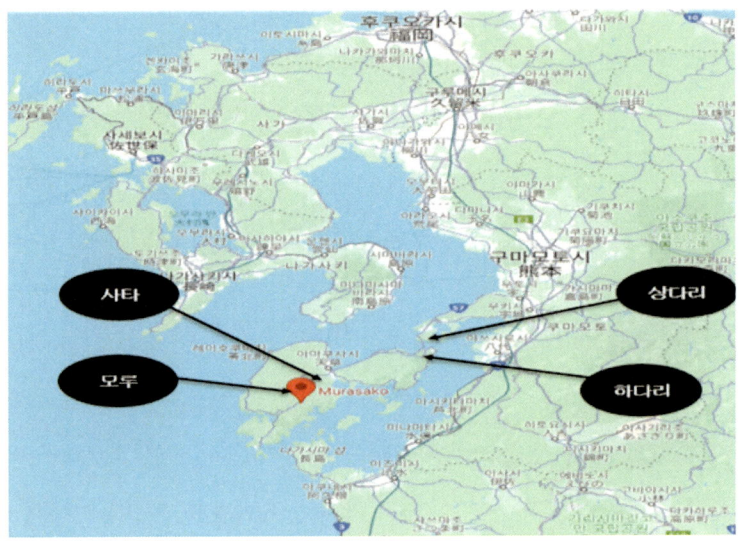

규슈의 미마나 4현 상다리 하다리 사타 모루

【(계체 7년) 513년 6월 … 그리고 따로 "반파국(伴跛國)이 신의 나라의 기문(己汶)이라는 땅을 약탈하였습니다. 엎드려 바라옵건대 바르게 판단하여 원래 속한 곳에 돌려주십시오."라고 아뢰었다.】[356]

---

356) 『일본서기』「계체 7년」 6월 別奏云, 伴跛國略奪臣國己汶之地. 伏願, 天恩判還本屬. (출처 번역: 동북아역사넷)

【(계체 7년) 513년 11월 겨울 11월 신해삭 을묘(5일), 조정에 백제의 저미 문귀 장군, 사라(斯羅)의 문득지(汶得至), 안라(安羅)의 신이해(辛已奚) 및 분파위좌(賁巴委佐), 반파(伴跛)의 기전해(旣殿奚)와 죽문지(竹汶至) 등을 불러 칙명을 알리고, 기문(己汶)과 대사(滯沙)를 백제국에 주었다.】[357]

계체 7년에 제기된 '기문과 대사'를 둘러싼 분쟁이다. 이 분쟁에 오카야마백제의 요청을 받은 오사카백제가 간섭하여 반파(伴跛)와 전쟁을 하게 된다. 전쟁은 계체 9년(515)에 끝나는 것으로 기록되어 있다.

본고는 이 분쟁은 김석형, 조희승이 비정한 것과 같이 기비 오카야마 지역에 있는 소국들 사이에서 발생한 영역 분쟁으로 본다. 오카야마현에는 아사히강(旭川)과 요시이강(吉井川)이 흐르는데 그 두 강 사이를 흐르는 강이 '스나강(砂川)'이다. 스나강(砂川)은 본래 다사(多沙) 또는 대사(滯沙)강이었던 것이 오랜 세월이 흐르면서 多 또는 滯가 생략되고 砂만 남게 되었다고 본다. 이에 따라 '대사'는 현재(1991년) 오카야마현 아카이와군(아카이와시) 세토정(瀨戶町)에서부터 그 남쪽으로 있는 오카야마시 일대를 포함한 지역일 것으로 보았다.

'기문'은 스나강 상류 북쪽 지역에 있었을 것으로 보았다. 이에 따라 요시이강 상류 쪽에 있는 '구몬(久文)'을 '기문과 같은 지명

---

357) 『일본서기』「계체 7년」 11월 冬十一月辛亥朔乙卯, 於朝庭, 引列百濟姐彌文貴將軍, 斯羅 汶得至, 安羅辛已奚及賁巴委佐, 伴跛旣殿奚及竹汶至等, 奉宣恩勅. 以己汶 滯洲 001沙, 賜百濟國. (출처 번역: 동북아역사넷)

으로 비정한다. '기문'은 본래 '고몬'이었는데, '오'가 '우'로 바뀌는 현상에 따라 '구몬'이 되었을 것으로 추정했다. 이 분쟁이 발생한 지역에 대한 지도는 다음와 같다.

오카야마현 요시이강 상류에 己汶의 원래 형태 久文이었을 것으로 보이는 久木

오카야마현 세토정을 포함한 스나강 하류 일대-대사(滯沙)

【(계체 21년) 527년 6월 21년 여름 6월 임신삭 갑오(3일), 근강모야신(近江毛野臣: 오후미노케나노오미)이 무리 6만을 거느리고 임나(미마나)에 가서 신라에 의해 멸망당한 남가라(南加羅)와 탁기탄(喙己呑)을 다시 일으켜 세워 임나(미마나)에 합치고자 하였다. 이때 축자(筑紫: 츠쿠시)의 국조(國造) 반정(磐井: 이하위)이 은밀히 반역을 도모한 지 수년이 지났다. 그는 일이 쉽게 이루어지지 않을 것을 걱정하여, 항상 틈을 보고 있었다. 신라가 이를 알고 몰래 뇌물을 반정에게 보내어 모야신의 군사를 막아 주기를 권유하였다. 이에 반정은 화국(火國: 히노쿠니)과 풍국(豊國: 토요노쿠니)의 두 지역을 점거하고, 직무를 수행하지 않았다. 그리고 밖으로는 해로를 막아 고구려, 백제, 신라, 임나(미마나)국의 연공을 바치는 배를 끌어들이고, 안으로는 임나(미마나)에 파견하는 모야신의 군사를 차단하고 함부로 큰소리치기를, "지금 사신은 전에는 나의 동료로서 몸을 서로 비비고 한 그릇에 밥을 나누어 먹었는데, 어찌 갑자기 사신이 되었다고 나로 하여금 그 앞에 엎드리게 하는가."라고 하고 싸움을 일으켜 따르지 않으며, 교만하고 기세등등하였다. 이에 모야신은 방해를 받아 중도에서 머무르게 되었다. 천황은 대반대련금촌(大伴大連金村: 오호토모노오호무라지카나무라)과 물부대련추록화(物部大連麁鹿火)와 허세대신남인(許勢大臣男人: 코세노오호오미워히토) 등에게 조를 내려, "축자의 반정이 반란을 일으켜 서쪽의 변방을 점거하고 있으니, 누가 가히 장군이 될 수 있겠는가?"라고 하였다. 이에 대반대련 등이 입을 모아 "정직하고 어질고 용감하며 병법에 달통한 바가 지금 추록화(麁鹿火)보다 뛰어난 사람이 없습니다."라고 하였다. 천

황이 "좋다."고 하였다.]358)

→ 527년 계체 21년에 규슈에서 일어난 반정(磐井: 이하위)의 난 사건은 결국 오사카백제 세력에 의해 진압된다. 이 사건으로 오사카세력이 규슈에 상륙하여 규슈백제를 비롯한 규슈 지역 전체에 대한 지배력을 행사할 준비를 마쳤다고 볼 수 있다.

그러나 오사카 세력의 규슈 지배 권한이 난을 진압한 이후 어떤 방해도 받지 않고 일사천리로 안정화되지는 못했다. 그 이유는 본토신라가 본격적으로 규슈의 지배력을 확보하고자 규슈 패권 쟁탈전에 참전했기 때문이다.

『삼국사기』「신라본기」에 의하면 5세기 말까지 신라는 지속적으로 (한)왜의 침략을 받았다. 이때 (한)왜는 주로 신라 지배권력 다툼에서 이탈되어 규슈로 밀려간 신라인 세력이었을 것이라고 본고는 이미 추정했다. 규슈로 망명한 신라 반정권세력의 신라인들이 신라만 꾸준하게 공격한 「신라본기」의 (한)왜라고 추정하는데, 이 세력의 공격이 6세기가 시작되는 시점부터 홀연히 사라진다. 이에 본고는 6세기부터는 본토신라가 규슈신라로 진출하여 신라반정권

---

358) 『일본서기』「계체 21년」 廿一年 夏六月壬辰朔甲午, 近江毛野臣, 率衆六萬, 欲住任那, 爲復興建新羅所破南加羅喙己呑, 而合任那. 於是, 筑紫國造磐井, 陰謀叛逆, 猶預經年. 恐事難成, 恆伺間隙. 新羅知是, 密行貨賂于磐井所, 而勸防遏毛野臣軍. 於是, 磐井掩據火豊二國, 勿使修職. 外邀海路, 誘致高麗百濟新羅任那等國年貢職船, 內遮遣任那毛野臣軍, 亂語揚言曰, 今爲使者, 昔爲吾伴, 摩肩觸肘, 共器同食. 安得率爾爲使, 俾余自伏儞前, 遂戰而不受. 驕而自矜. 是以, 毛野臣, 乃見防遏, 中途淹滯. 天皇詔大伴大連金村 物部大連麁鹿火 許勢大臣男人等曰, 筑紫 磐井反掩, 有西戎之地. 今誰可將者. 大伴大連等僉曰, 正直仁勇通於兵事, 今無出於麁鹿火右. 天皇曰, 可. (출처 번역: 동북아역사넷)

세력들을 본토신라 휘하로 복속시켰기 때문에,「신라본기」의 신라만 공격하는 (한)왜가 사라졌을 것으로 본다.

본토신라의 세력이 확장되는 시점은 6세기 들어서면서부터였다. 신라 지중왕 13년(512)에 신라의 이찬(伊飡) 이사부(異斯夫)는 우산국을 정벌한다. 지증왕 시기 즈음에 오면 신라는 바다 건너로 세력을 확장하기 시작한 것으로 보인다. 이 이사부(異斯夫) 장군이「일본서기」계체 23년에 "이질부례지간기(伊叱夫禮智干岐)"라는 이름으로 다음과 같은 내용으로 등장한다.

【(계체 23년) 529년 여름 4월 임자삭 무자(7일), 임나왕(任那王 미마나왕) 기능말다간기(己能末多干岐)가 내조하였다[기능말다라고 함은 아마 아리사등(阿利斯等)일 것이다.]. … 이제 신라가 원래 주어진 영토를 무시하고 빈번하게 국경을 넘어 내침하고 있다. 청컨대 천황에게 주상하여 신의 나라를 구원해 주시오."라고 알렸다. 대반대련은 청에 따라 주상하였다. 같은 달, 사신을 파견하여 기능말다간기를 전송하고, 아울러 임나(미마나)에 있는 근강모야신(近江毛野臣)에게 "보고된 바를 조사하고, 서로 의심하고 있는 바를 화해시키도록 하라."고 명하였다. 이에 모야신은 웅천(熊川)에 머물면서[어떤 책에서는 임나(미마나)의 구사모라(久斯牟羅)에 머물렀다고 하였다.], 신라와 백제 두 나라의 왕을 소집하였다. 신라왕 좌리지(佐利遲)는 구지포례(久遲布禮)[어떤 책에서는 구례이사지우나사마리(久禮爾師知于奈師磨利) 라고 하였다.]를 보내고 백제는 은솔(恩率) 미등리(彌縢利)를 보내어 모야신이 있

는 곳에 가게 하였으며, 두 왕이 직접 오지 않았다. 모야신은 크게 노하여 두 나라의 사신을 문책하여, "작은 나라가 큰 나라를 섬기는 것은 하늘이 정한 도리다[어떤 책에서는 큰 나무의 끝은 큰 나무로 잇고, 작은 나무의 끝은 작은 나무로 잇는다고 하였다.]. 무슨 까닭으로 두 나라의 왕이 직접 와서 천황의 칙명을 받지 않고 함부로 사자를 보내는가. 지금 만일 너희 왕이 몸소 칙명을 들으러 온다고 해도, 내가 칙명을 전하지 않고 반드시 물리칠 것이다."라고 하였다. 구지포례와 은솔 미등리는 두려운 마음을 품고 각자 돌아가 왕에게 알렸다. 이로 말미암아 신라는 다시 상신(上臣) 이질부례지간기(伊叱夫禮智干岐)[신라는 대신(大臣)을 상신이라고 한다. 어느 책에서는 이질부례지나말(伊叱夫禮知奈末)이라고 하였다.]를 파견하였으며, 무리 3천 명을 이끌고 칙명을 듣기를 청하러 왔다. 모야신은 멀리 무장을 갖춘 무리 수천 명을 보고 웅천으로부터 임나(미마나)의 기질기리성(己叱己利城)으로 들어갔다. 이질부례지는 다다라원(多多羅原)에 머물면서 귀복하지 않고 석 달을 기다리면서 번번이 칙명을 듣기를 청하였으나, 끝내 칙명을 알려 주지 않았다. 그러던 중 이질부례지가 거느린 병사들이 마을에서 구걸을 하며 모야신의 종자 하내직마사수어수(河內直馬飼首御狩: 카후치노우마카히노오비토미카리)가 있는 곳을 지나갔다. 어수는 다른 사람의 집에 숨어서 구걸하는 병사들이 지나가기를 기다렸다가, 주먹을 휘두르며 멀리서 때리는 시늉을 하였다. 걸식하던 자들이 이를 보고 "삼가 석 달이나 기다리며 칙지를 듣기를 고대하였는데, 아직도 알려 주지 않으면서 칙명을 듣고자 하는 사신을 괴롭혔다. 이제 속임수를 써서 상신을 주륙하려고 함을 알겠다."고 하면서, 본 바를 상신에게 자세히 일렀다. 상신은 네 촌[금관(金官), 배벌(背伐), 안다(安多), 위타(委陀)가 그 네 촌이다. 어떤 책에서는 다다라(多多羅), 수나라(須那羅), 화다(和多), 비지(費智)의 네 촌이라고 하였다.]을 초략하여 사람들을 모두 데리고 본국으로 돌아갔다. 어떤 사람은 "다다라 등 네 촌이 공격을 받은 것은 모야신의 잘못이다."라고 하였다.]³⁵⁹⁾

→ 위의 기사 내용을 요약하자면 다음과 같다. '어느 날 규슈 미마나왕이 오사카백제로 와서 신라가 자꾸 영토를 침범하면서 괴롭히니 오사카백제가 규슈로 와서 규슈신라를 혼내 줄 것을 요청한다. 이에 오사카백제 천황인 계체는 규슈 미마나에 이미 파견되어 있던 근강모야신(이하 모야신)에게 미마나왕의 요청을 잘 처리하라고 지시한다. 계체의 지시를 받은 모야신은 웅천(熊川)에 머물면서 신라왕과 백제왕을 자신이 머물고 있는 웅천으로 오라고 지시

---

359) 『일본서기』「계체 23년」是月, 遣使送己能末多干岐. 幷詔在任那近江毛野臣, 推問所奏, 和解相疑. 於是, 毛野臣, 次于熊川[一本云, 次于任那久斯牟羅.], 召集新羅百濟, 二國之王. 新羅王佐利遲遣久遲布禮[一本云, 久禮爾師知于奈師磨里.], 百濟遣恩率彌騰利, 赴集毛野臣所, 而二王不自來參. 毛野臣大怒, 責問二國使云, 以小事大, 天之道也[一本云, 大木端者以大木續之. 小木端者以小木續之.]. 何故二國之王, 不躬來集受天皇勅, 輕遣使乎. 今縱汝王, 自來聞勅, 吾不肯勅. 必追逐退. 久遲布禮恩率彌騰利, 心懷怖畏, 各歸召王. 由是, 新羅改遣其上臣伊叱夫禮智干岐[新羅, 以大臣爲上臣. 一本云, 伊叱夫禮知奈末.], 率衆三千, 來請聽勅. 毛野臣, 遙見兵仗圍繞, 衆數千人, 自熊川, 入任那己叱己利城. 伊叱夫禮智干岐, 次于多多羅原, 不敬歸待三月. 頻請聞勅. 終不肯宣. 伊叱夫禮智所將士卒等, 於聚落乞食. 相過毛野臣傔人河內馬飼首御狩. 御狩入隱他門, 待乞者過, 捲手遙擊. 乞者見云, 謹待三月, 佇聞勅旨, 尙不肯宣. 惱聽勅使. 乃知欺誑, 誅戮上臣矣. 乃以所見, 具述上臣. 上臣抄掠四村[金官 背伐 安多 委陀, 是爲四村. 一本云, 多多羅 須那羅 和多 費智爲四村也], 盡將人物, 入其本國. 或曰, 多多羅等四村之所掠者, 毛野臣之過也. (출처 번역: 동북아역사넷)

한다. 그러나 신라왕과 백제왕은 오지 않고, 신라는 구지포례(久遲布禮)를 대신 보내고, 백제는 은솔(恩率) 미등리(彌騰利)를 보냈다. 왕들이 직접 오지 않은 것에 모야신은 작은 나라들의 왕이 건방지게 천황의 사신이 부르는데도 오지 않았다고 화를 낸다. 이에 신라는 다시 상신(上臣) 이질부례지간기(伊叱夫禮智干岐)를 군사 3천 명을 달러서 보낸다. 이에 멀리 무장을 갖춘 무리 수천 명이 오는 것을 본 모야신은 놀라서 웅천에서 달아나 임나(미마나)의 기질기리성(己叱己利城)으로 들어가 숨는다. 이질부례지는 다다라원(多多羅原)에 머물면서 귀복하지 않고 석 달을 기다리면서 번번이 칙명을 듣기를 청하였으나, 끝내 칙명을 알려 주지 않았다. 결국 이질부례지간기와 군사 3천 명은 기다려도 칙명이라는 것을 내려 주지 않는 것이 결국 자신들을 모두 죽이려는 속임수라고 생각하고, 네 촌을 공략한 뒤에 사람들을 데리고 신라로 돌아갔다.'

현재 일본과 남한학계는 이 기사에 등장하는 지명을 한반도 남부에 전부 비정하고 있다. 일본천황이 한반도 남부 가야에 파견했다는 근강모야신이 머물렀다는 웅천(또는 구사모례)을 경상남도 진해시 웅천동이나 창원이라고 한다. 또, 모야신이 이사부 장군과 3천 명의 군사를 보고 놀라서 숨었다는 곳인 기질기리성을 창원이라고 비정한다. 또한, 이질부례지간기가 3개월을 머물렀다는 다다라원을 다대포라고 비정한다. 이렇게 위치비정을 하면서 이른바 '임나일본부설'을 깨뜨렸다고 주장하는 모순적인 태도를 취하고 있는 것이 현재 남한학계의 실상이다.

위의 기사에 나오는 지명들을 한반도 남부에 위치비정을 한다는 것은 기사 내용의 사건이 한반도 남부에서 벌어졌다는 것을 의미하는 것이다. 즉, 가야가 미마나며, 일본천황이 파견한 임나일본부대사가 가야에 있었다는 것이다. 그러면서 당시 신라왕인 법흥왕과 당시 백제왕인 무령왕을 오라 가라 했다는 말이다. 지명을 한반도 남부에 위치비정하면서 임나일본부설을 깨뜨렸다고 주장하는 것은 이렇게 우스운 일이 된다.

이 기사에 의해 가야지역에 위치비정을 하면 근강모야신이 창원에 숨어 있었고, 이사부장군과 3천 명의 군사가 다대포에 있으면서 3개월을 보냈다는 것이 된다. 그런데 창원과 다대포 사이의 지형은 중간에 불모산(佛母山)이 가로질러 있고, 그다음에는 드넓은 김해평야가 나타나고, 김해평야를 지나면 낙동강으로 길이 단절된다. 이사부장군이 칙명을 받든다는 핑계로 근강모야신을 위협하면서 버텼다면 불필요하게 먼 거리다. 근강모야신의 방자함을 혼내 주기 위해서라면 창원과 더 가까운 곳에 주둔했어야 한다고 볼 수 있다.

이런 지리적 거리감도 위의 사건이 한반도 남부에서 벌어진 사건이 아니라는 것을 알 수 있게 한다. 위의 웅천은 규슈백제가 있던 규슈 구마모토현(熊本県)을 둘러싼 인근에서 벌어진 사건으로 보인다.

본고는 이때 본토 신라 이사부 장군이 규슈에 나타났다는 것은 본토 신라가 규슈까지 본격적으로 영향력을 미친 사건을 나타낸 것이라고 본다. 이로 인해 규슈는 6세기에 들어 오사카백제가 규슈에 상륙하여 영향력을 미치려고 할 때, 본토 신라 세력이 상륙함에 따라 6세기 이후 패권 쟁탈전의 혼란의 중심 지역이 된 것으로 보여진다. 이것은 또한 『삼국사기』「신라본기」에서 본토 신라를 침략하던 이른바 왜가 500년인 6세기부터는 나타나지 않는 것을 설명할 수 있는 이유가 된다. 즉, 본토 신라가 본격적으로 정권차원에서 규슈에 진출했기 때문에 본토 신라를 침략하는 왜가 사라졌다는 말이다.

  규슈를 중심으로 하는 열도의 (한)왜들인 각 세력들은 5세기 6세기에 열도 밖으로 나와 대중국 외교 관계를 맺은 적이 없다. 이것은 『일본서기』에 그대로 드러난다. 『일본서기』에는 5세기 6세기의 중국 나라들에 대한 언급이 일체 없다. 이것은 열도의 각 패권 세력들이 오로지 열도 내에서 본토 세력들과 어떤 관계를 가져야 패권을 가질 수 있을 것인가에 몰입해 있었다는 또 다른 방증이다. 이런 상황이었기에 열도에서의 규슈의 지정학적 위치는 각 패권 세력에게 더욱더 중요해졌을 것이다. 6세기 들어 신라가 영토팽창적 정책으로 강성해진 것이 규슈에서 백제 세력과 신라 세력이 격돌하는 것으로 나타난다. 이것은 「흠명기」에서 더욱 두드러지게 보인다.

「흠명(欽明: 긴메이)」… 규슈를 둘러싼 공방전 미마나 10국

흠명은 『일본서기』의 29대 천황으로 509년~571년에 재위한 것으로 되어 있다. 이 당시, 백제는 무령왕이 523년에 사망하고 즉위한 성왕(聖王 523~554)의 시대였다. 「흠명기」의 특이점은 이 성왕이 성명왕(聖明王)이라는 이름으로 등장하여 거의 대부분의 내용이 성명왕의 육성으로 채워져 있다는 것이다. 성명왕이 등장하는 대부분의 얘기가 '미마나'에 관한 것이다.

「흠명기」의 내용을 설명하기에 앞서 먼저 「흠명기」 앞에 있는 선화(宣化)천황 2년(537)의 기사를 보겠다.

【(선화 2년) 537년 10월 1일 2년 겨울 10월 임진삭(1일)에 천황은 신라가 미마나(임나, 任那)를 침략하였으므로 대반금촌대련에게 명하여 그 아들 반(磐: 이하)과 협수언(狹手彦: 사네히코)을 보내 미마나(임나)를 돕게 하였다. 이때 반은 축자에 머물며 국정을 장악하여 삼한(三韓)에 대비하였으며, 협수언은 가서 미마나(임나)를 평정하고 또 백제를 구원하였다.】[360]

---

360) 『일본서기』 「선화 2년」 二年 冬十月壬辰朔, 天皇, 以新羅寇於任那, 詔大伴金村大連, 遣其子磐與狹手彦, 以助任那. 是時, 磐留筑紫, 執其國政, 以備三韓. 狹手彦往鎭任那, 加救百濟. (출처 번역: 동북아역사넷)

→ 본토에서 금관가야가 신라에게 투항하여 멸망한 해는 532년이다. 선황 2년이라는 537년에 선화천황이 미마나를 도와서 미마나를 평정하고 백제를 구원했다는 기사는 『삼국사기』 어디에서도 찾을 수 없는 내용이다. 537년이면 백제 성왕 15년인데, 「백제본기」 성왕 15년조는 기록이 없다.

그런데 왜 『일본서기』 선화 2년에는 이런 기록이 있는 것일까? 여러 가지 가능성이 있다. 『일본서기』의 이 기록이 완전한 거짓이던지, 아니면 「백제본기」가 기록을 하지 않은 것이다. 어떤 방식으로 설명을 하더라도 어느 쪽도 근거를 제시하지 못하는 것은 마찬가지다. 그렇지만 이때 위의 사건이 규슈에서 벌어졌던 사건이라고 공간(空間)을 옮겨서 추정한다면 『일본서기』에는 기록되어 있고, 『삼국사기』 「백제본기」에는 기록이 없는 것이 해명이 될 수 있다. 이 기록에서도 미마나를 평정하기 위해 머무른 곳이 '축자'라고 밝히고 있다. 축자는 규슈 동북부를 말하는 것이다.

한편, 신라가 괴롭힌다는 미마나를 평정하고 백제를 구원했다고 나오지만, 이 상태가 오래 지속되지는 않는다. 규슈에서는 규슈에 상륙한 본토신라 세력의 본격적인 세력 영향력이 '임금에게 조를 바쳐야 하는 임금의 땅인 미마나'에 큰 영향을 미치게 되어 '미마나들'이 신라의 눈치를 보면서 오사카백제에게 조를 바치지 않는 상황이 거듭 반복해서 발생하고 있었다. 이런 상황을 바꾸어 '천황의 땅인 미마나'로부터 안정적인 수입을 거두기 위한 근본적인 체제를 갖추기 위해 오사카백제는 규슈백제에게 조치를 취하라는 압력을 가한다. 이에 규슈를 통할하고 있던 본토백제의 성명왕(백제본기의 성왕 또는 성명왕의 지시를 받는 규슈백제 후왕)이 각 미마나들의 책임자들을 '안라'로 불러 모아 대책 회의를 한다. 이런 내용들로 대부분 채워져 있는 것이 「흠명기」다. 내용이 너무 길어 중요한 부분만 요약하여 소개하면서, 당시 정치적 상황을 설명하며 '미마나'가 한반도가 아니라 규슈에 있었음을 설명하겠다.

전체적인 내용은 결국 규슈백제와 오사카백제가 규슈신라 세력을 몰아내기 위해 연합하려고 하지만 군사 비용 등의 문제를 누가 부담할 것인지에 대한 문제가 해결되지 않아 규슈백제와 오사카백제의 연대 시도는 결렬되고, '미마나(이른바 천황의 땅)'는 규슈신라에게 넘어간다는 내용이다. 이때 「흠명기」의 미마나 10국이 규슈신라에게 넘어간 연대가 562년이다. 562년은 본토에서 고령대가야가 멸망하는 해다. 이 연대가 사실이라고 보기는 힘들지만 562년을 기준으로 그즈음에 본토신라의 영향력이 규슈 지역까지 전달되며 영향을 미치고 있었다고 보인다. 즉, 본토에서 세력을 확장한 정치 세력의 영향력이 규슈 지역까지 영향력을 미쳤다는 것이다.

【흠명 2년】 541년 4월 여름 4월에 안라(安羅)의 차한기(次旱岐) 이탄해(夷呑奚), 대불손(大不孫), 구취유리(久取柔利) 등과 가라(加羅)의 상수위(上首位) 고전해(古殿奚), 졸마한기(卒麻旱岐), 산반해한기(散半奚旱岐)의 자식, 다라(多羅)의 하한기(下旱岐) 이타(夷他), 사이기한기(斯二岐旱岐)의 자식, 자타한기(子他旱岐)와 임나일본부(任那日本府: 미마나야마

토노미코토모치)의 길비신(吉備臣: 키비노오미)[이름이 빠졌다.]이 백제에
가서 함께 조서(詔書)를 들었다. 백제의 성명왕(聖明王)이 미마나(임나)
의 한기들에게 "일본 천황이 조를 내린 바는 오로지 미마나(임나)를 재
건하라는 것이다. 이제 어떤 책략으로 미마나(임나)를 재건할 수 있겠
는가. 모두 각자 충성을 다하여 천황의 뜻이 펼쳐지도록 도와야 할 것
이다.(百濟聖明王謂任那旱岐等言, 日本天皇所詔者, 全以復建任那. 今用何策,
起建任那. 盍各盡忠, 奉展聖懷)"라고 말하였다. 미마나(임나) 한기들은
"이전에 두세 차례 신라와 의논하였으나 회답이 없었습니다. 의도하는
바를 다시 신라에 알린다고 해도 여전히 대답은 없을 것입니다. 지금
함께 사신을 천황에게 보내 보고해야 할 것입니다. 무릇 미마나(임나)
를 재건하는 것은 대왕(大王, 성면왕=성왕)의 뜻에 달려 있습니다. 삼가
교지를 받드는 것에 누가 감히 이의를 제기하겠습니까? 하지만 미마나
(임나)의 국경이 신라와 접해 있기 때문에 탁순 등이 화를 입을까 두렵
습니다."라고 대답하였다[등이라는 것은 탁기탄(㖨己呑), 가라(加羅)를
말한다. 탁순 등의 나라처럼 망할 위험이 있다는 것을 말한다.]361)

→ 이 기사에 회의에 참석했다고 하는 안라(安羅), 가라(加羅), 졸
마(卒麻), 산반해(散半奚), 다라(多羅), 사이기(斯二岐), 자타(子他)는 나
중에 흠명 23년(562) 기록에 멸망했다고 나오는 미마나 10국에 중
에 나오는 나라들이다.

이 기사에서 '미마나를 재건하라'는 뜻은 '천황의 땅이라는 미마나에서 조공이 계속 오고 있지 않으니 조공을 오사카백제(천황)에게 다시 가지고 오도록 하라'는 뜻이다. 앞서 선화천황 2년조에서 규슈신라에게 복속되어 조를 바치지 못했던 규슈미마나를 규슈신라 세력에게서 뺏어서 다시 조공을 제대로 바치도록 만들어 놓았는데, 그 상태가 다시 허물어지고 규슈신라에게 미마나가 오히려 조를 바치는 형편이 되었던 것이다. 이에 오사카백제로 가던 미마나의 조공이 끊기게 된 것에 대해 미마나의 책임자들을 불러 다시 오사카백제로 조공을 바치도록 하라는 요청을 규슈백제를 통할하던 본토백제 성왕에게 했다는 것이다.

이때 성명왕, 즉, 성왕이 실제 규슈에 체류하면서 미마나 책임자들을 불러 모은 것인지 아니면 성왕을 대리하는 규슈백제 후왕이

---

361) 『일본서기』「흠명 2년」(541) 4월 夏四月. 安羅次旱岐夷呑奚·大不孫·久取柔利, 加羅上首位古殿奚, 卒麻旱岐, 散半奚旱岐兒, 多羅下旱岐夷他, 斯二岐旱岐兒, 子他旱岐等, 與任那日本府吉備臣[闕名字.], 往赴百濟, 俱聽詔書. 百濟聖明王謂任那旱岐等言, 日本天皇所詔者, 全以復建任那. 今用何策, 起建任那. 盍各盡忠, 奉展聖懷. 任那旱岐等對曰, 前再三廻, 與新羅議. 而無答報. 所圖之旨, 更告新羅, 尚無所 001報. 今宜俱遣使, 往奏天皇. 夫建任那者, 爰在大王之意. 祇承敎旨. 誰敢間言. 然任那境接新羅. 恐致卓淳等禍[等謂喙己呑·加羅. 言卓淳等國, 有敗亡之禍.]. 聖明王曰, 昔我先祖速古王·貴首王之世, 安羅·加羅·卓淳旱岐等, 初遣使相通, 厚結親好. 以爲子弟, 冀可恆주 002隆. 而今被誑新羅, 使天皇忿怒, 而任那憤恨, 寡人之過也. 我深懲悔, 而遣下部中佐平麻鹵·城方甲背昧奴等, 赴加羅, 會于任那日本府相盟. 以後, 繫念相續, 圖建任那, 旦夕無忘. 今天皇詔稱, 速建任那. 由是, 欲共爾曹謨計, 樹立任那等國. 宜善圖之. 又於任那境, 徵召新羅, 問聽與不, 乃俱遣使, 奏聞天皇, 恭承示敎. 儻如使人未還之際, 新羅候隙, 侵逼任那, 我當往救. 不足爲憂. 然善守備, 謹警無忘. 別汝所遣, 恐致卓淳等禍, 非新羅自强故, 所能爲也. 其喙己呑, 居加羅與新羅境際, 而被連年攻敗. 任那無能救援. 由是見亡. 其南加羅, 蕞爾狹小, 不能卒備, 不知所託. 由是見亡. 其卓淳, 上下携貳. 主欲自附, 內應新羅. 由是見亡. 因斯而觀, 三國之敗, 良有以也. 昔新羅請援於高麗, 而攻擊任那與百濟, 尚不剋之. 新羅安獨滅任那乎. 今寡人, 與汝戮力幷心, 翳賴天皇, 任那必起. 因贈物各有差. 忻忻而還. (출처 번역: 동북아역사넷)

불러 모은 것인지는 정확하게 알 수는 없다. 다만, 이때 백제 성왕이 규슈에 체류하면서 미마나들의 책임자들을 직접 불러 모았을 확률은 높다고 본다. 왜냐하면, 『삼국사기』「백제본기」의 기록에 의하면 541년은 성왕 19년인데, 양나라에 조공 사신을 보냈다는 기록만 있을 뿐이다. 더욱이 541년 성왕 19년의 기록을 끝으로, 성왕 26년(548)에 고구려의 공격을 받아 성왕이 신라에게 도움을 요청했다[362]는 기록이 나타날 때까지 성왕의 행적에 대한 기록이 없다.[363] 백제의 영토는 사실상 본토와 규슈를 포함한 것이라고 봐야 하기 때문에 성왕이 최소한 19년(541)부터 25년(548)까지는 규슈에 있었을 가능성이 높다고 볼 수 있다. 그렇다면 이 연대에 『일본서기』에서 미마나들의 책임자들을 소집하여 오사카백제의 요구에 대해 옥신각신 힘겨루기를 하는 성명왕은 규슈에 체류하던 백제 성왕이라고 볼 수 있는 것이다.

여기까지의 회의 내용에서 미마나들의 책임자들은 신라 영향력 아래 있으며, 신라에게 복속되어 있어 신라의 허락이 없으면 오사카백제에게 조공을 할 수 없다고 말하고 있다. 또한, 이들은 오사카백제에게 규슈백제가 이들의 이런 상황을 전달해 달라고 요청하면서, 만약 규슈백제가 오사카백제를 위해 총대를 메고 규슈신라

---

362) 『삼국사기』「백제본기」성왕 26년(548) 봄 정월에 고구려왕 평성(平成)이 예(濊)와 함께 모의하여 한수 이북[漢北]의 독산성(獨山城)을 공격하였다. 왕이 사신을 보내 신라에 구원을 요청하였다. 신라왕이 장군 주진(朱珍)에게 명하여 갑옷 입은 군사 3,000명을 거느리고 나서게 하였다. 주진은 밤낮으로 길을 가서 독산성 아래에 이르러, 고구려 군사들과 한바탕 싸워 크게 깨뜨렸다.(二十六年, 春正月, 髙勾麗王平成, 與濊謀, 攻漢北獨山城. 王遣使請救於新羅, 羅王命将軍朱珍, 領甲卒三千, 發之. 朱珍日夜兼程, 至獨山城下, 與麗兵一戰, 大破之.) (출처 번역: 동북아역사넷)

363) 성왕 25년의 기록이 있지만, 일식이 나타났다는 기록이 있을 뿐이다.

와 전쟁을 하여 미마나들이 오사카백제에게 조공을 할 수 있도록 상황을 만든다면 그것을 거부하지는 않겠다는 뜻을 밝힌다.[364]

【성명왕은 "옛날 우리 선조 속고왕(速古王), 귀수왕(貴首王)의 치세 때에 안라, 가라, 탁순의 한기 등이 처음 사신을 파견하여 통교하고 두텁고 친밀한 우호관계를 맺어 자제(子弟)가 되어 항상 번영하기를 바랐다. 그러나 지금 신라에 속아 천황의 분노를 사고 미마나(임나)의 원한을 산 것은 과인의 잘못이다. 나는 깊이 후회하고 하부(下部) 중좌평(中佐平) 마로(麻鹵), 성방(城方) 갑배매노(甲背昧奴) 등을 보내 가라에 가서 미마나(임나)의 일본부를 만나 서로 맹세하게 하였다. 이후 이 일을 계속 염두에 두어 미마나(임나)를 세우는 계획을 조석으로 잊지 않았다. 지금 천황이 조를 내려 '속히 미마나(임나)를 세워라'라고 명하였다. 그래서 그대들과 함께 모의하여 미마나(임나) 등의 나라를 수립하고자 한다. 마땅히 잘 계획해야 한다....지금 과인이 그대들과 힘과 마음을 합쳐 천황의 힘을 빌리면 미마나(임나)는 반드시 일어날 것이다."라고 말하였다. 그리고 물건을 각각 차등있게 주었다. 모두 기뻐하며 돌아갔다.】[365]

---

364) 위의 기사에서 미마나들의 책임자들이 말한 내용인 "무릇 미마나(임나)를 재건하는 것은 대왕(大王, 성면왕=성왕)의 뜻에 달려 있습니다. 삼가 교지를 받드는 것에 누가 감히 이의를 제기하겠습니까? 하지만 미마나(임나)의 국경이 신라와 접해 있기 때문에 탁순 등이 화를 입을까 두렵습니다."에 대한 본고의 해석이다.

→ 성명왕의 오사카백제의 요청에 대한 대응은 결국 미마나들
의 책임자들을 불러 모은 뒤에 미마나들의 의견을 들어 보고, 천
황의 힘을 빌리면 미마나들의 조공이 앞으로 이뤄질 수 있을 것이
라는 말을 하고, 각 미마나 책임자들에게 선물을 줘서 돌려보낸
것이다. 이것은 매우 정치적인 함의가 있는 것으로, 천황이라고
하는 오사카백제가 미마나들의 조공을 받으려면 오사카백제가
직접 군사적 행동을 해서 받아 가라는 뜻인 것이다. 본토백제의
통합을 받는 규슈백제에게 자꾸 미마나의 조공이 오사카백제에
게 가도록 미마나들에게 압력을 가하지 말고 조공을 직접 받아
간다면 규슈백제가 그때는 도움을 줄 수 있다는 말을 성명왕은
하고 있는 것이다. 내용이 구구절절이 매우 길어서 성명왕이 미마
나들을 설득하여 조공을 하라고 압력을 가한 것 같지만, 미마나

---

365) 『일본서기』「흠명 2년」夏四月. 安羅次旱岐夷呑奚·大不孫·久取柔利, 加羅上首位古殿奚, 卒麻旱岐, 散半奚旱岐兒, 多羅下旱岐夷他, 斯二岐旱岐兒, 子他旱岐等, 與任那日本府吉備臣[闕名字.], 往赴百濟, 俱聽詔書. 百濟聖明王謂任那旱岐等言, 日本天皇所詔者, 全以復建任那. 今用何策, 起建任那, 盍各盡忠, 奉展聖懷. 任那旱岐等對曰, 前再三廻, 與新羅議, 而無答報. 所圖之旨, 更告新羅, 尚無所報. 今宜俱遣使, 往奏天皇. 夫建任那者, 爰在大王之意. 祗承敎旨. 誰敢間言. 然任那境接新羅, 恐致卓淳等禍[等謂喙己呑·加羅. 言卓淳等國, 有敗亡之禍.]. 聖明王曰, 昔我先祖速古王·貴首王之世, 安羅·加羅·卓淳旱岐等, 初遣使相通, 厚結親好. 以爲子弟, 冀可恆隆. 而今被誑新羅, 使天皇忿怒, 而任那憤恨, 寡人之過也. 我深懲悔, 而遣下部中佐平麻鹵·城方甲背昧奴等, 赴加羅, 會于任那日本府相盟. 以後, 繫念相續, 圖建任那, 旦夕無忘. 今天皇詔稱, 速建任那. 由是, 欲共爾曹謀計, 樹立任那等國. 宜善圖之. 又於任那境, 徵召新羅, 問聽與不, 乃俱遣使, 奏聞天皇, 恭承所敎, 儻如使人未還之際, 新羅候隙, 侵逼任那, 我當往救. 不足爲憂. 然善守備, 謹警無忘. 別汝所噵, 恐致卓淳等禍, 非新羅自强故, 所能爲也. 其喙己呑, 居加羅與新羅境際, 而被連年攻敗. 任那無能救援. 由是見亡. 其南加羅, 蕞爾狹小, 不能卒備, 不知所託. 由是見亡. 其卓淳, 上下携貳. 主欲自附, 內應新羅. 由是見亡. 因斯而觀, 三國之敗, 良有以也. 昔新羅請援於高麗, 而攻擊任那與百濟, 尚不剋之. 新羅安獨滅任那乎. 今寡人, 與汝戮力幷心, 翳賴天皇, 任那必起. 因贈物各有差. 忻忻而還. (출처 번역: 동북아역사넷)

들이 신라의 위협 때문에 그렇게 할 수 없다고 하자, 성명왕은 그런 미마나 책임자들의 의견을 대부분 긍정적으로 받아들인다. 그런 뒤에 내린 결론이 '천황의 힘'을 빌린다면 '미마나들의 재건이 가능할 것이다.'라고 결론을 내린 것이다. 이 말은 곧, 오사카백제가 직접 규슈로 와서 규슈신라를 제압하고 조공을 받아 가라는 말이다. 이러한 성명왕의 뜻에 대해 오사카백제는 지속적으로 미마나의 조공 문제를 해결해 달라고 요청한다. 다음을 계속 보겠다.

【(흠명 4년) 543년 겨울 11월 정해삭 갑오(8일)에 진수련(津守連: 츠모리노무라지)을 보내 "미마나(임나)의 하한에 있는 백제의 군령(郡令), 성주(城主)를 일본부에 귀속시켜라."라고 백제에 명령하였다. 아울러 조서를 가지고 가게 하여 "그대는 누차 표를 올려 마땅히 미마나(임나)를 세워야 한다고 말한 지 10여 년이 되었다. 말은 그렇게 했지만 아직도 이루지 못하였다. 미마나(임나)는 그대 나라의 동량(棟梁)이다. 만일 동량이 부러지면 어떻게 집을 지을 것인가. 짐이 걱정하는 바가 바로 여기에 있다. 그대는 빨리 세우라. 그대가 만일 속히 미마나(임나)를 세우면 하내직 등[하내직은 이미 윗글에 나와 있다.]은 자연히 물러날 것이다. 어찌 말할 필요가 있겠는가."라고 말하였다. 이날에 성명왕이 칙(勅)을 다 듣고 삼좌평(三佐平)과 내두(內頭) 및 여러 신하에게 차례로 "조칙이 이와 같다. 이것을 어떻게 하면 좋은가."라고 물었다. 이에 세 좌평이 "하한에 있는 우리 군령, 성주 등을 내보내면 안 됩니다. 나

라를 세우는 일에 대해서는 빨리 조칙[聖勅]을 들어야 합니다."라고 답하였다.】[366]

→ 오사카백제(천황)는 규슈백제가 미마나들의 조공을 오사카로 보내는 일을 실천하지 않자, 다른 종류의 억지 요청을 시도한다. 미마나들의 조공을 오사카로 보내는 일을 규슈백제가 책임지고 하지 않을 것이면, 규슈백제의 땅을 천황의 땅인 미마나로 예속시켜야 한다는 주장이다.

즉, "미마나(임나)의 하한에 있는 백제의 군령(郡令), 성주(城主)를 일본부에 귀속시켜라.(在任那之下韓, 百濟郡令城主, 宜附日本府)"라는 말은 '미마나 땅과 경계가 붙어 있는 규슈백제 소속의 땅을 오사카백제에게 조공을 하는 땅으로 그 소속을 바꾸라'는 뜻인 것이다. 다시 말하자면, 미마나들의 조공이 오사카백제에게로 잘 전달되도록 하지 못할 것이면 그 조공액들을 규슈백제가 대신해서 내라는 일종의 어린애 떼쓰는 것과 같은 주장을 규슈백제에게 한 것이다. 이에 본토백제의 통할을 받는 규슈백제는 당연히 거절한다.

---

366) 『일본서기』「흠명 4년」 冬十一月丁亥朔甲午, 遣津守連, 詔百濟曰, 在任那之下韓, 百濟郡令城主, 宜附日本府. 幷持詔書, 宣曰, 爾屢抗表, 稱當建任那, 十餘年矣. 表奏如此, 尙未成之. 且夫任那者, 爲爾國之棟梁. 如折棟梁, 詎成屋宇. 朕念在玆. 爾須早1建. 汝若早建任那, 河內直等[河內直已見上文.], 自當止退. 豈足云乎. 是日, 聖明王, 聞宣勅已, 歷問三佐平內頭及諸臣曰, 詔勅如是. 當復何如. 三佐平等答曰, 在下韓之, 我郡令城主, 不可出之. 建國之事, 宜早聽聖勅. (출처 번역: 동북아역사넷)

【(흠명 5년) 544년 2월 … 별도로 하내직[『백제본기』에는 하내직, 이나사, 마도로 기록되어 있다. 그러나 말이 변하여 올바른 것은 잘 알 수 없다.]에게 "옛날부터 지금에 이르기까지 오직 너의 악평만 들어왔다. … 너희들은 미마나(임나)에 머물면서 항상 나쁜 짓을 하였다. 미마나(임나)가 나날이 쇠퇴해 간 것은 오로지 너희들 때문이다. … 또한, 일본부의 경과 미마나(임나)의 한기 등에게 "무릇 미마나(임나)의 나라를 세우는 일은 천황의 위엄을 빌리지 않고서는 어느 누구도 할 수 없다. 따라서 나는 천황에게 가서 군사를 청하여 미마나(임나)의 나라를 도와주려고 생각하고 있다. 군량은 내가 운반하겠다. 군사의 수는 아직 정확히 모르고, 군량을 운반할 곳도 역시 결정하기 어렵다. 모두 한곳에 모여 함께 가부를 의논하여 좋은 것을 택해서 천황에게 주상하고자 한다. 그래서 자주 소집했는데 너희가 좀처럼 오지 않아 협의할 수도 없었다."고 말하였다. …】[367]

→ 위의 기사 내용처럼 규슈백제는 분명하게 오사카백제가 군사를 직접 일으켜 규슈의 미마나들에게서 조공을 받아 가라고 말

---

367) 『일본서기』「흠명 5년」… 又謂日本府卿·任那旱岐等曰, 夫建任那之國, 不假天皇之威, 誰能建也. 故我思欲就天皇, 請將士, 而助任那之國. 將士之粮, 我當須運. 將士之數, 未限若干. 運粮之處, 亦難自決. 願居一處, 俱論可不, 擇從其善, 將奏天皇. 故頻遣召, 汝猶不來, 不得議也. 日本府答曰, 任那執事, 不赴召者, 是由吾不遣, 不得往之. 吾遣奏天皇, 還使宣曰, 朕當以印奇臣[語訛未詳.], 遣於新羅, 以津守連, 遣於百濟, 汝, 待聞勅際. 莫自勞往新羅百濟也. 宣勅如是. 會聞印奇臣使於新羅, 乃追遣問天皇所宣. 詔曰, 日本臣與任那執事, 應就新羅, 聽天皇勅. 而不宣就百濟聽命也. 後津守連, 遂來過此. 謂之曰, 今余被遣於百濟者, 將出在下韓之, 百濟郡令城主. 唯聞此說. 不聞任那與日本府, 會於百濟, 聽天皇勅. 故不往焉, 非任那意. 於是, 任那旱岐等曰, 由使來召, 便欲往參, 日本府卿, 不肯發遣. 故不往焉. 大王, 爲建任那, 觸情曉示. 覩玆忻喜, 難可具申. (출처 번역: 동북아역사넷)

하고 있다. 만약, 군사를 직접 오사카백제가 일으킨다면 규슈백제는 군량을 제공하겠다고 밝히고 있다. 즉, 규슈의 미마나에게서 오사카백제가 조공을 받고 싶으면 옛날에 근초고왕 때에 했었던 것처럼[368] 규슈백제와 오사카백제가 연대하자는 것을 제안한 것이다.

그러나 이 제안을 오사카백제는 받아들이지 않았다. 규슈백제의 성명왕은 오사카백제가 군사를 내주면 어떻게 군사 작전을 펼칠 것인지에 대해서도 자세하게 다음과 같이 말한다.

【(흠명 5년) 544년 11월 … 성명왕이 "미마나국(임나국)은 우리 백제와 예부터 지금까지 자제와 같이 되겠다고 약속하였다. 지금 일본부의 인기미(印岐彌)[미마나(임나)에 있던 일본의 신하의 이름이다.]는 이미 신라를 쳤고 이번에는 우리를 치려고 한다. 또 기꺼이 신라의 거짓말에 귀를 기울이고 있다. 무릇 인기미를 미마나(임나)에 보낸 것은 본래 그 나라를 침해하려 한 것이 아니다[잘 알 수 없다.]. 예부터 신라는 무도하다. 약속을 어기고 신의를 깨고 탁순을 멸망시켰다. 신뢰하는 나라로 사이좋게 지내려고 하면 오히려 후회하게 될 것이다. 그러므로 모두를 불러 같이 은조(恩詔)를 받들어 미마나(임나)국을 일으키고 계

---

368) 이에 관한 내용을 「흠명 2년」 7월조에서 성명왕이 직접 말했다. "그리고 (성명왕은) 임나에게 "옛날 나의 선조인 속고왕과 귀수왕은 당시 한기 등과 처음으로 화친을 맺어 형제가 되었다. 그래서 나는 그대들을 자제(子弟)로 삼고, 그대들은 나를 부형(父兄)으로 삼아 함께 천황을 섬기며 힘을 합쳐 강적을 막아내어 나라를 평안하게 지켜 오늘에 이르렀다.(乃謂任那曰, 昔我先祖速古王·貴首王, 與故旱岐等, 始約和親, 式爲兄弟. 於是, 我以汝爲子弟, 汝以我爲父兄. 共事天皇, 俱距强敵, 安國全家, 至于今日.)

승시켜, 옛날과 같이 영원히 형제가 되기를 바란다. 듣건대, 신라와 안라 양국의 국경 지역에 큰 강이 있는데 요해의 땅이라고 한다.(竊聞, 新羅安羅, 兩國之境, 有大江水. 要害之地也.) 나는 이곳을 거점으로 삼아 6성을 쌓으려 한다. 삼가 천황에게 3천 명의 병사를 요청하여 성마다 5백 명씩 두고, 이곳을 우리 병사와 함께 신라가 경작하는 것을 막으면 구례산의 5성은 자연히 무기를 버리고 항복할 것이다. 탁순국도 일으키게 될 것이다. 요청한 병사에게는 내가 의복과 식량을 제공할 것이다. 이것이 천황에 주상하려는 첫 번째 계책이다. …]369)

→ 위의 기사에서 성명왕은 "듣건대 신라와 안라 양국의 국경지

---

369) 『일본서기』「흠명 5년」 … 十一月, 百濟遣使, 召日本府臣·任那執事曰, 遣朝天皇, 奈率得文·許勢奈率奇麻·物部奈率奇非等, 還自日本. 今日本府臣及任那國執事, 宜來聽勅, 同議任那. 日本吉備臣, 安羅下旱岐大不孫·久取柔利, 加羅上首位古殿奚·卒麻君·斯二岐君·散半奚君兒, 多羅二首位訖乾智, 子他旱岐, 久嗟旱岐, 仍赴百濟. 於是, 百濟王聖明, 略以詔書示曰, 吾遣奈率彌麻佐·奈率己連·奈率用奇多等, 朝於日本. 詔曰, 早建任那, 又津守連奉勅, 問成任那. 故邇召之. 當復何如, 能建任那, 請各陳謀. 吉備臣·任那旱岐等曰, 夫建任那國, 唯在大王. 欲冀遵王, 俱奏聽勅. 聖明王謂之曰, 任那之國, 與吾百濟, 自古以來, 約爲子弟. 今日本府印岐彌[謂在任那日本臣名也.], 旣討新羅, 更將伐我. 又樂聽新羅虛誕謾語也. 夫遣印岐彌於任那者, 本非侵害其國[未詳.]. 往古來今, 新羅無道. 食言違信, 而滅卓淳. 股肱之國, 欲快返悔. 故遣召到, 俱承恩詔, 欲冀, 興繼任那之國, 猶如舊日, 永爲兄弟. 竊聞, 新羅安羅, 兩國之境, 有大江水. 要害之地也. 吾欲據此, 修繕六城. 謹請天皇三千兵士, 每城充以五百, 幷我兵士, 勿使作田, 而逼惱者, 久禮山之五城, 庶自投兵降首. 卓淳之國, 亦復當興. 所請兵士, 吾給衣粮. 欲奏天皇, 其策一也. 猶於南韓, 置郡令·城主者, 豈欲違背天皇, 遮斷貢調之路. 唯庶, 剋濟多難, 殲撲强敵. 凡厥凶黨, 誰不謀附. 北敵强大, 我國微弱, 若不置南韓, 郡領·城主, 修理防護, 不可以禦此强敵. 亦不可以制新羅, 故猶置之, 攻逼新羅, 撫存任那, 若不爾者, 恐見滅亡, 不得朝聘. 欲奏天皇, 其策二也. 又吉備臣·河內直·移那斯·麻都, 猶在任那國者, 天皇雖詔建任那, 不可得也. 請, 移此四人, 各遣還其本邑. 奏於天皇, 其策三也. 宜與日本臣·任那旱岐等, 俱奉遣使, 同奏天皇, 乞聽恩詔. 於是, 吉備臣·旱岐等曰, 大王所述三策, 亦協愚情而已. 今願, 歸以敬諮日本大臣[謂在任那日本府之大臣也.] 安羅王·加羅王, 俱遣使同奏天皇. 此誠千載一會之期, 可不深思而熟計歟. (출처 번역: 동북아역사넷)

역에 큰 강이 있는데 요해의 땅이라고 한다.(竊聞,新羅安羅, 兩國之境, 有大江水. 要害之地也.)"라는 말을 하고 있다. 현재 일본과 남한 학계는 신라와 안라 사이에 흐르는 이 강을 '낙동강'이라고 비정하고 있다. 그런데 성왕인 성명왕은 마치 이 낙동강을 들어 본 적이 없는 모르는 강인 것처럼 "들은 말에 의하면(竊聞, 절문)"이라는 표현을 쓰고 있다.

이 사건이 한반도에서 벌어진 사건이라면서 '안라'를 비롯한 미마나들의 책임자들을 모이게 해서 회의까지 한 성왕이 이른바 미마나라고 하는 가야 나라들이 있는 낙동강을 몰라서 '절문(竊聞)'이라는 표현을 썼다는 것이 된다. 이 사건이 한반도에서 일어난 사건이라면 성왕이 낙동강을 몰랐을 리도 없고, 따라서 '절문(竊聞)'이라는 표현을 쓰지도 않았을 것이다. 이런 면을 보아도 이 사건은 한반도 남부에서 일어난 사건이 아니다.

아무튼, 규슈백제는 오사카백제에게 군사 3천을 출병을 해 주면 어떤 작전으로 신라를 공격하여 신라에게 예속되어 있는 미마나들을 구해서 다시 미마나들의 조공이 오사카백제로 갈 수 있게 하겠다는 구체적인 전술까지도 제시하고 있다. 그러나 이런 제안도 역시 오사카백제는 받아들이지 않았고, 그리하여 군사 출병도 하지 않은 채로 미마나의 조공을 되찾자는 옥신각신은 흐지부지하게 마무리가 된다.

그러다가 흠명 15년(554)에는 "원군 1,000명, 말 100필, 배 40척을 보내겠다."370)라고 말하여 규슈백제를 지원하겠다는 내용이 나오기도 한다. 이렇게 규슈백제와 오사카백제가 협력하여 규슈 미마나들을 신라로부터 되찾아오려고 시도하려 했지만. 결국에는 성공하지 못했다는 내용이 「흠명기」의 주된 내용이다. 그런 상태에서 흠명 23년인 562년에 미마나들은 모두 신라에 속하게 된다. 다음 아래의 지도는 규슈의 미마나 10국을 위치비정한 김인배·김문배의 「임나신론」에 나오는 지도다.

【(흠명 23년) 562년 1월 봄 정월에 신라가 미마나미야케(任那官家)를 공격하여 멸망시켰다[어떤 책에서는 21년에 미마나(임나)가 멸망하였다고 한다. 통틀어 말하면 임나고, 개별적으로 말하면 가라국(加羅國), 안라국(安羅國), 사이기국(斯二岐國), 다라국(多羅國), 졸마국(卒麻國), 고차국(古嵯國), 자타국(子他國), 산반하국(散半下國), 걸손국(乞飡國),

---

370) 『일본서기』「흠명」 15년 병신(9월)에 백제가 중부 목리 시덕 문차(木刕施德文次)와 전부 시덕 왈좌분옥(施德曰佐分屋) 등을 축자(筑紫: 츠쿠시)에 보내 내신(內臣)과 좌백련(佐伯連: 사에키노무라지) 등에게 "덕솔 차주와 간솔 색돈 등이 지난해 윤달 4일에 와서 '신(臣)[신 등은 내신을 말한다.]은 내년 정월에 도착할 것입니다.'라고 말하였습니다. 그렇게 말은 하였지만 자세한 것은 잘 모르겠습니다. 오는 것입니까, 아닙니까. 또한 군대의 수는 얼마입니까. 대강이나마 듣고 미리 군영의 성벽을 쌓고자 합니다."라고 말하였다. 별도로 "이제 듣자니 황공하신 천황의 조서를 받들어 축자에 가서 보내 줄 군대를 환송하라고 하였습니다. 그 말을 듣고 이루 말할 수 없이 기뻤습니다. 올해의 싸움은 전에 없이 매우 위태로우니 보내주실 군사를 정월까지 도착할 수 있도록 해 주십시오."라고 말하였다. 그래서 내신이 명령을 받들어 "바로 구원군 1천, 말 1백 필, 배 40척을 보내도록 하겠다."라고 대답하였다.(丙申, 百濟遣中部木刕施德文次·前部施德曰佐分屋等於筑紫, 詔內臣·佐伯連等曰, 德率次酒·杆率塞敦等, 以去年閏月四日到來云, 臣等[臣等者謂內臣也.], 以來年正月到. 如此遵而未審. 來不也. 又軍數幾何. 願聞若干, 預治營壁, 別誥, 方聞, 奉可畏天皇之詔, 來詣筑紫, 看送賜軍. 聞之歡喜, 無能比者, 此年之役, 甚危於前. 願遣賜軍, 使逮正月. 於是, 內臣奉勅而答報曰, 卽令遣助軍數一千·馬一百匹·船卌隻.)

임례국(稔禮國) 등 모두 열 나라다.].】[371]

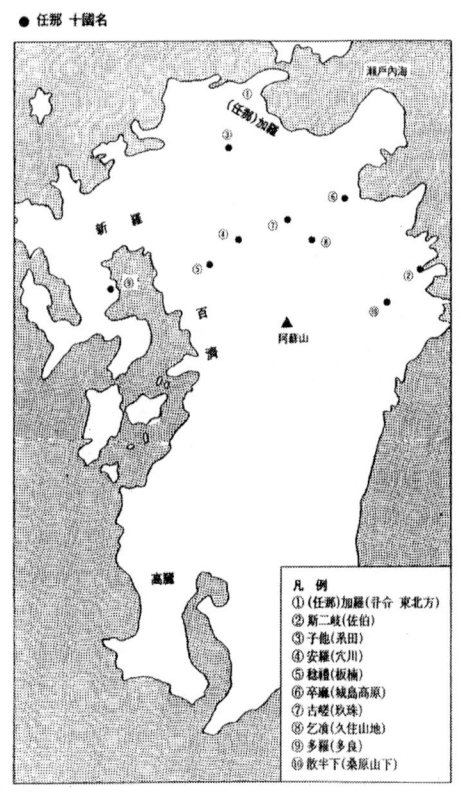

규슈의 미마나 10국 위치[372]

---

371) 『일본서기』「흠명 23년」. 廿三年 春正月. 新羅打滅任那官家[一本云, 廿一年, 任那滅焉. 總言任那, 別言加羅國·安羅國·斯二岐國·多羅國·卒麻國·古嵯國·子他國·散半下國·乞飡國·稔禮國, 合十國.]. (출처 번역: 동북아역사넷)

372) 김인배·김문배, 「역설의 한일고대사- 임나신론」, 고려원, 1995, p.634

미마나는 562년 흠명 23년에 이렇게 규슈신라에게로 넘어갔다. 흠명은 흠명32년 571년에 사망하면서 미마나를 다시 찾아오라는 유언을 다음과 같이 남긴다.

【(흠명 32년) 571년 4월 15일 여름 4월 무인삭 임진(15일)에 천황이 병환으로 자리에 누웠다. 황태자는 밖에 나가 없었으므로 역마로 불러 내전에 들였다. 천황이 그 손을 잡고 "내 병이 중하여 이후의 일을 너에게 맡긴다. 너는 반드시 신라를 쳐서 미마나(임나)를 세워라. 옛날과 같이 화합하여 다시 부부와 같은 사이가 된다면 죽어도 한이 없겠다." 고 말하였다.】[373]

한반도에서 금관가야는 532년에 그리고 고령 대가야는 562년에 멸망했다. 멸망했던 금관가야와 대가야가 다시 부활하고 살아나는 일 따위는 일어난 적이 없다. 그러나 『일본서기』의 562년 이후에 미마나는 다시 오사카백제에게 조공을 하기 시작했다. 흠명의 아들 민달(敏達: 비다쓰 30대 천황, 572~585)이 즉위한 이후에 일어난 일이다.

【(민달 4년) 575년 6월에 신라가 사신을 보내어 조(調)를 바쳤다. 평소

---

373) 『일본서기』「흠명 32년」. 夏四月戊寅朔壬辰, 天皇寢疾不豫. 皇太子向外不在. 驛馬召到, 引入臥內, 執其手詔曰, 朕疾甚. 以後事屬汝. 汝須打新羅, 封建任那. 更造夫婦, 惟如舊日, 死無恨之. (출처 번역: 동북아역사넷)

의 예보다 많았다. 아울러 다다라(多多羅), 수나라(須奈羅), 화타(和陀), 발귀(發鬼) 네 읍(邑)의 조(調)를 바쳤다.]374)

    이 기사의 '다다라(多多羅), 수나라(須奈羅), 화타(和陀), 발귀(發鬼)'는 이른바 천황에게 조공을 바치게 되어있는 천황의 땅인 '미마나'들이다. 민달 4년에 규슈신라는 다시 오사카백제에게 조공을 하게 되었고, 조공을 오는 길에 천황의 땅인 미마나들의 조를 함께 거둬서 오사카백제에게 바쳤다는 내용의 기사다.

    다시 말해, 『일본서기』의 미마나는 한반도 남부에 있었던 고대국가 가야 지역의 나라들을 일컫는 말이 아니다. 따라서, 흠명 23년에 신라에게 복속되었다는 미마나 10국도 한반도 남부가 아니라 규슈에 있었던 나라들에 대한 오사카백제의 실질적 조세권을 확보하지 못해서 발생한 사건을 기술한 것이다.

    규슈에 있는 이러한 미마나들은 「민달기」 기사 이후에도 조세를 성공적으로 거뒀다가 다시 실패했다가 하는 번복이 자주 발생한다. 즉, 규슈신라 세력이 미마나들을 다시 복속시키고, 그 조세권을 규슈신라가 가지고 가는 일들이 반복해서 발생했던 것이다. 이렇게 규슈를 둘러싼 공방전은 이후로도 거듭 반복되었다.

    이러한 「흠명기」의 기록은 규슈신라 세력이 규슈의 미마나들을 복속시킨 것을 규슈백제와 오사카백제가 협력하여 신라로부터 되

---

374) 『일본서기』 「민달 4년」 六月, 新羅遣使進調. 多益常例. 幷進多多羅·須奈羅·和陀·發鬼, 四邑之調. (출처 번역: 동북아역사넷)

찾아오려고 시도하려 했지만, 결국에는 성공하지 못했다는 내용이 주된 내용이다.

그런데 「흠명기」에는 백제 성왕이 어떻게 신라와의 전투 중에 사망하게 되었는지에 대한 전후 내용이 자세하게 서술되어 있다. 『삼국사기』「백제본기」에는 신라와의 전투 중에 사망한 것으로 간단하게 나오는 내용이[375] 『일본서기』에는 아들 여창(여창)을 구하려다가 성(명)왕이 사망한 것으로 그 전후 내용이 자세하게 기록되어 있다. 또한, 여창이 고구려와 전투했던 내용도 나온다. 이 내용들이 규슈에서 발생한 사건인지 아니면 본토에서 발생한 사건들을 기록해 놓은 것인지는 분명하지 않다. 다만, 본고는 여창이 신라와 전투하는 과정에 "활을 잘 쏘는 축자국조(筑紫國造: 츠쿠시노쿠니노미야츠코)"[376]라는 사람이 나오는 것으로 보아 이 전쟁이 규슈 북부인 축자(筑紫)에서 일어났을 가능성도 있다고 생각한다. 즉, 성명왕이 신라와의 전투에서 사망한 곳이 본토가 아니라 규슈

---

375) 『삼국사기』「백제본기」 32년(554) 가을 7월에 왕이 신라를 습격하려고 몸소 보병과 기병 50명을 거느리고 밤에 구천(狗川)에 이르렀다. 신라의 복병이 일어나 더불어 싸웠으나 포악한 병사(亂兵)들에게 살해되어 돌아가셨다. 시호를 성(聖)이라 하였다.(三十二年, 秋七月, 王欲襲新羅, 親帥步騎五十, 夜至狗川, 新羅伏兵發與戰, 爲亂兵所害薨, 諡曰聖.)

376) 『일본서기』「흠명」 15년(여창이 신라를 정벌할 것을 모의하니 기로(耆老)가 "하늘이 아직 우리와 함께하고 있지 않습니다. 화가 미칠까 두렵습니다."라고 간언하였다. 여창이 "늙었구려, 무엇을 겁내는가. 우리는 대국(大國)을 섬기고 있는데 어찌 두려울 것이 있겠는가."라고 하였다. 드디어 신라국에 들어가 구타모라(久陀牟羅)에 성책을 쌓았다. 그 아버지 명왕은 여창이 계속된 전쟁에 오랫동안 쉬지도, 먹지도 못하면서 고생하는 것을 걱정하였다. 어버이의 자애로움도 펼치지 못하고 부족함이 많으면 아들도 효도할 수 없다고 생각하였다. 그래서 몸소 가서 그 노고를 위로하고자 하였다. 신라는 명왕이 친히 왔다는 소식을 듣고 나라 안의 모든 군사를 징발하여 길을 차단하고 격파하였다. 또한 이때 신라에서는 좌지촌(佐知村)의 사마노(飼馬奴) 고도(苦都)[다른 이름은 곡지(谷智)이다.]에게 "고도는 천한 놈이다.

376) 명왕은 유명한 군주다. 이제 비천한 노비에게 유명한 군주를 죽이게 하자. 후세에 전해져 사람들의 입에서 잊히지 않기를 바란다."고 말하였다. 얼마 후 고도가 명왕을 사로잡아 두 번 절하고 "왕의 머리를 베도록 해 주십시오."라고 말하였다. 명왕은 "왕의 머리를 노비의 손에 건네줄 수 없다."고 말하였다. 고도는 "우리나라의 법에는 맹약을 어기면 비록 국왕이라 할지라도 노비의 손에 죽습니다."라고 말하였다[어떤 책에는 "명왕이 호상(胡床)에 허리를 기대고 앉아 곡지(谷智)에게 차고 있던 칼을 풀어 주며 베도록 하였다."고 한다.].
  명왕이 하늘을 우러러 크게 탄식하고 눈물을 흘리며 허락하기를, "과인이 생각할 때마다 늘 고통이 골수에까지 사무쳤다. 돌이켜 헤아려 보아도 구차하게 살 수는 없다."고 하면서 머리를 내밀어 베도록 하였다. 고도는 목을 베어 죽이고 구덩이를 파서 묻었다[어떤 책에는 "신라는 명왕의 두골을 남겨 매장하고 나머지 뼈는 예를 갖춰 백제에 보냈다. 지금 신라왕이 명왕의 뼈를 북청(北廳) 계단 아래에 묻었다. 이름하여 그 관청을 도당(都堂)이라 한다."고 한다.]. 여창은 마침내 포위당하여 빠져나오지 못하고 있었다. 사졸들은 놀라 어찌할 바를 몰랐다. 이때, 축자국조(筑紫國造: 츠쿠시노쿠니노미야츠코)라는 활을 잘 쏘는 사람이 있었다. 그는 앞으로 나아가 활시위를 당겨 신라의 기병 중 가장 용감한 자를 쏘아 떨어뜨렸다. 쏜 화살은 예리하여 말안장 앞의 전륜(前輪)과 후륜(後輪)을 관통하여 갑옷의 옷깃까지 다다랐다. 계속해서 쏜 화살은 비 오듯이 줄기차게 이어져 포위한 군대를 퇴각시켰다. 여창과 여러 장수들은 샛길로 도망하여 돌아갈 수 있었다. 여창은 국조가 홀로 포위한 군대를 물리친 것을 칭찬하며 안교군(鞍橋君: 쿠라지노키미)이라 높여 불렀다[안교는 여기서는 구라니(矩羅膩: 쿠라지)라고 한다.]. 이때 신라 장수들은 백제가 피로하고 지쳤음을 알고 드디어 전멸시키고자 하였다. 그러자 한 장수가 "안 된다. 일본 천황이 임나 문제 때문에 여러 번 우리나라를 책망하였다. 하물며 다시 백제 관가를 멸망시킨다면 반드시 후환이 따를 것이다."라고 말하였다. 그래서 그만 중지하였다.(餘昌謀伐新羅. 耆老諫曰, 天未與. 懼禍及. 餘昌曰, 老矣, 何怯也. 我事大國, 有何懼也. 遂入新羅國, 築久陀牟羅塞. 其父明王憂慮, 餘昌長苦行陣, 久廢眠食. 父慈多闕, 子孝希成. 乃自往迎慰勞. 新羅聞明王親來, 悉發國中兵, 斷道擊破. 是時, 新羅謂佐知村飼馬奴苦都[更名谷智]曰, 苦都賤奴也. 明王名主也. 今使賤奴殺名主. 冀傳後世, 莫忘於口. 已而苦都, 乃獲明王, 再拜曰, 請斬王首. 明王對曰, 王頭不合受奴手. 苦都曰, 我國法, 違背所盟, 雖曰國王, 當受奴手[一本云, 明王乘踞胡床, 解授佩刀於谷知令斬.]. 明王仰天, 大息涕泣, 許諾曰, 寡人每念, 常痛入骨髓. 顧計不可苟活, 乃延首受斬. 苦都斬首而殺. 掘坎而埋[一本云, 新羅留 001理明王頭骨, 而以禮送餘骨於百濟. 今新羅王埋明王骨於北廳階下. 名此廳曰都堂.]. 餘昌遂見圍繞, 欲出不得. 士卒遑駭, 不知所圖. 有能射人, 筑紫國造. 進而彎弓, 占擬射落新羅騎卒最勇壯者. 發箭之利, 通所乘鞍前後橋, 及其被甲領會也. 復續發箭如雨, 彌厲不懈. 射却圍軍. 由是, 餘昌及諸將等, 得從間道逃歸. 餘昌讚國造射却圍軍, 尊而名曰鞍橋君[鞍橋, 此云矩羅膩.]. 於是, 新羅將等, 具知百濟疲盡, 遂欲謀滅無餘. 有一將曰, 不可. 日本天皇, 以任那事, 屢責吾國. 況復謀滅百濟官家, 必招後患. 故止之.) (출처 번역: 동북아역사넷)

일 가능성도 열어 놔야 한다고 생각한다는 것이다.

한편, 「흠명기」에는 고구려의 기사도 나온다. 고구려 24대왕 양원왕(陽原王, 545~559)때의 내부 파벌 다툼에 대한 기사다.[377] 이런 기사는 본토 고구려에 대한 기사로 봐야 한다. 『일본서기』에 나타나는 고구려, 백제, 신라는 대부분 규슈 등을 포함한 열도에 있는 고구려, 백제, 신라의 이야기이지만, 그 외에 본토 상황을 탐색한 기사 내용도 있다. 양원왕 때 고구려 내부 파벌 싸움에 관한 기사가 대표적인 것이다. 본토와 관련해서는 주로 고구려의 내정을 염탐한 내용의 기사가 등장한다. 이것은 당시 열도에 갇힌 백제 세력이 바다를 건너 중국과 교류하기 위해서 고구려의 내정 상황을 열심히 염탐한 것을 기록으로 남긴 결과로 보인다.

즉, 『일본서기』에는 당대 중국과의 교류나 중국의 상황에 대한 기록은 전혀 없는데, 반면에 본토 고구려의 내정 소식이나 또 본토 백제왕의 정권 교체 소식만큼은 비교적 자세하게 기록되어 있다는 것에 주목할 필요가 있다. 이것은 그 자체로 열도로 이주한 백제 세력이 외부와 교류할 수 있는 유일한 통로가 본토 외에는

---

377) 『일본서기』「흠명 7년」 546년(昰歲) 이 해에 고구려에 대란이 있었다. 무릇 싸우다 죽은 자가 2천여 명이었다[『백제본기』에서 "고구려에서 정월 병오에 중부인(中夫人)의 아들을 왕으로 세웠다. 나이가 8살이었다. 박왕(狛王)에게는 3명의 부인이 있었다. 정부인(正夫人)에게는 아들이 없었다. 중부인(中夫人)이 세자(世子)를 낳았다. 그의 외할아버지가 추군(麁群)이었다. 소부인(小夫人)도 아들을 낳았다. 그의 외할아버지는 세군(細群)이었다. 박왕이 병에 걸려 위독해지자 세군과 추군이 각각 부인이 낳은 아들을 즉위시키고자 하였다. 그래서 세군 측에서 죽은 자가 2천여 명이었다."고 한다.].(昰歲, 高麗大亂. 凡鬪死者二千餘[百濟本記云, 高麗, 以正月丙午, 立中夫人子爲王. 年八歲, 狛王有三夫人. 正夫人無子, 中夫人生世子. 其舅氏麁群也. 小夫人生子, 其舅氏細群也. 及狛王疾篤, 細群·麁群, 各欲立其夫人之子. 故細群死者, 二千餘人也.].) (출처 번역: 동북아역사넷)

없었다는 것을 의미하는 것이다.

그러므로 『일본서기』에 본토와 관련된 기사 내용들이 일부 있다고 하더라도 그것이 곧 『일본서기』에서 언급되는 모든 사건들과 관련하여 나타나는 고구려, 백제, 신라 모두가 한반도 본토에 있었던 3국을 지칭하는 것이라고 오해해서는 안 된다는 것이 본고의 주장이다. 정리하자면, 『일본서기』에 나타나는 고구려, 백제, 신라, 미마나라는 국명들과 관련한 지명들은 거의 모두 열도에서 일어난 사건들과 관련된 국명과 지명들이다. 여기에 일부 고구려나 백제의 본토 내부 정치 관련 기사가 기록되어 있는 것은 열도에서 유일하게 외부 세계와 연결된 세상이 한반도 본토이기 때문에 열도 세력의 안위와 관련하여 본토 나라들의 내정을 염탐한 소식들을 기록해 놓은 것으로 해석할 수 있다.

4장

결론
- 비문의 마츠라(任那)에서 『일본서기』의 미마나(任那)로

『일본서기』의 내용은 한마디로, 결국 열도에서 신라를 몰아낸다는 내용이다. 신라가 패배해서 쫓겨나는 일은 한반도 본토에서 벌어진 일이 아니다. 『일본서기』에는 신라·백제 국명이 쉬지 않고 등장하고, 고구려의 국명도 틈틈이 나타난다. 또한, 이들과 관련하여 미마나(任那)라는 세력들이 거주하고 있다는 지명도 계속 등장한다.

신라 세력들을 몰아내는 『일본서기』의 내용들에는 하나같이 신라에 대한 혐오와 증오가 두텁게 깔려 있다. 이것은 『일본서기』의 편찬자들이 이른바 천황이라고 하는 체계를 만든 세력들과 같은 세력일 것이라는 추정에 확신을 심어 준다.

이러한 『일본서기』에 대한 해석에서 남한의 주류 이른바 강단사학계와 일본학계는 『일본서기』에 나타나는 지명(地名)의 위치를 모두 한반도 남부에 비정하고 있다. 그들의 주장은 『일본서기』는 왜곡·조작·각색되어서 믿을 수는 없지만, 그 사건들에 나타나는 지명들이 모두 한반도 남부에 있었다는 것은 믿을 수 있다는 것이다.

본고는 무엇보다도 그들의 이러한 주장에 심각한 모순이 있다는 문제의식에서 출발하였다. 『일본서기』의 지명(地名)들은 어떤 사건이 발생했을 때 그 사건이 발생한 것을 기술하는 와중에서 나타나는 것이다. 즉, 그 사건들을 온전하게 통일적으로 설명하지 못하면서, 단지 '신라'라는 국명이 『일본서기』에 나온다는 이유와 더 나아가 '임나=가야'라는 임의의 공식을 확고부동한 무오류의 사상적 전제로 설정해 놓는 것은 심각한 편견이다. 모든 지명들이 한반도 남부로 비정되는 것을 의심해야 하는 것이 오히려 학문적 연구자의 태도여야 한다는 것이 본고의 생각이다.

한반도 본토의 고대 국가 주민들이 수 세기에 걸쳐 열도로 이주해 간 것은 과학적으로 분명하게 검증되고 있는 사실이다. 인류유전학의 거듭되는 연구 결과는 하나같이 일관성 있게 현재 한국인과 일본인과의 유전적 유사성이 가장 높다고 발표하고 있다. 이것은 지금부터 1,500여 년 전에 열도로 이주한 한반도 본토 고대 국가 주민들의 숫자가 무시될 만큼의 소수가 아니었다는 것을 증명하는 것이다. 이주민들의 숫자가 소수였다면 1,500년이 지나면서 열도 원주민들 속으로 흡수되었을 것이기 때문이다. 따라서, 지금쯤이면 한국인들과 일본인들과의 유전자 유사도가 현저하게 멀어져 있는 결과가 나왔을 것이다.

따라서, 인류유전학이라는 과학적 연구 결과를 전적으로 수용하면 고대 열도에 살면서 여러 가지 활동들을 했던 사람들은 바로 한반도 본토에서 넘어간 신라·백제·고구려·가야 사람들이라는 것을 인정할 수밖에 없는 것이다. 그렇다면 고대를 기록하고 있는 각 종 문헌과 금석문에 등장하는 이른바 '왜'가 누구인가에 대한 것도 인류유전학 연구 결과를 적용하여 모두 설명할 수 있어야 하는 것이다.

그런데 인류유전학의 연구 결과를 문헌과 금석문의 해석에 적용하는 것에 주류 강단사학계와 일본학계는 완전하게 부정하고 있으며, 이른바 민족주의 사학이라고 하는 재야사학계도 인류유전학의 연구 결과를 문헌과 금석문 해석에 전면적으로 적용하지 않고 있다. 즉, 민족주의 재야사학계도 고대 문헌과 금석문에 나타나는 '왜'를 '별도의 인적 집단이자 독립된 정치적 존재'로 인식하고 있다는 것이다. 본고는 이러한 관점이 '고대 왜'를 '한민족을 잦은 침략으로 괴롭히며 정치적으로 완전하게 독립된 정체성을 가진 고려, 조선시대 이후의 왜(倭寇)'를 '고대 倭'와 동일한 시각으로 보고 있다고 생각한다. 즉, 재야 민족사학계조차도 '고대 倭'를 '독립된 정치적 정체성을 가진 별도의 자립적 정치체'로 보고 있기 때문에 인류유전학의 연구 결과를 문헌·금석문 해석에 전적으로 적용하지 않고 있다는 말이다. 그에 따라 문헌·금석문 해석은 인류유전학의 연구 결과를 적용하여 연구하는 것이 아니라 다른 영역에서 연구해야 한다는 관념을 가지고 있는 것처럼 보인다.

이런 관점은 동시에 '고대 왜'에 대한 인종적 혐오와 폄하의 시각도 함께 가지고 있다. 즉, '고대 왜=중세 이후의 왜(왜구)'로 보는 관점은 '고대 왜'는 한반도 고대 국가보다 모든 면에서 수준이 형편없이 낮았다고 보는 것으로 연결된다. 철기 제조의 핵심 부분인 '철정 제조' 기술에 대한 흔적이 열도에서는 6세기 중반에 가서야 그 유적이 나타나기 때문에, 그것을 기준으로 열도의 고대 왜는 모든 면에서 기술적 수준이 낮았다고 보는 것이다.

열도의 기술 발전은 본토 한반도 이주민들에 의해 이식된 것이기 때문에 발전 시기가 본토보다 늦을 수밖에 없는 것은 사실이다. 그러나 그렇다고 해서 그 수준이 최재석이 비유한 것처럼 호주에 영국인들이 도착했을 때 당시 호주 원주민들의 기술 수준과 영국인들의 기술 수준처럼 압도적이고 막대한 격차가 있었다고 볼 수는 없다. 왜냐하면 이미 고조선 시기부터 꾸준하게 한반도 본토 고대 국가 주민들이 이주해서 열도의 인구를 형성했고, 그 이후에도 열도의 규슈는 한반도 본토 남부와 결합하여 하나의 생활권을 이루고 있었기 때문이다. 따라서 열도에 사는 한인이었던 사람들의 기술 수준이 형편없이 낮았다고 볼 수는 없다.

한편, 열도에는 4세기 말이나 5세기 초에야 말이 들어갔다. 소도 마찬가지다. 소나 말과 같은 동물이 열도에서는 흔하게 발견할 수 있는 가축이 아니다. 소나 말은 여러 가지 용도로 필요한 가축인데, 그 가죽은 신발을 만드는 데 사용된다. 고대에는 동물 가죽으로 신발을 만드는 것 외에는 다른 소재가 없었다. 따라서, 「양직공도」에 그려진 왜의 사신이 신발을 안 신고 있다는 것이 왜의 기술 수준이 형편없었다는 것을 대표적으로 증명하는 상징이 될 수 있는 것은 아니다.

또한, 8세기까지 왜의 선박 제조술이나 항해술이 형편없었다고 하는 것도 일반화할 수 있는 논증이 아니다. 왜의 선박 제조술은 이미 2세기~3세기의 비미호 시대부터 규슈에서 고대 요동에 있었던 대방군까지 갔다 왔다 하는 수준이었다. 이때 비미호를 대표로 하여 『삼국지』「위지」「왜전」에 나타나는 왜국은 규슈에 있던 '신라인들이 세운 나라'이다. 이에 관해 본고는 비미호의 왜국이 본토 신라에서 정권 패권 다툼에서 밀려나 8대 임금인 아달라이사금 이후로 사라진 '박씨 정권의 후예들'이라고 정의했다. 따라서 '고대 왜'가 8세기에 견당사를 보낼 때, 신라에게 신라배의 승선을 요청한 것은 선박 제조술과 항해 기술 수준이 낮아서였기 때문이 아니다. 그것보다는 '신라의 허락을 받아야 신라의 바다를 거쳐 중국에 갈 수 있는 국제 정치 패권 상황' 때문이었다고 보는 것이 더 합당한 관점이다. 즉, 본토에서 완전히 밀려난 '열도의 한인인 왜'는 신라의 허락 없이는 서해바다를 이용할 수 없었기 때문이라는 것이다.

본고는 이러한 '고대 왜'에 대한 왜곡된 인종적 혐오·폄하 시각을 가진 연구 태도가 '고대 왜'와 '고대 당대의 각 고대 국가들이 처해 있었던 국제정치적 상황'을 파악하는 것을 방해한다는 문제의식을 가지고 있다. 그런 이유로 이를 극복하기 위한 다른 용어를 제안했다. 즉, 고대 문헌·금석문에 나타나는 '왜'는 그 바이오로지컬 유전자가 전적으로 韓人이기 때문에 '韓人倭'를 줄여서 '韓倭'라고 해야 적절하다는 견해를 제시했다.

'韓倭'는 열도로 이주한 韓人들이다. 따라서 '고대 왜'는 열도에 사는 한인들을 지칭하는 용어였다. 중국 고대 문헌인『삼국지』「위지」「왜전」에서 저자 진수(陳壽, 233~297)는 '왜'가 '물가 해안가에 살면서 물고기잡이를 잘하는 사람들'을 지칭하는 개념어였는데, 漢武帝가 위만조선을 복속시키고 한 4군(漢四郡)을 고대 요동 지역에 설치한 이후부터의 '왜'는 '열도의 왜'를 지칭하는 것으로 바뀌었다는 것을 잘 설명하고 있다. 이에 대해 본고는 '고대 왜'의 정체성이 어느 시기에 어떻게 변화되어 어떤 사람들을 지칭하는 개념의 말로 변화되어 갔는지 중국 고대 문헌들의 분석을 통해 해명했다.

'고대 왜'는 '韓人倭'라는 것은 인류유전학 연구 결과를 전면적으로 적용한 개념어다. '고대 왜'가 '韓人倭·韓倭'라는 것을 이해한다면 광개토태왕릉비문의 '고대 왜'도 '韓人倭·韓倭'라는 것을 알 수 있다. 그렇게 되면 비문의 영락 5년조에 '신묘년에 왜가 왔다'는 것이 규슈에 살고 있는 '韓人倭'가 본토에 와서 광개토태왕이 용납할 수 없는 어떤 정치적 사건을 저지른 것이라고 짐작할 수 있다. 이때의 정치적 사건이 광개토태왕으로 하여금 규슈 정벌을 해야겠다는 결심을 하게 만든 계기가 되었을 것이고, 그 결과 규슈에 고구려 군이 상륙하였다는 내용이 400년 경자년조의 '임나가라종발성'으로 나타났다는 것이 본고의 주장이다. 즉, 비문의 '왜'는 본토 백제에 부역하는 韓倭로 규슈백제라고 보는 것이다. 광개토태왕은 '신묘년조에 본토로 건너온 왜가 저지른 정치적 사건'으로 인해, 본토 백제만 토벌하는 것으로는 백제를 완벽하게 통제·제어할 수 없다는 것을 깨닫는다. 이에 본토 백제(비문에서는 백잔)와 규슈 백제(비문에서는 왜)를 동시에 일망타진할 것을 계획했고, 그 결심을 실행하기 위한 전쟁 준비를 수년간 한 뒤에 경자년 조에 규슈에 상륙했다고 본고는 서술했다.

열도로 이주한 한인들이 '고대 왜'라는 것을 정확하게 이해한다면, 『삼국사기』「신라본기」에서 오로지 신라만 공격하는 왜도 韓倭라는 것을 알 수 있다. 이때의 한왜는 신라의 정권 다툼에서 밀려난 반신라 정권 세력으로 '밀려난 박씨정권 후손들'이 본토 신라를 공격하는 핵심 세력이고, 이들이 신라만 공격하는 연대 세력들의 중심 세력이었을 것으로 본고는 추정했다.

이 규슈신라 세력이 곧 고대 규슈에 있었던 '왜'의 정체이며 고대 중국 문헌에 나오는 '비미호'로 대표되는 '왜국'이다. 이렇게 보면 '왜국'이 고대 중국 문헌에서 비미호 이후로 나타나지 않다가 5세기에 갑자기 '왜 5왕 찬, 진, 제, 흥, 무'로 나타난다는 147년간의 왜국 실종 미스터리도 해명할 수 있다. 즉, 왜 5왕의 '왜'도 역시 '韓倭'라는 것이다. 비미호 이후 사라졌다가 5세기에 갑자기 왜 5왕이 나타나고 또 그 이후 왜국이 사라지는 것은 모두 고구려의 고대 요동 지역 확보 전쟁과 그 이후 남진하여 규슈를 복속시켰기 때문에 나타난 결과다. 본고의 본문에서 이 과정에 대해 상세하게 설명해 놓았다.

중국 고대 문헌들과 『삼국사기』와 광개토태왕릉비문에 등장하는 고대 왜의 기록은 한반도 본토 한인들이 열도로 이주하여 활동한 결과들에 대한 기록들이다. 이에 따라 능비문의 경자년조의 '임나라가'는 열도로 이주한 '한왜'들을 고구려의 이익에 맞게 재편성 결과로 나타나는 것이다.

본고는 5세기에 고구려가 서해패권을 전부 장악할 정도로 강성했고, 그 강성한 고구려가 규슈에 상륙하여 규슈의 한왜들을 고구려에게 저항하지 못하도록 만든 결과가 '5세기의 한왜 5왕'이라는 것을 문헌들의 비교를 통해 논증했다. 이때 고구려가 상륙한 곳이 경자년조의 '임나가라'인데, 이곳은 『삼국지』「위지(魏志)」「왜(倭)」전에 나오는 말로국(末盧國)이라고 비정했다.

'任那'라는 말을 현재의 정격 한자음인 '임나'로 당대에 읽었을 것이라는 확고한 전제는 사실 따지고 보면 근거 없는 맹신에 불과하다. 사실 5세기 당대 사람들이 현재 우리가 알고 있는 정격 한자음과 같은 발음으로 지명들을 발음했을 것이라는 증거는 어디에도 없다. 신라의 향찰인 향가는 고대에 대해 우리가 여전히 얼마나 많은 것들을 모르고 있는지 확인시켜 주는 대표적인 증거들이다.

고구려군이 '백잔(본토백제)과 왜(열도의 백제)'를 동시에 토벌하기 위해 최종 상륙한 곳을 한반도 남부 '가야'라고 볼 근거도 어디에도 없다. 그런데도 비문의 경자년조의 '임나가라'에서 '가라'가 나온다는 이유만으로 고구려군이 최종 도착한 곳이 한반도 남부의 고대 국가 가야 지역이라고 단정적으로 주장한다. '任那'라는 단어는 '가야들 중 어느 하나거나 또는 가야 나라들을 총칭하는 말'이라고 정의하면서, 이 단어가 『일본서기』에 나오는 '任那'와 같은 나라라고 단언한다.

이에 본고는 비문의 '任那'는 현재 규슈 북부인 나가사키현(長崎縣) 북부에 있는 松浦市(마츠우라, まつうら)로 비정하면서, '任那'의 당대 발음이 현재의 정격 한자음인 '임나'가 아니었을 가능성이 높다는 견해를 제시했다.

즉, '任'은 훈독으로 '(임무를) 맡다' 의 뜻이거나 또는 고대에 '맏이, 우두머리'의 차자의 훈독으로 '맡을 임'이 쓰였다고 보았다. '那' 역시 '那羅'의 줄임말로, 이 역시 순우리말인 '나라'의 차자다. 이렇게 보면 '任那'는 '맡을 나'고, 이것은 '마츠라'로 발음되었을 것으로 추정된다. 그러한 발음은 현재 규슈 북부인 나가사키현(長崎縣) 북부에 있는 松浦市(마츠우라, まつうら)에 그 발음의 흔적이 그대로 남아 있다는 것을 확인할 수 있는 것이다. 현재의 松浦市(마츠우라, まつうら)는 『삼국지』「위지」「왜전」에 나오는 말로국(末盧國)이다. 말로국의 일본어 발음이 '마츠라코쿠'로 발음되기 때문이기도 하고, 이곳에서 중국과 교류했던 중국식 청동기와 청동거울 등도 발굴되고 있기 때문이기도 하다. 이에 본고는 비문의 '任那'는 '마츠라'로 발음되는 현재의 松浦市(마츠우라, まつうら)로 비정했다. 이곳은 또한 12세기 여몽연합군이 상륙했던 곳이다. 본고는 당시 여몽연합군이 상륙했을 때 그 바닷길의 레퍼런스 중 하나를 고구려의 상륙 루트에서 가져왔을 가능성도 있을 것이라고 추정했다. 松浦市(마츠우라, まつうら)의 시청 홈페이지에는 여몽연합군의 상륙과 『삼국지』「위지」「왜전」의 내용들을 인용하여 관광 관련 안내문들이 작성되어 있기도 하다.

'任那(마츠라)'가 최초로 등장하는 기록은 광개토태왕릉비문의 경자년조이기 때문에 任那(마츠라)에 관한 모든 연구의 출발점은 광개토태왕릉비문에서 시작할 수밖에 없다. 이렇게 '고대 왜=한인왜'라는 것에서 출발하여 비문의 '왜=한인왜=규슈백제'라는 결론에서 고구려군이 본토백제와 본토백제를 부역하는 규슈백제를 동시에 일망타진하기 위해 규슈에 상륙했고, 그곳은 '松浦市(마츠우라, まつうら)'라고 본고는 서술했다.

본고는 이어서 그 '松浦市(마츠우라, まつうら)'와 『일본서기』의 '任那'의 정체와 위치는 고구려가 5세기 초 400년에 규슈 松浦市(마츠우라, まつうら)에 상륙한 뒤에 규슈의 각 정치 세력들의 세력 판도가 변화되는 것과 관련이 있을 것이라고 추정했다. 즉, 고구려군의 5세기 규슈 상륙은 열도의 정치 세력들의 패권 다툼에 큰 영향을 미쳤을 것이고, 그에 따라 '任那'의 성격과 위치도 달라질 것이라고 추정했다는 것이다.

이에 따라 본고는 『일본서기』의 연대를 재구성해야 한다고 보았다. 다시 말해, 『일본서기』는 처음부터 편찬자의 의도에 의해 연대가 조작된 것이므로 그 연대를 고구려의 5세기 규슈 침공을 기준으로 재구성해야 한다고 보았다는 것이다. 연대는 5세기를 중심으로 공간(空間)은 규슈를 중심으로 『일본서기』의 사건들을 재구성한다면, '任那'의 정체와 위치를 규명할 수 있을 것으로 보았다.

따라서 5세기 고구려의 규슈 침공을 중심에 두고, 2~4세기까지 규슈에서 발생했던 사건들의 『일본서기』 기록들과 5세기 이후 사건들의 『일본서기』 기록들로 나누었다. 이렇게 연대를 재구성하면 각 기록에 나타나는 '任那(미마나)'의 위치를 규명할 수 있다고 보았다. 본문에서 '任那(미마나)'의 성격과 위치를 규명하기 위한 『일본서기』 연대를 재구성한 순서는 다음의 표와 같다.

『일본서기』 연대의 재구성

연대	사건들이 발생한 공간	일본서기	비고
2세기~4세기	규슈	신공기, 응신기	규슈신라=비미호(한 왜)를 본토백제, 규슈백제, 오사카백제가 함께 정벌한 사건들
5세기	고구려의 규슈 침공		광개토태왕릉비문의 '마츠라(任那)'
5세기 중후반	규슈 세력 중 어떤 세력(백제 세력)이 오사카로 이동	신무기	신무동정사건=백제 무령왕=(한)왜왕 무
5세기 말 즈음	오사카 정착	신무, 숭신, 수인	마츠라(任那)에서 '미마나(任那)'로 성격이 바뀜.
6세기	오사카에 정착한 세력들의 다시 서진하면서 규슈 재진입 시도	웅략, 계체, 흠명	규슈신라, 규슈백제, 본토백제, 오사카백제의 규슈 '미마나' 쟁탈 공방전

『일본서기』 전체에 대한 연대 재구성은 현재 본고의 능력 밖이라 하지 못했다. 다만, 광개토태왕이 보낸 고구려군의 규슈 상륙으로 나타난 경자년조의 '任那(마츠라)'를 중심으로 5세기 이전의 규슈 상황과 고구려군의 상륙 이후 발생한 규슈와 오사카 상황들과 연계하여 '任那(마츠라)'의 성격이 변화하고, 그에 따라 위치에도 변화가 있다는 것을 해명하고자 했다.

『일본서기』에서 1대 천황인 신무는 서기전 667년에 규슈를 떠나 서기전 660년에 오사카에 도착해서 즉위한 것으로 기록되어 있지만, 본고는 김석형·조희승의 견해를 따라 신무의 동정이 5세기 말 즈음에 일어난 사건으로 보았다. 그 근거 역시 김석형·조희승의 주장인 규슈에서는 5세기 초부터 나타나는 백제식 횡혈식 석실이 오사카 지역에서 등장하는 시기는 5세기 말이라는 것에서 가지고 왔다. 즉, 5세기 초에 규슈에서는 일반적으로 나타나는 백제식 횡혈식 석실[378]이 오사카 지역에서는 5세기 말에나 가서야 등장하는 것을 근거로 이때 규슈에서 오사카로 이동한 세력들이 있다는 증거라고 보았다. 또, 이것이 『일본서기』에는 신무의 동정으로 기록된 것이라고 본 것이다.

---

378) 백제식 횡혈식 석실이라는 말에서 '백제식'이라는 용어는 본고가 자의적으로 붙인 용어다. 이것은 무령왕릉의 횡혈식 석실처럼 5세기 이후 6세기로 가면서 더욱 분명하게 백제 특유의 형태가 확정되는 무덤들에 대한 명칭이다. 백제 무덤은 무령왕릉처럼 완벽한 구조의 횡혈식석실 구조가 나타나기 전에는 "움무덤[土壙墓], 돌덧널무덤[石槨墓], 돌무지무덤[積石塚], 독널무덤[항아리무덤: 甕棺墓], 돌방무덤[石室墳], 기타로 구분하여 약 18가지의 유형"으로 혼재되어 나타났었다(한국민족문화백과사전- 백제무덤 인용). 따라서 5세기 이후 등장한 백제의 횡혈식석실무덤을 "백제식 횡혈식석실무덤"이라고 본고는 표현했다.

본고는 여기에서 더 나아가 '신무의 동정'이 5세기 말에 일어난 것이라면 같은 시기에 활동했던 백제 무령왕과 (한)왜왕 무가 『일본서기』의 신무천황일 가능성이 있다는 견해를 제시했다. 이에 대해서는 신무가 5세기말에 실존했던 인물이라면 동시대에 존재했던 백제 무령왕과 (한)왜왕 무가 열도에서 각 각 따로 활동했던 다른 인물들이라고 보기 힘들기 때문이라는 것을 근거로 들었다.

'任那(마츠라)'는 5세기 말 신무(神武)의 동정 이후 「수인(垂仁)기」에서 "아버지 숭신의 이름인 미마키를 따서 나라 이름을 '미마나'로 부르도록 하라.[379]"는 수인의 명령에 의해 '任那(마츠라)'는 '任那(미마나)'로 불리게 된다. 따라서 현재 『일본서기』의 '任那'를 '임나'라고 발음하는 것은 아무 근거가 없는 발음 행태이다. 수인천황이 '任那(마츠라)'를 아버지 숭신의 이름을 따서 '任那(미마나)'라고 부르라고 한 것은 바로 그 땅 또는 그 나라가 '천황의 나라' 또는 '천황에게만 조공을 바쳐야 하는 나라'라는 뜻으로 그 정치적 귀속 영역이 오사카에 자리 잡은 백제 세력(『일본서기』상의 천황 세력)에게 있다는 것을 만천하에 공표했다는 뜻이기 때문이다.

'任那(미마나)'를 둘러싼 모든 논쟁은 사실 이 '任那(미마나)'로 명칭이 바뀌었다는 것의 정치적 의미만 분명히 하면 더 이상 논쟁이 될 여지가 없는 부분이라고 본고는 보고 있다. 즉, 『일본서기』의 미마나는 숭신천황의 이름인 '미마키'에서 '미마'를 따고 '那羅'의

---

379) 『일본서기』「수인 2년」… 便爲汝國名. 仍以赤織絹給阿羅斯等, 返于本土. 故號其國謂彌摩那國, 其是之緣也…

'那'는 그대로 두고 '任(맡을)' 부분만 '미마'로 바꿨다는 것이다. 이것이 바로 정치적 의미다. 천황의 이름을 붙인 땅은 천황에게만 조공을 바쳐야 한다는 뜻이다. 그런데 이 '任那(미마나)'를 한반도 남부 가야들을 가리키는 또 다른 이름이라고 정의한다면 오사카에 자리 잡은 정치 세력이 당시 한반도 남부에까지 영향력을 미쳐 통치하면서 조공을 받았다는 뜻이 되는 것이다. 이런 사건들은 물론 일어난 적이 없다.

따라서, '任那(마츠라)'가 '任那(미마나)'로 그 발음이 변했다는 것은 고구려군의 5세기 규슈 상륙 이후에 열도에서 일어난 어떤 정치적 변화를 의미하는 것이라고 보는 것이 합리적이다. 이 '任那(마츠라)'가 '任那(미마나)'로 이름이 변한 이후에 '미마나'로부터 조공을 제대로 받기 위한 오사카 정착 세력들의 지난한 투쟁을 기록한 것이 '미마나' 관련 기사들의 내용이다. 여기서 오사카 정착 세력이란 5세기 말에 규슈를 떠나 오사카에 정착한 세력으로, 본고는 그 세력이 본토백제의 근초고왕의 후손들 중 일부일 것이라고 본문에서 자세한 내용으로 설명하며 추론했다.

즉, 오사카 정착 세력은 오사카백제인 것이고, 이 세력이 후일에 오사카에서 규슈까지 장악하여 규슈백제와 규슈신라까지 몰아내고 서일본 열도를 장악하는 세력이 된 것으로 본다. 이 세력은 일반적으로 이른바 '야마토왜'라고 불린다. 『일본서기』는 이 '야마토왜', 즉, 오사카백제 세력의 입장으로 각색 조작되어 기록된 것이다. 이른바 야마토왜라고 하는 오사카백제가 스스로를 '일본'이라고 명명하며 본토와 관련이 없는 독자적인 정치체로서의 정체성의 구축을 시도한 것은 『일본서기』가 편찬되는 8세기 즈음이다.

그런데 '일본'이라는 말은 백제가 스스로를 '일본'이라고 불렀던 말이라는 것을 보여 주는 증거가 2011년에 중국에서 발견된 백제인 예군(禰軍 613~678) 묘지명에서 드러났다는 것을 본고는 본문에서 설명했다.[380]

즉, 이것은 오사카백제가 자신의 정치적 독자성을 본토와 구별되는 정치체로 수 세기에 걸쳐 확립해 나갔다는 것을 의미한다. 따라서, 8세기 이후에 정치적 정체성 확립에 나서기 전의 열도의 정치 세력들을 본토에서 분리된 독자적인 정치체로 보기 어렵다는 것이 본고의 관점이기도 하다. 열도로 이주한 韓人들 중 백제 출신들이 본토 백제로부터 물려받은 그 정신적 고향에 대한 정서적 의존감을 버리고 홀로서기를 해야 한다는 것은 조각배를 타고 망망대해로 나가는, 탯줄이 끊어진 채 버려진 태아의 심정이었을 것이다.

오사카백제의 이런 정서적 허탈감과 그에 따른 신라 혐오와 분노가 고스란히 담긴 책이 『일본서기』다. 오사카백제는 본토백제의 통할 아래에 있다가 규슈백제와 길항 관계에 있기도 했으며, 규슈 신라를 정벌하여 손아귀에 넣기까지 밀고 당기는 힘겨루기를 끊임없이 한 세력이다. 이에 따라 천황의 땅인 미마나를 오사카백제

---

380) 이에 대해서는 다른 학설들이 존재하기는 하지만 본고는 백제가 스스로를 일본이라고 불렀다는 학설을 채택한다.

의 세력이 약하여 그 조공물들이 오사카백제에게 오지 못하는 상황일 때가 많았다. 이에 해당 지역의 미마나 주변에 있는 백제나 신라에게 미마나의 조공을 오사카백제에게 가지고 오라고 압력도 넣고 간청도 하는 등 오락가락하는 행태가 반복해서 『일본서기』에 나타나고 있는 것이다.

본고는 '미마나'의 성격이 바로 그 위치와 연동되어 있기 때문에 오사카백제가 오사카에서 규슈 쪽으로 서진하면서 그 위치에 변동이 있다고 해설했다. 명목상으로나마 천황이 조공받아야 할 땅이라고 각 지역에 설치된 '미마나미야케=미마나'의 위치가 당대의 오사카백제의 정치적 능력에 따라 실질적으로 조공을 받기도 하고, 또는 그 지역의 신라의 방해를 받아 조공을 받지 못하는 일도 발생하는 다양한 사례가 있다는 것을 설명하고자 했다.

고대의 정치적 패권 세력 판도는 근현대와 같지 않았다. 우리나라 한국은 '국사'라는 개념이 도입되어 이른바 근대국가라는 개념으로서의 역사가 재구성되는 시기에 식민지를 겪었다. 조선총독부에는 조선사편수회가 있었으며, 조선사편수회는 고대부터 조선시대까지의 모든 역사를 일본제국주의 관점에서 분석하고 해부하고 난도질을 하며 '조선사 통사'라는 것을 만들어 냈다. 이 프레임을 우리는 해방 이후에 그대로 전해 받았고, 그들이 일본제국을 중심으로 만들어 놓은 디테일한 사안들을 세부적인 사안까지 비판 검토할 기회를 우리는 전혀 가지지 못한 채 현재에 이르렀다.

가장 뼈아픈 슬픔 중 하나는 근현대 패권국가의 관점이 그대로 녹아들어 의심 없이 단정된 우리 고대 국가들의 영토 국경선이다. 만약, 일본제국주의 사관과 그들을 추종하는 현재 주류 남한 사학계가 만들어 놓은 고대 국경선들과 고대 韓人들의 활동 무대가 오로지 한반도 안에서만 있었다면, 고대 韓人들의 국가가 확장과 패권의 성격을 전혀 가지지 못했던 그런 정도의 정치 세력이었다면, 현재의 대한민국은 이미 삼국시대 즈음에는 고대 중국에 복속 흡수되어 그 존재 자체가 역사에서 사라진 지 1500년도 넘은 상태에서 현재를 맞았을 것이라고 본고는 확신한다. 우리의 존재 자체가 고대 韓人들의 국가들이 얼마나 활발하게 활동적이었고 확장적이었는지를 증명하는 증거다.

즉, 고대 韓人들의 국가들은 거칠 것 없이 패권과 확장에 도전하는 국가들이었다는 것이다. 그런 패권과 확장 도전의 과정에서 고구려는 중국 황하 유역 중원을 통일한 당나라와 야망을 가지고 있던 신라의 연합에 의해 멸망당한 것이고, 신라가 본토를 차지하고 만주에는 고구려의 후에 발해가 들어섰으며, 대륙과 본토에서 밀려난 백제는 열도를 차지하는 세력 재편성이 일어난 것이다. 이후 역사는 광활한 영토가 줄어드는 과정을 겪은 것으로 해석될 수 있다. 이것은 마치 로마제국이 결국 줄어들고 멸망하여 각각의 다른 역사를 가진 나라들로 재편성되는 길을 걸은 것과 같은 세계사적 보편성의 과정으로 이해될 수 있다.

일본제국주의 관점의 한국사 난도질은 만주·한반도·열도에 걸쳐서 발생했던 고대 韓人 국가들의 이러한 세계사적 보편적 활동

역사들을 삭제시키거나 축소·왜곡시켰다. 고대의 韓人 국가들에 근현대 패권 국가인 일본제국주의를 투영했기 때문이다.

　본고는 고대 韓人들의 활동 무대 중 하나가 열도임을 증명하려고 했다. 이에 따라 '미마나(任那)'는 한반도 남부의 고대 국가 가야가 아니라 열도에 있었던 '오사카 백제 세력이 조공을 받고 싶어 했던 열도에 있는 땅'이라는 사실을 논증하는 것이 본고의 본질적인 목표였다. 본고의 서술 과정에서 나타난 부족한 점들은 차후 계속되는 연구에서 밝히도록 노력할 것임을 표명하면서, 이상 본고의 결론을 마치겠다.

참고 문헌

고대 문헌

- 『삼국사기』 『삼국유사』 『신증동국여지승람』

- 『일본서기』 『속일본기(續日本紀)』 『속일본후기(續日本後紀)』

- 『한서(漢書)』 『후한서(後漢書)』 『삼국지(三國志)』 『진서(晉書)』

- 『송서(宋書)』 『남제서(南齊書)』 『양서(梁書)』 『남사(南史)』

- 『위서(魏書)』 『수서(隋書)』 『구당서(舊唐書)』 『신당서(新唐書)』

- 『양직공도(梁職貢圖)』 『통전(通典)』 『산해경(山海經)』

- 『사기(史記)』 「세가」

논문

- 곽장근, 「삼국시대 가야 봉화망과 반파국 비정」, 全北學硏究 제2집, 2020.

- 김기섭, 「일본 중등 역사교과서의 임나일본부설」, 百濟文化 第58輯, 2018.
- 김수지, 「일본열도 한반도도래인(韓半島渡來人)설 부정(否定)인식 정리」, 『역사와융합』 제10집, 2022.
- 김주인, 「왜(倭) 5왕과 왜왕제도에 관한 연구」, 순천향대학원 박사논문, 2024.
- 김주인, 「5세기 왜(倭) 5왕의 성격과 실체에 대한 연구」, 『역사와융합』 제12집, 2022.
- 김태식, 「6세기 전반 伽耶南部諸國의 소멸 과정 고찰」, 한국고대사연구 제1권, 1988. 7.
- 김태식, 「古代 韓日關係 硏究史-任那問題를 中心으로」, 『한국고대사연구』 27, 2002.
- 김태식, 「함안 안라국의 성장과 변천」, 『韓國史硏究』 86, 1994.
- 노성환, 「시마네의 한국계 신사에 관한 일고찰」, 일본어문학 65호, 2014.
- 박장우, 「'임나 가야설'에 대한 비판적 고찰」, 신한대학교 석사논문, 2021.
- 박천수, 「가야加耶와 왜倭의 교류交流의 변천과 역사적 배경」, 2018년 가야고분군 세계유산등재를 위한 국제학술대회, 2018.
- 박현숙, 「津田左右吉의 단일민족설과 고대 한·일 민족관계 인식」, 『동북아역사논총 26호』, 2009.
- 백승옥, 「4~6세기 加耶의 對百濟·新羅 관계」, 한국고대사연구 94, 2019.

- 백승충, 「임나 4현의 위치비정」, 역사와 경계 85, 2012. 12.
- 백승충, 「임나 4현의 위치비정」『역사와 경계』85, 2012.
- 세키네 히데유키, 「일본 고고학자의 한반도 도래인 인식 - 일본 인류학자와의 대조를 통해서 -」, 『東아시아 古代學 第42輯(2016. 6.)』, 2016.
- 신범규, 「신라 중고기 軍役의 형태와 운영 양상」, 『한국고대사탐구』30, 2018.
- 심우섭·강영규, 「진경대사탑비의 새로운 해석」, 바른역사학술원, 역사와 융합 제18호, 2024.
- 연민수, 「日本書紀 神功紀의 史料批判」, 『일본학』, 15호, 1995
- 위가야, 「『일본서기』 소재 '임나 4현 할양' 기사의 재해석」, 지역과역사 48호, 2021.
- 이근우, 「日本書紀 任那關係 記事에 關하여」, 『淸溪史學』 2, 한국정신문화연구원, 1985.
- 이마니시 류(今西龍), 위가야 역 「기문반파고(기문반파고)」, 『인문학연구』 제32호, 2016.
- 이영식, 「가야제국의 발전단계와 초기고대국가론」, 한국고대사연구 89, 2018.
- 이완영, 「강수열전(强首列傳) "본(本)"의 재해석을 통한 임나가량(任那加良) 위치비정」, 바른역사학술원, 제13호, 2022.
- 전덕재, 「고대·고려 초 울산지역 변동과 蔚州의 성립」, 『大丘史學』 141, 2020.

- 全榮來, 「百濟南方境域의 變遷」, 『千寬宇先生還曆紀念韓國史學論叢』, 1985.
- 조경철, 「백제 칠지도의 제작 연대 재론: 병오정양(丙午正陽)을 중심으로」, 공주대학교 백제문화연구소, 백제문화 42권, 2010.
- 홍성화, 「『日本書紀』 소위 '任那 4縣 할양' 기사에 대한 고찰」, 史叢 87, 2016.
- 福山敏男, 「石上神宮七支刀の銘文」 日本建築史研究, 1968.
  平井 正則 (月光天文台·福岡教育大学), 「北部九州の装飾古墳」, 第 5 「歴史的記録と現代科学」研究会, 2018.
- 하니하라 가즈로(埴原和郎), 「고대 일본에 이주한 도래인 수의 추계 연구(Estimation of the Number of Early Migrants to Japan A Simulative Study)」, The Journal of Anthropological Society of Nippon, 1987.
- Japanese Archipelago Human Population Genetics Consortium, The history of human populations in the Japanese Archipelago inferred from genome-wide SNP data with a special reference to the Ainu and the Ryukyuan populations.", Jornal of Human Genetics 57(12), 2012.
- Martine Robbeets, Remco Bouckaert, Matthew Conte, Alexander Savelyev,Tao Li, Deog-Im An, Ken-ichi Shinoda, Yinqiu Cui, Takamune Kawashima, Geonyoung Kim, Junzo Uchiyama, Joanna Dolińska, Sofia Oskolskaya, Ken-Yōjiro Yamano,

Noriko Seguchi, Hirotaka Tomita, Hiroto Takamiya, Hideaki Kanzawa-Kiriyama, Hiroki Oota, Hajime Ishida, Ryosuke Kimura, Takehiro Sato, Jae-Hyun Kim, Bingcong Deng, ⋯ Chao Ning, 「Triangulation supports agricultural spread of the Transeurasian languages」, Nature volume 599, p.616-621, 2021.

단행본

- 姜仁求 외, 『譯註 三國遺事 IV』, 이회출판사, 2003
- 강재언 지음, 이규슈 옮김, 『조선통신사의 일본견문록』, 한길사, 2005.
- 고노시 다카미쓰 지음, 배관문 김병숙 이미령 옮김, 『일본은 왜 일본인가- 국호의 유래와 역사』, 모시는사람들, 2019.
- 関川尚功, 『考古学から見た邪馬台国大和説 畿内ではありえぬ邪馬台国』, 梓書院, 2020.
- 국립중앙박물관, 『요시노가리 일본속의 고대』, 그라픽네트, 2007.
- 국사편찬위원회, 『한국사 7-삼국의 정치와 사회 III, 신라·가야』, 1997.
- 김달수 저, 배석주 역, 『일본 속의 한국문화 유적을 찾아서 2』, 대원사, 1997.
- 김달수 저, 배석주 역, 『일본 속의 한국문화 유적을 찾아서-나라(奈良)』, 대원사, 1995

- 김석형, 『고대한일관계사』, 한마당, 1988.
- 김석형, 『초기조일관계사(하)』, 사회과학출판사, 1988.
- 김성환, 『일본은 구다라 망명정권』, 기파랑, 2012.
- 김영덕 지음, 『일본을 낳은 백제 다무로』, 바히네출판사, 2017.
- 김영덕, 『백제와 다무로였던 왜나라들』, 글로벌콘텐츠, 2012.
- 김용운, 『천황이 된 백제의 왕자들』, 한얼사, 2010.
- 김윤명 외, 『융합과학으로 본 동북아고대사』, 대한사랑, 2021.
- 김인배·김문배, 『任那新論- 역설의 한일 고대사』, 고려원, 1995.
- 김창호, 『고구려와 백제의 금석문』, 주류성, 2022.
- 김태식, 『사국시대 가야사 연구』, 서경문화사, 2004.
- 김향수, 『일본은 한국이더라』, 문학수첩, 1995.
- 김현구, 『임나일본부설은 허구인가』, 창비, 2010.
- 김홍수, 『규슈 역사를 따라서 한국을 찾아 걷다』, 북랩, 2018.
- 노성환, 『한일왕권신화』, 울산대학교 출판부, 1995.
- 大平 裕, 『「任那(みまな)」から読み解く古代史 朝鮮半島のヤマト王権』, PHP研究所, 2017.
- 동북아역사재단 한국고중세사연구소, 『역주한원(翰苑)』, 동북아역사재단, 2018.
- 동북아역사재단, 『역주 일본서기 1』, 동북아역사재단, 2013.
- 문정창, 『일본고대사, 한국사의 연장-다물총서 4.』, 인간사, 1989.
- 문정창, 『日本上古史』, 柏文堂, 1970.
- 문정창, 『한국사의 연장 일본고대사』, 인간사, 1989.

- 박상진,『부여의 나무 이야기』, 부여문화원, 2017.
- 박천수,『가야문명사』, 진인진, 2018.
- 배선표,『일본 속 한민족의 혼적』, 이지출판, 2019.
- 白鳥庫吉, 白鳥庫吉全集 第9巻(アジア史論), 岩波書店, 1970.
- 부산대학교 한국민족문화연구소 편,『한국 고대사 속의 가야』, 혜안, 2001.
- 북한사회과학원,『조선단대사(가야사)』, 과학백과사전출판사, 1988.
- 山田英雄,『日本書紀の世界』, 講談社, 2014.
- 세키네 히데유키,『일본인의 형성과 한반도 도래인』, 경인문화사, 2020.
- 소진철,『내가 본 대백제』, 주류성, 2019.
- 소진철,『백제 무령왕의 세계』, 주류성, 2008.
- 손영종,『광개토왕릉비문 연구 / 사회과학원』, 국립중앙도서관, 도서출판 중심, 2001.
- 송호정 외,『고대 국가의 성립과 전개 한국고대사』, 푸른역사, 2019.
- 스테판 다나카,『일본 동양학의 구조』, 문학과지성사, 2004.
- 심민정, 한국국학진흥원 기획,『조선 후기 통신사 일본을 오감하다』, 세창출판사, 2023.
- 쓰에마쓰 야스카즈(末松 保和),『임나흥망사』, 吉川弘文館, 1971.
- 安本美典,『邪馬台国は福岡県朝倉市にあった!!—「畿内説」における「失敗の本質」』, 勉誠出版, 2019.
- 오노야스마로(太安萬侶) 지음, 강용자 옮김,『고사기』, 지식을만드는

지식, 2014.
- 윤명철, 『고구려 해양사 연구』, 사계절, 2003.
- 윤명철, 『동아지중해와 고대 일본』, 청노루, 1996.
- 윤영식, 『백제에 의한 왜국통치 300년사』, 도서출판 청암, 2011.
- 이대구, 『고대 일본은 한국의 분국』, 한가람역사문화연구소, 2021.
- 이덕일, 『우리 안의 식민사관』, 만권당, 2014.
- 이도학, 『고구려 광개토왕릉비문 연구』, 서경, 2006.
- 이병도, 『한국고대사연구』, 박영사, 1987.
- 이병선, 『대마도는 한국의 속도였다』, 이회, 2005.
- 이병선, 『任那國과 對馬島』, 아세아문화사, 1990.
- 이승한, 『쿠빌라이 칸의 일본원정과 충렬왕』, 푸른역사, 2009.
- 이시타와리 신이치로, 『백제에서 건너간 일본 천황』, 지식여행, 2002.
- 이종기, 『가야공주일본에 가다』, 기획출판 책장, 2006.
- 이찬구 편저, 『새로운 광개토태왕릉비 연구』, 개벽사, 2020.
- 이형구·박노희, 『광개토대왕릉비』, 새녘출판사, 2014.
- 임종권, 『한국 역사학의 계보-실증주의와 민족주의-』, 여울목, 2017.
- 작자 미상, 강용자 옮김, 『풍토기』, 지만지, 2008.
- 田中俊明, 『大加耶連盟の興亡と任那: 加耶琴だけが残った』, 吉川弘文館, 1992.
- 젊은역사학자모임, 『욕망너머의 한국고대사』, 서해문집, 2018.
- 井上秀雄 외, 김기섭 편역, 『고대 한일관계사의 이해』, 1994.

- 井上秀雄,『日本書紀の新羅傳說記事』,『日本書紀研究』4, 1970.

- 정진술,『한국해양사』, 경인문화사, 2009.

- 정한덕 편저,『일본의 고고학』, 학연문화사, 2002.

- 조정래,『신찬성씨록을 통해 본 일본 고대 인물의 정체』, 도서출판 피플파워, 2022.

- 조희승,『북한학계의 가야사 연구』, 도서출판 말, 2020.

- 조희승 지음, 이덕일 주해,『북한학자 조희승의 임나일본부 해부』, 도서출판 말, 2019.

- 조희승,『가야사연구』, 사회과학출판사, 1994.

- 조희승,『일본에서의 조선 소국의 형성과 발전 과정』, 민족문화사, 1995.

- 조희승,『초기조일관계사 (상)』, 사회과학출판사, 1988.

- 津田左右吉,『古事記及び日本書紀の研究 完全版』, 毎日ワンズ, 2020.

- 津田左右吉,『學問の本質と現代の思想』, 岩波書店, 1948.

- 津田左右吉, 津田左右吉全集 別卷 第1(神代史の新しい研究; 古事記及び日本書紀の新研究) , 岩波書店, 1966.

- 津田左右吉, 津田左右吉全集 第28卷(日本. シナ思想の研究) , 岩波書店, 1966.

- 천관우,『加耶史研究』, 일조각, 1991.

- 최규성,『여기가 임나다』, 주식회사 부크크, 2017.

- 최재석,『일본 고대사의 진실』, 경인문화사, 2010.

- 최재석, 『고대 한일관계사 연구』, 경인문화사, 2010.
- 최재석, 『백제의 야마토왜와 일본화 과정』, 만권당, 2023.
- 出羽弘明, 『新羅神社と古代の日本』, 同成社, 2016.
- 土田章夫, 『邪馬台国は宮崎市にあった!』, ビジネス社, 2021.
- 片岡宏二, 『続·邪馬台国論争の新視点 倭人伝が語る九州説』, 雄山閣, 2019.
- 한국고고학회, 『한국고고학강의』, 사회평론아카데미, 2010.
- 한일관계사연구논집편찬위원회편, 『광개토대왕비와한일관계』, 경인문화사, 2005.
- 한일관계사연구논집편찬위원회편, 『왜 5왕 문제와 한일관계』, 경인문화사, 2005.
- 한일관계사연구논집편찬위원회편, 『임나 문제와 한일관계』, 경인문화사, 2005.
- 홍성화, 『칠지도와 일본서기』, 경인문화사, 2021.

신문 기사와 방송(유튜브 방송)

- https://www.youtube.com/watch?v=sdI2WFQ1bJE KBS, 2001년 7월 28일 방송
- https://www.pressian.com/pages/articles/47061 동양대학교 김운회 교수, 〈왜(倭), 한국인들의 이름〉, 〈김운회의 '대쥬신을 찾아서' 19〉, 프레시안 연재 기사

- 노중국 인터뷰, 「KBS 역사스페셜- 금동관, 백제통치의 비밀을 풀다.」(KBS, 2011. 5. 19. 방송)
- 부산일보도쿄지사장 최성규, 부산일보, [잃어버린 우리땅 대마도] 신라지명, 1999. 3. 1.
- 유튜브 채널 〈매림역사문화TV〉, '일본 현존 2천여 개의 박혁거세(신라)신사', 2021. 12. 1.
- 이덕일, 「경기신문- 명성황후 시해한 낭인 깡패 칭송하는 국사편찬위원회」, 2020. 7. 13.
- 울산제일일보, 국내 최초 완전한 '환호(環濠)' 유적… 울주 '검단리 유적' 한눈에, 2021. 10. 21.

인터넷 사이트

- 동북아역사넷(http://contents.nahf.or.kr/)
- 松浦市(마츠우라, まつうら)(https://www.matsuura-guide.com/)
- 한국고대사료 DB한국고대금석문(https://db.history.go.kr/ancient/level.do)
- 한국민족문화대백과사전(https://encykorea.aks.ac.kr/)
- 한국사데이터베이스(https://db.history.go.kr/)
- 한국학중앙연구원, 디지털장서각(https://jsg.aks.ac.kr/)
- 요시노가리 유적 사진 吉野ヶ里歷史公園(https://www.yoshinogari.jp)

자료집

- 「2021년 제1회 경남연구원·가야사학회 공동학술대회: [가야] 임나일본부설극복과 가야사복원」
- 堺市博物館, 「国際シンポジウム　講演資料集　5世紀の倭と東アジア」, 2021.